ARISTOTELES

PHILOSOPHISCHE SCHRIFTEN

INHALTSÜBERSICHT

FELIX MEINER VERLAG

ARISTOTELES

PHILOSOPHISCHE SCHRIFTEN

in sechs Bänden

Band 4

FELIX MEINER VERLAG
HAMBURG

ARISTOTELES

Politik

Übersetzt von
ECKART SCHÜTRUMPF

FELIX MEINER VERLAG
HAMBURG

PHILOSOPHISCHE BIBLIOTHEK BAND 724

Bibliographische Informationen der Deutschen Nationalbibliothek

Die Deutsche Nationalbibliothek verzeichnet diese Publikation in der Deutschen Nationalbibliographie; detaillierte bibliographische Daten sind im Internet abrufbar über http://portal.dnb.de.

ISBN gesamt print: 978-3-7873-3550-3
ISBN einzeln print: 978-3-7873-3599-2
ISBN gesamt eBook: 978-3-7873-3594-7
ISBN einzeln eBook: 978-3-7873-3605-0

www.meiner.de

 Satz: tool-e-byte GmbH, Griesheim. Druck und Bindung: dimograf, Bielsko-Biała. Werkdruckpapier: Hergestellt aus 100 % chlorfrei gebleichtem Zellstoff. Printed in Poland.

INHALT

Politik

ARISTOTELES

Politik

BUCH I

Kapitel 1. Jeder staatliche Verband ist, wie wir sehen, eine Gemeinschaft von bestimmter Art, und jede Gemeinschaft ist zum Zwecke eines bestimmten Gutes gebildet; denn alle Menschen vollziehen alle Handlungen um dessentwillen, das ihnen als gut erscheint. Offensichtlich streben daher zwar alle Gemeinschaften nach einem bestimmten Gut, in stärkstem Maße und nach dem Gut, das am ehesten alle beherrscht, (strebt) aber die Gemeinschaft, die die oberste Herrschaft über alle (Gemeinschaften) ausübt und alle übrigen in sich einschließt – dies ist die als Staat bezeichnete Gemeinschaft, die staatliche Gemeinschaft. 1252a

Diejenigen, die nun meinen, ein leitender Staatsmann, König, Leiter eines Haushalts und Gebieter von Sklaven stellten ein und denselben (Herrschertypus) dar, vertreten eine unrichtige Auffassung. Sie glauben nämlich, jeder von diesen unterscheide sich nach dem großen oder geringen Umfang (des Herrschaftsbereiches) und nicht dem Wesen nach: wenn z.B. einer über wenige herrsche, sei er Gebieter über Sklaven, wenn über eine große Zahl, Vorstand eines Hauses, wenn über noch mehr Menschen, leitender Staatsmann oder König, so als bestehe kein Unterschied zwischen einem großen Haushalt und einem kleinen Staat. Und was den leitenden Staatsmann und König angeht, so sprechen sie von einem königlichen Mann, wenn er allein an der Spitze steht, von einem leitenden Staats- a15
mann dagegen, wenn er nach den Bestimmungen des entsprechenden Wissens im Wechsel regiert und sich regieren läßt. Aber dies ist unzutreffend.

Dieses Urteil wird verständlich werden, wenn wir die Untersuchung nach der vorgezeichneten Methode vornehmen: in anderen Gebieten muß man nämlich das Zusammengesetzte bis zum nicht mehr Zusammengesetzten zerlegen, denn dies sind die kleinsten Teile des Ganzen; wenn wir so den staatlichen Verband daraufhin untersuchen, aus welchen Teilen er zusammengesetzt ist, werden wir auch bei jenen (Herrschertypen) besser erkennen, einmal, worin sie sich voneinander unterscheiden, und zum anderen, ob man über jeden der genannten eine dieser Disziplin angemessene Kenntnis gewinnen kann.

Kapitel 2. Wie in anderen Bereichen so dürfte jemand auch hier am erfolgreichsten seine Untersuchung vornehmen, wenn er die Dinge so, wie sie von Anfang an entstanden sind, betrachtet. Zuallererst müssen sich diejenigen als Paar zusammenschließen, die nicht ohne einander leben können, das Weibliche und das Männliche zum Zwecke der Fortpflanzung – sie tun dies nicht aus freier Entscheidung, sondern (ihnen) ist, wie auch den anderen Lebewesen und den Pflanzen, von Natur das Verlangen gegeben, ein weiteres Wesen ihresgleichen zu hinterlassen. Aber auch, was von Natur herrscht und beherrscht wird, muß sich zu seiner Erhaltung zusammenschließen; denn was mit dem Verstand weitblickend fürsorgen kann, herrscht von Natur, es gebietet despotisch von Natur; was aber mit dem Körper arbeiten kann, ist beherrscht, ist von Natur Sklave. Deswegen nützt ein und dasselbe dem Herrn und dem Sklaven.

1252b Von Natur sind nun jedenfalls Frau und Sklave unterschieden; denn die Natur geht nicht sparsam vor und stellt nichts von der Art her wie Schmiede das (vielfältig verwendbare) Delphische Messer, sondern jeweils einen Gegenstand für jeweils einen Zweck. Denn jedes Werkzeug wird dann die höchste Vollendung erhalten, wenn es nicht vielen Aufgaben, sondern einer einzigen dient. Bei den Barbaren nehmen dagegen Frau und Sklave den gleichen Rang ein. Der Grund dafür ist folgender: Sie besitzen nicht das, was von Natur die Herrschaft ausübt, sondern bei ihnen wird die eheliche Gemeinschaft zwischen Sklavin und Sklaven geschlossen. Deswegen sagen die Dichter: »Es ist wohlbegründet, daß Hellenen über Barbaren herrschen«, da Barbar und Sklave von Natur dasselbe ist.

Aus diesen beiden Verbindungen entsteht erstmals der Haushalt, und zutreffend bemerkt Hesiod in seinem Dichtwerk: »Zuallererst das Haus, Frau und Pflugstier«, denn der Stier vertritt bei den Armen den Sklaven. Die Gemeinschaft, die in Übereinstimmung mit der Natur zur Befriedigung der Alltagsbedürfnisse gebildet ist, ist der Haushalt, Personen, die Charondas »um den gleichen Brotkorb vereint«, der Kreter Epimenides aber »um dieselbe Krippe vereint« nennt.

Die erste Gemeinschaft, die aus mehreren Haushalten besteht und nicht (nur) um der Dinge des täglichen Bedarfs willen gebildet wurde, ist ein Dorf. Im höchsten Maße scheint aber das Dorf naturgemäß zu sein, da Mitglieder eines Haushalts in eigene Häuser aussiedelten – einige nennen sie »Milchbrüder« oder »Kinder und Kindeskinder.« Deswegen standen auch am Anfang die Staaten unter königlicher Herrschaft und heute noch die barbarischen Völker; denn ihre Bewohner waren aus Gemeinschaften, die königlich regiert wurden, zusammengekommen; jeder Haushalt wird ja von dem Ältesten nach Art eines Königs geleitet; wegen ihrer Verwandtschaft trifft dies daher auch für die durch Aussiedeln gebildeten neuen Haushaltungen zu. Das ist es, was Homer in dem Vers: »und ein jeder gebietet unumschränkt über Kinder und Frauen« zum Ausdruck bringt; denn sie lebten noch zerstreut, wie es die Siedlungsweise der Vorzeit war. Und deswegen sagen auch alle, daß die Götter unter königlicher Herrschaft stehen, weil die Menschen teils auch heute noch, teils in der Vorzeit königlich regiert wurden. Wie aber die Menschen das Aussehen der Götter nach dem eigenen Bilde formen, so auch deren Lebensweisen.

Ein staatlicher Verband ist aber die aus mehreren Dörfern gebildete vollendete Gemeinschaft, die die Grenze erreicht hat, bei der – wenn man so sagen darf – vollständige Autarkie besteht. Um des Überlebens willen ist er entstanden, er besteht aber um des vollkommenen Lebens willen. Jeder staatliche Verband existiert deswegen von Natur, da dies ja auch für die ersten Gemeinschaften galt; denn er ist das Ziel jener, und es ist die Natur, die das Ziel darstellt. Die Beschaffenheit eines jeden Dinges, dessen Entwicklung vollständig abgeschlossen ist, bezeichnen wir ja als seine Natur, wie etwa die Natur eines Menschen, Pferdes oder Hauses. Ferner ist das Umwessenwillen und das Ziel das Beste, die Autarkie ist aber sowohl das Ziel wie das Beste.

1253a Daraus geht nun klar hervor, daß der Staat zu den Dingen zu zählen ist, die von Natur sind, und daß der Mensch von Natur ein Lebewesen ist, das zum staatlichen Verband gehört, und daß derjenige, der aufgrund seiner Natur, und nicht durch eine Schicksalsfügung, außerhalb des staatlichen Verbandes steht, entweder minderwertig – oder übermenschlich – ist, wie derjenige, der von Homer geschmäht wurde: »ohne Geschlechterverband, ohne Recht, ohne Herd.« Denn wer von Natur so ist, der sucht zugleich Streit, da er ohne Verbindung dasteht wie (ein Stein) auf dem Spielbrett. Daß aber die Bezeichnung »zu einem Staate gehörend« eher für den Menschen als für jede Biene und jedes Herdentier zutrifft, ist klar. Denn die Natur schafft, wie wir sagen, nichts ohne Zweck. Nun hat der Mensch als einziges Lebewesen Sprache; die Stimme gibt zwar ein Zeichen von Schmerz und Freude, deswegen ist sie auch den übrigen Lebewesen verliehen, denn ihre Natur gelangte bis zu der Stufe, daß sie Empfindung von Schmerz und Lust haben und sich diese untereinander anzeigen; die Sprache dient aber dazu, das Nützliche und Schädliche, und daher auch das Gerechte und Ungerechte, darzulegen. Denn dies ist den Menschen gegenüber den anderen Lebewesen eigentümlich, allein ein Empfinden für Gut und Schlecht, Gerecht und Ungerecht und anderes zu haben. Die Gemeinschaft in diesen Dingen begründet aber Haushalt und Staatsverband.

Der staatliche Verband geht aber von Natur dem Haushalt und jedem einzelnen von uns voraus; denn das Ganze geht notwendigerweise dem Teil voraus. Wenn nämlich das Ganze zerstört wird, wird (kein Teil), weder Fuß noch Hand, weiter existieren – außer homonym, wie wenn man die Bezeichnung (Hand) für eine Hand aus Stein benutzte, eine leblose Hand ist ja von vergleichbarer Art. Da aber alles durch seine Leistung und seine Funktion bestimmt ist, darf man Dinge, wenn sie (in ihrer Funktion) nicht mehr gleich sind, auch nicht als gleich bezeichnen, sondern als verschiedene Dinge gleichen Namens.

Es ist damit klar, daß der Staat einmal von Natur ist und außerdem jedem einzelnen vorausgeht. Denn unter der Voraussetzung, daß jeder, wenn er isoliert lebt, nicht autark ist, muß sein Verhältnis zum Ganzen genauso sein wie das von Teilen sonst (zum Ganzen). Wer aber nicht fähig ist, Mitglied (der staatlichen Gemeinschaft) zu sein, oder aufgrund seiner Autarkie ihrer nicht bedarf, der ist kein Teil des staatlichen Verbandes und somit entweder Tier oder Gott.

Von Natur lebt also in allen ein Drang nach einer solchen Gemeinschaft. Derjenige, der sie als erster gebildet hat, ist der Urheber größter Güter. Denn wie der Mensch, wenn er zur Vollkommenheit gelangt, das beste Lebewesen ist, so ist er ohne Gesetz und Recht auch das schlimmste von allen. Ungerechte Gesinnung, die über Waffen verfügt, ist ja am schlimmsten; der Mensch hält aber von Natur aufgrund seiner Klugheit und charakterlichen Vorzüge Waffen in Händen, die besonders zu einander entgegengesetzten Zwecken gebraucht werden können. Deswegen ist der Mensch ohne gute charakterliche Qualität das frevelhafteste und wildeste Lebewesen und in Sexualität und Eßgier am schlimmsten. Gerechtigkeit wird dagegen im Staat verwirklicht, denn Recht ist die Ordnung der staatlichen Gemeinschaft, Gerechtigkeit aber bestimmt die Entscheidung darüber, was rechtmäßig ist.

Kapitel 3. Da nun klar ist, aus welchen Teilen der staatli- 1253b
che Verband gebildet ist, muss man zuerst die Führung eines Haushalts behandeln, denn jeder Staat besteht aus Haushalten. Die Teilbereiche der Führung eines Haushalts entsprechen den Teilen, aus denen der Haushalt seinerseits besteht: ein vollständiger Haushalt wird aus Sklaven und Freien gebildet. Da man nun einen jeden Gegenstand zuerst in seinen kleinsten Einheiten untersuchen muß, die ersten und kleinsten Teile des Haushalts aber Herr und Sklave, Ehemann und Ehefrau, und Vater und Kinder sind, muß unsere Untersuchung das Wesen und die notwendige Qualität dieser drei (Verhält-

nisse) klären, gemeint sind das despotische, zweitens das durch Heirat begründete – denn für die Vereinigung von Frau und Mann gibt es keine besondere Bezeichnung – und drittens das beim Aufziehen von Kindern – denn auch dies hat keinen eigenen Namen. Es sollen also diese drei (Verhältnisse), die wir genannt haben, sein. Es gibt aber noch einen Bereich, der manchen als die Führung eines Haushalts selber gilt, anderen dagegen als deren wichtigster Teil, ich meine die sogenannte Fertigkeit, sich Besitz zu beschaffen. Welche Auffassung zutrifft, muß untersucht werden.

Zuerst wollen wir aber über Herr und Sklave reden. Wir verfolgen dabei die Absicht, die Mittel zur (Sicherung des) notwendigen Bedarfs zu untersuchen und (zu sehen), ob wir für die Kenntnis dieser Dinge nicht einiges zutreffender erfassen, als was man jetzt darüber denkt. Denn für manche ist das Gebieten des Herrn über Sklaven eine bestimmte Art von Wissen, und zwar gilt ihnen die Führung eines Haushalts und das Gebieten über die Sklaven und die politische und königliche Herrschaft als ein und dasselbe Wissen, wie wir zu Beginn darlegten. Andere halten dagegen das Gebieten über Sklaven für naturwidrig, denn nur aufgrund von Gesetz sei der eine Sklave, der andere Freier, der Natur nach bestehe aber kein Unterschied zwischen ihnen; deswegen sei das Gebieten über Sklaven auch nicht gerecht, es gründe sich nämlich auf Gewalt.

Kapitel 4. Nun ist der Besitz ein Teil des Haushalts, und die Fähigkeit, Besitz zu erwerben, ein Teil der Führung des Haushalts; denn ohne die notwendigen Mittel ist es ausgeschlossen, sein Leben zu fristen und in vollkommener Weise zu leben. Wie aber bei den Arbeiten von Fachleuten mit fest umrissenem Tätigkeitsbereich die passenden Werkzeuge zur Verfügung stehen müssen, wenn ihre Aufgabe erfolgreich erledigt werden soll, so auch bei dem Leiter eines Haushalts. Werkzeuge sind nun entweder leblos oder belebt; für den Steuermann ist z.B. das Steuerruder ein lebloses, dagegen der Untersteuermann auf dem Vorderschiff ein lebendes (Werkzeug), denn der Gehilfe vertritt in den Tätigkeiten von Fachleuten das Werkzeug. In dieser Weise ist auch der Besitz ein Werkzeug zum Leben – Besitz ist eine Vielzahl von Werkzeugen – und der Sklave ist ein belebtes Stück Besitz, und jeder dienende Gehilfe ist gleichsam ein Werkzeug, das jedes andere Werkzeug übertrifft. Wenn nämlich jedes Werkzeug auf Geheiß oder mit eigener Voraussicht seine Aufgabe erledigen könnte, wie man es von den (Standbildern) des Daidalos und den Dreifüßen des Hephaistos berichtet, die, wie der Dichter sagt, »sich von selbst zur Versammlung der Götter einfinden« – wenn so die Weberschiffchen von allein die Webfäden durcheilten und die Schlagplättchen Kithara spielten, dann brauchten die Meister keine Gehilfen und die Herren keine Sklaven.

Was man gewöhnlich Werkzeuge nennt, sind Werkzeuge 1254a
zum Herstellen von Dingen, Besitz ist dagegen ein Werkzeug für das Handeln. So ermöglicht ein Weberschiffchen neben seiner Benutzung die Herstellung eines Gegenstandes, ein Gewand und ein Bett erlauben aber nur die Benutzung. Weiterhin: da Herstellen und Handeln sich ihrem Wesen nach unterscheiden und beide Werkzeuge benötigen, müssen diese den gleichen Unterschied (wie die Tätigkeiten, für die sie benutzt werden,) aufweisen. Das Leben ist aber ein Tätigsein als Handeln, nicht als Produzieren, deswegen ist auch der Sklave Diener in den Dingen zum Handeln.

Von einem Stück Besitz spricht man aber in der gleichen Weise wie von einem Teil; denn ein Teil ist nicht nur der Teil eines anderen, sondern gehört völlig dem anderen – in gleicher Weise gilt das auch von einem Objekt, das jemand besitzt. Deswegen ist der Herr nur Herr des Sklaven, gehört aber jenem nicht. Der Sklave ist dagegen nicht nur der Sklave des Herrn, sondern gehört ihm völlig.

Was nun die Natur und Aufgabe des Sklaven ist, ist hiernach klar. Wer von Natur nicht sich selbst, sondern als Mensch einem anderen gehört, ist von Natur Sklave. Ein Mensch gehört aber einem anderen, wenn er als Mensch Besitz eines anderen ist, ein Stück Besitz ist aber ein physisch losgelöstes Werkzeug für das Handeln.

Kapitel 5. Hieran schließt sich nun zwangsläufig die folgende Untersuchung an: Besitzt jemand tatsächlich von Natur die beschriebenen Eigenschaften oder nicht? Und ist es für irgendjemand vorteilhafter und gerecht, als Sklave zu dienen oder nicht, sondern ist jede Sklaverei wider die Natur? Es ist nicht schwierig, diese Fragestellung sowohl in theoretischer Ableitung zu betrachten, als auch aus den tatsächlichen Verhältnissen Erkenntnis zu gewinnen. Herrschen und Beherrschtwerden gehört nicht nur zu den unerläßlichen, sondern auch zu den nützlichen Dingen, und bei einigen besteht unmittelbar von Geburt eine Scheidung – der einen zum Beherrschtwerden, der anderen zum Herrschen. Und es gibt viele Arten von Herrschenden und Beherrschten; dabei ist immer die Herrschaft über die besseren Beherrschten besser, z.B. die Herrschaft über einen Menschen ist (besser) als die über ein Tier; denn die Leistung, die von den Besseren erbracht wird, ist besser – wo aber das eine herrscht, das andere beherrscht wird, da gibt es eine von diesen erbrachte Leistung. Was nämlich aus mehreren (Bestandteilen) zusammengesetzt ist – einerlei, ob diese miteinander verbunden oder voneinander getrennt sind – und zu einer eine Einheit bildenden Gemeinschaft wird, in allen (solchen zusammengesetzten Gebilden) wird ein herrschender und ein beherrschter Teil sichtbar, und es ist die universale Natur, von der her dieses (Ordnungsprinzip) den Lebewesen innewohnt; denn auch in Leblosem gibt es eine Art Herrschaftsverhältnis wie in Tonarten – aber das gehört vielleicht in eine eher außerhalb unseres Themas liegende Untersuchung. Ein Lebewesen ist aus Seele und Körper zusammengesetzt, von denen jene von Natur herrscht, dieser beherrscht wird.

Man muß aber einen Zustand, der von Natur ist, eher an Objekten betrachten, die naturgemäß sind, als an pervertierten. Deswegen müssen wir den Menschen zum Gegenstand unserer Betrachtung wählen, der sich an Leib und Seele in der besten Verfassung befindet; an ihm ist dieses (naturgemäße Herrschaftsverhältnis) offenbar, während bei Schlechten oder
1254b Leuten in schlechter Verfassung häufig der Eindruck entste-

hen dürfte, daß der Körper über die Seele herrscht, weil sie schlecht und naturwidrig sind.

Es läßt sich also, wie wir sagten, zunächst an einem Lebewesen sowohl die despotische wie politische Herrschaftsform erkennen; denn die Seele übt über den Körper eine despotische Herrschaft aus, die Vernunft über das Begehren eine politische oder königliche. Bei ihnen ist es offensichtlich für den Körper naturgemäß und vorteilhaft, von der Seele beherrscht zu werden, und für den Seelenteil, der Sitz der Affekte ist, ist es (ebenso naturgemäß und vorteilhaft), von der Vernunft und dem Seelenteil, der Vernunft besitzt, beherrscht zu werden, eine gleichmäßige (Beteiligung an der Herrschaft) oder gar eine Vertauschung (der Herrschaftsstellung) ist dagegen für alle schädlich.

In gleicher Weise trifft dies dann auch auf den Menschen und die übrigen Lebewesen zu: Die zahmen Tiere sind in ihrer Natur besser als die wilden, und für sie alle ist es vorteilhafter, vom Menschen beherrscht zu werden, denn auf diese Weise wird ihr Überleben gesichert. Ferner ist im Verhältnis (der Geschlechter) das Männliche von Natur das Bessere, das Weibliche das Geringerwertige, und das eine herrscht, das andere wird
beherrscht. Das gleiche muß aber auch unter allen Menschen b15
Gültigkeit besitzen: diejenigen, die voneinander so weit unterschieden sind wie Seele und Körper, Mensch und Tier – und (einige Menschen) sind tatsächlich in dieser Weise voneinander unterschieden, wenn ihre Leistung der Gebrauch des Körpers ist und dies als das Beste von ihnen (zu gewinnen) ist – diese sind von Natur Sklaven. Für sie ist es vorteilhafter, dieser Herrschaft zu unterstehen, wie das auch bei den eben genannten der Fall war. Denn von Natur ist derjenige Sklave, der einem anderen gehören kann – deswegen gehört er ja auch einem anderen – und der in dem Maße an der Vernunft Anteil hat, daß er sie vernimmt, aber sie nicht (als ihn leitendes Vermögen) besitzt; denn auch die übrigen Lebewesen (besitzen) keine Vernunft, der sie gehorchen können, sondern da sie nur Sinneswahrnehmungen haben, folgen sie den Affekten. Und schließlich unterscheidet sich auch ihr nützlicher Beitrag nur wenig voneinander, denn

beide, Sklaven und zahme Tiere, helfen mit dem Körper bei (der Bereitstellung) der lebensnotwendigen Mittel.

Die Natur hat nun zwar die Tendenz, auch die Körper der Freien und Sklaven unterschiedlich auszubilden, die einen stark für die Verrichtung der notwendigen Arbeiten, die anderen dagegen aufrecht und untauglich für solche Tätigkeiten, jedoch tauglich für eine politische Existenz – diese untergliedert sich wieder in Tätigkeiten, die im Krieg bzw. im Frieden wahrgenommen werden. Häufig tritt aber gerade das Gegenteil ein, nämlich daß die einen zwar die Körper, die anderen dagegen die Seelen haben, wie sie Freien zukommen. Jedoch ist folgendes unumstritten: angenommen, einige wären allein körperlich so sehr überlegen, wie es die Standbilder von Göttern sind, dann dürfte jeder sagen, daß die dahinter Zurückbleibenden verpflichtet wären, jenen wie Sklaven zu dienen. Wenn dies aber schon im Falle des Körpers zutrifft, dann wird dies mit viel größerer Berechtigung, so bei (einer Überlegenheit in Eigenschaften) der Seele bestimmt. Die Schönheit der Seele läßt sich jedoch nicht ebenso leicht erkennen wie die des Körpers.

1255a Soviel ist nun klar: Für einige gilt, daß sie von Natur entweder frei oder Sklaven sind, und für diese ist es vorteilhaft und gerecht, als Sklaven zu dienen.

Kapitel 6. Daß aber auch diejenigen, die die entgegengesetzte Auffassung (I) vertreten, in gewisser Weise recht haben, läßt sich nicht schwer erkennen. Denn die Bezeichnung »als Sklave dienen« und »Sklave« wird in zweifacher Bedeutung gebraucht. Es gibt nämlich (neben dem Sklaven von Natur) einen Sklaven und den Mann, der als Sklave dient, auch aufgrund von Gesetz. Dieses Gesetz ist eine Übereinkunft, daß das, was im Krieg besiegt wurde, den Siegern gehört. Dieses Recht klagen nun viele (II), die sich mit Gesetzen beschäftigen, der Gesetzwidrigkeit an – wie einen Redner; denn es sei unerträglich, wenn das Opfer von Gewalt Sklave und Untertan dessen ist, der die Mittel hat, Gewalt auszuüben, und an Macht überlegen ist. Diese Ansicht vertritt die eine Richtung, jene zweite

Auffassung die andere – und auch unter den Gebildeten gibt es diesen Meinungsstreit.

Ursache dieses Streites und (ein Umstand), der auch bewirkt, daß diese (entgegengesetzten) Meinungen sich doch zum Teil überschneiden, ist folgende Tatsache: in bestimmter Weise ist menschliche Vorzüglichkeit, die über die entsprechenden Mittel verfügt, am ehesten imstande, auch Gewalt auszuüben, und, was Macht ausübt, besitzt immer Überlegenheit in einer positiven Qualität. Daher kann die Auffassung (III) entstehen, Gewalt werde nicht ohne wertvolle menschliche Qualität ausgeübt, sondern die Meinungsverschiedenheit drehe sich ausschließlich um die Bestimmung dessen, was gerecht ist – deswegen gilt nämlich den einen (III a) Wohlwollen als Gerechtigkeit, den anderen (III b) gilt aber eben dieses als gerecht, die Herrschaft des Überlegenen.

Diese Meinungen liegen nun weit auseinander: demgegenüber fehlt es der anderen Auffassung (IV), nämlich daß das an hoher menschlicher Qualität Überlegene nicht herrschen oder despotisch gebieten dürfe, sowohl an jeglicher Stütze wie an Überzeugungskraft. Andererseits setzen einige (I/V) die im Verlaufe eines Krieges erzwungene Sklaverei für schlechthin gerecht; dabei berufen sie sich, wie sie glauben, auf eine bestimmte Form von Gerechtigkeit – denn das Gesetz ist eine bestimmte Form von Gerechtigkeit –, zugleich bestreiten sie das aber auch wieder; denn es kann vorkommen, daß Kriege in ungerechter Weise begonnen wurden, und in keiner Weise behauptet wohl jemand, wer nicht verdient, Sklave zu sein, sei ein Sklave. Andernfalls müßte sich ja ergeben, daß die, die im Ansehen höchsten Adels stehen, Sklaven und Nachkommen von Sklaven sind, wenn es sich ergibt, dass sie gefangen und (in Sklaverei) verkauft wurden. Deswegen wollen die Vertreter dieser Auffassung zwar solche Personen nicht als Sklaven bezeichnen, wohl aber die Barbaren. Wenn sie dies sagen, suchen sie jedoch nichts anderes als, was wir am Anfang Sklave von Natur nannten. Sie müssen ja zugeben, daß es einige gibt, die überall Sklaven sind, andere dagegen nirgendwo. Die gleiche Auffassung vertreten sie auch über den Adel; denn sie meinen, sie selbst würden nicht nur bei sich selber als adlig anerkannt, sondern überall, die Barbaren dagegen nur bei sich zu Hause, denn es gebe eine Form von Adel und Freiheit schlechthin, eine andere aber nicht schlechthin. So spricht auch die Helena des Theodektes:

»Mich, aus göttlichem Stamm von beiden Seiten,
wer kann es für recht halten, mich Magd zu nennen?«

Jedoch wenn sie dies sagen, bestimmen sie Sklaven und Freie und Leute von edler und niedriger Geburt durch nichts anderes als durch hohe persönliche Qualität oder deren Fehlen. Sie
1255b setzen nämlich voraus, daß genauso wie ein Mensch von einem Menschen abstammt oder ein Tier von Tieren, so auch ein Guter von Guten. Die Natur hat zwar in der Regel diese Absicht, aber sie kann dies nicht (immer) verwirklichen.

Es ist nun klar, daß der Einwand (von dem wir ausgingen) eine gewisse Berechtigung hat und nicht die einen von Natur Sklaven, die anderen Freie sind; zugleich ist auch klar, daß zwischen einigen dieser Unterschied doch so besteht; bei diesen ist es für die eine Seite nützlich und gerecht, als Sklaven zu dienen, für die andere, despotisch zu herrschen; und das eine muß beherrscht werden, das andere nach der Herrschaftsform herrschen, für die es von Natur bestimmt ist, und (das heißt,) daß es damit auch despotisch herrschen muß. Eine falsche (Einrichtung dieses Herrschaftsverhältnisses) ist aber für beide nachteilig, denn ein und dasselbe nützt dem Teil und dem Ganzen, dem Körper und der Seele – der Sklave ist aber ein bestimmter Teil des Herrn, gleichsam ein belebter, aber losgelöster Teil seines Körpers. Deswegen existiert auch zwischen Sklave und Herrn eine bestimmte Form von gegenseitigem Nutzen und Freundschaft, wenn sie der Natur gemäß diesem Rang zugewiesen wurden; umgekehrt aber bei denjenigen, (deren Dienst
b15 als Sklaven) nicht auf diese Weise begründet wurde, sondern nach (Kriegs-)Recht und als Opfern von Gewalt.

Kapitel 7. Aus diesen Darlegungen geht auch klar hervor, daß despotisches Gebieten und politische Herrschaft nicht dasselbe sind, und auch, daß nicht alle Arten von Herrschaft einander gleich sind, wie das einige behaupten. Denn politische Herrschaft wird über von Natur Freie ausgeübt, despotische jedoch über diejenigen, die (von Natur) Sklaven sind; und die Leitung eines Hauses hat die Form einer Monarchie – denn jedes Haus wird monarchisch geführt – die politische Herrschaft dagegen wird über Freie und Gleiche ausgeübt.

Die Bezeichnung »Gebieter von Sklaven« wird nicht im Hinblick auf seine Kenntnis, sondern seine bestimmte Qualität gebraucht, und genau so gilt das für den Sklaven und den Freien. Es gibt jedoch auch eine spezifische Kenntnis für den Gebieter und den Sklaven: Eine Vorstellung von der Art der Kenntnis, die Sklaven benötigen, bietet die Lehrtätigkeit eines gewissen Mannes in Syrakus: dort bildete jemand gegen Bezahlung Sklaven in den üblichen Dienstleistungen aus. Der Unterricht könnte aber auch über solche Gegenstände hinausgehen und z. B. das Zubereiten von feinen Speisen und andere solche Arten von Dienstleistungen umfassen; diese sind ja voneinander verschieden: die einen stehen in höherem Ansehen, die anderen dienen dagegen mehr grundlegend notwendigen Bedürfnissen. So heißt es auch im Sprichwort: »ein Sklave taugt mehr als der andere, und ein Herr mehr als der andere«.

Soweit haben wir über die Kenntnisse von Sklaven gesprochen. Die Kenntnis des Herrn besteht dagegen darin, die Sklaven zu gebrauchen. Denn der Herr ist nicht dadurch bestimmt, daß er die Sklaven anschafft, sondern daß er Sklaven gebraucht. Diese Kenntnis hat aber nichts Bedeutsames oder Ehrwürdiges an sich. Denn es sind ja nur die Aufgaben, die der Sklave auszuführen verstehen muß, welche der Gebieter anzuordnen verstehen muß. Daher übernimmt bei den Herren, die die Mittel besitzen, sich nicht selber damit abzuplagen, ein Verwalter diese Vorzugsstellung, während sie selber sich der Politik oder der Philosophie widmen.

Verschieden von beiden genannten Kenntnissen ist aber die Kenntnis, (Sklaven) anzuschaffen – ich meine die gerechte

Form, die in den Bereich der Kriegs- oder der Jagdtechnik gehört. Das soll als Bestimmungen über Sklaven und Herrn genügen.

1256a *Kapitel 8.* Wir wollen aber umfassend nach der vorgezeichneten Methode den gesamten Besitz und die Kunst, sich Besitz zu erwerben, untersuchen, zumal ja auch der (eben behandelte) Sklave ein Teil des Besitzes war. Zunächst könnte man die Frage aufwerfen, ob die Kunst des Besitzerwerbes identisch mit der Führung des Haushaltes oder ein bestimmter Teil von ihr oder ihr untergeordnet ist – und falls sie untergeordnet ist, ob so, wie die Herstellung von Weberschiffchen der Webkunst untergeordnet ist oder wie die Metallgewinnung der Bildhauerkunst; denn nicht auf die gleiche Weise erfüllen diese Tätigkeiten eine untergeordnete Funktion, sondern die eine liefert die Werkzeuge, die andere das Material – als Material bezeichne ich den zugrundeliegenden Stoff, aus dem ein Produkt hergestellt wird, z. B. die Wolle (als Material) für den Weber, und das Metall für den Bildhauer.

Es leuchtet ein, daß die Kunst der Haushaltsführung nicht mit der Beschaffungskunst identisch ist; denn diese hat die Aufgabe, die Mittel bereitzustellen, jene andere dagegen, sie zu gebrauchen. Denn welche Kunst, wenn nicht die der Führung eines Haushalts, sollte die Mittel im Haus gebrauchen?

Ob aber die Beschaffungskunst einen Teil der Führung eines Haushalts bildet oder eine besondere Art (von Kenntnis) ist, ist eine Frage, zu der man unterschiedliche Meinungen ver-
a15 treten kann. Wir gehen davon aus, daß derjenige, der sich um den Erwerb kümmert, zusehen muß, woher Geld und Besitz gewonnen werden können. Besitz und Reichtum können aber mehrere Formen umfassen; daher ist zuerst zu prüfen, ob (eine Form von Erwerb), der Ackerbau, ein Teil der Beschaffungskunst ist oder eine eigene Art bildet, und (die gleichen Fragen stellen sich) insgesamt auch für die Sorge um die Nahrung und (derartigen) Besitz.

Es gibt aber eine Vielzahl von Arten der Ernährung und daher eine Vielzahl von Lebensformen bei Menschen und Tieren;

denn ohne Nahrung ist Leben unmöglich. So haben die Unterschiede in der Nahrung die Unterschiede in den Lebensformen der Lebewesen hervorgebracht: einige Tiere leben in Herden, andere vereinzelt, je nachdem, wie das eine oder andere der Sicherung der Nahrung nützt, weil einige von ihnen Fleischfresser, andere Pflanzenfresser, wieder andere Allesfresser sind. Um es ihnen leichter zu machen und ihre Wahl zu begünstigen, hat die Natur ihre Lebensart je besonders festgelegt. Da aber von Natur nicht einem jeden das gleiche zusagt, sondern jeweils verschiedene Lebewesen auch Verschiedenes vorziehen, sind auch selbst innerhalb der Fleisch- und der Pflanzenfresser die Lebensformen je voneinander verschieden. Das gilt aber genauso auch unter den Menschen; denn auch ihre Lebensformen weichen beträchtlich voneinander ab: am wenigsten müssen die Nomaden stetiger Arbeit nachgehen, denn Nahrung, die ihnen die Weidetiere bieten, erhalten sie ohne Mühe in beschaulicher Ruhe. Da aber die Herdentiere wegen der Weiden weiterziehen müssen, sind sie gezwungen, auch selber mitzuziehen, der Akkerbau, dem sie nachgehen, lebt sozusagen. Andere gewinnen ihren Lebensunterhalt von der Jagd – und dabei verschiedene Gruppen von je verschiedenen Arten von Jagd, z. B. einige von Raub, andere, die in der Nähe von Teichen, feuchten Niederungen, Flüssen oder fischreichem Meer wohnen, vom Fischfang, noch andere von (der Jagd auf) Vögel oder wilde Tiere. Die größte Zahl von Menschen lebt jedoch von (den Erträgen) der Erde und dem Anbau von Früchten.

Damit haben wir so ziemlich alle Lebensweisen, bei denen (Menschen) ihre Tätigkeiten unmittelbar auf die Natur bezogen haben und die Nahrung nicht durch Tausch oder Handel
gewinnen, aufgezählt: (nämlich) die Lebensform der Noma- 1256b
den, der Räuber, Fischer, Jäger und Ackerbauern. Andere, die mehrere (dieser Erwerbsweisen) verbinden, leben angenehm, indem sie eine kärgliche Lebensform da, wo sie allein nicht ausreicht, aufbessern. So führen einige zugleich ein Leben als Nomaden und Räuber, andere als Bauern und Jäger. Das gleiche gilt auch für die anderen Lebensformen: wie die Bedürfnisse sie zwingen, so gestalten sie ihr Leben.

Besitz in diesen Dingen ist offensichtlich allen von der Natur selber gegeben; wie dies gleich bei der Geburt der Fall ist, genauso auch, nachdem sie zur Reife gelangt sind. Denn einzelne Tiere, wie die, die Larven oder Eier legen, bringen gleich bei dem Gebären so viel Nahrung mit hervor, daß diese bis zu dem Zeitpunkt ausreicht, da das Tierjunge sich allein versorgen kann. Dagegen führen diejenigen, die lebende Junge gebären, für eine bestimmte Frist Nahrung für die Neugeborenen bei sich, den natürlichen Stoff, den man Milch nennt. Daher muß man offensichtlich annehmen, daß in gleicher Weise auch nach ihrer Geburt (für sie Vorsorge getroffen ist und) die Pflanzen um der Tiere willen da sind, die übrigen Tiere um der Menschen willen – die zahmen zur Nutzung und Nahrung, die wilden – wenn nicht alle, so doch die meisten – zur Nahrung und anderen nützlichen Diensten, (etwa) damit aus ihnen Kleider und anderes, wie Werkzeuge, verfertigt werden. Wenn nun (gilt, daß) die Natur nichts unvollendet und nichts umsonst tut, dann folgt daraus zwingend, daß die Natur dieses alles um der Menschen willen geschaffen hat. Deswegen fällt auch von Natur unter die Erwerbskunst in gewisser Weise die Kriegskunst – zu der als ein Teil ja die Jagdkunst gehört –, die man sowohl gegen Tiere einsetzen muß als auch gegen die Menschen, die zwar von Natur dazu bestimmt sind, beherrscht zu werden, aber sich dazu nicht bereit finden wollen; in diesem Falle ist ein Krieg von Natur gerechtfertigt.

(Diese) eine Form der Erwerbskunst ist von Natur ein Teil der Kunst der Haushaltsführung; denn ein reichlicher Vorrat an Gütern, die für das Leben unerläßlich und für die staatliche und häusliche Gemeinschaft nützlich sind, muß vorhanden sein – oder die Erwerbskunst muß diesen Vorrat bereitstellen, damit er vorhanden ist.

In solchen Gütern scheint der wahre Reichtum zu bestehen. Denn der für ein vollkommenes Leben ausreichende Umfang eines solchen Besitzes geht nicht ins Grenzenlose, wie es Solon in seinem Gedicht meint: »keine sichtbare Grenze des Besitzes ist den Menschen festgelegt« – (vielmehr) ist dem Besitz, wie auch sonst fachmännischen Tätigkeiten, eine Grenze gesetzt. Denn in keiner Tätigkeit ist ein Werkzeug an Menge oder Größe unbegrenzt; Reichtum ist aber eine Vielzahl von Werkzeugen zur Führung eines Haushaltes oder eines Staates. Daß für die Leiter eines Hauses und eines Staates eine bestimmte Form von Erwerbstätigkeit naturgemäß ist und aus welchem Grunde das gilt, ist somit geklärt.

Kapitel 9. Es gibt aber noch eine weitere Art der Beschaffungskunst; dies ist die Art, die man insbesondere – und mit Recht – gewinnsüchtige Erwerbskunst nennt; sie ist verantwortlich für die Auffassung, Reichtum und Besitz sei keine 1257a
Grenze gesetzt. Wegen ihrer Verwandtschaft meinen nun viele, diese sei ein und dieselbe wie die gerade besprochene Erwerbskunst. Sie ist aber weder identisch mit der beschriebenen, noch liegt sie weit ab von ihr: die eine von ihnen war naturgemäß, während diese (gewinnsüchtige Form) nicht naturgemäß ist, sie verdankt ihre Entstehung vielmehr eher einer Erfahrung und einem fachmännischen Können. Für ihre Betrachtung wollen wir folgenden Ausgangspunkt wählen:

Jedes Stück Besitz läßt eine zweifache Weise des Gebrauchs zu; bei beiden Formen wird (der Gegenstand) als solcher benutzt, jedoch nicht in gleicher Weise als solcher, sondern die eine benutzt den Gegenstand (seiner Funktion) entsprechend, die andere nicht – ich meine z. B., daß man einen Schuh trägt oder ihn zum Tausch verwendet: beides sind Möglichkeiten, einen Schuh zu gebrauchen; denn wer einem anderen, der einen Schuh benötigt, diesen im Tausch gegen Geld oder Nahrung übereignet, gebraucht zwar den Schuh als Schuh, aber nicht zu der ihm eigenen Verwendung; denn Schuhe sind ursprünglich nicht zum Zweck des Tausches hergestellt worden. Das gleiche gilt auch für die anderen Gegenstände des Besitzes; denn Warenumschlag läßt sich auf alle Güter ausdehnen.

(Dieser Handel mit jeder Art von Gütern) begann ursprünglich damit, daß Menschen naturgemäß Tausch betrieben, weil sie einige Güter in größerer, andere in geringerer Menge, als (für ihre Bedürfnisse) ausreichten, besaßen. Daraus geht auch hervor, daß die Erwerbsweise durch Handel nicht (mehr) von

Natur ist. Denn (um die naturgemäße Versorgung mit lebensnotwendigen Dingen sicherzustellen), waren sie gezwungen, so viel zu tauschen, bis sie hinreichend besaßen. In der ersten Gemeinschaft, dem Haushalt, gibt es offensichtlich keine Gelegenheit dafür, sondern erst als die Gemeinschaft schon eine größere Zahl von Mitgliedern umfaßte; denn jene Mitglieder des Hauses teilten untereinander noch die gleichen Dinge, diese (Mitglieder der größeren Gemeinschaften), die getrennt voneinander lebten, dagegen viele Güter von jeweils unterschiedlicher Art. Davon mußten sie nach den jeweiligen Bedürfnissen den anderen abgeben, wie es noch viele barbarische Volksstämme tun, durch Tausch: nur nützliche Dinge tauschen sie gegen nützliche, z. B. geben und nehmen sie Wein gegen Getreide an und ebenso jeden anderen Gegenstand dieser Art; aber darüber gehen sie nicht hinaus. Ein solcher Tauschhandel ist weder gegen die Natur, noch ist er eine Art dieser gewinnsüchtigen Erwerbskunst. Denn er diente dazu, die Mittel so zu vervollständigen, daß man naturgemäß mit allen Gütern versorgt war.

Aus dieser Erwerbsweise entstand aus gutem Grund jene gewinnsüchtige Erwerbskunst. Denn da man zur Abhilfe (des unausgeglichenen Warenangebotes) durch Einfuhr von Gütern, die man benötigte, und Ausfuhr derer, woran man überreichlich besaß, in immer weitere Ferne vorstieß, wurde notwendigerweise der Gebrauch des Münzgeldes eingeführt; nicht alle von Natur notwendigen Güter waren ja leicht (über so weite Strecken) zu transportieren. Deswegen trafen sie untereinander die Übereinkunft, zur (Erleichterung des) Handels einen Gegenstand herauszugeben und entgegenzunehmen, der selber zu den für das Leben nützlichen Objekten gehört und eine vielfältig brauchbare Verwendung im täglichen Leben erlaubt, ich meine Eisen, Silber und anderes, sofern es diese Eigenschaften besitzt. (Sein Wert) wurde zunächst einfach nach Größe und Gewicht festgelegt, schließlich schlugen sie auch ein Gepräge ein, damit dieses das Wiegen überflüssig mache. Denn die Aufprägung wurde als Zeichen der Gewichtsmenge eingepresst.

Nachdem das Münzgeld eingeführt war, entstand aus dem 1257b Tauschhandel in lebensnotwendigen Dingen die zweite Art der Erwerbstätigkeit, die in der Form des gewerbsmäßigen Handels, die zunächst wohl einfach ausgeübt wurde, danach aber aufgrund von Erfahrung schon eine Fachkenntnis darüber anwandte, von wo und wie sie durch Warenumschlag den größten Gewinn erzielt. Deswegen entsteht auch der Eindruck, der Erwerbskunst gehe es hauptsächlich um Geld und ihre Aufgabe liege in der Fähigkeit herauszufinden, woher sich möglichst viel Geld gewinnen läßt; denn sie produziert Reichtum und Geld. Deswegen versteht man häufig unter Reichtum die Menge Geld, (das man besitzt,) weil die gewinnsüchtige Erwerbskunst und Handelstätigkeit sich darum bemühen. Bisweilen erscheint dagegen *Geld* als leeres Wort und von willkürlich gesetzter *Geltung*, in keiner Weise aber von Natur; denn wenn diejenigen, die es benutzen, (ihre Währung) ändern, ist es nichts wert und nicht für (den Erwerb) irgendeines der lebensnotwendigen Dinge brauchbar, und es geschieht häufig, daß einem, der viel Geld besitzt, doch die notwendige Nahrung fehlt. Es ist jedoch ungereimt, daß Reichtum, mit dem man gesegnet ist, die Auswirkung haben soll, daß man an Hunger zugrunde geht. So soll es nach der Sage auch dem Midas ergangen sein, als alles, was ihm vorgesetzt wurde, wegen der Unersättlichkeit seines Wunsches zu Gold wurde. Deswegen sucht man auch eine andere Bestimmung von Reichtum und Erwerbskunst – mit Recht: denn Erwerbskunst und Reichtum, der naturgemäß ist, bilden eine eigene Form, sie fallen unter die Kunst der Haushaltsführung; diese andere aber, die nach Art des gewerbsmäßigen Handels ausgeübt wird, bringt Besitz hervor – nicht mit allen Mitteln, sondern durch Handel mit Besitz. Und dieser gewinnsüchtigen Erwerbsweise scheint es um das Geld zu gehen, denn das Geld ist notwendiger Bestandteil und Zweck des Handels.

Bei dieser Form von Reichtum, der durch die gewinnsüchtige Erwerbsweise aufgehäuft wird, gibt es keine Begrenzung. Denn auch die Medizin zielt auf eine unbegrenzte Herstellung der Gesundheit ab; überhaupt lassen sich alle fachmännischen

Tätigkeiten bei der Festlegung ihres Zweckes keine Grenze setzen, denn sie wollen ihn ja so gut wie möglich verwirklichen – bei den Mitteln zum Zweck gehen sie jedoch nicht bis zum Grenzenlosen, denn der beabsichtigte Zweck setzt allen die Grenze – genauso nimmt auch diese gewinnsüchtige Erwerbskunst bei der Festsetzung ihres Zieles keine Begrenzung hin: ihr Ziel ist diese bestimmte Form von Reichtum, der Besitz von Geld. Eine Begrenzung gibt es dagegen bei der Erwerbskunst, die in den Bereich der Haushaltsführung fällt; denn *solchen* (unbegrenzten *Reichtum* zu gewinnen), ist nicht die Aufgabe der Ökonomik. Deswegen entsteht auch von diesem Standpunkt her der Eindruck, *jedem Reichtum* müsse eine Grenze gesetzt sein, in Wirklichkeit tritt aber, wie wir beobachten, das Gegenteil ein: alle, die sich gewinnbringender Tätigkeit verschreiben, versuchen Geld bis ins Unendliche zu vermehren. Ursache dafür ist die enge Verwandtschaft (beider Formen von Erwerbskunst): denn ihre Anwendung richtet sich auf die gleichen Gegenstände und überschneidet sich somit; sie nutzen die gleiche Art von Besitz, aber nicht in der gleichen Weise, sondern bei der einen liegt der Zweck (der Nutzung) außerhalb (des Besitzerwerbs), bei der anderen ist dagegen seine Vermehrung der Zweck der Erwerbstätigkeit. Daher meinen einige, dies sei die Aufgabe der Ökonomik, und halten beharrlich an der Auffassung fest, man müsse das Vermögen an Geld entweder im Umfang bewahren oder bis zum Unendlichen steigern.

Diese Einstellung ist darin begründet, daß Menschen mit
1258a ihrem ganzen Eifer dem bloßen Leben dienen, aber nicht dem vollkommenen Leben. Da dieser Lebenshunger keine Begrenzung kennt, sucht man auch ohne jede Grenze die Mittel, die es ermöglichen, ihn zu stillen. Diejenigen, die aber auch das vollkommene Leben anstreben, suchen das Leben körperlicher Genüsse. Und da auch deren Befriedigung durch den Besitz ermöglicht zu werden scheint, richtet sich ihr ganzes Tun und Trachten auf gewinnbringende Tätigkeit, und daraus entstand diese zweite Form der Erwerbskunst. Denn da ausschweifender Genuß in der Übersteigerung besteht, sucht man die Mittel, die die Übersteigerung ausschweifenden Genie-

ßens ermöglichen. Und wenn Menschen sich diese nicht durch die gewinnsüchtige Erwerbskunst beschaffen können, versuchen sie es auf anderem Wege, indem sie dafür jede Fähigkeit nutzen – nicht naturgemäß; denn Aufgabe der Tapferkeit ist es nicht, Geld, sondern Mut zu machen, und ebenso haben Feldherrnkunst und Medizin nicht diese Aufgabe, sondern die eine soll den Sieg erringen, die andere Gesundheit wiederherstellen. Aber jene Leute machen alle diese Künste zu Mitteln, Gewinn zu erzielen, als sei das das Ziel und auf das Ziel müsse alles ausgerichtet sein.

Damit sind nun folgende Themen behandelt: das Wesen der Erwerbskunst, die nicht den notwendigen Lebensbedürfnissen dient; die Gründe, weshalb sie bei uns praktiziert wird; der Unterschied zwischen dieser Erwerbskunst und jener, die für das Leben unerläßlich ist, nämlich der Kunst, Nahrung zu beschaffen, die naturgemäß zur Ökonomik gehört und nicht wie jene (andere Form) unbegrenzt ist, sondern eine Begrenzung hat.

Kapitel 10. Damit ist aber auch die Frage leicht zu klären, die wir am Anfang aufgeworfen haben, nämlich: ist die Beschaffungstätigkeit Aufgabe des Vorstandes eines Haushaltes und leitenden Staatsmannes oder nicht? Oder müssen vielmehr diese Dinge, (die die Erwerbskunst beschafft, für den Haushaltsvorstand und leitenden Politiker zuvor) vorhanden sein? Denn wie die praktische Politik die Menschen nicht hervorbringt, sondern von der Natur übernimmt und dann mit ihnen umgeht, so muß auch die Natur für die Nahrung Ackerland oder das Meer oder etwas anderes zur Verfügung stellen; danach ist es aber die Aufgabe des Leiters des Haushaltes, über (ihre Verwendung) in der erforderlichen Weise Bestimmungen zu treffen. Denn es ist auch nicht die Funktion der Webkunst, die Wolle herzustellen, sondern sie zu verarbeiten und zu beurteilen, welche gut und geeignet oder schlecht und ungeeignet ist.

Denn andernfalls könnte auch jemand die Frage aufwerfen, weshalb zwar die Erwerbskunst Teil der Haushaltsleitung ist, die Medizin aber kein Teil – obwohl doch die Mitglieder des Hauses gesund sein müssen, genauso wie sie leben müssen und andere notwendige Voraussetzungen erfüllt sein müssen. Es ist sicherlich in gewisser Hinsicht die Aufgabe des Haushaltsvorstandes und des Herrschers, auch für die Gesundheit zu sorgen, in gewisser Hinsicht ist es jedoch nicht ihre Aufgabe, sondern die des Arztes. So auch bei den Besitzgütern: in gewisser Hinsicht liegt die Sorge dafür bei dem Leiter des Haushaltes, in anderer Hinsicht jedoch nicht bei ihm, sondern bei einer ihm untergeordneten Tätigkeit. Am ehesten müssen diese Dinge, wie eben gesagt wurde, von Natur zur Verfügung stehen, da es die Aufgabe der Natur ist, ihrem Geschöpf Nahrung zu geben; denn für jedes Lebewesen ist der nicht verbrauchte Rest des Stoffes, aus dem es entsteht, seine Nahrung.

Naturgemäß ist für alle daher eine Erwerbsweise, (die Güter) gewinnt, die aus Früchten und Tier(produkten) bestehen. Nun gibt es aber zwei Formen von Gütern, wie wir schon sagten: die eine fällt in den Bereich der gewinnsüchtigen Händlertätigkeit, die andere in den der Ökonomik. Aber nur diese (zweite) befriedigt notwendige Bedürfnisse und findet lobende
1258b Anerkennung, während die Erwerbskunst nach Art des gewinnsüchtigen Handels mit Recht getadelt wird – denn sie wird nicht entsprechend der Natur ausgeübt, sondern besteht darin, daß Menschen aus (geschäftlichem Verkehr) untereinander Güter gewinnen. Daher wird mit der allergrößten Berechtigung (eine dritte Form der Erwerbstätigkeit,) der Geldverleih gegen Zinsen gehaßt; denn dabei stammt der Gewinn aus dem Münzgeld selber, nicht aus der Verwendung, für die es geschaffen wurde – denn es entstand (zur Erleichterung) des Warenumschlages. (Bei Geldgeschäften) vermehrt jedoch der Zins das Geld, daher hat er ja auch diesen Namen (Erzeugtes), denn das Erzeugte gleicht dem Erzeuger. Zins ist aber Geld gezeugt von Geld. Daher ist auch diese Form von Erwerb am meisten wider die Natur.

Kapitel 11. Wir haben nun für die theoretische Seite dieser Dinge ausreichende Bestimmungen getroffen und sollten jetzt die Fragen der praktischen Verwirklichung behandeln. In allen diesen Angelegenheiten ist die theoretische Beschäftigung dem Range eines freien Mannes angemessen, die praktische Erfahrung dagegen aufgezwungen.

Nützliche Teile der Erwerbskunst sind praktische Kenntnis in folgenden Bereichen: (a) welche Arten von Vieh sind am rentabelsten, und wo und wie, z.B. welcher Bestand an Pferden, Rindern oder Schafen und genauso der anderen Tieren ist am profitabelsten? Denn man muß praktische Kenntnis davon besitzen, welche von diesen den größten Gewinn abwerfen, wenn man sie untereinander in ihrem Wert vergleicht, und welche unter welchen jeweiligen örtlichen Bedingungen, denn die einen gedeihen in diesen, die anderen in jenen Gebieten. Dann (b) praktische Kenntnis im Ackerbau – und hierbei wieder der Bodenbestellung und der Anlage von Pflanzungen früchtetragender Bäume und Sträucher, und (c) in Bienenzucht und (der Haltung) anderer Tiere, von Fischen oder Geflügel, von denen man Nutzen ziehen kann. Dies sind nun die Teile der Erwerbskunst, die im eigentlichen Sinne diesen Namen verdient (I), und die Erwerbszweige, die an erster Stelle stehen. Innerhalb der Erwerbskunst, die Geschäftsverkehr (zwischen Menschen) ist (II), bildet der Handel die wichtigste Sparte – auch davon gibt es drei Teile: Fernhandel von Schiffseignern, Warentransport und Feilbieten von Gütern zum Verkauf; diese unterscheiden sich voneinander dadurch, daß der eine ein geringeres Risiko enthält, der andere dagegen höhere Einnahmen verschafft; an zweiter Stelle folgt Geldverleih gegen Zinsen, an dritter Stelle Lohnarbeit – davon ist ein Zweig die Tätigkeit handwerklicher Fachkräfte, der andere die Ungelernter, die allein durch Körperkraft nützlich sind. Die dritte Form der Erwerbstätigkeit (III) liegt zwischen dieser und der ersten; denn sie reicht sowohl in die naturgemäße Erwerbsweise wie in die des Geschäftsverkehrs hinein – sie gewinnt Produkte aus der Erde selber oder Produkte aus Stoffen, die aus der Erde stammen, zwar nicht eßbare, aber doch nützliche Dinge; unter sie fällt zum Beispiel Gewinnung von Holz und Bergwerksbetrieb jeder Art – auch dieser umfaßt viele Arten, denn es gibt eine Vielzahl von Rohstoffen, die aus der Erde gewonnen werden.

Über jede dieser Formen ist auch damit nur eine allgemeine Feststellung getroffen worden; sie aber im einzelnen detailliert und gründlich zu behandeln, ist zwar für die Ausübung der Tätigkeiten vorteilhaft, uns aber damit aufzuhalten, wäre eine unwürdige Aufgabe. Unter diesen Tätigkeiten haben diejenigen am meisten den Rang eines fachmännischen Könnens, bei denen am wenigsten dem Zufall überlassen bleibt; diejenigen sind am ehesten Tätigkeiten eines Arbeiters, bei denen man am stärksten den Körper in Mitleidenschaft zieht; am ehesten sklavisch sind diejenigen, für die man am meisten den Körper benutzt, von niedrigstem Rang schließlich diejenigen, für die man am wenigsten charakterliche Qualität braucht.

Da einige Autoren hierüber Schriften verfaßt haben, z.B.
1259a Charetides von Paros und Apollodor von Lemnos über Ackerbau, sowohl über (Fruchtanbau) durch Aussaat als auch den Obstanbau, genauso auch andere Schriftsteller über andere Gegenstände, da soll der, dem daran liegt, daraus seine Kenntnisse gewinnen. Außerdem muß man die verstreuten Äußerungen über die Mittel, durch die einige Leute bei ihrer Erwerbstätigkeit erfolgreich waren, zusammenfassen. Denn dieses alles ist denen von Nutzen, bei denen sich Besitzerwerb einer hohen Wertschätzung erfreut, zum Beispiel auch die Geschichte über Thales von Milet. Denn diese enthält eine für den Besitzerwerb brauchbare Einsicht; man schreibt sie Thales wegen seiner Weisheit zu, doch gibt sie eine allgemeingültige Einsicht wieder: als man ihm wegen seiner Armut vorhielt, die Philosophie sei eine unnütze Beschäftigung, da, so sagt man, habe er aus der Berechnung der Gestirne erschlossen, daß eine reiche Olivenernte bevorstehe; er habe noch im Winter, als er gerade über bescheidene Mittel verfügte, für sämtliche Ölpressen in Milet und auf Chios Anzahlungen hinterlegt und sie für einen geringen Betrag gemietet, da niemand ein höheres Angebot machte. Als aber die Ernte kam und zur gleichen Zeit und plötzlich viele Ölpressen gesucht wurden, habe er sie nach Bedingungen, wie sie ihm gefielen, vermietet; er habe

viel Geld gewonnen und bewiesen, daß es den Philosophen leicht ist, reich zu werden, wenn sie wirklich wollen – jedoch dies sei es nicht, worauf sie ihr Streben richten. Thales soll so einen Beweis seiner Weisheit gegeben haben. Ein solches Vorgehen, nämlich wenn es jemand gelingt, sich ein Monopol zu sichern, ist, wie wir sagten, allgemein eine gewinnbringende Methode. Deswegen eröffnen sich auch einige Staaten diese Einnahmequelle, wenn sie in Geldnot stecken: sie setzen für bestimmte Waren ein Monopol fest. So kaufte in Sizilien einer, bei dem Geld hinterlegt worden war, alles Erz aus den Erzgewinnungsanlagen, und als danach die Händler von den Handelsplätzen kamen, war er der einzige, der es zu verkaufen hatte; er tat es ohne großen Aufschlag auf den üblichen Preis, und trotzdem machte er mit seinen fünfzig Talenten hundert Talente Gewinn. Als Dionys davon Kunde erhalten hatte, gestattete er ihm, das gewonnene Geld mitzunehmen, untersagte ihm aber für die Zukunft den Aufenthalt in Syrakus, weil er Einnahmequellen gefunden habe, die gegen seine Interessen gerichtet seien. Dieser Einfall ist identisch mit dem des Thales. Denn beide haben es fertiggebracht, sich eine Monopolstellung zu sichern.

Auch für leitende Staatsmänner ist es von Bedeutung, solche Kenntnisse zu haben, denn viele Staaten sind auf solche Einnahmen und Einküfte angewiesen, genau wie ein Haushalt, nur in größerem Umfang. Deswegen machen auch einige der leitenden Staatsmänner dies zum einzigen Inhalt ihrer Politik.

Kapitel 12. Es gibt, wie wir festgestellt haben, drei Teilbereiche der Leitung eines Haushaltes. Einer ist die despotische Herrschaft, die vorher behandelt wurde, ein (weiterer) die väterliche, ein dritter die eheliche; denn (der Hausherr) gebietet auch über die Gattin und die Kinder – über beide als Freie, jedoch nicht in der gleichen Herrschaftsweise, sondern über die 1259b
Gattin wie man unter Bürgern herrscht, über die Kinder dagegen wie ein König. Denn von Natur hat das Männliche eher die Führung als das Weibliche – wenn sie nicht eine naturwidrige Verbindung eingegangen sind – und das Ältere und in seiner

Entwicklung Vollendete eher als das Jüngere und noch nicht fertig Ausgebildete. In den meisten Herrschaftsbeziehungen unter Bürgern wechseln sich Regierende und Regierte (in der Bekleidung eines Amtes) ab, denn sie beanspruchen, in ihrer Natur gleich zu sein und keinen Unterschied aufzuweisen. Jedoch solange der eine Teil herrscht, während der andere beherrscht wird, suchen (die Regierenden) in der äußeren Erscheinung, der Anrede und ehrenden Attributen eine Heraushebung, wie das auch Amasis mit dem Fußwaschbecken zum Ausdruck brachte. In diesem Verhältnis steht aber das Männliche zum Weiblichen (nicht nur zeitweilig, sondern) immer.

Die Herrschaft über die Kinder entspricht der eines Königs; denn der Vater übt seine Herrschaft mit Liebe und aufgrund der Autorität des Alters aus, was ja die königliche Herrschaftsform ausmacht. Deswegen hat Homer treffend für Zeus die Anrede gewählt: »Vater der Menschen und Götter«, für ihn als den König von diesen allen. Seiner Natur nach muß sich der König nämlich (vor den Untertanen) auszeichnen, aber er muß vom gleichen Schlag sein. Das ist ja auch der Fall bei den Älteren gegenüber den Jüngeren und dem Vater gegenüber dem Kind.

Kapitel 13. Es ist offensichtlich, daß die Sorge der Ökonomik in größerem Maße den Menschen als dem Besitz an leblosen Dingen gilt, und mehr dem besten Zustand der Menschen als dem des Besitzes, den wir Reichtum nennen, und mehr dem besten Zustand der Freien als dem der Sklaven.

Bei Sklaven könnte man die Frage aufwerfen, ob es neben seiner Tüchtigkeit als Werkzeug und Diener bei einem Sklaven eine weitere, wertvollere Tüchtigkeit gibt – ich meine maßvolle Besonnenheit, Tapferkeit, Gerechtigkeit oder irgendeine andere Eigenschaft dieser Art, oder ob er neben den körperlichen Dienstleistungen keine (solche charakterliche Qualität) besitzt. Die beiden möglichen Antworten enthalten aber ihre Schwierigkeiten: Entweder besitzen nämlich die Sklaven eine solche Qualität – worin soll dann aber der Unterschied zu den Freien bestehen? Oder sie besitzen sie nicht – aber dies ist doch widersinnig, da sie Menschen sind und an der Vernunft teilhaben.

Fast das gleiche Problem wird aber auch für Frau und Kind
aufgeworfen: besitzen auch sie vollkommene Charakterquali-
tät und muß eine Frau besonnen, tapfer und gerecht sein, und
kann es bei Kindern nicht nur Zuchtlosigkeit, sondern auch
Besonnenheit geben oder nicht?

Allgemein und grundsätzlich muß untersucht werden, ob
die charakterliche Qualität der von Natur Beherrschten und
Herrschenden gleich oder verschieden ist. Wenn nämlich von
beiden Anteil an vornehmer und guter Wesensart verlangt
wird, weshalb soll dann ein für allemal der eine herrschen,
der andere beherrscht werden? Im größeren oder geringeren
Grad (von menschlicher Vorzüglichkeit) kann ja der Unter-
schied (zwischen Herrschenden und Beherrschten) nicht be-
gründet sein; denn Herrschen und Beherrschtwerden unter-
scheiden sich der Art nach, ein größerer oder geringerer Grad
dagegen nicht der Art nach. Wenn aber nur der eine diese
Eigenschaften besitzen muß, der andere jedoch nicht, dann
wäre das ein erstaunliches Resultat; denn entweder wird der
Herrschende nicht maßvoll und gerecht sein, wie wird er dann
richtig herrschen? Oder der Beherrschte (besitzt diese Eigen-
schaften nicht), wie wird er sich richtig regieren lassen? Denn
als zügelloser und träger Mensch wird er keine seiner Aufga- 1260a
ben erledigen. Es ist also klar, daß beide charakterliche Qua-
lität besitzen müssen, daß es aber darin Unterschiede geben
muß, wie dies auch unter den von Natur Beherrschten der
Fall ist. Und dies ist unmittelbar an den Bedingungen in der
Seele deutlich: in dieser übt nämlich der eine Teil von Natur
die Herrschaft aus, der andere wird dagegen beherrscht; ihre
jeweilige Qualität ist, wie wir behaupten, verschieden, zum
Beispiel die des vernunftbegabten bzw. vernunftlosen Teils.
Offensichtlich liegen nun die gleichen Bedingungen auch in
den anderen (Verhältnissen) vor, so daß es von Natur meh-
rere Arten von Herrschenden und Beherrschten gibt; denn auf
eine andere Weise herrscht der Freie über den Sklaven und das
Männliche über das Weibliche und der Vater über das Kind,
und in jedem sind die genannten Seelenteile vorhanden, aber
sie sind in verschiedener Weise vorhanden: Der Sklave besitzt

die Fähigkeit zu praktischer Vernunft überhaupt nicht, die Frau besitzt sie zwar, aber nicht voll wirksam, auch das Kind besitzt sie, jedoch noch nicht voll entwickelt. Genauso muß dies auch bei den guten charakterlichen Haltungen der Fall sein: Alle Gruppen müssen daran Anteil haben, jedoch nicht in der gleichen Weise, sondern in dem Umfang, in dem jede diese Eigenschaften für ihre Aufgabe braucht. Deswegen muß der Regierende die charakterliche Qualität in ihrer vollendeten Ausprägung besitzen – denn jede Handlung ist schlechthin als Leistung dessen anzusehen, der die leitende Planung ausübt, die leitende Planung liegt aber bei der Vernunft; jeder der übrigen soll aber davon so viel besitzen, wie er (für seine Aufgabe) braucht. Damit ist deutlich, daß alle genannten Gruppen die guten charakterlichen Haltungen besitzen, daß aber die besonnene Mäßigung bei Frau und Mann nicht identisch ist, auch nicht Tapferkeit und Gerechtigkeit, wie Sokrates annahm, vielmehr ist die eine (Form von) Tapferkeit dem Herrschenden eigentümlich, eine andere den Dienenden, und das gleiche gilt für die anderen genannten Eigenschaften.

Auch eine Betrachtung, die sich mehr auf die jeweils besonderen Bedingungen richtet, kann dies verdeutlichen; denn diejenigen, die nur die sehr allgemeine Bestimmung treffen, charakterliche Qualität sei die richtige Verfassung der Seele oder sei Rechttun oder etwas Ähnliches dieser Art, täuschen sich selbst. Viel genauer als die, die solche Begriffsbestimmungen vornehmen, treffen es nämlich diejenigen, die, wie Gorgias, die einzelnen charakterlichen Haltungen aufzählen. Deswegen muß man voraussetzen, daß für alle Eigenschaften gilt, was der Dichter über die Frau sagte: »einer Frau gereicht Schweigen zur Zier«, für einen Mann trifft das aber nicht mehr zu. Da aber ein Kind noch nicht in seiner Entwicklung abgeschlossen ist, besitzt es offensichtlich nicht eine eigene charakterliche Haltung, die an ihm selber orientiert ist, sondern diese ist auf die Vollendung und den, der es leitet, bezogen; das gleiche gilt auch für den Sklaven im Verhältnis zum Herrn. Wir haben aber festgestellt, daß der Sklave für die Erledigung der lebensnotwendigen Aufgaben nützlich ist. Daher braucht er offensichtlich auch nur geringe charakterliche Qualität, nämlich so viel, daß er nicht durch Zuchtlosigkeit oder mangelnde Tatkraft seine Aufgaben vernachlässigt.

Wenn diese Behauptung wahr ist, könnte jemand aber die Frage aufwerfen, ob auch die Handwerker charakterliche Qualität brauchen; denn häufig vernachlässigen sie infolge von Zuchtlosigkeit ihre Aufgaben. Oder macht nicht folgendes den größten Unterschied (zwischen beiden) aus? Der Sklave nimmt am Leben (des Herrn) teil, während der Handwerker mit ihm nur aus größerer Ferne zu tun hat; daher braucht er charakterliche Qualität nur in dem Maße, wie er Sklave ist.
Denn der banausische Handwerker untersteht einer einge- 1260b
schränkten Sklaverei; der Sklave hat diese seine Stellung von Natur, ein Schuster oder ein anderer Handwerker aber (seinen Beruf) niemals.

Es leuchtet nun ein, daß der Herr für die Ausbildung der charakterlichen Qualität des Sklaven, wie sie oben bestimmt wurde, verantwortlich sein muß – ohne daß er die despotische Kenntnis besitzt, die (sklavischen) Dienstaufgaben zu lehren. Deswegen haben diejenigen Unrecht, die Sklaven von vernünftiger Unterredung ausschließen und fordern, daß man ihnen nur Anordnungen gibt. Vielmehr muß man dem Sklaven mehr Mahnungen geben als den Kindern. Dazu soll es mit diesen Bestimmungen sein Bewenden haben.

Aber (in einem anderen Zusammenhang,) in den Untersuchungen über die Verfassungen müssen wir Mann und Frau, und Kinder und Vater erörtern. (Wir werden dann) die besondere charakterliche Qualität eines jeden von ihnen behandeln, was in den Beziehungen untereinander richtig ist und was nicht, und auf welche Weise man hierbei das richtige Verhalten anstreben, das schlechte meiden muß. Denn jeder Haushalt ist ein Teil des Staates, die vorher genannten (Personen) bilden also die Teile des Haushalts, und der beste Zustand des Teiles muß auf den des Ganzen ausgerichtet sein. Daher ist es erforderlich, sowohl die Kinder wie die Frauen auf die Verfassung hin zu erziehen; denn daß auch die Kinder und die Frauen gute Eigenschaften besitzen, hat einen Einfluß auf den guten Zustand des Staates. Und es muß einen Einfluß haben, denn die Frauen bilden die Hälfte der Freien und aus den Kindern gehen diejenigen, die (als Bürger) an der Verfassung teilhaben, hervor.

Da nun diese Gegenstände ausreichend bestimmt sind, wir aber über die ausstehenden Fragen an anderer Stelle reden müssen, wollen wir die hier vorgetragenen Erörterungen als abgeschlossen verlassen. Wir wollen unsere Untersuchung von einem neuen Ausgangspunkt her fortsetzen, indem wir zuerst die Schriftsteller, die über den besten Staat ihre Auffassungen geäußert haben, einer Prüfung unterziehen.

BUCH II

Kapitel 1. Wir haben uns die Aufgabe gestellt zu untersuchen, welche unter allen Formen staatlicher Gemeinschaft die beste für Leute ist, die, so weit wie möglich, ihren Wünschen entsprechend ihr Leben führen können. Für ein solches Vorhaben müssen wir auch die anderen Verfassungen einer Prüfung unterziehen, sowohl Verfassungen, die in einigen Staaten in Kraft sind, welche wegen ihrer trefflichen gesetzlichen Ordnung in gutem Rufe stehen, als auch andere Verfassungen, die von gewissen Männern entworfen wurden und als vorbildlich gelten. Wir tun dies in folgender Absicht: einmal soll das Richtige und Nützliche erkannt werden, und außerdem soll nicht der Eindruck entstehen, als sei die Suche nach etwas Neuem neben den bestehenden der Zeitvertreib von Leuten, die um jeden Preis etwas spitzfindig ersinnen wollen; es soll vielmehr deutlich werden, daß wir uns diese Untersuchung deswegen vorgenommen haben, weil die Verfassungen, die jetzt vorliegen, unzulänglich sind.

Wir müssen zu allererst den Ausgangspunkt wählen, der naturgemäß Ausgangspunkt einer solchen Betrachtung ist: zwangsläufig (kann es nur drei Möglichkeiten geben): entweder (1) haben alle Bürger an allen Dingen teil oder (2) an nichts oder (3) zwar an einigen Dingen, an anderen jedoch nicht. Daß sie jedoch an nichts teilhaben (2), ist offensichtlich ausgeschlossen. Denn die Bürgerschaft ist eine Gemeinschaft der Teilhabe, und zuallererst müssen (die Bürger) das
Staatsgebiet teilen; zu einem einzigen Staat gehört ja auch nur 1261a
ein einziges Staatsgebiet, die Bürger sind aber Teilhaber an dem einen Staat (und daher auch an seinem Gebiet). Ist es nun besser, daß (die Bürger) des Staates, der richtig regiert werden soll, alle Dinge, die man gemeinsam haben kann, auch tatsächlich gemeinsam besitzen (1), oder ist es besser, einige Dinge gemeinsam zu haben, andere jedoch nicht (3)? Denn es

besteht sicherlich die Möglichkeit (1), daß die Bürger miteinander auch Kinder, Frauen und Besitz gemeinsam haben wie in der *Politeia* Platons; denn dort fordert Sokrates, daß auch Kinder, Frauen und Besitz allen gemeinsam gehören müssen. Soll dies nun besser so, wie es jetzt üblich ist (3), geregelt sein oder nach dem in (Platons) *Politeia* niedergelegten Gesetz?

Kapitel 2. Daß die Frauen allen gemeinsam gehören, bringt aber schon sonst viele Mißstände mit sich, und der Zweck, um dessentwillen Sokrates eine solche Gesetzgebung für notwendig erklärt, folgt offensichtlich nicht aus den zur Begründung angeführten Argumenten. Und was den Zweck selber angeht, der nach seiner Auffassung dem Staat gesetzt sein muß, so stellt er, wie er jetzt formuliert ist, im Staat überhaupt eine Unmöglichkeit dar, wie man ihn aber genauer bestimmen sollte, wurde von ihm nicht erklärt – ich meine seine Auffassung, es sei das Beste, daß der ganze Staat in größtmöglichem Maße eine Einheit ist, denn dies nimmt Sokrates zur Grundlage. Offensichtlich wird aber ein Staat, wenn er fortschreitend mehr und mehr zu einer Einheit wird, aufhören, ein Staat zu sein; denn ein Staat ist seinem Wesen nach eine zahlenmäßige Vielheit, und wenn er in stärkerem Maße eins wird, dann wird aus dem Staat ein Haushalt und aus dem Haushalt ein Einzelmensch; denn »eins zu sein« dürften wir eher dem Haushalt als dem Staat zusprechen und dem Einzelnen wieder eher als dem Haushalt. Aber selbst wenn jemand in der Lage sein sollte, diese Einheit herzustellen, sollte er sie nicht verwirklichen, denn er wird den Staat zerstören.

Ein Staat setzt sich aber nicht nur aus einer größeren Anzahl von Menschen zusammen, sondern auch aus solchen, die der Art nach verschieden sind, denn ein Staat entsteht nicht aus Gleichen. Grundsätzlich unterscheidet sich nämlich ein Waffenbündnis von einem Staat: der Nutzen eines Waffenbündnisses beruht allein auf der zahlenmäßigen Stärke, auch wenn (die Mitglieder) von gleicher Art sind – denn ein Waffenbündnis dient seiner Natur nach der militärischen Hilfeleistung, (es wirkt) wie ein zusätzliches Gewicht, das (die Waagschale) zum Sinken bringt. In dieser (Differenz von Einheit unter wesensmäßig Verschiedenen und zahlenmäßiger Addition Gleicher) besteht auch der Unterschied zwischen einem Staat und einem Volksstamm, sofern die große Zahl (seiner Mitglieder) nicht vereinzelt über Dörfer zerstreut wohnt, sondern wie die Arkader organisiert ist.

Diejenigen, aus denen eine Einheit gebildet werden soll, sind dagegen wesensmäßig verschieden. Deswegen erhält die Gleichheit des Empfangens gegenseitiger Leistungen die Staaten, wie in den ethischen Erörterungen zuvor dargelegt wurde. Ja selbst auch unter Freien und Gleichen muß diese (Gleichheit) hergestellt werden; denn alle können nicht zur gleichen Zeit ein Staatsamt bekleiden, sondern entweder nur für ein Jahr oder nach einer anderen zeitlichen Regelung. Auf diese Weise läßt sich auch erreichen, daß alle (Bürger) Herrschaft ausüben, so wie wenn Schuster und Zimmerleute (ihre Berufe) vertauschten und es nicht (so wäre, daß) die gleichen immer entweder Schuster oder Zimmerleute sind. Da aber gerade nach diesem Prinzip auch die politische Gemeinschaft besser geordnet ist, ist es offensichtlich vorzuziehen, daß die gleichen Leute immer die Herrschaft innehaben – sofern dies möglich ist; wenn aber in einer bestimmten Bevölkerung dies nicht
möglich ist, weil alle in ihrer Natur gleich sind, und wenn es 1261b
(bei ihnen) zugleich auch ein Gebot der Gerechtigkeit ist, daß alle an der Ausübung von Herrschaft beteiligt sind – einerlei ob dies eine Tätigkeit von hohem oder geringem Rang ist – da versucht die Regelung, daß die Gleichen sich im Wechsel (die Herrschaft) überlassen † und doch von Anfang an gleich sind †, dies nachzuvollziehen; denn im Wechsel herrschen die einen und werden die anderen beherrscht, so als ob sie Menschen anderer Art geworden wären. Dieser (Ausgleich von Aufgaben) findet auch statt, wenn sie ein Amt bekleiden; denn die einen übernehmen dieses, die anderen jenes Amt.

Danach ist nun offensichtlich hierüber Klarheit erreicht: einerseits kann ein Staat seiner Natur nicht in dem Sinne eine Einheit sein, wie manche Leute behaupten; und andererseits zerstört das, was als größtes Gut für die Staaten hingestellt wird, die Staaten, während doch das, was als (wirkliches) Gut einer Sache anzusehen ist, dieser dauerhaften Bestand verleiht.

Auch auf andere Weise wird deutlich, daß dieses Streben, einen Staat allzusehr zu einer Einheit zusammenzuschließen, nicht vorteilhaft ist. Denn ein Haushalt besitzt mehr Autarkie als ein Einzelner und ein Staat mehr als ein Haushalt, und erst dann kann man von der Existenz eines Staates sprechen, wenn die Bevölkerung eine Gemeinschaft bildet, die die Bedingung der Autarkie erfüllt. Wenn nun das, was größere Autarkie besitzt, den Vorzug verdient, dann ist auch der Zustand mit geringerer Einheit dem mit größerer Einheit vorzuziehen.

Kapitel 3. Jedoch selbst wenn es das höchste Gut wäre, daß die Gemeinschaft möglichst »eins« ist, so scheint doch auch dies nicht in logischer Argumentation (aus der Bedingung) »wenn alle zugleich ›mein eigen – nicht mein eigen‹ sagen« – nach Sokrates' Auffassung ist dies ein Indiz für die vollständige Einheit des Staates – abgeleitet zu werden. Das Wort *alle* wird aber hierbei in zweifacher Bedeutung gebraucht. Wenn *alle* im Sinne von *jeder Einzelne* verwandt ist, dann dürfte wohl eher das eintreten, was Sokrates bewirken will: jeder Einzelne wird nämlich das gleiche Kind seinen Sohn und die gleiche Person seine Frau nennen und sinngemäß entsprechend beim Besitz und bei den Wechselfällen des Lebens. Nun werden aber Leute, die Frauen und Kinder gemeinsam haben, sich nicht in diesem Sinne ausdrücken, sondern sie werden zwar als Gesamtheit (diese Personen »ihr eigen« nennen), aber nicht jeder Einzelne von ihnen; genauso werden zwar alle zusammen den Besitz (als ihren eigenen bezeichnen), aber nicht jeder Einzelne als seinen eigenen. Offensichtlich ist doch hier die Bezeichnung *alle* eine Irreführung – denn »alle« und »beides« wie »ungerade« und »gerade« ermöglichen wegen ihrer Doppelbedeutung auch in Disputationen die eristischen Trugschlüsse. Daraus folgt: wenn alle das gleiche (als ihr eigen) bezeichnen, so ist das zwar in dem einen Sinne eine ansprechende Regelung, enthält aber eine Unmöglichkeit, und in dem anderen Sinne bewirkt es keine Eintracht.

Außerdem bringt die (dort) empfohlene Maßnahme noch einen weiteren Nachteil mit sich: denn Gegenstände, die die größte Zahl von Menschen gemeinsam besitzt, erfahren die geringste Pflege und Sorgfalt. Man kümmert sich ja am ehesten um persönliches Eigentum, um das der Allgemeinheit dagegen weniger oder nur in dem Maße, wie es jeden persönlich angeht. Denn – von anderen Gesichtspunkten abgesehen – (wo Besitz allen gemeinsam gehört), ist man eher nachlässig, weil man sich damit beruhigen kann, daß ein anderer da ist, der sich darum kümmern kann – so erledigt manchmal eine große Zahl von Dienern die Dienstaufgaben des Gesindes schlechter als eine kleinere. (Bei Platon) hat nun zwar jeder Bürger tausend Söhne, aber natürlich nicht persönlich jeder einzelne Bürger, sondern jeder beliebige (junge Mann), den man gerade herausgreift, kann ebensogut von jedem beliebigen Va- 1262a
ter abstammen; daher werden alle diese (Väter ihre Söhne) in gleicher Weise vernachlässigen. Außerdem kann jeder seinen Mitbürger, dem es gut oder schlecht geht, nur in dem Bruchteil »mein eigen« nennen, in dem er selber zur Gesamtzahl der Bürger steht: so sagt er »mein eigen« oder »der Sohn von jenem da«, und mit dieser Feststellung bezieht er sich auf jeden der tausend (möglichen Väter) oder wieviele der Staat sonst haben mag – und selbst dies (sagt er) noch voller Zweifel; denn es bleibt ja ungeklärt, wem es tatsächlich vergönnt war, daß ihm ein Kind geboren wurde und nach der Geburt am Leben blieb. Ist es aber vorzuziehen, daß jeder »mein eigen« in dieser Weise sagt, indem er die gleiche Anrede als einer von zweitausend oder zehntausend benutzt, oder in der Weise, wie man jetzt in den Staaten von »mein eigen« spricht? Denn da bezeichnet einen und denselben Menschen der eine als seinen Sohn, der andere als seinen Bruder, (ein Dritter) als seinen Neffen oder (mit weiteren Bezeichnungen) entsprechend einem anderen Verhältnis der Blutsverwandtschaft, der Familienzugehörigkeit oder Verschwägerung – zu ihm selbst oder zu einem seiner Angehörigen – oder er nennt ihn Mitglied der Sippe oder der Phyle. Denn es ist vorzuziehen, so der wirkliche Neffe zu sein als in jener Weise (in Platons *Politeia)* ein Sohn.

Unmöglich kann man aber auch verhüten, daß einige ihre Brüder, Kinder, Väter und Mütter zu erkennen glauben. Denn in der Ähnlichkeit, die zwischen Kindern und Eltern besteht, müssen sie Gründe für die Annahme verwandtschaftlicher Beziehungen finden. Das kommt tatsächlich vor, wie es einige Verfasser von Berichten über Fahrten um die Erde schildern. Nach ihren Berichten haben nämlich einige Stämme des oberen Libyens die Frauen gemeinsam, die Kinder werden aber aufgrund der Ähnlichkeit (ihren Vätern) zugesprochen. Es gibt aber auch Frauen und unter den anderen Lebewesen weibliche Tiere wie Stuten und Rinder, die die ausgeprägte natürliche Fähigkeit besitzen, Nachkommen zur Welt zu bringen, die den Eltern ähneln, so wie in Pharsalos die Stute mit dem Namen »Gerechte«.

Kapitel 4. Außerdem ist es für die Begründer einer solchen Gemeinschaft nicht leicht, sich gegen schlimme Vorkommnisse wie Mißhandlungen und Tötungsdelikte – seien sie ungewollt oder vorsätzlich – und Auseinandersetzungen und Beleidigungen zu schützen. Denn wenn Väter, Mütter und nahe Verwandte betroffen sind, kann keine solche Tat ohne Verletzung geheiligter Gebote begangen werden, während gegenüber Fernerstehenden (solche Gebote nicht verletzt werden). Ja wenn sich die Angehörigen nicht kennen, müssen solche Vorkommnisse sogar in größerer Zahl eintreten, als wenn sie sich kennen; und wenn so etwas eingetreten ist, dann können unter Leuten, deren (verwandtschaftliche Beziehung) bekannt ist, die traditionellen Entsühnungsriten vollzogen werden, bei Unbekannten aber nicht.

Wenn er so die jungen Männer zu gemeinsamen Söhnen aller machte, dann ist es unbegreiflich, daß er Liebhabern nur das körperliche Zusammensein untersagte, aber ein Liebesverhältnis nicht verbot und auch nicht die Liebkosungen untersagte, die zwischen Vater und Sohn oder Bruder und Bruder das Äußerste an Unschicklichkeit sind, wie allein schon erotische Zuneigung (zwischen ihnen unschicklich ist). Unsinnig ist aber auch folgendes: körperliches Zusammensein hat er nur aus dem Grunde untersagt, weil es zu starke Lust errege; daß die Liebenden aber Vater und Sohn oder Brüder sind, ist dabei nach seiner Auffassung nicht von Bedeutung.

Gemeinsamer Besitz von Frauen und Kindern scheint aber eher für die Bauern von Vorteil zu sein als für die Wächter. 1262b
Denn freundschaftliche Beziehungen werden sich weniger entwickeln, wenn ihnen Kinder und Frauen gemeinsam gehören – aber so (ohne freundschaftliche Bindungen) sollten die Regierten leben, damit sie sich den Befehlen fügen und nicht aufsässig werden.

Insgesamt muß bei einer solchen gesetzlichen Ordnung das Gegenteil von dem eintreten, was gute Gesetze bewirken sollen und was Sokrates als Begründung für die Notwendigkeit einer solchen Regelung über Frauen und Kinder annimmt. Wir glauben ja, daß Einträchtigkeit das höchste Gut für die Staaten ist; denn bei Eintracht dürften sie weniger von Parteienstreit zerrissen sein, und Sokrates rühmt besonders, daß der Staat eine Einheit bildet, die als Wirkung der Einträchtigkeit gilt und auch von ihm so bezeichnet wird. Denn so sagt, wie allen bekannt ist, Aristophanes in den Gesprächen »Über die Liebe«, daß die Liebenden wegen ihrer übergroßen Liebe danach verlangen zusammenzuwachsen und beide aus zweien eins zu werden. Dabei mußten entweder beide oder der eine Partner zugrundegehen; in einem Staat muß dagegen b15
aufgrund dieser (von Platon vorgeschriebenen) Gemeinschaft die Einträchtigkeit verwässert werden und am allerwenigsten der Sohn den Vater oder der Vater den Sohn »mein eigen« nennen. Wie eine kleine Menge eines süßen Stoffes, die einer großen Menge Wasser beigemischt wird, die Beimischung nicht einmal wahrnehmbar macht, so geschieht es ja auch mit dem gegenseitigen engen Verhältnis, das nur auf jenen Benennungen beruht: in einem solchen Falle kümmert sich ein Vater notwendigerweise am allerwenigsten (um die Kinder) wie um seine Söhne oder ein Sohn (um die Älteren) wie um seinen Vater oder (Gleichaltrige) um einander wie Brüder. Denn in der Hauptsache sind es zwei Dinge, die Menschen dazu bringen, Fürsorge zu beweisen und Liebe zu empfinden: einmal

die Existenz von etwas Eigenem und von etwas, das von ihnen geschätzt wird; aber denen, die unter einer solchen Ordnung leben, kann keines von beiden gehören.

Erhebliche Unruhe muß aber auch das Verfahren verursachen, die Kinder aus der Gruppe der Bauern und Handwerker in den Wächterstand oder aus diesem in jenen Stand umzusetzen. Denn diejenigen, die die Kinder ausliefern und in den anderen Stand versetzen, müssen erkennen, wessen Kinder es sind und wem sie diese übergeben. Außerdem müssen auch die vorher genannten Vorkommnisse, wie zum Beispiel Mißhandlungen, Liebesverhältnisse oder Tötungsdelikte, noch eher bei diesen (in einen anderen Stand Versetzten) eintreten; denn die, die (aus dem Wächterstand) in die anderen Stände der Bürgerschaft versetzt werden, werden die Wächter nicht mehr Brüder, Kinder, Väter und Mütter anreden, und umgekehrt wird es auch nicht dazu kommen, daß die, die in den Wächterstand versetzt wurden, ihre (Verwandten aus der) anderen Bürgerklasse mit diesen Ausdrücken ansprechen und sich daher in acht nehmen, wegen ihrer Verwandtschaft etwas von dem zu tun, was eben genannt wurde.

Das soll zur Klärung des gemeinschaftlichen Besitzes an Kindern und Frauen genügen.

Kapitel 5. Im Anschluß daran wollen wir untersuchen, auf welche Weise für Bürger, die unter der besten Verfassung leben sollen, Regelungen über den Besitz getroffen werden sollten, und (insbesondere), ob er ihnen gemeinschaftlich oder nicht gemeinschaftlich gehören soll. Diese Frage kann man auch losgelöst von den Bestimmungen des Gesetzgebers (in Platons *Politeia*) über Frauen und Kinder untersuchen. Ich
1263a meine damit Folgendes: ist es auch unter der Voraussetzung, daß diese jeweils Einzelnen gehören, wie das jetzt bei allen der Fall ist, vorzuziehen, daß die Besitztümer doch gemeinsam gehalten werden, oder soll deren Nutzung allen gemeinsam offen stehen? Was ist also besser? Soll (1) landwirtschaftlicher Grundbesitz jeweils Privatbesitz sein, während die Besitzer die Erträge in einen gemeinsamen Topf einbringen und dann so

verbrauchen, wie das einzelne Volksstämme tun? Oder soll (2) umgekehrt der landwirtschaftlich genutzte Boden allen gemeinschaftlich gehören, und soll man ihn auch gemeinschaftlich bewirtschaften, während die Erträge zu individueller Nutzung aufgeteilt werden? Denn es wird berichtet, daß einige Barbarenstämme auch diese Form von (Güter-)gemeinschaft praktizieren. Oder (ist es vorzuziehen), daß (3) sowohl Grundstücke als auch Erträge allen gemeinsam gehören? Ein besonderer Fall, der auch geringere Schwierigkeiten mit sich bringt, liegt vor, wenn diejenigen, die den Boden bewirtschaften, nicht (mit den gemeinschaftlichen Besitzern) identisch sind. Wenn dagegen (die gemeinsamen Besitzer) für sich selber die Arbeit machen, dann erzeugen die Besitzregelungen erheblichen Ärger; denn wenn Ertrag und Leistung nicht gleich, sondern ungleich sind, kann es nicht ausbleiben, daß diejenigen, die weniger erhalten, aber mehr arbeiten, Beschuldigungen gegen die erheben, die bei wenig Arbeit in großem Umfang Nutznießer sind oder viel erhalten. Aufs Ganze gesehen ist es ja überhaupt schon schwierig, miteinander zu leben und menschliche Dinge jeglicher Art miteinander zu teilen, und am schwierigsten ist das in solchen Dingen. Das zeigen auch Gruppen, die sich für eine Reise zusammenschließen: so ziemlich die meisten Teilnehmer verfeinden sich, weil sie aus ganz alltäglichen und geringfügigen Anlässen miteinander in Streit geraten. Außerdem geraten wir mit den Bediensteten am ehesten aneinander, die wir am meisten für die alltäglichen Dienstleistungen brauchen.

Die Regelung gemeinsamen Besitzes enthält diese und ähnliche Schwierigkeiten. Dagegen dürfte eine Besitzordnung, die jetzt gültigem Brauch folgt und durch gewohnheitsmäßige Verhaltenweisen und die Ordnung richtiger Gesetze vollkommener gemacht ist, einen beträchtlichen Vorzug bieten: sie dürfte den Vorteil beider Ordnungen verbinden – damit meine ich den Vorteil des gemeinschaftlichen Besitzes und des Privateigentums. In gewisser Weise muß nämlich der Besitz der Allgemeinheit gehören, aufs Ganze gesehen aber jeweils dem Einzelnen. Denn wenn die Sorge um den Besitz jeweils Einzelnen vorbehalten ist, wird dies nicht gegenseitige Vorwürfe provozieren; die Sorge um den Besitz wird so eher gesteigert, weil nun jeder Einzelne sich seinem Eigentum widmet. Aufgrund einer guten Charakterhaltung (der Besitzer) wird aber für den Gebrauch, wie es im Sprichwort heißt, »der Besitz von Freunden allen gemeinsam gehören.« In dieser Weise sind tatsächlich schon jetzt in einigen Staaten in Ansätzen Regelungen erlassen, da dies nicht unmöglich ist, und besonders in Staaten mit einer guten politischen Ordnung wird einiges schon verwirklicht, und anderes könnte wohl verwirklicht werden. Denn wenn jeder Einzelne den Besitz persönlich als Eigentum hat, kann man ihn einerseits seinen Freunden zur Nutzung bereitstellen, andererseits aber auch den Besitz (anderer) nutzen, so als gehöre er der Allgemeinheit. In dieser Weise bedient man sich auch in Sparta der Sklaven, die jeweils der andere besitzt, als gehörten sie einem selber, außerdem (bedient man sich) der Pferde und Hunde, und wenn man Wegzehrung braucht, der (Erträge der) Äcker auf dem Lande. Offensichtlich ist es danach vorzuziehen, daß der Besitz zwar Privateigentum ist, daß man ihn aber allen zur Nutzung zur Verfügung stellt. Zu erreichen, daß die Bürger sich dazu bereit finden, ist aber die besondere Aufgabe des Gesetzgebers.

Außerdem trägt es auch unbeschreiblich viel zum Wohlbehagen bei, wenn man etwas als sein Eigentum betrachten
1263b kann. Denn es ist gewiß nicht ohne Grund, daß ein jeder Liebe zu sich selber hegt, sondern diese Haltung ist naturgegeben – Selbstsucht wird dagegen mit Recht getadelt, und sie ist nicht Eigenliebe, sondern deren Übertreibung, wie auch Habsucht (Übertreibung des naturgemäßen Verlangens nach Besitz ist), während doch so ziemlich alle Menschen jede Art von Besitz schätzen und lieben. Es bereitet es aber auch das größte Vergnügen, Verwandten, Gästen aus der Fremde und Nahestehenden einen Gefallen zu erweisen und sie zu unterstützen, was aber nur bei Privatbesitz möglich ist. All dies läßt sich nicht verwirklichen, wenn man den Staat allzusehr zu einer Einheit macht; zusätzlich vereitelt man dabei ganz offensichtlich die Bewährung von zwei wertvollen Charaktereigenschaf-

ten: von Selbstbeherrschung gegenüber den Frauen – denn es ist ein nobles Verhalten, aus Selbstbeherrschung die Frau eines anderen nicht anzurühren – und von freigebigem Umgang mit seinem Besitz. (Bei Gemeineigentum) kann einer ja nicht beweisen, daß er freigebig ist, und er wird keinen Akt von Freigebigkeit üben, da Freigebigkeit sich in der Verwendung der Güter bewährt (die Platon den Wächtern vorenthalten hat).

Die Gesetzgebung der platonischen *Politeia* dürfte anspre- b15
chend erscheinen und den Eindruck machen, das Wohl der Menschen zu fördern. Wer (solche Vorschläge) hört, nimmt sie gerne beifällig auf, glaubt er doch, daß dadurch eine wunderbare Einträchtigkeit aller mit allen gestiftet werde, besonders wenn man die Anklage erhebt, die unter (jetzt gültigen) Verfassungsordnungen vorherrschenden Mißstände seien darin begründet, daß der Besitz nicht gemeinschaftliches Eigentum sei – mit Mißständen meine ich die Klagen gegeneinander wegen Geschäftsvereinbarungen und die Verurteilungen wegen falscher Zeugenaussagen und die unterwürfigen Schmeicheleien gegenüber den Reichen. Aber keiner dieser Mißstände ist darin begründet, daß Besitz nicht zum Gemeineigentum gemacht wurde, sondern beruht auf der Schlechtigkeit der Menschen – wir können ja beobachten, daß gerade Leute, die gemeinsamen Besitz haben und miteinander teilen, erheblich mehr miteinander verfeindet sind als die, die jeweils für sich allein über Privateigentum verfügen. Aber da wir sie mit der großen Zahl derer, denen Besitz als Privateigentum gehört, vergleichen, finden wir nur wenige, die wegen Besitzgemeinschaft zerstritten sind. Außerdem wäre es gerecht, nicht nur darzulegen, wie viele Mißstände ihnen durch die Besitzgemeinschaft genommen werden sollen, sondern auch wie viele Vorzüge. Es scheint aber, daß man ein solches Leben ganz und gar nicht leben kann.

Als Ursache dieses Irrtums des Sokrates muß man die Tatsache halten, daß er die Voraussetzung falsch bestimmt hat. Denn in gewisser Weise müssen zwar tatsächlich Haushalt und Staat eine Einheit bilden, aber nicht völlig. Denn wenn

ein Staat auf diesem Wege (zur Einheit) weiter fortschreitet, wird der Fall eintreten, daß er gar nicht (mehr) Staat sein wird, oder daß er zwar noch Staat ist, aber doch nahe daran ist, nicht mehr als Staat zu existieren und daher ein Staat minderer Qualität ist – wie wenn jemand einen Zusammenklang mehrerer Töne darauf reduzierte, daß alle den gleichen Ton singen oder spielen, oder einen (abwechslungsreichen) Rhythmus zu einförmigem rhythmischem Gleichmaß machte. Man muß vielmehr durch Erziehung die zahlenmäßige Vielheit, die ein Staat ja ist, wie vorher erklärt wurde, zu einer Gemeinschaft und Einheit zusammenschließen. Es ist jedenfalls seltsam, daß (Platon), der vorhatte, der Erziehung im Staat ihren Platz zu gewinnen, und glaubte, durch sie (die Bewohner des) Staates gut zu machen, doch meinte, mit solchen Mitteln (wie der Besitzgemeinschaft) eine Verbesserung zu erreichen anstatt durch die Ausbildung gewohnheitsmäßiger Verhaltensweisen, durch Geistesbildung und durch Gesetze. So hat der Gesetz-
1264a geber in Sparta und Kreta durch gemeinsame Mahlzeiten in Besitzdingen eine Gemeinschaft hergestellt.

Man sollte aber auch gerade Folgendes nicht übersehen: man muß die lange Vorzeit mit ihrer Vielzahl von Jahren beachten, da in ihnen nicht verborgen geblieben wäre, wenn solche Regelungen sinnvoll wären. Denn so ziemlich alles ist schon entdeckt worden, aber entweder ist es noch nicht zusammengefaßt oder es wird noch nicht angewandt, obwohl man es kennt. (Sokrates' Irrtum) dürfte am leichtesten offensichtlich werden, wenn man einmal sehen könnte, daß eine solche Staatsordnung in die Wirklichkeit umgesetzt wird. Er wird nämlich nur dann einen Staat schaffen können, wenn er ihn gliedert und die Teile gegeneinander absondert, teils in Gruppen für gemeinsame Mahlzeiten, teils in Sippen und Phylen. Dann wird sich herausstellen, daß seine Gesetzgebung sich darauf reduziert, den Wächtern Landwirtschaft zu untersagen – tatsächlich versuchen das auch jetzt die Spartaner.

Aber wie die Form des Staatswesens in seiner Gesamtheit für seine Mitglieder aussehen soll, hat Sokrates weder bestimmt, noch ist es leicht, dieses zu erklären. Jedoch die übrigen Bürger (außer den Wächtern) machen so ziemlich die Hauptmasse der Bevölkerung dieses Staates aus; aber über sie hat er keine Bestimmungen getroffen; (es bleibt daher unklar), ob auch die Bauern den Besitz gemeinschaftlich haben sollen oder jeder Einzelne privaten Besitz, außerdem ob jeder auch Frau und Kinder für sich oder ob (alle) diese gemeinsam haben sollen. Denn wenn auch ihnen allen in gleicher Weise (wie den Wächtern) alles gemeinsam gehören sollte, worin werden sich diese dann von jenen Wächtern unterscheiden? Oder welchen Vorteil hätten sie, da sie doch deren Herrschaft hinnehmen müssen? Oder warum sollen sie die Herrschaft hinnehmen, wenn man sich (für sie) nicht etwas von der Art ausdenkt, wie es die Kreter tun? Diese haben nämlich ihren Sklaven in allen anderen Angelegenheiten die gleichen Rechte zugestanden, ihnen aber lediglich den Besuch der Sportstätten und den Besitz von Waffen untersagt. Wenn aber auch bei den Bauern (das Leben mit Frauen und Kindern und das Eigentum) genauso wie in den anderen Staaten geregelt sind, wie soll sich dann das Zusammenleben (mit den oberen Ständen) gestalten? In einem einzigen Staat würde es nämlich notwendigerweise zwei Staaten geben, und diese würden sich verfeindet gegenüberstehen: die Wächter macht er nämlich gleichsam zur Besatzungstruppe, die Bauern, Handwerker und die anderen aber zu Bürgern (der besetzten Stadt). Beschuldigungen, Prozesse und was er sonst für Mißstände in den Staaten nennt, dies alles wird sich auch bei diesen finden. Sokrates sagt jedoch, daß (die Bürger dieses Staates) aufgrund ihrer Erziehung nicht viele Gesetze z.B. über die Ordnung der Stadt, des Marktes und andere Dinge dieser Art benötigen werden – aber diese Erziehung läßt er allein den Wächtern zukommen. Außerdem gibt er den Bauern, die eine Abgabe entrichten müssen, die Verfügungsgewalt über die Besitztümer. Aber darum ist um so mehr zu erwarten, daß sie schwer zu beherrschen und voll von trotzigem Selbstbewußtsein sind, als dies bei den Bevölkerungsschichten der Fall ist, die in einigen Staaten als Heloten, Penesten oder Sklaven dienen. Aber ob solche Regelungen (über den Besitz und die Familie der Bauern) in gleichem

Maße notwendig sind (wie bei den Wächtern) oder nicht, darüber hat er keine genauen Festlegungen getroffen und auch nicht über die damit zusammenhängenden Fragen, was ihre politische Rechtsstellung und ihre Erziehung ist und welche Gesetze sie haben. Dies läßt sich nicht leicht herausfinden, und doch kann die Bedeutung ihrer Qualität für den Erhalt der Gemeinschaft unter den Wächtern nicht unterschätzt werden.

1264b Jedoch wenn er vorsehen sollte, daß die Frauen allen (Bauern) gemeinsam gehören, der Besitz aber Privateigentum der Einzelnen ist, wer wird dann den Haushalt führen, so wie ihre Männer die Arbeit auf den Feldern verrichten – und wer für den Fall, daß sowohl der Besitz wie auch die Frauen der Bauern allen gemeinsam gehören? Unangebracht ist es auch, aus einem Vergleich mit Tieren den Schluß zu ziehen, daß die Frauen die gleichen Aufgaben wahrnehmen müssen wie die Männer, da die Tiere doch keine Sorge um den Haushalt kennen.

Gefährlich ist aber auch die Art und Weise, wie Sokrates die Regierenden einsetzt. Denn er läßt immer nur die Gleichen regieren. Dies löst aber politische Unruhen schon bei Leuten, die kein Selbstwertgefühl haben, aus, erst recht aber bei Männern mit Mut und kriegerischer Gesinnung. Es ist aber klar, daß er immer den Gleichen die Herrschaft übertragen muß; denn das von Gott beigegebene Gold ist nicht für einige Zeit diesen, bald wieder jenen in den Seelen beigemischt, sondern immer den Gleichen. Er behauptet ja, Gott habe gleich bei der Geburt den einen Gold, den anderen Silber und denen, die Handwerker und Bauern werden sollen, Bronze und Eisen beigemischt.

b15 Hinzukommt folgendes: Während er den Wächtern das Glück vorenthält, behauptet er, der Gesetzgeber müsse den ganzen Staat glücklich machen. Unmöglich kann aber der ganze Staat glücklich sein, wenn nicht die meisten Teile oder alle oder wenigstens einige sich des Glücks erfreuen können. Glücklichsein gehört ja nicht in die gleiche Klasse von Begriffen wie eine gerade Zahl. Denn eine Summe kann eine gerade Zahl sein, ohne daß die Summanden, aus denen sie gebildet ist, selber gerade sind; aber niemals kann (aus mehreren unglücklichen Teilen) eine glückliche (Staatsgemeinschaft) entstehen. Aber wenn die Wächter nicht glücklich sind, wer soll es sonst sein? Sicher nicht die Facharbeiter und die Menge der einfachen Handwerker.

Die Verfassung, die Sokrates behandelt hat, bietet diese Schwierigkeiten und noch andere von nicht geringerer Bedeutung.

Kapitel 6. Ziemlich ähnlich steht es auch mit den später (von Platon) verfaßten *Gesetzen*; es ist daher zweckmäßig, die in dieser Schrift niedergelegte Staatsordnung kurz zu prüfen. Denn in der *Politeia* hat Sokrates nur über ganz wenige Gegenstände Bestimmungen getroffen: über die wünschenswerte Frauen- und Kindergemeinschaft, über den Besitz, auch den Aufbau des Staates – die gesamte Bevölkerung wird in zwei Gruppen geteilt, einerseits die Bauern, andererseits die Kriegerschicht; aus dieser geht als dritte die Gruppe hervor, die beschließt und die entscheidenden Befugnisse im Staat hat; ob aber Bauern und Handwerkern der Zugang zu keinem oder zu irgendeinem Staatsamt offensteht und ob auch sie Waffen besitzen und mit in den Krieg ziehen dürfen oder nicht, darüber hat Sokrates nichts festgelegt. Andererseits ist es seine Auffassung, daß die Frauen (der Wächter) mit in den Krieg ziehen und die gleiche Erziehung wie die Wächter erhalten sollen. Im übrigen aber hat er seinen Dialog mit Themen, die außerhalb des Gegenstandes liegen, und mit Erörterungen über die richtige Erziehung der Wächter angefüllt. 1265a

In (der Schrift) *Gesetze* nehmen Gesetze den meisten Raum ein, nur in geringem Maße hat er sich über die Staatsverfassung geäußert, und obwohl er die Absicht hat, diese so auszugestalten, daß sie eher eine gemeinsame Grundlage für die gegebenen Staaten sein kann, biegt er sie allmählich doch wieder auf die frühere Verfassung (der *Politeia*) zurück. Denn, mit Ausnahme der Frauen- und Besitzgemeinschaft, erläßt er in allen übrigen Dingen für die beiden Staatsentwürfe die gleichen Regelungen: er schreibt die gleiche Erziehung vor und ein Leben, das von den notwendigen Aufgaben befreit ist, und Regelungen über die Syssitien in gleicher Weise (wie in der *Politeia*). Jedoch (nur) in diesem Staat (der *Gesetze*) ordnet er an, daß es auch für die Frauen Syssitien geben solle; (ein weiterer Unterschied besteht darin, daß) der Staat (der *Politeia*) 1000 waffenfähige Bürger haben soll, der (der *Gesetze*) aber 5000.

Außergewöhnliche Ideen, geistreiche Erfindung, Kühnheit der Neuerungen und eindringendes Forschen weisen alle Gespräche des Sokrates auf; daß aber alle (politischen Regelungen, die auf diese Weise zustandekamen) auch richtig sind, ist doch wohl schwer zu erreichen. Denn auch bei der eben angeführten Menge (der Krieger) darf man nicht übersehen, daß eine solche Zahl das Territorium von Babylon erforderte oder ein anderes mit unendlichen Ausmaßen, aus dem sich 5000 Männer, die nicht produktiv tätig sind, und zusätzlich neben ihnen eine vielfache Menge von Frauen und Bediensteten ernähren können. Zweifellos soll man wunschgemäße Bedingungen fordern, dabei aber doch nichts Unmögliches.

Es wird behauptet, der Gesetzgeber solle bei der Formulierung der Gesetze auf zwei Dinge achten: auf das Territorium und die Menschen. Aber es wäre sinnvoll, noch hinzuzufügen: auch auf die benachbarten Regionen achten, zuerst wenn ein Staat nicht ein Leben der Selbstisolierung führt, sondern sich eine Existenzweise wählen muß, bei der er eine aktive Rolle unter Staaten spielt; in diesem Falle darf man sich nicht auf solche Waffen für den Krieg zu beschränken, die auf dem eigenen Territorium nützlich sind, sondern muß auch über solche verfügen, die für die topographischen Bedingungen außerhalb des eigenen Staatsgebietes nützen. Wenn aber jemand eine solche Existenzweise nicht billigt – weder für das Individuum noch für die Gesamtheit des Staates –, so müssen trotzdem (Vorkehrungen getroffen sein, daß) die Krieger in der Lage sind, auf die Feinde abschreckend zu wirken, nicht nur wenn diese in das Territorium eindringen, sondern auch noch, nachdem sie abgezogen sind.

Man muß sich aber auch genau ansehen, ob man den Umfang des Grundbesitzes nicht besser auf andere Weise, nämlich exakter, bestimmen kann. (Plato) behauptet nämlich, der Besitz solle den Umfang haben, so daß man maßvoll leben könne, genau wie wenn jemand gesagt hätte: so viel, daß man in der richtigen Weise leben kann. Aber dies ist zu allgemein. Außerdem ist es ja möglich, zwar maßvoll, aber unter angespannten Verhältnissen zu leben. Bessser ist daher die Bestimmung, sowohl maßvoll als auch großzügig, wie es eines Freien würdig ist, zu leben; denn wenn man jeweils nur eine dieser Eigenschaften allein hat, dann geht mit der einen ein Leben in Saus und Braus, mit der anderen das der Kärglichkeit einher – bei der Verwendung des Besitzes sind (maßvoll und großzügig) ja die einzig möglichen erstrebenswerten Eigenschaften, man kann aber z. B. nicht mit ruhigem Temperament oder mit Tapferkeit mit seinem Besitz umgehen, maßvoll oder großzügig kann man es jedoch, so daß gegenüber Besitz diese (beiden) Eigenschaften gefordert werden müssen.

Ungereimt ist es aber auch, daß er den Grundbesitz gleich aufteilte, aber keine Regelungen für die Zahl der Bürger traf, sondern die Kinderzahl unbeschränkt freigab; er ging wohl davon aus, daß die Kinderzahl sich schon hinreichend zur gleichen Höhe einpendeln werde, selbst wenn beliebig viele geboren werden, weil ja manche Ehen kinderlos bleiben – zumal 1265b
sich ein solcher Ausgleich ja tatsächlich auch in den Staaten einzustellen scheint. Aber damit muß man es da (im Staat der *Gesetze*) genauer nehmen als in den Staaten heute: Denn jetzt leidet deshalb niemand Not, weil die Besitztümer (beliebig oft) unter eine beliebig große Zahl (von Nachkommen) aufgeteilt werden; da sie aber dort (in den *Gesetzen*) nicht teilbar waren, mußten die überzähligen Kinder leer ausgehen, einerlei ob es eine geringere oder größere Zahl davon gab. Man kann daher die Auffassung vertreten, eher müsse die Kinderzahl als der Besitz begrenzt sein, so daß man nicht Kinder über eine bestimmte Zahl hinaus zur Welt bringt; bei der Festlegung dieser Zahl soll man aber auch die Möglichkeit von Unglücksfällen – falls einige Kinder sterben sollten – und von Kinderlosigkeit bei anderen berücksichtigen. Daß man aber, wie in den meisten Staaten, auf solche Beschränkungen verzichtet, muß zur

Verarmung der Bürger führen, Armut bringt aber Bürgerzwist und Verbrechen hervor. Pheidon von Korinth, einer der frühesten Gesetzgeber, war wenigstens der Auffassung, daß sowohl die (Zahl der) Haushalte wie die Zahl der Bürger gleich blei-
b15 ben sollten, selbst wenn zu Beginn alle Landlose unterschiedliche Größe hatten; in den *Gesetzen* (Platons) ist jedoch das Gegenteil vorgeschrieben – es soll später dargelegt werden, was wir für die bessere Regelung in diesen Dingen halten.

In jenen *Gesetzen* fehlen auch Bestimmungen darüber, wie sich die Herrschenden von den Beherrschten unterscheiden sollen. Platon behauptet nämlich (nur), so wie das Zettelgarn aus einer anderen Wolle als der Einschlag gemacht ist, so müßten sich auch die Herrschenden von den Beherrschten unterscheiden. – Da er aber zuläßt, daß der gesamte Besitz bis zum Fünffachen vermehrt wird, warum sollte nicht auch eine Zunahme des Grundbesitzes bis zu einer bestimmten Grenze möglich sein? Man muß aber auch prüfen, ob die Aufteilung der bebauten Grundstücke für die Haushaltsführung vorteilhaft ist. Denn er hat jedem zwei bebaute Grundstücke zugewiesen, die voneinander getrennt liegen. Aber es ist doch schwierig, zwei Haushalte zu bewirtschaften.

Die Verfassungsordnung als Ganzes soll weder eine Demokratie noch eine Oligarchie sein, sondern eine in der Mitte zwischen ihnen liegende Form haben, die man Politie nennt, denn sie ist aus den waffentragenden Männern gebildet. Wenn er sie als diejenige begründet, die unter allen Verfassungen am ehesten als eine gemeinsame Grundlage für die Staaten geeignet ist, dann hat er wohl recht, wenn aber als zweitbeste unmittelbar nach der ersten, dann nicht. Denn vielleicht verdient doch die Verfassung Spartas eher Lob oder sonst eine andere, die einen stärker aristokratischen Charakter hat. Einige meinen nämlich, die beste Verfassung müßte aus allen Verfassungen gemischt sein; deswegen rühmen sie auch die Verfassung Spartas; denn manche vertreten die Auffassung, sie sei aus Oligarchie, Monarchie und Demokratie zusammengesetzt, wobei sie das Königtum als das monarchische, das Amt der Geronten als das oligarchische Element angeben und (mei-

nen, Sparta) werde durch das Amt der Ephoren demokratisch regiert, da die Ephoren aus dem Demos stammen. Anderen gilt aber das Ephorenamt als Tyrannis, demokratisch sei diese Verfassung jedoch sowohl im Hinblick auf die gemeinsamen Mahlzeiten als auch den täglichen Lebensstil. In den *Gesetzen* 1266a
heißt es dagegen, die beste Verfassung müsse aus Demokratie und Tyrannis zusammengesetzt sein, die man entweder überhaupt nicht als Verfassungen bezeichnen sollte oder als die schlechtesten von allen. Zutreffender äußern sich die, die eine größere Zahl von Verfassungen miteinander verbinden. Denn je mehr Verfassungen in eine Verfassung eingehen, umso besser ist diese. Überdies enthält diese Verfassung (in den *Gesetzen*) offensichtlich kein monarchisches Element, sondern nur oligarchische und demokratische, mit der Tendenz, eher zur Oligarchie zu neigen. Dies zeigt sich an der Bestellung der Amtsträger; denn das Verfahren, die Amtsträger aus einer Anzahl gewählter Kandidaten durch Los zu ermitteln, verbindet Merkmale beider Verfassungen; jedoch daß (nur) für die Reicheren der Zwang besteht, die Volksversammlung zu besuchen, die Amtsträger vorzuschlagen oder eine andere staatliche Aufgabe wahrzunehmen, während die (Ärmeren) davon freigestellt sind, ist oligarchisch; das Gleiche gilt für den Versuch zu erreichen, daß eine größere Zahl von Beamten von den Begüterten gestellt wird und die höchsten Ämter aus den höchsten Vermögensklassen besetzt werden.

Auch die Wahl des Rates macht er zu einer oligarchischen Regelung: zwar sind alle Bürger gezwungen, an der Wahl mit- a15
zuwirken, jedoch (zunächst nur) soweit es die Kandidaten aus der ersten Vermögensklasse angeht, und dann nach dem gleichen Verfahren bei (der Ernennung von) Kandidaten aus der zweiten, dann den Kandidaten aus der dritten Klasse; bei der Nominierung der Kandidaten aus der dritten und vierten Vermögensklasse besteht jedoch nicht für alle der Zwang zur Teilnahme, und bei der Wahl der Kandidaten aus der vierten Klasse besteht dieser Zwang nur für die Mitglieder aus der ersten und zweiten Vermögensklasse. Danach, so fordert er, müsse man aus deren Zahl die (Ratsmitglieder) bestellen,

gleich viele aus jeder Vermögensklasse. In Wirklichkeit werden aber die Wähler, die aus den höchsten Vermögensklassen stammen und Menschen von höherer persönlicher Qualität sind, zahlenmäßig stärker vertreten sein, weil einige aus dem einfachen Volk nicht an der Wahl mitwirken, da für sie nicht der Zwang dazu besteht. Daß man demnach eine solche Verfassung nicht aus Demokratie und Monarchie bilden darf, geht klar aus diesen Überlegungen hervor und aus denen, die später vorgetragen werden sollen, wenn der richtige Zeitpunkt für die Untersuchung über diesen Verfassungstypus gekommen ist. Bei der Wahl der Amtsträger enthält die Regelung, daß sie aus einem Kreis von gewählten Kandidaten gewählt werden, eine Gefahr. Wenn nämlich einige bereit sind, Absprachen zu treffen, dann werden, selbst wenn sie nur mäßig viele sind, doch immer die Kandidaten ihrer Wahl erfolgreich sein. So steht es also mit der Verfassungsordnung in den *Gesetzen*.

Kapitel 7. Es gibt auch noch andere Staatsentwürfe, die teils von Laien, teils von Philosophen oder führenden Staatsmännern verfaßt wurden; alle kommen aber den bestehenden Verfassungen und denen, nach welchen man jetzt die Staaten regiert, näher als die beiden behandelten (Platons). Denn niemand (sonst) hat Neuerungen bei der Kinder- und Frauengemeinschaft gewagt, auch nicht solche für die gemeinsamen Mahlzeiten der Frauen, sondern (diese Autoren von Verfassungsentwürfen) nehmen eher die lebensnotwendigen Erfordernissen zum Ausgangspunkt. Einige sind nämlich der Ansicht, die wichtigste Aufgabe sei es, daß der Teil der Staatsordnung, der sich auf den Besitz bezieht, richtig geregelt ist. Denn, so sagen sie, um Besitz gehe es allen, die politische Unruhen anzetteln.

Deswegen hat auch Phaleas von Chalkedon als erster solche Vorschläge gemacht. Er fordert nämlich, daß der (Grund-)Besitz der Bürger gleich sein müßte. Die (Besitzgleichheit) ließe
1266b sich, so meinte er, in Staaten gleich bei ihrer Gründung nicht schwer herstellen, in schon bestehenden sei das zwar schwieriger, dennoch könnte der Besitzunterschied dadurch sehr

schnell ausgeglichen werden, daß die Reichen wohl Mitgift geben, aber nicht erhalten, die Armen zwar nicht geben, jedoch erhalten.

Platon war bei der Niederschrift der *Gesetze* der Auffassung, daß man (eine Ungleichheit des Besitzes) bis zu einer bestimmten Höhe zulassen solle, kein Bürger dürfe aber das Recht haben, mehr als das Fünffache des Mindestbetrages zu erwerben, wie auch vorher erwähnt wurde. Wer eine solche Gesetzgebung vorschlägt, darf aber nicht übersehen, was man heute gewöhnlich übersieht, daß man bei einer Festlegung der Größe des Vermögens auch die Zahl der Kinder festlegen muß. Wenn nämlich die Kinderzahl für die Größe des Besitzes zu hoch ist, dann kann es nicht ausbleiben, daß das Gesetz, (das die Besitzgleichheit vorschrieb,) nicht mehr eingehalten wird, und – abgesehen von dieser Folge, daß das Gesetz seine Gültigkeit verliert – ist es schlimm, daß viele Reiche verarmen; denn es läßt sich schwer vermeiden, daß solche Leute auf Bürgerzwist und Umsturz hinarbeiten.

Offensichtlich haben auch einige Männer der weit zurückliegenden Vergangenheit erkannt, daß ausgeglichene Vermögensverhältnisse eine gewisse Bedeutung für das gemeinschaftliche Zusammenleben im Staat haben: so hat ja auch Solon (entsprechend) Gesetze erlassen, und es gibt bei anderen ein Gesetz, das verbietet, Land beliebiger Größe zu erwerben; ebenso untersagen Gesetze, den Besitz zu veräußern, wie bei den Lokrern ein Gesetz besteht, wonach man (sein Vermögen) nicht veräußern darf, sofern man nicht nachweisen kann, daß ein offensichtliches Unglück eingetreten ist; außerdem gibt es ein Gesetz, das vorschreibt, daß man die ursprünglichen Landlose unverändert erhalten muß – daß diese Regelung nicht mehr befolgt wurde, hat auch in Leukas die Verfassungsordnung allzu demokratisch werden lassen, denn nun galt nicht mehr, daß man auf Grund der festgelegten Vermögensqualifikation Zugang zu den Ämtern hatte.

Aber es kann der Fall eintreten, daß zwar das Vermögen der Bürger gleich ist, aber entweder zu groß, so daß die Besitzer in Saus und Braus leben können, oder zu gering, so daß sie kärglich leben müssen. Offensichtlich genügt es nicht, wenn der Gesetzgeber das Vermögen gleich macht, sondern man muß einen mittleren Umfang anstreben.

Es kommt folgendes hinzu: selbst wenn jemand für alle den Besitz in der angemessenen Höhe festlegen sollte, brächte dies keinen Vorteil. Denn man muß eher die Begierden in ein Gleichmaß bringen als den Besitz, und dies läßt sich nur erreichen, wenn die Bürger hinreichend durch die Gesetze erzogen werden. Aber vielleicht könnte Phaleas einwenden, daß er gerade dies selber sagt; er ist nämlich der Auffassung, Gleichheit müsse in den Staaten in zwei Bereichen herrschen, in Besitz und Bildung. Aber dann muß man doch angeben, was für eine Bildung das sein soll, denn es ist noch kein Gewinn, daß sie lediglich für alle ein und dieselbe ist. Es läßt sich ja der Fall denken, daß sie zwar gleich ist, aber gerade bewirkt, daß man auf Grund dieser Erziehung eher entschlossen ist, einen Vorteil in Geld oder Ehrenstellungen oder beidem zu suchen.

Es kommt hinzu: einen Aufstand unternehmen Bürger nicht nur wegen der Ungleichheit in Besitz, sondern auch der des Ranges in der Öffentlichkeit, jedoch für beide Fälle in entgegensetzter Weise; denn die Masse erhebt sich in Aufruhr
1267a wegen der Ungleichheit in Besitzdingen, die Besseren dagegen, wenn der öffentliche Rang (für alle) gleich ist. Dies ist ja auch der Hintergrund für das Dichterwort: »Der Tapfere und der Feigling erhalten gleiche Ehre.«

Aber nicht nur wegen der lebensnotwendigen Bedürfnisse begehen Menschen Unrecht – wogegen Phaleas die Gleichheit des Besitzes als Heilmittel ansieht, so daß sie nicht stehlen müssen, weil sie frieren oder hungern –, sondern sie (tun dies) auch, um ihren Vergnügungen nachzugehen und nicht länger eine Begierde unbefriedigt zu lassen; denn wenn ihre Begierde über lebensnotwendige Bedürfnisse hinausgeht, werden sie zu ihrer Befriedigung Unrecht begehen. Aber nicht allein ein solches Verlangen wird sie zu Unrecht verleiten, sondern auch ohne Begierden, damit sie Vergnügungen ohne schmerzliches (Entbehren) genießen können, werden sie solche unrechtmäßigen Handlungen begehen. Was ist nun das Heilmittel für diese drei (Ursachen von Unrechttun)? Für die erste Gruppe ist es Besitz mäßigen Umfangs und Arbeit, bei der nächsten maßvolle Besonnenheit; im dritten Fall aber, wenn einige (Unrecht tun), um aus eigenem Antrieb Vergnügen zu erleben, so dürften sie nur in der Philosophie ein Heilmittel dagegen finden; denn für (alle) anderen Vergnügungen ist man auf Mitmenschen angewiesen. (Phaleas findet aber für das Wichtigste keine Lösung,) denn die schlimmsten ungerechten Handlungen begehen die Menschen wegen der Übersteigerung (der Begierden), nicht wegen lebensnotwendiger Bedürfnisse. Man herrscht ja auch nicht als Tyrann, um nicht frieren zu müssen. Deswegen empfängt jemand auch große Ehren nicht schon, wenn er einen Dieb, sondern wenn er einen Tyrannen tötet. Aus diesen Gründen schafft die Staatsform des Phaleas nur gegen die unbedeutenderen ungerechten Handlungen Abhilfe.

Außerdem führt Phaleas die meisten Einrichtungen in der Absicht ein, daß dadurch die Bürger in den Beziehungen zueinander sich guter politischer Zustände erfreuen; aber man muß auch die Beziehungen zu den Nachbarn und allen auswärtigen Staaten berücksichtigen. Es ist also nötig, daß die Verfassungsordnung auch Regelungen einbezieht, die die militärische Machtstellung betreffen; darüber hat sich jener jedoch nicht geäußert – das gleiche gilt auch für den Besitz: dieser muß in ausreichendem Umfang nicht nur den Bürgern für ihre Nutzung zur Verfügung stehen, sondern auch um den von außen drohenden Gefahren begegnen zu können. Deswegen darf weder so viel Besitz vorhanden sein, daß die Begehrlichkeit benachbarter Völker, die außerdem überlegen sind, geweckt wird, während die Besitzer dieser Mittel die Angreifer nicht abwehren können, noch so wenig Besitz vorhanden sein, daß die (Bürger dieses Staates) einen Krieg nicht einmal gegen Angreifer, die an Zahl und Stärke gleich sind, durchstehen können. Phaleas hat dazu überhaupt keine Festlegungen getroffen, es darf aber nicht ungeklärt bleiben, welcher Umfang von Besitz nützt. Vielleicht die beste Norm ist die, kein Übermaß an Reichtum zu besitzen, dessentwegen es sich für militärisch Überlegene lohnen würde, einen Krieg zu führen. Unter diesen Voraussetzungen kommt es nur dann zum Krieg, wenn (in jedem Falle), auch ohne (den Anreiz durch) das bestimmte Ausmaß von Reichtum (einer Stadt ein Angriff erfolgte). So hat Eubulos, als Autophradates sich anschickte, Atarneus zu belagern, ihn aufgefordert, er solle veranschlagen, in welcher Zeit er den Platz einnehmen werde, und die während dieser Frist entstehenden Kosten in Rechnung stellen. Er sei nämlich bereit, Atarneus preiszugeben, wenn ihm Autophradates einen Betrag zahle, der unter den veranschlagten Kosten (für die Belagerung) liege. Mit diesen Worten bewirkte er, daß Autophradates nachdenklich wurde und die Belagerung aufgab.

Gleichheit des Besitzes gehört zwar in gewissem Maße zu den nützlichen Mitteln, um Bürgerzwist zu verhindern, hat aber insgesamt keine große Bedeutung. Denn auch die Besseren dürften Unzufriedenheit zeigen, weil sie der Ansicht sind, (mehr und) nicht nur Gleiches zu verdienen; deswegen beginnen sie ja offenkundig häufig einen Anschlag (gegen die Staatsordnung) und zetteln einen Aufstand an.

1267b Außerdem ist niedriges Begehren der Menschen seinem Wesen nach unersättlich: Zuerst genügt die Austeilung von zwei Obolen; wenn dieses lange eingeführte Praxis ist, verlangt man immer mehr, bis man keine Grenzen mehr kennt; denn grenzenlos ist das Wesen der Begierde, für deren Befriedigung die Masse lebt. Besser als den Besitz gleichzumachen, dürfte man in diesen Dingen wohl damit beginnen, daß man Leute von guter Wesensart dazu bringt, daß sie sich materiellen Vorteil nicht verschaffen wollen, die Schlechten aber, daß sie es nicht können – und dies ist dann der Fall, wenn sie unterlegen sind und ihnen kein Unrecht zugefügt wird.

Auch die Gleichheit des Besitzes hat Phaleas unzulänglich bestimmt. Denn den Grundbesitz macht er gleich, Reichtum umfaßt aber auch Sklaven, Herdenvieh, geprägtes Geld und dazu reichliche Ausstattung an sogenannten Einrichtungsgegenständen. Entweder sollte man nun in allen diesen Dingen Gleichheit oder ein mittleres Maß suchen, oder man soll alles ungeregelt freigeben.

Aus seiner Gesetzgebung geht hervor, daß er seine Bürgerschaft eng begrenzte, da ja die Handwerker alle Staatssklaven sein und nicht einen Bestandteil der Bürgerschaft bilden sollen. Aber wenn diejenigen, die Arbeiten für die Allgemeinheit verrichten, Staatssklaven sein sollen, dann sollte dies in der Weise geregelt sein, wie in Epidamnos und wie es in Athen Diophantos einmal einzurichten versuchte.

Aus diesen Bemerkungen dürfte man einigermaßen erkennen können, ob Phaleas in seinem Staatsentwurf richtige Vorschläge gemacht hat oder nicht.

Kapitel 8. Hippodamos, Sohn des Euryphon, Bürger von Milet, der zugleich auch der Erfinder der Stadtplanung ist und die Einteilung der Stadtanlage im Piräus geplant hat, eine Persönlichkeit, die auch sonst durch ihren Drang, Beachtung zu finden, von eher ausgefallener Lebensart war – mit der Fülle seiner Haarpracht und seinem kostbaren Schmuck und wegen seines zwar schlichten, jedoch warmen Mantels, den er nicht nur im Winter, sondern auch im Sommer trug, erweckte er bei einigen den Eindruck, er verfolge einen gesucht extravaganten Lebensstil –, ein Mann, der auch über die gesamte Natur Wissen zu besitzen bemüht war, dieser hat es als erster unter denen, die nicht aktive Staatsmänner waren, unternommen, etwas über den besten Staates zu schreiben.

Er entwarf einen Staat, der der Zahl nach zehntausend Bürger umfassen sollte und in drei Teile untergliedert ist: den einen Teil sollten Handwerker bilden, einen weiteren Bauern, den dritten Krieger, die die Waffen führen. In drei Teile unterteilte er auch das Land: in Tempelland, Gemeinde- und Privatland – vom Tempelland sollte man die herkömmlichen Verpflichtungen gegenüber den Göttern bestreiten, vom Staatsland sollten die Krieger ihren Lebensunterhalt beziehen, das Privatland sollte den Bauern gehören. Er meinte auch, daß es nur drei Arten von Gesetzen gebe; denn nur drei Delikte seien Gegenstand gerichtlicher Auseinandersetzungen: entehrende Mißhandlung, Schadensstiftung und Tötungsdelikte. In seiner Gesetzgebung wollte er auch einen letztlich entscheidenden

Gerichtshof vorsehen, vor dem Berufung über Rechtssachen, bei denen das Urteil angefochten wurde, eingelegt werden sollte. Als dessen Mitglieder wollte er durch Wahl ernannte
1268a ältere Bürger einsetzen. Die Urteilssprüche in den Gerichtshöfen dürften nach seiner Auffassung nicht durch die Abgabe von Stimmscheiben gefällt werden, sondern jeder Richter solle ein Täfelchen einreichen, auf dem er, wenn er den Angeklagten uneingeschränkt für schuldig halte, die Strafe niederschreiben sollte; wenn er ihn uneingeschränkt (von der Anklage) freispreche, solle er das Täfelchen unbeschrieben lassen; wenn er (den Angeklagten) aber wohl in einer Beziehung (für schuldig oder unschuldig halte), in der anderen dagegen nicht, so solle er dies genau angeben. Denn er war der Auffassung, daß die jetzt gültigen gesetzlichen Vorschriften nicht gut seien; sie zwängen nämlich die Richter, ihren Richtereid zu brechen, da diese (nur) entweder in der einen oder anderen Weise abstimmen können. Außerdem schlug er ein Gesetz vor, daß denjenigen, die etwas für den Staat Nützliches gefunden haben, eine öffentliche Auszeichnung verliehen werden sollte, und daß den Kindern von Kriegsgefallenen aus öffentlichen Mitteln Unterhalt gewährt werden sollte, so als bestehe eine solche gesetzliche Regelung bei anderen noch nicht – ein solches Gesetz gibt es jedoch in Wirklichkeit sowohl in Athen wie auch in anderen Staaten. Die politischen Beamten sollten alle vom Volk durch Wahl ernannt werden – die drei genannten Teile der Bürgerschaft sollten das Volk bilden. Die gewählten Beamten sollten für öffentliche Angelegenheiten, für Ausländerfragen und Waisenfürsorge zuständig sein. Der größte Teil und die erwähnenswertesten Regelungen der Ordnung des Hippodamos sind damit genannt.

Man könnte zunächst Schwierigkeiten bei seiner Einteilung der Gruppierungen der Bürgerschaft aufwerfen. Denn alle Gruppen, die Handwerker, Bauern und Krieger, nehmen vollberechtigt an der Verfassung teil, wobei die Bauern keine Waffen besitzen, die Handwerker weder Land noch Waffen, so daß sie fast zu Sklaven der Krieger werden. An der Bekleidung aller Ämter mitzuwirken, ist für sie ausgeschlossen; denn notwendigerweise werden die Strategen, die Mitglieder der Bürgerwache und sozusagen die Inhaber der wichtigsten Ämter aus den Reihen der Krieger bestellt. Wenn aber so (Handwerker und Bauern) nicht aktiv am Staatsleben teilhaben, wie können sie dann wohlwollend gegenüber dieser Staatsordnung eingestellt sein? Aber (um Bedrohungen abzuwehren,) müssen die Krieger auch an Stärke den beiden anderen Gruppierungen überlegen sein; das ist aber nicht leicht zu erreichen, sofern sie nicht zahlreich sind. Wenn das aber der Fall ist, warum sollen dann die anderen überhaupt an den Bürgerrechten teilhaben und entscheidende Befugnisse bei der Ernennung der politischen Beamten haben?

Es kommt hinzu: Worin besteht der Nutzen der Bauern für den Staat? Handwerker muß es geben, denn jeder Staat braucht Handwerker, und diese können wie in den anderen Staaten von ihrem Handwerk leben. Wenn die Bauern den Kriegern die Nahrung bereitstellen würden, wären sie mit guten Gründen ein Teil des Staates – in Wirklichkeit besitzen sie aber das Land als Privateigentum und bebauen es für ihre eigene Verwendung. Außerdem: angenommen, daß die Krieger das Gemeindeland, von dem sie den Unterhalt bekommen sollen, selber bewirtschaften, dann wäre der Unterschied von Kriegern und Bauern, den der Gesetzgeber doch beabsichtigt, aufgehoben. Falls jedoch diejenigen, die das Gemeindeland bewirtschaften (eine eigene Gruppe bilden sollen), verschieden sowohl von den (Bauern), die ihr Privatland bebauen, als auch von den Kriegern, dann werden diese eine vierte Gruppe des Staates bilden, die an nichts teilhat, sondern sich als fremd von der Verfassung ausgeschlossen fühlt. Aber wenn man annehmen soll, daß diejenigen, die ihr Privatland bewirtschaften, zugleich das Gemeindeland bewirtschaften, dann wird nur schwer eine solche Menge von Erträgen produziert werden können, daß davon jeder Bauer zwei Haushalte versorgen 1268b
kann; und weshalb sollten sie dann nicht von Anfang an vom gleichen Land und den gleichen Landlosen Nahrung sowohl für sich gewinnen als auch für die Krieger beschaffen? Das alles verursacht erhebliche Verwirrung.

Nicht gut ist auch das Gesetz über die Bildung des Richterspruches, nämlich die Vorschrift, die Richter sollten ein differenziertes Urteil abgeben, während doch die Klage einen einfachen Antrag enthält; (dieses Gesetz des Hippodamos) läßt den Richter zum Schiedsmann werden. Ein solches Verfahren ist in der Tat bei Schiedsgerichten und einer Schlichtung durch mehrere Schiedsmänner möglich, denn sie beraten sich miteinander über ihren Spruch; in Volksgerichten ist dies aber nicht möglich, sondern gerade im Gegensatz zu solchen Regelungen treffen die meisten Gesetzgeber Vorkehrungen, damit die Richter sich nicht miteinander verständigen. Außerdem: muß nicht die (abschließende) Urteilsbildung zu einem verwirrenden Durcheinander führen, wenn der Richter zur Auffassung kommt, (der Angeklagte) schulde zwar (eine Strafe), jedoch nicht in der Höhe, wie sie der Kläger beantragte? Denn dieser plädiert für zwanzig Minen, der Richter aber schlägt eine Strafe von zehn Minen vor – oder (umgekehrt) der Richter einen höheren Betrag, der Kläger einen niedrigeren –, ein anderer Richter fünf, wieder einer vier Minen, und offensichtlich werden sie nach dieser Methode unterschiedliche Bruchteile des Strafmaßes vorschlagen. Und einige Richter werden dem Strafantrag in vollem Umfange zustimmen, andere überhaupt nicht. Nach welchem Verfahren werden aber dann die Stimmen ausgezählt? Außerdem: wenn die Anklage selber ohne qualifizierende Zusätze abgefaßt ist, so zwingt ja niemand einen Richter zum Bruch des Richtereides, wenn dieser genauso ohne qualifizierenden Zusatz den Strafantrag zurückweist oder ihm stattgibt, und zwar zu Recht; denn wer gegen den Strafantrag stimmt, gibt damit nicht das Urteil ab, der Angeklagte verdiene keine Strafe, sondern nicht die beantragte Strafe von zwanzig Minen. Vielmehr bricht der seinen Richtereid, der den Angeklagten doch schuldig gesprochen hat, obwohl er der Auffassung ist, jener schulde nicht die zwanzig Minen.

Durch Gesetz zu bestimmen, daß Leuten, die für den Staat etwas Nützliches finden, eine öfentliche Auszeichnung verliehen werden müsse, ist riskant und besticht das Auge nur, solange man davon hört, (aber bewährt sich nicht in der Wirklichkeit); denn dies führt zu gewohnheitsmäßigen falschen Anklagen und, wenn es soweit kommt, zum Sturz der Verfassung.

Dies leitet aber zu einer anderen Fragestellung und neuen Überlegung über: einige werfen nämlich das Problem auf, ob es für die Staaten schädlich oder nützlich ist, die überkommenen Gesetze zu ändern, wenn ein neues Gesetz besser ist. Deswegen fällt es nicht leicht, dem Vorschlag des Hippodamos schnell zuzustimmen, wenn (sich die Auffassung als richtig erweisen sollte, daß) es nicht nützlich ist, die Gesetze zu ändern; es kann ja sogar vorkommen, daß einige den Vorschlag machen, der Vorteil für die Allgemeinheit liege darin, die Gesetze oder die Verfassung aufzuheben.

Da wir aber diese Frage berührt haben, ist es angebracht, noch etwas ausführlicher darauf einzugehen. Denn dies ist, wie wir sagten, eine offene Frage, und es dürfte vielleicht die Auffassung geben, es sei besser, Gesetze zu ändern. In den anderen Kenntnissen war dies von Vorteil; z.B. (war von Vorteil,) daß die Medizin sich von überkommenen Vorstellungen (löste und) sich wandelte und ebenso die Gymnastik und überhaupt alle Fachkenntnisse und Fähigkeiten; da man auch die Staatskunst unter diese Fachkenntnisse rechnen muß, so muß diese (Erfahrung, daß Fortschritt Wandel voraussetzt,) folgerichtig für sie genauso gelten. Jemand könnte auch behaupten, die Tatsachen bestätigten dies; die Bräuche der Vorzeit seien nämlich allzu unbedarft und barbarisch. Denn die Griechen pflegten früher ständig Waffen zu tragen und die Bräute von einander zu kaufen; und was an altertümlichen Bräuchen noch erhalten geblieben ist, ist völlig einfältig: so sieht in Kyme ein 1269a
Gesetz über Tötungsdelikte vor, daß der Angeklagte dann der Tötung schuldig ist, wenn der, der wegen der Tötung Anklage erhebt, eine bestimmte Zahl von Zeugen aus seiner Verwandtschaft aufbieten kann. Aufs Ganze gesehen suchen jedoch alle nicht das von den Vätern Überkommene, sondern das Gute. Es ist doch wahrscheinlich, daß die ersten Menschen, einerlei ob sie erdgeboren waren oder aus einer Vernichtung gerettet wurden, den gewöhnlichen und einfältigen Menschen (von heute)

gleichzusetzen sind, wie man auch über die Erdgeborenen sagt; daher ist es unsinnig, bei deren Auffassungen stehen zu bleiben. Überdies ist es vorzuziehen, auch nicht die geschriebenen Gesetze unverändert zu lassen. Denn wie bei den anderen Fachkenntnissen so ist es auch bei der staatlichen Ordnung unmöglich, daß Vorschriften schriftlich erlassen werden, die alles genau regeln; man muß ja schriftliche Bestimmungen generell halten, die Handlungen haben es aber mit den je besonderen Einzelumständen zu tun. Diese Argumente legen offensichtlich nahe, daß einige Gesetze in bestimmten Situationen geändert werden müssen.

Wenn man dieses Problem aber von einer anderen Seite her betrachtet, so scheint hier besondere Vorsicht geboten: wenn nämlich der (durch eine Gesetzesänderung erreichbare) Vorteil gering, jedoch die Gewohnheit, leichtfertig die Gesetze zu ändern, verhängnisvoll ist, dann wird klar, daß man einige Fehler sowohl der Gesetzgeber wie der Inhaber politischer Ämter durchgehen lassen muß. Denn der Nutzen einer Gesetzesänderung wird nicht durch den Schaden aufgewogen, den die Gewöhnung, den Regierenden den Gehorsam zu verweigern, verursacht. Irreführend ist auch die Analogie mit den Fachkenntnissen. Denn eine Fachkenntnis auf den neuesten Stand zu bringen und ein Gesetz zu ändern, ist nicht gleichzusetzen: um Gehorsam zu finden, besitzt das Gesetz nämlich keine Machtmittel außer der Gewohnheit, (ihm zu folgen); diese bildet sich aber nur in langer Zeit aus, so daß das leichtfertige Auswechseln bestehender gegen davon verschiedene neue Gesetze eine Schwächung der eigentlichen Machtmittel der Gesetze bedeutet. Außerdem: wenn man schon Gesetze ändern muß, soll man dann alle und die in jeder Verfassung gültigen ändern oder nicht? Und soll dies durch jeden Beliebigen oder nur durch bestimmte Leute geschehen? Denn das macht doch einen beträchtlichen Unterschied. Deswegen wollen wir jetzt diese Untersuchung abbrechen, denn sie ist etwas für andere Gelegenheiten.

Kapitel 9. Bei der Verfassung der Spartaner und der kretischen und wohl auch bei den anderen Verfassungen sind zwei Fragen zu untersuchen, erstens: wurde diese oder jene gesetzliche Regelung gemessen an der besten Verfassung richtig oder nicht richtig getroffen, zweitens: läuft sie der grundsätzlichen Ausrichtung und spezifischen Form der ihnen als Ziel gesetzten Verfassung zuwider?

Es herrscht darüber Einigkeit, daß in einem Staat, der sich einer guten politischen Ordnung erfreuen soll, die Bürger ein Leben der Muße, unbelastet von den Tätigkeiten, die der Sicherung der Lebensbedürfnisse dienen, leben müssen. Aber wie diese Muße gesichert werden kann, läßt sich nicht leicht herausfinden. Nicht nur haben sich bei den Thessalern häufig die Penesten gegen die thessalischen Herren erhoben, sondern auch die Heloten gegen die Spartiaten – sie lauern sozusagen fortwährend im Hinterhalt auf deren Unglücksfälle. Bei den Kretern gibt es allerdings noch keine Vorfälle dieser Art; der Grund dafür ist vielleicht, dass keiner der benach-
barten Staaten trotz ihrer ständigen Kriege gegeneinander die 1269b
aufsässigen (Sklaven) unterstützt; denn dies wäre für sie nicht von Vorteil, da sie selber Periöken haben; die Spartaner hatten jedoch alle Nachbarn zu erbitterten Feinden: die Bewohner der Argolis, die von Messenien und die Arkader. Und auch (die Penesten) erhoben sich bei den Thessalern zu Anfang, weil diese noch in Kriege mit den Nachbarn, den Achäern, Perrhaebern und den Einwohnern von Magnesia, verwickelt waren. Abgesehen von anderem, scheint die Behandlung der Heloten, ich meine die Art, wie man mit ihnen umgehen soll, von Schwierigkeiten geplagt zu sein. Denn läßt man die Zügel locker, dann benehmen sie sich anmaßend und fordern für sich die gleichen Rechte, wie sie ihre Herren besitzen. Wenn sie aber ein Leben voller Beschwernisse und Leiden führen müssen, dann sinnen sie auf Anschläge (gegen ihre Herren) und sind von Haß erfüllt. Die Spartaner, die solchen (Schwierigkeiten mit den Heloten) ausgesetzt sind, haben offensichtlich nicht die beste Methode (der Behandlung der Heloten) gefunden.

Ferner beeinträchtigt das ungezügelte Leben der Frauen (die Möglichkeit), nicht nur das selbstgesetzte Ziel dieser Verfassung zu erreichen, sondern auch erst recht das Glück zu verwirklichen. Denn wie Mann und Frau ein Teil des Hauses sind, so muß man auch anerkennen, daß der Staat nahezu in (die beiden Teile) Männer und Frauen, zerfällt; wenn es nun in Verfassungen um die Frauen schlimm steht, dann muß man auch anerkennen, daß in ihnen die Hälfte des Staates der Gesetzgebung nicht unterworfen ist, und dies ist dort tatsächlich eingetreten. Denn der Gesetzgeber wollte erreichen, daß der ganze Staat standhafte Härte besitzt, und er hat dies, soweit es die Männer angeht, offensichtlich auch verwirklicht; bei den Frauen hat er dies jedoch völlig vernachlässigt, denn sie leben zügellos einer jeden Unbeherrschtheit nachgebend und in weichlichem Genuß. Deswegen muß unter einer solchen Verfassung Reichtum in hohem Ansehen stehen, besonders wenn auch noch die Männer von Frauen beherrscht sind, wie dies bei den meisten Völkern der Fall ist, die ein Soldatenleben führen und kriegerisch sind – eine Ausnahme bilden die Kelten oder andere Völker, falls es noch einige gibt, bei denen erotische Beziehungen zwischen Männern offen hohe Anerkennung genießen. Denn nicht ohne tieferen Sinn scheint derjenige, der zuerst diesen Mythos erzählte, Ares und Aphrodite vereinigt zu haben. Denn alle solche (kriegerischen) Naturen sind von einer besonderen Leidenschaft entweder zum Verkehr mit Männern oder mit Frauen beherrscht. Deswegen traf dies auch bei den Spartanern zu, und zur Zeit ihrer führenden Machtstellung unterstanden viele Angelegenheiten der Verantwortung der Frauen. Aber was ist der Unterschied, ob die Frauen herrschen oder sich die herrschenden Männer von ihren Frauen beherrschen lassen? Es läuft auf das gleiche hinaus. Und während dreiste Entschlossenheit für keine der täglichen Aufgaben von Vorteil ist, sondern, wenn irgendwo, dann nur für den Krieg, so waren die spartanischen Frauen auch in solchen Situationen höchst hinderlich und schädlich. Das bewiesen sie bei dem Einfall der Thebaner. Denn sie waren ganz und gar nicht von Nutzen, wie (dies die Frauen) in anderen Staaten (im Kampfe doch sein können), sondern richteten mehr Verwirrung als die Feinde an.

Es scheint nun gute Gründe dafür zu geben, daß bei den Spartanern sich am Anfang eine freie und ungebundene Stel- 1270a
lung der Frauen ausgebildet hat; denn die Männer hielten sich wegen der Feldzüge lange Zeit außerhalb des Landes auf, in dem Krieg gegen die Argiver und dann wieder dem gegen Arkader und Messenier. Nachdem sie aber von den Kriegen zur Ruhe gekommen waren, boten sie sich aufgrund ihres kriegerischen Lebens für (das Wirken des) Gesetzgebers günstig vorbereitet; denn das Kriegsleben enthält viele Einzelzüge der menschlichen Tüchtigkeit. Dagegen sagt man, daß Lykurg versucht habe, die Frauen der Kontrolle der Gesetze zu unterwerfen, und als diese sich anhaltend widersetzten, habe er aufgegeben. Das sind nun die Ursachen für diese Vorgänge und offensichtlich auch für den genannten Mißstand. Aber wir untersuchen nicht, wem man verzeihende Nachsicht entgegenbringen muß und wem nicht, sondern ob dieser Zustand zweckmäßig und richtig ist oder nicht. Wenn es mit den Frauen schlecht steht, so scheint das, wie oben bemerkt wurde, nicht nur dem Ruf der Verfassung selber einer gewissen Makel anzuhängen, sondern in gewisser Weise auch die Geldgier zu fördern.

Im Anschluß an diese Bemerkungen könnte man Kritik a15
an der Unausgewogenheit der Besitzverteilung üben; denn es kam bei ihnen dazu, daß die einen sehr viel Vermögen besaßen, andere aber sehr wenig; so gelangte der Grundbesitz in die Hände weniger Bürger. Hier sind aber auch durch die Gesetze schlechte Regelungen getroffen worden. Denn während der Gesetzgeber mit einem Makel belegt hat, Land zu kaufen oder den einem gehörenden Boden zu verkaufen – und dies mit vollem Recht –, hat er es freigestellt, diesen, wem man will, zu verschenken oder als Erbe zu hinterlassen. Beides hat jedoch notwendigerweise die gleichen Auswirkungen. Es gehören auch ungefähr zwei Fünftel des ganzen Landes den Frauen, einmal weil häufig das Erbe an die Töchter fällt, und außerdem, weil man große Mitgiften gibt. Vorzuziehen wären

jedoch gesetzliche Regelungen, die vorschreiben, daß Mitgiften ganz untersagt sind oder eine sehr geringe oder allenfalls mittlere Größe betragen dürften. In Sparta ist (dagegen keine Beschränkung vorgesehen), es ist vielmehr erlaubt, daß (ein Vater) die Erbtochter dem Mann seiner Wahl zur Frau gibt, und wenn er stirbt, ohne im Testament eine Verfügung getroffen zu haben, dann verheiratet derjenige, den er als Verfügungsberechtigten hinterläßt, die Erbtochter mit dem Mann, für den er sich entscheidet.

Obwohl das Land die Voraussetzungen bietet, 1500 Reiter und 30000 Hopliten zu ernähren, waren es (schließlich) nicht einmal eintausend. Und die Ereignisse haben bewiesen, daß es bei ihnen mit diesen Regelungen (über den Besitz) schlecht bestellt war. Denn der spartanische Staat war nicht in der Lage, auch nur einen einzigen schweren Schlag zu überstehen, sondern er ging wegen der geringen Zahl an Bürgern zugrunde. Es wird aber berichtet, daß sie unter den früheren Königen Bürgerrechte (an Nichtbürger) verliehen, so daß damals kein Mangel an Bürgern herrschte, obwohl sie auf längere Zeit Kriege führten; und man sagt, daß es damals sogar zehntausend spartanische Bürger gegeben habe. Mag dies nun wahr sein oder nicht, vorzuziehen ist jedenfalls, daß der Staat durch ausgeglichene Besitzverhältnisse für eine große Zahl von Bürgern sorgt. Aber einer solchen Verbesserung (der Bürgerzahl) wirkte das Gesetz, das zur Steigerung der Kinderzahl ermun-
1270b tert, gerade entgegen. Denn da der Gesetzgeber will, dass die Zahl der spartanischen Bürger möglichst groß sein sollte, schafft er den Bürgern Anreize, möglichst viele Kinder zur Welt zu bringen. So gibt es bei ihnen ein Gesetz, daß derjenige, der drei Söhne gezeugt hat, vom Kriegsdienst freigestellt wird, und der mit vier Söhnen von allen Verpflichtungen gegen den Staat entbunden ist. Aber es ist doch klar, daß bei einer großen Kinderzahl und bei einer solchen Verteilung des Landbesitzes viele in Armut geraten müssen.

Aber auch um das Ephorenamt steht es schlecht. Dieses Amt hat bei ihnen zweifellos die wichtigsten Befugnisse; die Ephoren werden aber aus dem gesamten Demos gewählt, so daß häufig sehr arme Leute in dieses Amt gelangen, die sich dann wegen ihrer persönlichen Notlage als käuflich erwiesen. Sie haben dies auch früher häufig gezeigt und auch kürzlich bei den Vorgängen in Andros: einige Ephoren, die sich bestechen ließen, haben, soweit es von ihnen abhing, den ganzen Staat dem Verderben preisgegeben. Und weil ihr Amt allzu mächtig ist und Befugnisse hat, die denen eines Tyrannen vergleichbar sind, waren sogar die Könige gezwungen, um ihre Gunst zu buhlen. Auch dies wirkte sich als verhängnisvoll für die Verfassung aus; denn aus einer Aristokratie entwickelte sich eine Demokratie. Das Ephorenamt bildet nun zwar das einigende Band der Verfassung, denn der Demos hält Ruhe, weil ihm der Zugang zu dem wichtigsten Amt offensteht; daher ist dieses (Recht) – einerlei ob sie es durch das (bewußte Wirken des) Gesetzgebers oder durch glückliche Fügung erhielten – vorteilhaft für die (politischen) Verhältnisse. Denn wenn eine Verfassung Dauer haben soll, ist es unabdingbar, daß alle Teile des Staates ihre Existenz und ihren unveränderten Bestand wünschen. Für die Könige trifft dies wegen ihres hohen Amtes zu, für die besseren Kreise wegen ihrer Zugehörigkeit zum Rat der Alten – denn dieses Amt ist Lohn und Preis für ihre besondere Qualität –, für das Volk wegen des Ephorenamtes – denn die Ephoren werden aus der Gesamtzahl der Bürger bestellt.

Das Ephorat sollte in der Tat durch Wahl aus dem Kreis aller besetzt werden, jedoch nicht nach der Methode, die man jetzt anwendet, denn diese ist allzu kindisch. Außerdem liegen bei den Ephoren die Vollmachten für weitreichende Entscheidungen, und doch kann jeder Beliebige dieses Amt bekleiden; deswegen wäre es besser, wenn sie nicht nach eigenem Gutdünken Entscheidungen fällen könnten, sondern schriftlich niedergelegten Gesetzen folgen müßten. Aber auch der Lebenswandel der Ephoren steht nicht in Einklang mit der Zielsetzung des Staates. Denn ihr Lebenswandel ist allzu zügellos; dagegen geht bei den anderen Bürgern die Übertreibung eher in Richtung auf zu große Härte, so daß sie (solchen Anforderungen) nicht standhalten können, sondern sich heimlich dem Gesetz entziehen und dem Genuß körperlicher Vergnügungen ergeben.

Aber auch um die Institution des Rates der Alten steht es bei ihnen nicht gut. Denn wenn dessen Mitglieder Männer von hoher charakterlicher Qualität wären, die auch hinreichend zu aufrecht mannhafter Haltung erzogen sind, könnte man wohl sagen, daß dieses Amt für den Staat von Nutzen sei; daß aber dessen Inhaber bis zum Lebensende die Vollmacht zu weitreichenden Entscheidungen behalten, ist bedenklich, denn es gibt wie beim Körper so auch beim Geist Alterserscheinungen.
1271a Außerdem erhielten sie eine Erziehung, bei der der Gesetzgeber selber ihnen nicht traut, da er sie nicht für gut hält; (unter dieser Voraussetzung) stellen (die unkontrollierten Vollmachten der Mitglieder des Rates) eine Gefahr da. Es ist aber auch bekannt, daß seine Inhaber sich bestechen ließen und sich in vielen öffentlichen Angelegenheiten von persönlicher Gunst leiten ließen. Deswegen wäre es vorzuziehen, daß sie nicht von einer abschließenden Kontrolle ihrer Amtsführung ausgenommen sind – sie sind es jedoch. Es könnte aber der Eindruck bestehen, daß die Behörde der Ephoren die Kontrolle über alle anderen politischen Organe ausübt, jedoch hat man damit den Ephoren ein zu großes Geschenk gemacht, und wir meinen nicht eine Kontrolle dieser Art, wenn wir sagen, daß Personen, die Machtpositionen innehatten, einer Kontrolle unterworfen werden müßten.

Außerdem ist die Wahl der Geronten im Hinblick auf das Verfahren der Entscheidung kindisch, und es ist auch nicht zweckmäßig, daß jemand, der dieses Amtes für würdig befunden werden soll, sich selber darum bewirbt. Denn wer dieses Amt zu bekleiden verdient, der muß es bekleiden, ob er will oder nicht. Hier aber tut der Gesetzgeber offensichtlich das gleiche wie auch sonst in der Verfassung: er entwickelt Ehrgeiz in den Bürgern und macht sich diesen bei der Wahl der Geronten zunutze; denn ohne Ehrgeiz dürfte niemand ein öffentliches Amt anstreben. Aber aus Ehrgeiz und Geldgier kommt es bei den Menschen so ziemlich zu den meisten freiwillig begangenen ungerechten Handlungen.

Ob es nun für die Staaten vorteilhafter ist, daß sie von Königen regiert werden, oder nicht, soll Gegenstand einer anderen Untersuchung sein; aber auf jeden Fall ist es vorzuziehen, (Könige) nicht (nach den Kriterien zu ernennen), wie es jetzt (in Sparta) geschieht, sondern jeder König sollte nach seiner Lebensführung gewählt werden. Es ist aber klar, daß der Gesetzgeber selber nicht glaubt, er könne die Könige zu wirklich guten Männern machen; denn er traut ihnen nicht, da er sie nicht als hinreichend gute Männer ansieht. Deswegen haben (die Spartaner) immer die persönlichen Gegner der Könige gleichzeitig als Teilnehmer von Gesandtschaften mit ausgeschickt, und sie betrachteten den Machtkampf unter den Königen als Rettung des Staates.

Derjenige, der die gemeinsamen Mahlzeiten, die sogenannten Phiditien, begründet hat, hat auch darüber keine zweckmäßigen gesetzlichen Regelungen erlassen. Denn (der Aufwand für) diese gemeinschaftliche Einrichtung sollte eher aus gemeinsamen Beiträgen bestritten werden wie in Kreta. Bei den Spartanern muß dagegen jeder Einzelne (seinen Anteil) einbringen, obwohl doch einige sehr arm sind und diesen Aufwand nicht bestreiten können. Daher tritt als Ergebnis das Gegenteil von dem ein, was der Gesetzgeber beabsichtigt. Die Einrichtung der gemeinsamen Mahlzeiten soll nämlich ein demokratisches Element sein, aber bei der eben beschriebenen gesetzlichen Regelung erweist sie sich am allerwenigsten als demokratisch. Denn für die sehr Armen ist es nicht leicht, an ihnen teilzunehmen; in Sparta ist es jedoch die althergebrachte Bestimmung des Bürgerrechtes, daß der, der diesen Beitrag nicht aufbringen kann, nicht am Bürgerrecht teilhat.

Einwände gegen das Gesetz über die Flottenkommandatur haben auch schon andere vorgetragen, und dies mit Recht; es erweist sich nämlich als Ursache von Auseinandersetzungen. Denn neben den Königen, die Feldherrn auf unbeschränkte Zeit sind, ist das Amt des Flottenkommandanten sozusagen als ein zweites Königtum eingerichtet worden.

Gegen die Ausrichtung (der Verfassung) durch den Gesetzgeber könnte man aber auch das kritisch einwenden, was auch 1271b
Plato in den *Gesetzen* kritisiert hat: die gesamte Ausrichtung der spartanischen Gesetze zielt nur auf einen Teil menschli-

cher Vorzüglichkeit, auf kriegerische Tüchtigkeit; denn diese ist von Nutzen, um zu siegen. Deswegen behaupteten sich die Spartaner, solange sie in Kriege verwickelt waren, sie gingen aber zugrunde, nachdem sie Herrschaft (über andere) errungen hatten, weil sie es nicht verstanden, ein ruhiges Leben ohne Krieg zu führen, und nichts anderes und Wichtigeres betrieben hatten als Übungen für den Krieg. Nicht weniger schlimm als dies ist aber der folgende Fehler: während sie nämlich – und zwar zu Recht – der Auffassung sind, die Güter, um die die Menschen kämpfen, würden eher durch menschliche Tüchtigkeit als durch Schlechtigkeit erworben, stellen sie diese Güter über menschliche Tüchtigkeit – zu Unrecht.

Schlecht steht es bei den Spartiaten auch mit den öffentlichen Finanzen: ihre Staatskasse ist leer, obwohl sie aufwendige Kriege zu führen gezwungen sind, und sie sind schlechte Steuerzahler. Denn weil der größte Teil des Landes den Spartiaten gehört, kontrollieren sie nicht gegenseitig ihre Zahlungen. Daraus folgt für den Gesetzgeber das Gegenteil von dem, was nützlich ist. Den Staat hat er mittellos werden lassen, die Privatleute aber geldgierig.

Soviel soll über die Verfassung der Spartaner gesagt sein, denn dies sind die wichtigsten Kritikpunkte.

Kapitel 10. Die kretische Verfassung kommt dieser spartanischen nahe, und einige wenige Einrichtungen (dort) sind (sicherlich) nicht schlechter, der größere Teil ist aber doch weniger vollkommen ausgebildet. Denn es sieht so aus und wird auch so dargestellt, daß die Verfassung der Spartaner in den meisten Einrichtungen der kretischen nachgebildet ist – die meisten Dinge, die der weit zurückliegenden Vergangenheit angehören, sind aber grober gestaltet als die der neueren Zeit. Man sagt nämlich, daß Lykurg, nachdem er seine Vormundschaft über den König Charillos niedergelegt und das Land verlassen hatte, sich damals lange Zeit in Kreta aufgehalten habe, weil dorthin verwandtschaftliche Beziehungen bestanden. Denn die Bewohner von Lyktos waren lakonische Siedler; diejenigen, die in die neue Siedlung ausgewandert waren, übernahmen die unter den damaligen Bewohnern gültige Gesetzesordnung; deswegen wenden die Periöken diese auch jetzt noch in der gleichen Weise an, denn (so heißt es) es sei Minos gewesen, der als erster diese Gesetzesordnung gegeben habe.

Die Insel (Kreta) scheint von Natur auch für die Herrschaft über die Griechen geeignet und günstig gelegen zu sein. Denn sie hat eine das gesamte Meer dominierende Lage, die Wohnsitze beinahe aller Griechen liegen aber um das Meer herum. Kreta ist auf der einen Seite nicht weit von der Peloponnes entfernt, und auf der anderen, der asiatischen Seite nur wenig entfernt von dem Gebiet um Triopion und von Rhodos. Deswegen gewann auch Minos die Herrschaft über das Meer, und zum Teil unterwarf er sich die Inseln, zum anderen Teil besiedelte er sie. Schließlich aber unternahm er einen Angriff gegen Sizilien und starb dort im Gebiet um Kamikos.

Die kretische Ordnung weist folgende Entsprechungen zu der der Spartaner auf: bei diesen bebauen die Heloten das
Land, bei den Kretern dagegen die Periöken; gemeinsame 1272a
Mahlzeiten gibt es bei beiden, und früher wenigstens bezeichneten die Spartaner diese nicht »Phiditien«, sondern »Andreia«, so wie die Kreter – auch das verdeutlicht, daß diese Einrichtung von dort stammt. Auch die Verfassungsordnung (Kretas zeigt Entsprechungen zur spartanischen): die Ephoren haben die gleichen Machtbefugnisse wie die Beamten, die man in Kreta »Kosmoi« nennt, außer daß die Ephoren ein Kollegium von fünf Männern, die Kosmoi eines von zehn Männern bilden. Und die Geronten (in Sparta entsprechen) den Geronten, die die Kreter den »Rat« nennen. Ein Königsamt gab es zwar früher (in Kreta wie heute noch in Sparta), später haben es die Kreter aber abgeschafft, den Oberbefehl im Kriege haben (bei ihnen) die Kosmoi inne. Alle Bürger haben das Recht zur Teilnahme an der Volksversammlung, diese besitzt aber nur die Machtbefugnis, die Beschlüsse der Geronten und der Kosmoi in einer Abstimmung zu bestätigen.

Das System der Syssitien bei den Kretern ist dem der Spartaner überlegen. Denn in Sparta entrichtet jeder persönlich a15 den vorgeschriebenen Beitrag, und wenn er dazu nicht in der Lage ist, schließt ihn ein Gesetz von der Teilnahme an den verfassungsmäßigen Rechten aus, wie schon früher bemerkt wurde, in Kreta werden dagegen die Aufwendungen eher von der Gemeinde bestritten; denn vom Staatsland, von allen seinen Felderträgen und dem (dort weidenden) Vieh, und von den Abgaben, die die Periöken entrichten, ist der eine Teil für die Götter und die öffentlichen Aufgaben bestimmt, der andere für die gemeinsamen Mahlzeiten, so daß alle, Frauen, Kinder und Männer, aus öffentlichen Mitteln ernährt werden. Der Gesetzgeber hat aber auch vieles ersonnen, damit sie sich mit wenig Nahrung begnügen, weil er dies für nützlich hielt; und damit sie nicht viele Nachkommen (die ernährt werden müßten) zur Welt bringen, hat er Vorkehrungen zur Trennung der (Männer von den) Frauen getroffen, indem er stattdessen den Verkehr unter Männern einführte – eine Prüfung, ob dies schlecht ist oder nicht, muß einer anderen Gelegenheit vorbehalten bleiben.

Es ist nun offensichtlich, daß jedenfalls das System der Syssitien bei den Kretern besser geregelt ist als bei den Spartanern. Aber das Kollegium der Kosmoi weist noch mehr Mängel auf als das der Ephoren; die Nachteile, die dem Amt der Ephoren anhaften, finden sich auch bei den Kosmoi – denn jeder Beliebige gelangt in dieses Amt; was aber dort für (den Bestand) der Verfassung von Nutzen ist, wird hier nicht befolgt. Weil nämlich dort jedem Bürger die Wahl (zu diesem Amt) offensteht, wünscht der Demos, der Zugang zum höchsten Amt hat, den Fortbestand der Verfassung. Hier (in Kreta) wählt man die Kosmoi dagegen nicht aus allen Bürgern, sondern nur aus bestimmten Familien, und die Geronten wählt man aus dem Kreis derer, die zuvor das Amt der Kosmoi bekleidet haben – über sie könnte man die gleichen Bemerkungen machen wie über die (Regelungen) in Sparta: dadurch daß sie von einer abschließenden Rechenschaftspflicht befreit sind und lebenslang ihr Amt führen können, ist ihnen ein Privileg eingeräumt, das über das hinausgeht, was sie verdienen. Und es ist gefährlich, daß sie ihr Amt nicht auf der Grundlage ge-

schriebener Vorschriften, sondern nach eigenem Gutdünken ausüben. Weiterhin ist die Tatsache, daß (in Kreta) der Demos, der nicht an der Macht beteiligt ist, doch Ruhe hält, kein Indiz für eine gute politische Ordnung. Denn persönlichen Gewinn, wie die Ephoren, haben die Kosmoi (nur deswegen) nicht, weil sie auf einer Insel, fern von Leuten, die sie bestechen könnten, 1272b
wohnen.

Die Abhilfe, die sie für den erwähnten Mißstand suchen, ist töricht und nicht für ein geordnetes Staatswesen geeignet, sondern paßt zur Willkürherrschaft einer kleinen Gruppe: häufig werden die Kosmoi abgesetzt, nachdem sogar einige ihrer Kollegen oder auch Privatleute sich verschwörerisch gegen sie zusammengeschlossen haben. Es ist den Kosmoi auch erlaubt, mitten während der Amtsperiode zurückzutreten. Aber vorzuziehen wäre, daß dieses alles nach gesetzlichen Regeln und nicht nach dem Wünschen von Menschen abläuft, denn dies ist keine verläßliche Richtschnur. Das Schlimmste von allem ist aber, daß häufig mächtige Persönlichkeiten, wenn sie sich einer Verurteilung entziehen wollen, die Amtsgewalt der Kosmoi außer Kraft setzen. Das zeigt, daß die (kretische) Ordnung zwar Merkmale einer Verfassung aufweist, aber keine Verfassung, sondern eher eine Willkürherrschaft einzelner mächtiger Leute ist. Sie pflegen nämlich (die Bürgerschaft) auseinanderzudividieren und aus dem Demos und ihren Anhängern Parteiungen zu bilden und dann den Zustand politischer Führungslosigkeit herbeizuführen, einen Bürgerkrieg anzuzetteln und gegeneinander zu kämpfen. Aber ein solcher Zustand ist doch nichts anderes, als daß ein solcher Staat für eine bestimmte Frist nicht mehr als Staat gelten kann, vielmehr befindet sich die verfassungsmäßig geordnete Gemeinschaft in Auflösung. In einem solchen Zustand ist aber ein Staat gefährdet, da dann diejenigen, die (das Land) angreifen wollen, auch die Möglichkeit dazu haben. Aber, wie gesagt, Kreta wird durch seine geographische Lage geschützt; denn seine Abgelegenheit hat die Wirkung der (in Sparta betriebenen) Vertreibung von Fremden aus dem Lande. Deswegen bleibt bei den Kretern auch die Institution der Periöken unerschüttert, während (in Sparta) die Heloten häufig aufbegehren. Denn die Kreter gehören nicht einem Herrschaftsbereich außerhalb ihrer Insel an, und erst vor kurzem griff ein Krieg von Fremden auf diese Insel über und hat die Schwäche der dort gültigen Gesetze offenbar gemacht.

Damit soll unsere Besprechung der kretischen Verfassung abgeschlossen sein.

Kapitel 11. Auch die Karthager stehen in dem Rufe, sich einer guten politischen Ordnung zu erfreuen, die, verglichen mit anderen, in vielen Dingen einen außergewöhnlichen Charakter hat, in einigem aber am ehesten der der Spartaner nahekommt. Denn diese drei Verfassungen, die kretische, die spartanische und als dritte die der Karthager, sind in gewisser Weise untereinander eng verwandt und weisen gegenüber den anderen beträchtliche Unterschiede auf. Sie (alle) haben viele gute Einrichtungen. Ein Indiz für die gelungene Ordnung einer Verfassung liefert die Tatsache, daß der Demos an der verfassungsmäßigen Ordnung festhält und es weder innenpolitische Unruhen gab, die überhaupt Erwähnung verdienen, noch ein Tyrann an die Macht kam.

(Die karthagische Verfassung) weist nun (in folgenden Institutionen) Ähnlichkeiten mit der spartanischen auf: in den gemeinsamen Mahlzeiten der Hetairien mit den (spartanischen) Phiditien, in dem Amt der Einhundertundvier mit den Ephoren – allerdings steht es damit in Karthago nicht schlechter, denn es sind die ersten Besten, aus denen (in Sparta die Ephoren) stammen, während sie jenes Amt der Einhundertundvier nach der höchsten Eignung durch Wahl besetzen; in den Königen und der Gerusia hat die karthagische Verfassung eine Entsprechung zu den Königen und Geronten (in Sparta); Vorzug verdient auch (die Regelung in Karthago, die vorsieht), daß die Könige nicht (immer) aus der gleichen und gerade der ersten besten Familie stammen, daß vielmehr, wenn eine Familie sich besonders auszeichnet, (die Könige) aus ihrer Mitte, und eher durch Wahl als nach dem Alter (ernannt werden). Denn da ihnen Vollmachten über wichtige Angelegenheiten übertragen sind, richten sie, falls sie untauglich sind, großen Schaden an 1273a und (die spartanischen Könige) haben schon dem Staat der Spartaner geschadet.

Die meisten Einrichtungen, die wegen verfehlter Regelungen getadelt werden könnten, finden sich bei allen genannten Verfassungen gemeinsam; aber diejenigen, die das Prinzip der Aristokratie oder Politie verletzen, haben eine Neigung teils mehr zur Demokratie, teils zur Oligarchie. Denn das Privileg, bestimmte Angelegenheiten vor die Volksversammlung zu bringen, andere dagegen nicht, haben die Könige im Verein mit den Geronten, falls alle einer Meinung sind, andernfalls entscheidet der Demos auch über diese Gegenstände. Wenn jene (Könige und Geronten) Angelegenheiten an die Volksversammlung verweisen, dann räumen sie dem Demos nicht nur das Recht ein, die Beschlüsse der Amtsträger anzuhören, sondern die Leute aus dem Volk besitzen die Vollmacht zu entscheiden, und jeder, der will, kann den Anträgen, die an die Volksversammlung verwiesen wurden, widersprechen, was in den (beiden) anderen Verfassungen nicht gestattet ist. Oligarchisch sind dagegen die Regelungen, die vorsehen, daß die Kollegien von fünf Beamten, die viele bedeutsame Befugnisse haben, von ihren Mitgliedern selber durch Wahl ergänzt werden und daß sie die Mitglieder des Gremiums der Einhundert, des wichtigsten Amtes, wählen, ferner, daß sie über einen längeren Zeitraum als die anderen Behörden im Amte sind – denn sie führen Amtsgeschäfte nach dem Ausscheiden aus dem Amt und vor Antritt des Amtes; dagegen muß man es für eine aristokratische Einrichtung halten, daß die Ämter nicht besoldet sind und nicht durch Los besetzt werden, genauso wie andere Regelungen, besonders auch diejenige, daß alle Rechtssachen von den Ämtern entschieden werden – und nicht wie in Sparta jeweils bestimmte Rechtssachen von jeweils eigenen Ämtern.

Die Verfassungsordnung der Karthager weicht infolge einer Auffassung, die von den meisten gebilligt wird, von der Aristokratie besonders zur Oligarchie hin ab: sie glauben nämlich, daß man die Regierenden nicht nur nach der persönlichen

Qualität wählen dürfe, sondern auch nach dem Vermögen; es sei nämlich ausgeschlossen, daß derjenige, der in beengten materiellen Verhältnissen lebt, in der richtigen Weise ein Amt bekleiden und (als Voraussetzung dafür) ein Leben frei von niedrigen Tätigkeiten führen könne. Wenn nun eine Wahl der Amtsträger nach dem Vermögen charakteristisch für eine Oligarchie, die Wahl nach der persönlichen Qualität aber charakteristisch für eine Aristokratie ist, dann dürfte das System, nach dem bei den Karthagern die Verfassung geordnet ist, eine dritte Form darstellen: denn sie achten bei Wahlen auf diese beiden Merkmale und besonders bei der Wahl der Inhaber der wichtigsten politischen Organe, der Könige und der Strategen. Man muß aber diese Abweichung von der Aristokratie für einen Fehlgriff des Gesetzgebers halten. Denn es ist eines der grundlegendsten Erfordernisse, von Anfang an dafür zu sorgen, daß die Besten ein Leben der Muße führen können und in keiner Weise unwürdig beschäftigt sind – und dies gilt nicht nur während der Zeit der Amtsführung, sondern auch für ihr Privatleben. Wenn man aber schon auf den Wohlstand (der Amtsbewerber) achten muß, damit ihre Muße gesichert ist, so ist es doch schlimm, daß so die wichtigsten Staatsämter, das des Königs und der Strategen, käuflich sind. Denn ein Gesetz, das dies vorsieht, verleiht eher dem Reichtum hohes Ansehen als der persönlichen Qualität und macht den ganzen Staat geldgierig; den Wertvorstellungen der führenden Schicht schließen sich ja zwangsläufig auch die übrigen Bürger mit ihren Auffassungen an. Wenn aber nicht die persönliche Quali-
1273b tät im höchsten Ansehen steht, dann kann der aristokratische Charakter ihrer Verfassung nicht fest gegründet sein. Denn es ist verständlich, daß Leute, die (Ämter) kaufen, sich daran gewöhnen, (aus ihrer politischen Tätigkeit) Gewinn zu ziehen, zumal wenn das Amt mit eigenen Aufwendungen verbunden ist. Wenn schon ein armer Mann, selbst wenn er einen redlichen Charakter hat, den Wunsch hat, sich zu bereichern, dann wäre es widersinnig (zu erwarten), daß einer, der schlechter ist, nach allen seinen Ausgaben nicht den Wunsch haben soll, das gleiche zu tun. Deswegen sollen diejenigen, die die Fä-

higkeit haben, am besten zu herrschen, auch tatsächlich die Herrschaft ausüben. Wenn der Gesetzgeber schon den Wohlstand der tüchtigen Leute außer acht gelassen hat, so wäre es immerhin doch seine Pflicht, dafür zu sorgen, daß wenigstens die Amtsträger ein Leben ohne erniedrigende Tätigkeit führen können.

Als schlecht muß aber wohl auch angesehen werden, daß ein und derselbe Mann mehrere Ämter bekleiden kann, was bei den Karthagern hoch angesehen ist. Jedoch ist es immer nur *eine* Tätigkeit, die ein Einzelner am besten erledigen kann. Und der Gesetzgeber hat darauf zu achten, daß dies tatsächlich auch geschieht, und nicht anzuordnen, daß ein und derselbe Mann Flötist und Schuster ist. Wo eine Bürgerschaft nicht (zu) klein ist, entspricht es daher eher dem Interesse der Bürger, daß eine größere Anzahl von ihnen Zugang zu den Ämtern hat, und dies kommt auch den Interessen des Volks mehr entgegen. Es fördert, wie schon gesagt, mehr den Zusammenhalt der Gemeinschaft, und jede Tätigkeit kann mit besserem Ergebnis und schneller erfüllt werden, wenn jeder immer nur die gleichen Aufgaben wahrnimmt. Dies zeigt sich im Kriegs- und Seewesen, denn in beiden Bereichen gehen Herrschen und Beherrschtwerden sozusagen durch alle (Ränge).

(In Karthago), wo die Verfassung einen oligarchischen Charakter hat, entgehen die Machthaber sehr geschickt der Gefahr innenpolitischer Unruhen: sie ermöglichen es, daß immer ein Teil des Demos zu Reichtum kommt, indem sie diesen in die abhängigen Städte entsenden; denn dadurch beheben sie die Mängel der Verfassung und machen diese dauerhaft. Aber diese Abhilfe nutzt die zufälligen Glücksumstände, es sollten aber (die Einrichtungen) des Gesetzgebers sein, deretwegen (die Bürger) keine Neigung zu politischen Unruhen haben. Wie aber die Dinge liegen, gibt es, wenn ein unglückliches Ereignis eintritt und die große Zahl der Regierten sich erhebt, in den Gesetzen keine Heilmittel, um Ruhe herzustellen.

So steht es um die Verfassung der Spartaner, die kretische Verfassung und die der Karthager, die mit Recht hohes Ansehen genießen.

Kapitel 12. Eine Gruppe von Männern, die Auffassungen zur Verfassungsordnung dargelegt haben, war überhaupt nie in der praktischen Politik tätig, sondern führte ununterbrochen das Leben als Privatmänner – wenn sie bemerkenswerte Vorschläge gemacht haben, dann ist so ziemlich über alle schon berichtet worden. Eine andere Gruppe war aber Gesetzgeber, davon die einen für ihre eigenen, die anderen auch für fremde Staaten; diese waren selber politisch tätig. Von ihnen waren wiederum einige nur Schöpfer von Gesetzen, andere gaben aber auch eine Verfassung, so wie Lykurg und Solon; denn diese haben Gesetze und Verfassungen gegeben.

Die Verfassung der Spartaner ist behandelt worden (nicht jedoch die Athens); über Solon vertreten einige die Auffassung, er sei ein hervorragender Gesetzgeber gewesen; denn er habe die allzu unbeschränkte Oligarchie beseitigt, der Knechtschaft des Volkes ein Ende gesetzt und die Demokratie der Väter begründet, indem er der Verfassung die richtige Mischung gab. Denn der Rat auf dem Areopag stelle ein oligarchisches Element dar, die Besetzung der Staatsämter durch Wahl sei aristokratisch, und die Geschworenengerichte eine demokratische Institution. Man muß aber als wahrscheinlich ansehen,
1274a daß Solon den Rat und die Besetzung der Ämter durch Wahl, vorher bestehende Einrichtungen, nicht beseitigte, jedoch den Demos (als politische Kraft) begründet hat, indem er allen den Zugang zu den Gerichten eröffnete. Deswegen tadeln ihn auch einige: Er habe das andere (nicht demokratische) Verfassungselement beseitigt, indem er das Gericht, das durch Los besetzt wird, zur entscheidenden Instanz in allen Angelegenheiten machte. Nachdem nämlich dieses (Gericht) seine Macht gefestigt hatte, haben (Einzelne) sich dem Demos wie einem Tyrannen gefällig erwiesen und die Verfassung zur jetzt bestehenden Demokratie umgestaltet: den Rat auf dem Areopag haben Ephialtes und Perikles seines politischen Einflusses beraubt, die Gerichte hat Perikles zu Lohn empfangenden Institutionen gemacht, und auf diese Weise hat jeder der (späteren) Demagogen die Entwicklung weitergetrieben und die Demokratie gestärkt, bis sie die heutige Form erlangte. Aber

dies scheint nicht der Absicht Solons entsprochen zu haben, sondern eher durch die Fügung der Ereignisse eingetreten zu sein. Denn weil in den Perserkriegen die militärische Überlegenheit zur See dem Demos zu verdanken war, stieg ihm dies zu Kopfe, und er wählte sich schlechte Demagogen, während die Guten die politischen Gegner waren. Solon scheint dagegen dem Demos nur den wirklich unverzichtbaren politischen Einfluß zugewiesen zu haben, nämlich die Beamten zu wählen und ihre Amtsführung richterlich zu kontrollieren; denn wenn der Demos nicht einmal darüber die oberste Entscheidung ausübt, dürfte er in die Rolle eines Sklaven hinabsinken und feindlich gesonnen sein; Solon besetzte auch alle Ämter aus den Reihen der Vornehmen und der Begüterten, d.h. denen, die einen Ertrag von 500 Scheffeln erwirtschaften, dann den Zeugiten und als dritter Vermögensklasse derjenigen, die Ritterschaft heißt. Die vierte Klasse bildeten die Theten, denen der Zugang zu keinem Amt offenstand.

Als Gesetzgeber wirkten auch (andere:) Zaleukos für die epizephyrischen Lokrer und Charondas aus Katane sowohl für die Bürger seiner Vaterstadt wie auch für die übrigen von Chalkis gegründeten Staaten in (Unter-)Italien und Sizilien. Einige versuchen aber auch folgenden Zusammenhang herzustellen: Onomakritos sei der erste bedeutende Gesetzgeber gewesen; seine Ausbildung habe er, der aus Lokroi stammte, in Kreta erhalten, wo er sich wegen der Weissagekunst aufgehalten habe. Sein Begleiter sei Thales gewesen, Schüler des Thales aber Lykurg und Zaleukos, Schüler des Zaleukos dann Charondas. Aber bei solchen Darlegungen sind sie allzu unbekümmert um die chronologischen Verhältnisse.

Auch Philolaos von Korinth wirkte als Gesetzgeber für die Thebaner. Philolaos stammte aus dem Geschlecht der Bakchiaden; er wurde ein glühender Verehrer des Diokles, des Siegers der olympischen Spiele; als jener die Stadt verließ, weil er die Liebesanträge seiner Mutter Alkyone verabscheute, ging auch Philolaos nach Theben. Dort starben beide. Und noch heute zeigt man ihre Gräber; man kann jeweils das eine von dem anderen aus leicht sehen, aber (nur) das eine ist in der

Blickrichtung nach Korinth hin sichtbar, das andere dagegen nicht. Denn man erzählt, daß sie ihren Grabplatz so angeordnet hätten, Diokles aus Abscheu über die Leidenschaft seiner Mutter, um sicherzustellen, daß Korinth nicht von dem
1274b Grabhügel sichtbar sei, Philolaos aber, damit es sichtbar sei. Aus dem erwähnten Grunde lebten sie bei den Thebanern. Philolaos wirkte bei ihnen als Gesetzgeber, er gab Gesetze in einigen anderen Bereichen und auch solche über Zeugung von Kindern, die jene Adoptionsgesetze nennen. Diese Gesetzgebung ist von ihm mit der besonderen Absicht erlassen, daß die Zahl der ursprünglichen Landlose erhalten bliebe. Von Charondas gibt es keine Regelung, die nur ihm eigen ist, mit Ausnahme der Gerichtsverfahren wegen falscher Zeugenaussagen; denn er hat als erster die Ankündigung, eine Strafverfolgung wegen falscher Zeugenaussage einzuleiten, eingeführt; in der Exaktheit der Festlegung der Gesetze ist er vollkommener selbst als die heutigen Gesetzgeber.

Das Besondere der Gesetzgebung des Phaleas ist die Angleichung der Vermögen, Platon gehört als besondere Regelung, daß man Frauen, Kinder und Besitz gemeinsam hat, daneben die Einrichtung von Syssitien für Frauen, außerdem das Gesetz über Trunkenheit, nämlich daß die Nüchternen die Leitung der Symposien haben müßten, und das Gesetz über die Übungen in Kriegsdingen, womit (er erreichen wollte, daß) man durch Training mit beiden Händen gleich geschickt werde, dann es dürfe nicht sein, daß die eine Hand nützlich,
b15 die andere dagegen unnütz ist. Von Drakon stammen Gesetze, aber er hat sie für eine schon bestehende Verfassung gegeben. In seinen Gesetzen gibt es nichts Erwähnenswertes, was nur ihm eigen wäre, außer der Härte wegen der Schwere der Strafzumessung. Auch Pittakos hat nur Gesetze, aber keine Verfassung geschaffen. Ein Gesetz, das ihm eigen ist, bestimmt, daß Trunkene für eine Verfehlung eine härtere Strafe erhalten als Nüchterne. Denn weil eine größere Zahl im Zustand der Trunkenheit gewalttätige Handlungen begeht als in nüchternem Zustand, sah er (bei der Strafzumessung) nicht darauf, daß man Betrunkenen eher Nachsicht entgegenbringen muß,

sondern auf den Vorteil (der Allgemeinheit). Es wirkte aber auch Androdamas aus Rhegion als Gesetzgeber für die Chalkider in Thrakien. Von ihm stammen die Vorschriften über Mordsachen und über Erbtöchter. Aber niemand könnte eine Bestimmung nennen, die nur ihm eigen ist.

In der vorliegenden Weise soll nun unsere Betrachtung der Verfassungen, sowohl derjenigen, die in Kraft sind, als auch derjenigen, die von bestimmten (Theoretikern) beschrieben sind, abgeschlossen sein.

BUCH III

Kapitel 1. Wer eine Untersuchung über die Verfassung, sowohl über das Wesen als auch die Beschaffenheit einer jeden Verfassung, vornimmt, dessen Betrachtung gilt so ziemlich zuerst dem Staat, um herauszufinden, was überhaupt ein Staat ist. Denn darüber ist man sich ja jetzt uneins: die einen behaupten, ein bestimmter Akt sei vom Staat ausgegangen, die anderen dagegen, nicht vom Staat, sondern von der Oligarchie oder dem Tyrannen. Wir stellen aber auch fest, daß das gesamte Bemühen des Staatsmannes und Gesetzgebers dem Staat gilt; die Verfassung ist aber eine bestimmte Ordnung für die, die im Staat wohnen.

Ein Staat gehört aber zur Klasse der Dinge, die zusammengesetzt sind, genauso wie ein anderes Gebilde, das zwar ein Ganzes darstellt, jedoch aus vielen Teilen zusammengesetzt ist; daher muß offensichtlich vorher untersucht werden, was ein Bürger ist, denn der Staat ist eine bestimmte Anzahl von
Bürgern. Aus diesem Grunde soll bestimmt werden, wen man 1275a
als Bürger bezeichnen darf und was der Bürger ist. Denn auch darüber, wer als Bürger zu gelten hat, ist man häufig uneins; nicht alle sind sich nämlich darüber einig, daß ein und derselbe Mann Bürger sei. Jemand, der in der Demokratie Bürger ist, ist ja häufig in der Oligarchie nicht Bürger.

Der Bürger hat diesen Status nicht, weil er irgendwo ansässig ist – denn auch Metöken und Sklaven teilen (mit den Bürgern) den Wohnsitz; auch nicht, weil sie an den Rechten in der Weise teilhaben, daß sie sich einem Rechtsverfahren stellen oder einen Prozeß anstrengen können – denn dies gilt auch für die, die aufgrund von zwischenstaatlichen Vereinbarungen an diesen Rechten teilhaben; diese Möglichkeit besteht ja für sie. Häufig haben die Metöken nicht einmal uneingeschränkt an (diesen Rechten) teil, sondern sie müssen einen Vertreter bestellen, so daß sie nur unvollkommen Mitglieder

dieser (Rechts-)Gemeinschaft sind, vielmehr wie bei Minder-
a15 jährigen, die wegen ihres Alters noch nicht (in das Bürgerverzeichnis) eingetragen wurden, und Alten, die von ihren Bürgerpflichten entbunden sind, muß man anerkennen, daß sie zwar in einer gewissen Beziehung Bürger sind, aber nicht unbedingt schlechthin, sondern mit dem Zusatz »noch unvollständig« bei den einen, »wegen Alters entpflichtet« bei den anderen oder mit sonst einem Ausdruck dieser Art – welche Bezeichung man wählt, ist dabei nicht von Bedeutung, da der Sinn dieser Bemerkung klar ist. Denn wir suchen (die Bestimmung) des Bürgers schlechthin, der nicht ein solcher Defekt anhaftet, der dann eine Korrektur (wie im Falle von Kindern oder sehr Alten) verlangt. Solche Fragen lassen sich auch über Leute, denen das Bürgerrecht entzogen wurde, und Verbannte aufwerfen und beantworten.

Ein Bürger im eigentlichen Sinne wird nun durch kein anderes Recht mehr bestimmt als das der Teilhabe an der Entscheidung und der Bekleidung eines Staatsamtes. (Die Bekleidung von) Staatsämtern unterliegt aber entweder zeitlichen Beschränkungen, so daß ein und derselbe Mann einige überhaupt nicht zweimal innehaben darf oder sie nur nach Ablauf bestimmter festgelegter Fristen (wieder bekleiden darf); oder der Amtsinhaber unterliegt nicht solchen Beschränkungen, wie z.B. der Richter oder das Mitglied der Volksversammlung.

Vielleicht könnte aber jemand einwenden, daß diese (eben genannten Funktionsträger) gar nicht ein Amt bekleiden und deswegen auch nicht an der Ausübung eines Staatsamtes mitwirken. Es ist jedoch lächerlich, denjenigen, die den höchsten politischen Einfluß haben, die Ausübung eines Staatsamtes abzusprechen. Aber darauf kommt hier nichts an, denn der Einwand zielte nur die Bezeichnung; es gibt ja keinen gemeinsamen Begriff für Richter und Mitglied der Volksversammlung, und es fehlt eine Bezeichnung für beide. Zum Zweck der Abgrenzung (von den zeitlich befristeten Entscheidungsträgern) soll für sie die Bezeichnung »politisches Amt ohne zeitliche Begrenzung« gewählt werden. Als Bürger bestimmen wir daher die, die zu einem solchen (Amt) Zugang haben. So etwa lautet die Definition, die am ehesten für alle zutrifft, die gewöhnlich als Bürger bezeichnet werden.

Es darf aber folgendes nicht unbeachtet bleiben: wenn die Gegenstände, die gewissen Dingen zugrunde liegen, der Art nach verschieden sind und der eine den ersten Rang einnimmt, der nächste die zweite Stelle und einer erst danach folgt, so besteht zwischen den entsprechenden Gegenständen, soweit es ihr Wesen angeht, entweder überhaupt keine Gemeinsamkeit oder nur in geringem Maße. Wir wissen aber, daß die Verfassungen der Art nach verschieden sind und die einen nur im nachgeordneten Sinne, die anderen dagegen vorrangig als 1275b
solche gelten können; denn die verfehlten und entarteten Verfassungen müssen den richtigen nachgeordnet sein – in welchem Sinne wir von entarteten Verfassungen sprechen, wird später klar werden. Entsprechend muß auch der Bürger, der nach (den verschiedenen Prinzipien) jeder Verfassung (diesen Status hat), jeweils verschieden sein. Deswegen trifft die Bestimmung des Bürgers, die wir oben gegeben haben, am ehesten auf die Bürger in einer Demokratie zu; in den anderen Verfassungen kann ein Mann (mit) so bestimmten (Rechten) zwar Bürger sein, ist es aber nicht notwendigerweise. In manchen Verfassungen gibt es dagegen nicht den Demos (als politischen Faktor), und sie kennen nicht die Institution der (regelmäßig tagenden) Volksversammlung, sondern einen zu besonderen Anlässen einberufenen Rat, und über Rechtsstreitigkeiten entscheiden sie nach einer bestimmten Geschäftsverteilung, wie in Sparta der eine Ephor die eine Art von Prozessen über private Vereinbarungen, der andere die andere entscheidet und die Geronten über Totschlagsdelikte zu Gericht sitzen und möglicherweise eine andere Behörde über andere Rechtsangelegenheiten. Genauso wird es auch in Karthago gehandhabt, für alle Prozesse gilt hier nämlich, daß jeweils bestimmte Behörden die Urteile fällen.

Die eben gegebene Bestimmung des Bürgers läßt jedoch die Möglichkeit einer Korrektur zu: denn in den anderen, (nichtdemokratischen) Verfassungen nimmt nicht der Inhaber eines unbefristeten Amtes, sondern derjenige, der in seiner Amtsführung (zeitlichen) Beschränkungen unterliegt, eine Funktion wahr, die der des Mitglieds der Volksversammlung und Richters in einer Demokratie entspricht. Ihnen allen, oder einer bestimmten Anzahl unter ihnen, ist die Vollmacht, politische Entscheidungen zu fällen und als Richter über alle oder bestimmte Rechtssachen zu urteilen, verliehen.

Wie nun der Bürger zu bestimmen ist, ist nach diesen Äußerungen evident: wem das Recht eingeräumt ist, an der Ausübung eines Amtes mit politischen Entscheidungsfunktionen und richterlicher Gewalt mitzuwirken, erfüllt nach unserer Bestimmung die Bedingungen eines Bürgers seines Staates; als Staat bezeichnen wir, um es allgemein zu sagen, eine Anzahl von Bürgern, die groß genug ist, um ein Leben zu führen, das aus eigenen Mitteln ausreichend ausgestattet ist.

Kapitel 2. Für die Praxis bestimmt man dagegen als Bürger denjenigen, dessen beide Elternteile – und nicht nur der eine, also Vater oder Mutter – Bürger waren; andere gehen in diesem Prinzip noch weiter und verlangen zwei, drei oder noch mehr (Generationen von) Großvätern (bürgerlichen Standes). Angesichts einer solchen für den staatlichen Gebrauch und grob getroffenen Bestimmung stellen einige die Frage, wie jener dritte oder vierte Großvater Bürger sein soll. Gorgias aus Leontini bemerkte – teils wohl, weil er wirklich diese Frage aufwerfen wollte, teils aber auch nur als Witz: so wie Walzen die Produkte seien, die von den Walzen*meistern* produziert wurden, so seien Larisäer diejenigen, die von ihren Bürger*meistern* dazu gemacht seien, es gebe nämlich *Meister*, die Larisäer produzierten. Die Sache ist aber einfach: wenn (jene Großväter) nach der oben genannten Bestimmung an der Verfassung teilhatten, dann waren sie Bürger. Denn es ist ausgeschlossen, daß die Bestimmung des Bürgers, Abkomme von Bürgern väterlicher- oder mütterlicherseits zu sein, auch schon auf die ersten Siedler oder Stadtgründer zutreffen konnte.

Aber vielleicht liegt eher in Folgendem ein ungelöstes Problem, (ich meine) wenn einige nach einem Verfassungswechsel

Bürgerrechte erhielten, wie sie Kleisthenes in Athen nach der Vertreibung der Tyrannen verlieh; denn er nahm viele Metöken fremder und unfreier Herkunft in die Phylen auf. Bei diesen ist die Frage nicht, wer Bürger ist, sondern ob sie es zu Unrecht oder zu Recht sind. Jedoch könnte man hierzu noch
die zusätzliche Frage aufwerfen, nämlich ob jemand, der nicht 1276a
zu Recht Bürger ist, deswegen überhaupt kein Bürger ist, weil »zu Unrecht« und »fälschlich« das gleiche bedeuten. Aber wir kennen doch Fälle, daß auch Träger eines Staatsamtes dies in ungerechter Weise ausüben, denen wir gleichwohl zubilligen müssen, daß sie das Amt bekleiden, jedoch nicht in gerechter Weise; auch der Bürger ist aber durch die Bekleidung eines Amtes mit bestimmten Aufgaben definiert – denn wer zu einem solchen Amt Zugang hat, ist Bürger, wie wir behaupteten; daher muß man offensichtlich auch diese Leute (die zu Unrecht Bürger sind), Bürger nennen.

Kapitel 3. Das Problem der Rechtmäßigkeit oder Unrechtmäßigkeit (der Verleihung des Bürgerrechtes) hängt mit der vorher erwähnten Streitfrage zusammen. Denn einige werfen die Frage auf, wann eine Handlung vom Staat ausging und wann nicht vom Staat, z. B. in dem Falle, wenn ein Verfassungswechsel von einer Oligarchie oder Tyrannis zur Demokratie stattfand. Dann wollen nämlich einige die (früher eingegangenen) Verpflichtungen nicht einlösen, weil nicht der Staat, sondern der Tyrann die Anleihen aufgenommen habe, und sie (nehmen) eine ähnliche Position in vielen (anderen Angelegenheiten ein), denn – so lautet ihre Begründung – einige Verfassungen beruhten allein auf Gewalt und dienten nicht dem Gemeinwohl. Wenn man aber (davon ausgehen muß, daß) auch einige demokratische Staaten in eben dieser Weise regiert werden, dann muß man feststellen, daß die Handlungen
dieser Verfassung nicht mehr und nicht weniger dem Staat a15
anzurechnen sind als die der Oligarchie und der Tyrannis.

Diese Erörterung scheint in einem engen Zusammenhang mit einer anderen Frage zu stehen, nämlich: wann soll man sagen, ein Staat sei (bei Verfassungswechsel) noch derselbe geblieben, und wann, er sei nicht mehr derselbe, sondern ein anderer? Die naheliegendste Untersuchung dieser Frage bezieht sich auf das Gebiet und die Menschen; denn es kann ja vorkommen, daß das Gebiet und die Menschen getrennt werden und die einen hier, die anderen dort ihren Wohnsitz nehmen. Dies muß man aber als eine Frage von geringerer Schwierigkeit ansehen, denn da »Polis« in vielen Bedeutungen gebraucht wird, so bietet die Untersuchung dieses Problems eine offensichtliche Lösung. Genauso muß man auch (für den entgegengesetzten Fall), wenn die Menschen das gleiche Gebiet bewohnen, (die Frage stellen): wann soll man annehmen, dies sei *ein* Staat? Offensichtlich (besitzt er Einheit) nicht schon wegen eines Mauerringes; denn man könnte ja auch die Peloponnes mit einer Mauer umschließen (ohne daß so *ein* Staat entstünde). Solche Bedingungen liegen ja wohl bei Babylon und jeder Ansiedlung vor, die mehr den Umfang eines Volkes als eines Staates hat; man sagt ja, daß noch drei Tage nach der Eroberung Babylons ein Teil der Stadt davon nichts gemerkt habe. Aber eine Untersuchung dieser Frage ist für einen anderen Zeitpunkt angebracht – denn der leitende Staatsmann muß eine klare Vorstellung darüber besitzen, welche Größe eines Staates vorteilhaft ist und ob eine Zusammensetzung der Bewohner aus einem oder mehreren Völkern von Nutzen ist.

Aber wenn ein und dieselben Bewohner in dem gleichen Gebiet ansässig sind, soll man dann den Staat noch als unverändert den gleichen bezeichnen, solange der Stamm der Bewohner sich nicht ändert – obwohl natürlich immer einige seiner Mitglieder zugrundegehen, andere geboren werden? Denn, so sagen wir ja auch gewöhnlich, die Flüsse und Quellen sind die gleichen geblieben, obwohl doch immer Wasser neu hinzuströmt und abfließt. Oder sollen wir aus diesem
1276b Grunde zwar noch die Menschen für die selben halten, jedoch den Staat als verändert? Wenn der Staat eine Gemeinschaft ist – und er ist eine Gemeinschaft, gebildet aus Bürgern, die miteinander die Verfassung gemeinsam haben –, dann dürfte wohl die Folgerung unausweichlich erscheinen, daß auch der Staat nicht mehr der gleiche ist, wenn die Verfassung der Art

nach verändert und umgestaltet wird. Wir sagen ja auch, daß ein Chor, der einmal in einer Komödie, dann in einer Tragödie auftritt, nicht derselbe ist, obwohl er häufig aus den gleichen Personen besteht, und daß jede andere Gemeinschaft und jede Vereinigung verschieden sei, wenn die Art der Verbindung sich ändert; so kann z. B. mit den gleichen Tönen die Tonart doch verschieden sein, einmal dorisch, ein anderes Mal phrygisch. Wenn dies so ist, dann muß man sich offensichtlich in erster Linie an der Verfassung orientieren, wenn man von der Identität des Staates spricht; man kann einem Staat jedoch einen anderen Namen geben oder den ursprünglichen Namen unverändert lassen, unabhängig davon, ob die gleichen oder völlig neue Menschen das gleiche Gebiet bewohnen.

Ob es aber gerechtfertigt ist, Abmachungen einzuhalten
oder nicht, wenn der Staat eine andere Verfassung annimmt, b15
ist eine andere Frage.

Kapitel 4. In den Zusammenhang dieser Erörterungen gehört aber auch eine Betrachtung folgender Frage: soll man die herausragende Qualität des guten Mannes mit der des guten Bürgers gleichsetzen oder nicht? Wenn das einer Untersuchung bedarf, dann muß man zunächst die herausragende Qualität des Bürgers umrißhaft bestimmen.

Wie jemand aus der Schiffsbesatzung ein Mitglied (der Mannschaft) ist, so behaupten wir das auch vom Bürger. Mögen auch die einzelnen Männer der Schiffsbesatzung unterschiedliche Funktionen haben – der eine ist Ruderer, der andere Steuermann, der dritte Untersteuermann, ein anderer trägt eine andere Bezeichnung (entsprechend seiner Aufgabe) –, so gibt es offensichtlich neben der genauesten Bestimmung der Aufgabe eines jeden, die eine spezifische Angabe seiner herausragenden Qualität sein wird, genauso auch eine allgemeine Bestimmung, die für alle gelten wird; denn die Sorge für die Sicherheit der Fahrt ist die Aufgabe von ihnen allen; jedes Mitglied der Mannschaft setzt sich dieses Ziel. Genauso auch bei den Bürgern: mögen sie auch (aufgrund ihrer unterschiedlichen Verpflichtungen) verschieden sein, so ist doch der sichere Erhalt der Gemeinschaft die Aufgabe von ihnen (allen), die Besonderheit der jeweiligen (staatlichen) Gemeinschaft wird aber durch ihre Verfassung bestimmt. Daher muß die herausragende Qualität des Bürgers auf die jeweilige Verfassung ausgerichtet sein; und da es mehrere Arten von Verfassungen gibt, kann offensichtlich die herausragende Qualität des guten Bürgers nicht nur eine einzige, die vollendete Form haben; dagegen beziehen wir uns auf eine einzige, die vollkommene Qualität, wenn wir vom guten Mann sprechen. Damit ist nun klar, daß jemand durchaus guter Bürger sein kann, ohne die herausragende Qualität zu besitzen, die den guten Mann ausmacht.

Auch auf andere Weise können wir diese Frage aufwerfen, indem wir die gleiche Erörterung bezogen auf den besten Staat führen: ein Staat kann nicht so zusammengesetzt sein, daß er aus lauter guten Menschen besteht; andererseits muß jeder die ihm zugewiesene Aufgabe gut verrichten, was (ihm) aufgrund seiner herausragenden Qualität gelingt. Da nun nicht
1277a alle Bürger gleich sein können, kann auch nicht die herausragende Qualität des Bürgers und die des guten Mannes ein und dieselbe sein: die herausragende Qualität des guten Bürgers müssen alle Bürger besitzen – denn dadurch muß der Staat auch der beste sein –, die des guten Mannes aber können nicht alle besitzen, sofern es ausgeschlossen ist, daß alle Bürger in einem wohlgeordneten Staat gute Männer sind. Ferner: da ein Staat sich aus ungleichen Elementen zusammensetzt – wie ein Lebewesen zunächst aus Seele und Körper und die Seele aus Vernunft und Begehren und der Haushalt aus Mann und Frau und der Besitz aus Gebieter und Sklaven bestehen, genauso besteht der Staat aus allen diesen und außerdem anderen ungleichen Bestandteilen – so geht daraus zwingend hervor, daß die herausragende Qualität aller Bürger nicht nur eine einzige Form haben kann, wie ja bei den Mitgliedern des Chores auch nicht die des Chorführers und seines Nebenmannes gleich ist. Daraus folgt, daß schlechthin ihre herausragende Qualität nicht identisch ist.

Aber ist vielleicht bei einer bestimmten Person die herausragende Qualität des guten Mannes und guten Bürgers identisch? Wir behaupten ja, daß der fähige Herrscher gut sein und praktische Klugheit besitzen müsse, während ein Bürger nicht notwendigerweise die praktische Klugheit besitzen müsse. Deswegen fordern ja auch einige, daß von Anfang an die Erziehung des Herrschers (von der der Untertanen) verschieden sein müßte, wie ja bekanntlich die Söhne der Könige in der Reit- und Kriegskunst erzogen werden und Euripides dichtete: »für mich kein geistreich leeres Spiel, sondern was dem Staate dient«, weil es eine besondere Erziehung für den Herrscher gebe. Wenn aber die herausragende Qualität des guten Herrschers und guten Mannes identisch ist, wenn andererseits auch der Beherrschte Bürger ist, dann ist nicht allgemein die herausragende Qualität des Bürgers und des Mannes identisch, sondern nur die eines bestimmten Bürgers; denn auch die des Herrschers und eines Bürgers ist nicht identisch, und deswegen sagte wohl Jason, er leide Hunger, wenn er nicht als Tyrann herrsche, da er sich nicht darauf verstehe, als Privatmann zu leben.

Aber die Fähigkeit, sowohl ein Regierungsamt zu bekleiden als auch sich regieren zu lassen, findet doch öffentlich hohe Anerkennung, und diese Fähigkeit, in richtiger Weise ein Regierungsamt zu bekleiden und sich regieren zu lassen, gilt als die herausragende Qualität eines angesehenen Bürgers. Wenn wir nun behaupten, daß die Qualität des guten Mannes zum Herrschen, die des Bürgers aber für beide Aufgaben befähige, dann dürften die beiden (dafür erforderlichen Qualitäten) nicht in gleicher Weise öffentliche Anerkennung verdienen. Da nun aber die Meinung vorherrscht, derjenige, der ein hohes Amt bekleidet, müsse etwas anderes und nicht das gleiche wie der Beherrschte lernen, der Bürger müsse sich aber auf beides verstehen und an beiden Funktionen teilhaben […], mag man die Folgerungen erkennen. Es gibt nämlich eine despotische Herrschaftsweise, deren Bereich nach unserer Auffassung durch (den Charakter der Aufgaben), Lebensnotwendiges (bereitzustellen), abgegrenzt ist; ihre Herstellung braucht der

Gebieter nicht zu verstehen, sondern eher ihren Gebrauch – das andere wäre ja auch eine sklavische Tätigkeit, ich meine mit »das andere« die Fähigkeit, (notwendige) Dienstleistungen zu erbringen. Arten von Sklaven gibt es aber in größerer Zahl, da auch ihre Tätigkeiten vielfältig sind. Eine Gruppe unter ihnen bilden die Handwerker; das sind, wie allein schon
1277b der Name sagt, Leute, die von ihrer Hände Werk leben, zu denen der banausische Handwerker gehört. Deswegen hatten auch ursprünglich in einigen Staaten Handwerker keinen Zugang zu den Staatsämtern, jedenfalls bevor es zur extremen Demokratie kam. Tätigkeiten von Personen, die einem Herrschaftsverhältnis dieser Art unterstehen, darf weder der gute Staatsmann noch der gute Bürger lernen – es sei denn für sich selber, d. h. für seinen eigenen Gebrauch, denn dabei kommt es ja nicht dazu, daß der eine Herr, der andere Sklave wird.

Aber es gibt eine bestimmte Herrschaftsform, bei der der Herrschende über andere, die der Geburt nach gleich und frei sind, regiert; diese nennen wir die politische Herrschaft, die der Herrschende erlernen muß, indem er sich beherrschen läßt, wie man ja auch eine Reiterabteilung zu führen lernt, nachdem man in einer Reiterabteilung gedient hat, und ein Heer zu führen lernt, nachdem man dem Heerführer gedient hat – als Anführer einer großen Heeresabteilung oder eines kleineren Truppenteils. Deswegen trifft auch die Bemerkung zu, daß man nicht richtig herrschen könne, wenn man nicht gedient habe. Die für beide Tätigkeiten erforderliche Qualität ist zwar verschieden, aber der gute Bürger muß es verstehen und
b15 in der Lage sein, sich beherrschen zu lassen und zu herrschen; und die herausragende Qualität eines Bürgers besteht darin, nach diesen beiden Seiten hin die Herrschaft, die über Freie ausgeübt wird, zu verstehen.

Aber auch der gute Mann benötigt beide herausragenden Qualitäten, und wenn es eine besondere Form von Mäßigung und Gerechtigkeit gibt, die zum *Herrscher* gehört – denn eine besondere Form für den *Beherrschten*, der frei ist, gibt es ja –, dann gibt es offensichtlich nicht nur eine (einzige Ausprägung der) herausragenden Qualität des guten Mannes, etwa (nur eine) Gerechtigkeit, sondern sie weist Sonderformen auf, nach denen man herrscht oder regiert wird. So sind ja auch die Mäßigung und Tapferkeit bei Mann und Frau verschieden; denn als feige müßte ein Mann wirken, der (nur) so tapfer ist wie eine tapfere Frau, und eine Frau müßte als schwatzhaft wirken, wenn sie sich so aufführt, wie es bei einem Mann als gutes Betragen gilt; auch die Funktionen im Haushalt sind bei Mann und Frau verschieden: er soll die Mittel erwerben, sie soll sie bewahren. Die praktische Vernunft ist als einzige Eigenschaft die nur dem Herrscher eigentümliche herausragende Qualität. Es leuchtet daher ein, daß über die übrigen hervorragenden (ethischen) Qualitäten sowohl Regierte wie Regierende gemeinsam verfügen müssen; praktische Vernunft ist jedoch nicht die herausragende Qualität, die der Beherrschte besitzen muß, sondern (er braucht nur) wahre Meinung. Denn der Beherrschte ist dem Flötenbauer, der Herrscher dagegen dem Flötenspieler, der Flöten benutzt, vergleichbar.

Diese Bemerkungen machen klar, ob die herausragende Qualität des guten Mannes und die des guten Bürgers ein und dieselbe oder zwei verschiedene Eigenschaften sind, und in welcher Beziehung sie dieselbe und in welcher nicht dieselbe sind.

Kapitel 5. Bei der Behandlung des Bürgers bleibt noch eine ungelöste Frage: ist wirklich nur derjenige Bürger, dem der Zugang zu einem Staatsamt offensteht, oder muß man auch die Handwerker als Bürger anerkennen? Wenn man auch diejenigen zu den Bürgern rechnen muß, denen der Zugang zu staatlichen Ämtern verschlossen ist, dann kann nicht jeder Bürger die eben bestimmte herausragende Qualität des Bürgers besitzen; denn auch (ohne Zugang zu den Ämtern) wäre er Bürger. Wenn aber keiner von ihnen Bürger ist, welcher Gruppe sollte dann jeder zugeordnet werden? Denn Metöke oder Fremder ist er ja nicht. Oder sollen wir sagen, daß sich jedenfalls mit 1278a
diesem Argument noch keine absurde Konsequenz ergibt, denn auch die Sklaven und die Freigelassenen gehören nicht zu den gerade genannten Gruppierungen. Es trifft ja doch zu,

daß man nicht alle zu den Bürgern rechnen darf, ohne die ein Staat nicht existieren könnte; denn auch die Minderjährigen sind nicht in gleichem Sinne Bürger wie volljährige Männer, sondern diese sind es schlechthin, jene aber bedingt – zwar sind sie Bürger, aber noch nicht in vollem Sinne. In früherer Zeit waren in einigen Staaten die Handwerker Sklaven oder Fremde, deswegen hat die Mehrzahl von ihnen auch heute noch diesen Status, und der beste Staat wird den Handwerker nicht zum Bürger machen. Falls aber auch dieser Bürger ist, dann muß man sagen, daß die herausragende Qualität der Bürger, wie wir sie bestimmt haben, nicht jeder Bürger besitzt, und nicht einmal einer, der (lediglich den Vorzug hat,) frei geboren zu sein, sondern nur diejenigen, die von der Ausübung lebensnotwendiger Arbeiten befreit sind. Unter ihnen sind diejenigen Sklaven, die mit solchen notwendigen Tätigkeiten einem einzigen Herren dienen, dagegen diejenigen, die der Allgemeinheit zu Diensten stehen, Handwerker und Tagelöhner.

Wie es aber mit ihrem (Status als Bürger) steht, wird klar, wenn wir von hier aus unsere Untersuchung noch etwas weiterführen; die frühere Feststellung allein, wenn sie einmal verdeutlich ist, wird nämlich, diese Frage klären: da es eine größere Anzahl von Verfassungen gibt, muß es auch mehrere Arten des Bürgers geben und besonders des regierten Bürgers; daher sind in einer bestimmten Verfassung Handwerker und Tagelöhner notwendigerweise Bürger, in anderen ist das jedoch ausgeschlossen, z. B. wenn eine in Kraft ist, die man aristokratisch bezeichnet, in der die politischen Ämter nach persönlich herausragender Qualität und aufgrund eines bestimmten Vorzuges verliehen werden. Denn es ist ausgeschlossen, in seinen Handlungen den Erfordernissen persönlich herausragender Qualität gerecht zu werden, wenn man das Leben eines Handwerkers oder Tagelöhners führt. In Oligarchien kann ein Tagelöhner nicht Bürger sein, denn der Zugang zu den Ämtern ist an hohe Vermögensanforderungen geknüpft, aber ein Handwerker kann Bürger sein, denn sogar die Mehrzahl der Handwerker lebt in Wohlstand. In Theben bestimmte aber ein Gesetz, daß jemandem, der nicht seit zehn Jahren (den Geschäften) des Marktes ferngeblieben war, der Zugang zu einem Staatsamt verschlossen blieb.

In vielen Verfassungen eröffnet das Gesetz auch einigen aus der Gruppe der Fremden die Zugehörigkeit (zur Bürgerschaft). Denn in manchen demokratischen Staaten ist auch einer, der (lediglich) mütterlicherseits von bürgerlicher Abkunft ist, schon Bürger; genauso gilt es bei vielen für die Abkömmlinge aus außerehelichen Verbindungen. Jedoch da sie diese zu Bürgern machen, weil es ihnen an Männern fehlt, die aufgrund von Geburt rechtmäßig Bürger sind – denn wegen der geringen Zahl von Bürgern haben sie Gesetze mit solchen Bestimmungen –, so (schränken) sie diese (Ausweitung der Bürgerrechte) allmählich (wieder ein), wenn sie über eine große Anzahl verfügen, und schließen zunächst die Nachkommen von Sklaven von väterlicher oder mütterlicher Seite aus, dann diejenigen, bei denen die Mutter allein (bürgerlich war), schließlich verleihen sie Bürgerrecht nur denen, die väterlicher- und mütterlicherseits von Bürgern abstammen.

Daß es mehrere Arten des Bürgers gibt, leuchtet nach diesen Bemerkungen ein, und auch daß derjenige am ehesten als Bürger bezeichnet wird, der Zugang zu Ehren und Ämtern hat, wie ja auch Homer dichtet: »wie einen Fremdling ohne Ehre«; denn wem der Zugang zu Ehren und Ämtern verschlossen ist, der ist einem Metöken vergleichbar. Jedoch wo dies verschleiert ist, geschieht das zur Täuschung derjenigen, die (nur) den Wohnsitz miteinander gemeinsamen haben.

Nach diesen Erörterungen ist klar, ob man nun die Qualität, nach der jemand guter Mann und guter Bürger ist, als verschieden oder gleich ansetzen soll: in einem bestimmten Staat 1278b
ist (der gute Bürger mit dem guten Mann) identisch, in einem bestimmten dagegen nicht identisch; nicht jeder Bürger ist dem guten Manne gleichzusetzen, sondern nur der leitende Staatsmann und die Persönlichkeit, die die entscheidenden Machtbefugnisse in der Verwaltung des Staates ausübt oder auszuüben in der Lage ist – entweder allein oder im Zusammenwirken mit anderen.

Kapitel 6. Nach diesen Bestimmungen muß untersucht werden, ob man (die Existenz) nur einer einzigen Verfassung oder von mehreren angeben soll, und wenn von mehreren, welche und wie viele dies sind und welche Unterschiede zwischen ihnen bestehen. Eine Verfassung ist die Ordnung des Staates sowohl hinsichtlich der gewöhnlichen Ämter als auch besonders des Amtes, das die souveräne Entscheidungsbefugnis in allen Dingen hat. Die souveräne Gewalt des Staates liegt überall bei der Bürgerschicht, die Bürgerschicht ist daher geradezu die Verfassung. Ich meine z. B.: in den Demokratien ist der Demos der Souverän, in den Oligarchien dagegen die Wenigen; wir sagen ja entsprechend, daß auch ihre Verfassung verschieden ist. Die gleiche Auffassung werden wir auch für die anderen Verfassungen vertreten.

Als Grundlage muß zunächst bestimmt werden, um welches Zweckes willen der Staatsverband entstanden ist und wieviel Herrschaftsformen es für Menschen und die Lebensgemeinschaft gibt. In den ersten Erörterungen, in denen Bestimmungen über die Führung eines Haushaltes und die Despotie getroffen wurden, ist auch dargelegt worden, daß der Mensch von Natur ein zum Staat gehörendes Lebewesen ist. Deswegen suchen Menschen, auch wenn sie ganz und gar nicht auf gegenseitige Hilfe angewiesen sind, doch um nichts weniger ein Leben in der Gemeinschaft; aber auch der gemeinschaftliche Nutzen führt sie zusammen, und zwar in dem Maße, wie jeder einzelne (nur in der Gemeinschaft) einen Anteil an der vollendeten Lebensführung erhalten kann. Diese ist ja am ehesten das Ziel sowohl gemeinschaftlich für alle wie auch für den Einzelnen. Aber auch allein schon um des physischen Lebens willen schließt man sich zusammen und hält an der staatlichen Gemeinschaft fest. Im physischen Leben allein ist nämlich vielleicht auch ein bestimmter Teil von Vollkommenheit enthalten, sofern nicht die Widrigkeiten des Lebens allzusehr überwiegen. Es ist ja bekannt, daß die meisten Menschen aus dem Verlangen zu leben viele Mühsal standhaft ertragen, weil für sie im Leben eine Form von Glückseligkeit und naturgegebener Annehmlichkeit liegt.

Es ist nicht schwer, die Herrschaftsformen, die gewöhnlich genannt werden, voneinander abzugrenzen; in den exoterischen Erörterungen treffen wir ja häufig Bestimmungen darüber. Obwohl in Wahrheit der Vorteil im despotischen Herrschaftsverhältnis sowohl für den Sklaven von Natur als auch den Herren von Natur gleich ist, zielt diese Herrschaft doch eigentlich auf den Vorteil des Herrn, auf den des Sklaven nur akzidentell, denn das despotische Verhältnis läßt sich nicht aufrecht erhalten, wenn der Sklave umkommt. Die Herrschaft über Kinder und die Ehefrau und den gesamten Hausstand, die wir ökonomisch nennen, dient entweder dem Wohl der Beherrschten oder einem gemeinsamen Vorteil beider, an sich zwar dem Wohl der Beherrschten – so bemerken wir ja, daß auch sonst Fachkenntnisse wie Medizin und Gymnastik (das 1279a Wohl der ihnen Anvertrauten zu bewirken suchen) –, akzidentell dient sie aber auch dem der Herrschenden selber. Denn es steht ja dem nichts entgegen, daß der Sportlehrer bisweilen auch selber an den Übungen teilnimmt, wie auch der Steuermann immer einer der Passagiere ist. Der Sportlehrer oder der Steuermann suchen den Vorteil derer, die ihnen anbefohlen sind, wenn er aber selber zu ihnen gehört, hat er akzidentell am Nutzen teil; denn der eine wird Passagier, der andere einer der Teilnehmer an den Turnübungen, obwohl er doch der Turnlehrer ist. Deswegen fordert man auch, daß man die staatlichen Ämter im Wechsel bekleiden soll, wenn die (Herrschaftsform) nach dem Prinzip völliger Gleichheit der Bürger geordnet ist. Dabei beanspruchten die Bürger früher der Natur der Sache entsprechend, im Wechsel die Lasten eines öffentlichen Amtes auf sich zu nehmen, während dann umgekehrt der Nachfolger (im Amt) für das Wohl des anderen sorgen sollte, wie dieser ja auch vorher, als er selber die Amtsstellung innehatte, für das Wohl jenes Mannes eintrat. Jetzt aber will man wegen der Vorteile, die aus den öffentlichen Mitteln und der Amtsführung zu ziehen sind, ohne Unterbrechung im Amt bleiben, wie wenn Leute, die kränklich sind, ständig gesund blieben, solange sie auf einem Amtssessel sitzen; denn wenn die Bekleidung eines öffentlichen Amtes ein solche Wirkung hätte, dann würden sie mit dem gleichen Eifer nach den Ämtern streben.

Daraus ergibt sich klar, daß die Verfassungen, die auf das allgemeine Wohl ausgerichtet sind, nach dem absoluten Begriff von Recht jeweils richtige Verfassungen sind, während alle diejenigen, die nur auf den Eigennutz der Regierenden ausgerichtet sind, als verfehlt und Entartungen der richtigen Verfassungen gelten müssen; sie sind nämlich despotisch, ein Staat ist jedoch eine Gemeinschaft freier Menschen.

Kapitel 7. An diese Erörterungen schließt sich eine Untersuchung der Verfassungen, (besonders) ihrer Zahl und ihrer Wesensbestimmung, an; zuerst sollen die richtigen Verfassungen betrachtet werden, denn nachdem sie bestimmt sind, wird Klarheit über die Entartungsformen bestehen.

Verfassung und Bürgerschicht bedeuten nun das gleiche; die Bürgerschicht ist der Souverän der Staaten, und notwendigerweise können nur ein einziger, wenige oder die Menge den Souverän bilden. Wenn der eine, die wenigen oder die Menge zum allgemeinen Wohl regieren, müssen diese Verfassungen als richtige gelten; dagegen müssen diejenigen, die zum eigenen Wohl des einen, der wenigen oder der Menge regieren, als Entartungen angesehen werden. Denn entweder darf man diejenigen, die (nicht am Vorteil der Herrschaft) teilhaben, nicht Mitbürger nennen, oder sie müssen, (um als Bürger gelten zu können,) am Vorteil beteiligt sein.

Wir pflegen die monarchische Verfassung, die das allgemeine Wohl zum Ziel hat, Königtum zu nennen, und die Verfassung, die sich das allgemeine Wohl der wenigen, die jedoch zahlreicher als ein einzelner sind, zum Ziel setzt, nennen wir Aristokratie – sie hat diesen Namen entweder, weil die Besten herrschen oder weil man zum Besten des Staates und seiner Mitglieder herrscht; wenn aber die Menge zum allgemeinen Wohl Politik macht, dann wird diese Verfassung mit dem allen Verfassungen gemeinsamen Namen »Politie« bezeichnet – das geschieht mit guten Gründen: denn ein einzelner oder wenige können sich durch besondere charakterliche

Qualität auszeichnen, es ist jedoch schwer, daß auch eine größere Zahl (von Menschen) peinlich genau den Anforderungen menschlicher Vorzüglichkeit in vollem Umfange genügt, am ehesten kann sie noch kriegerische Tüchtigkeit besitzen; diese findet sich ja bei der Menge. Deswegen stellen in dieser Verfassung die Krieger den obersten Souverän, und diejenigen, die schwere Waffen besitzen, haben in ihr Bürgerrecht. Entartungen der hier genannten Verfassungen sind: Tyrannis die Entartung des Königtums, Oligarchie der Aristokratie, Demokratie die Entartung der Politie. Denn die Tyrannis ist eine monarchische Staatsform zum Nutzen des Alleinherrschers, die Oligarchie zu dem der Reichen und die Demokratie zu dem der Armen. Auf den Nutzen der Allgemeinheit ist keine von ihnen ausgerichtet. 1279b

Kapitel 8. Man muß aber etwas ausführlicher die Wesensbestimmung einer jeden dieser Verfassungen geben; denn damit sind einige ungelöste Fragen verknüpft, und es ist die Aufgabe aller, die in jeder Disziplin philosophisch vorgehen und nicht
lediglich auf das Handeln abzielen, nichts zu übersehen und bei- b15
seite zu lassen, sondern die Wahrheit eines jeden Gegenstandes ans Licht zu bringen.

Die Tyrannis ist, wie gesagt, die Form von Monarchie, die despotisch über eine Gemeinschaft (freier) Bürger regiert; und eine Verfassung ist dann eine Oligarchie, wenn die Begüterten die souveräne Gewalt im Staat ausüben, eine Demokratie dagegen, wenn diejenigen, die nicht über einen großen Umfang von Besitz verfügen, sondern mittellos sind, den Souverän bilden.

Die erste Frage gilt nun dieser Bestimmung: angenommen die Mehrzahl, die wohlhabend ist, ist der Souverän des Staates, während diejenige Verfassung als Demokratie gilt, in der die Menge souverän ist – und genauso umgekehrt: angenommen, es kommt irgendwo vor, daß die Armen den Reichen an Zahl unterlegen sind, aber als politisch dominierende Schicht die souveräne Gewalt im Staate innehaben, während nach allgemeiner Auffassung dort eine Oligarchie besteht, wo die geringe Zahl der Souverän ist –, so ensteht (aufgrund aller dieser Annahmen) wohl der Eindruck, daß unsere Wesensbestimmung dieser Verfassungsformen nicht zutreffend ist. Aber auch wenn jemand die geringe Zahl mit (der sozialen Lage) Reichtum und die große Zahl mit Armut verknüpft und danach die Verfassungen benennt: als Oligarchie diejenige, in der die Begüterten, die zahlenmäßig wenig sind, die Ämter innehaben, und als Demokratie diejenige, in der die Armen, die zahlenmäßig die Mehrheit darstellen, regieren, so stellt sich damit eine weitere Frage: wie sollen wir denn die eben beschriebenen Verfassungen bezeichnen, diejenige, in der die Begüterten die Mehrzahl bzw. die Armen die Minorität bilden, und jeweils die eine bzw. andere Gruppe die souveräne Gewalt in den Verfassungen innehat, wenn es doch neben den bisher genannten keine weitere Verfassung gibt?

Offensichtlich hat diese Erörterung zutage gebracht, daß es nur eine akzidentelle Erscheinung ist, wenn wenige bzw. viele der Souverän sind – akzidentell im ersten Falle für Oligarchien, im zweiten für Demokratien, eben weil die Begüterten überall die geringere, die Armen aber die große Zahl bilden; was jedoch den Unterschied zwischen Demokratie und Oli-
1280a garchie ausmacht, sind Armut und Reichtum, und notwendigerweise ist eine Verfassung dann eine Oligarchie, wenn Leute aufgrund ihres großen Besitzes regieren – einerlei ob sie nun eine Minderheit oder Mehrheit bilden, und eine Demokratie, wenn die Armen regieren, jedoch es geht meistens, wie gesagt, damit einher, daß die einen die Minderheit, die anderen die Mehrheit bilden; denn in Wohlstand leben wenige, an der freien Geburt haben aber alle teil; deswegen fordern ja auch beide Gruppen das Bürgerrecht.

Kapitel 9. Zunächst muß man feststellen, welche definierenden Merkmale man für Oligarchie und Demokratie angibt und was die Prinzipien von Recht in einer Oligarchie und Demokratie sind; denn alle halten zwar an einem bestimmten Rechtsprinzip fest, jedoch gelangen sie nur bis zu einem gewissen Punkte und bringen nicht ein Rechtsprinzip im eigentlichen Sinne und von allgemeiner Gültigkeit vor. So gibt es die Auffassung, Recht bestehe in Gleichheit – und sie besteht tatsächlich in Gleichheit, jedoch nicht für jedermann, sondern (nur) für die Gleichen. Und nach einer gewissen Auffassung ist Ungleichheit gerecht – und sie ist tatsächlich gerecht, aber nicht für alle, sondern (nur) für die Ungleichen. Jedoch läßt man diese Qualifizierung, nämlich für welche Leute diese Bestimmung gilt, weg und trifft somit eine schlechte Entscheidung. Die Ursache dafür liegt darin, daß man in eigener Sache entscheidet; so ziemlich die meisten Menschen sind aber in eigener Sache schlechte Richter.

Da also Recht immer zwischen bestimmten Personen besteht und da auf der einen Seite die Gegenstände, (über die eine Verfügung getroffen werden soll,) und auf der anderen Seite die (Eigenschaften oder Leistung der) Personen in gleichem Verhältnis gegeneinander abgegrenzt sind – wie das früher in den Schriften über die Ethik ausgeführt wurde –, so ist man über die Gleichheit in der Sache, (über die verfügt werden soll,) einer Meinung, streitet aber über die (Eigenschaft) der Personen. Der wichtigste Grund für diesen Streit wurde eben erwähnt, nämlich daß man in eigener Sache ein schlechter Richter ist; es kommt hinzu, daß beide beteiligten Gruppen, weil sie zu einem gewissen Grade eine bestimmte Form von Recht vertreten, glauben, sie verträten das Recht schlechthin. Denn die einen nehmen an, wenn sie in einer bestimmten Beziehung, z.B. in Besitz, über die Gleichen herausragen, so ragten sie schlechthin über die Gleichen heraus, und die anderen glauben, sie seien schlechthin gleich, wenn sie nur in einer einzigen Beziehung, z.B. freier Geburt, gleich sind. Aber sie geben den letztlich entscheidenden Gesichtspunkt nicht an: denn wenn Besitz der Zweck wäre, um dessentwillen man eine Gemeinschaft gebildet und sich zusammengeschlossen hat, dann müßte (ihren Mitgliedern) in der Tat ein Anteil am Staat proportional zu ihrem Besitz eingeräumt werden; dann dürfte wohl auch die Argumentation der oligarchisch gesinnten Leute stichhaltig erscheinen – nach ihrer Auffassung ist es nämlich nicht gerecht, daß derjenige, der eine Mine eingezahlt hat, den gleichen Anteil an 100 Minen, sowohl an der ursprünglichen Summe wie dem hinzukommenden Gewinn, erhält wie derjenige, der die gesamte restliche Summe eingebracht hat.

Nun hat man sich aber nicht lediglich um des Überlebens, sondern eher des vollkommenen Lebens willen (zusammengeschlossen), denn sonst hätten auch Sklaven und andere, etwa Tiere, Anteil am Staat; das ist jedoch nicht der Fall, weil diese vom Glück und Leben nach persönlicher Entscheidung ausgeschlossen sind. Und man hat sich auch nicht nur zum Zwecke eines Bündnisses (zusammengeschlossen), damit man von niemandem Unrecht erleiden muß, oder zum Tausch von Waren und gegenseitigen Beziehungen; denn (bei einem solchen Staatszweck) ergäbe sich, daß auch Tyrrhener und Karthager und alle, die untereinander Vereinbarungen geschlossen haben, Bürger gleichsam eines einzigen Staates wären; zwischen ihnen bestehen ja Abmachungen über Einfuhrgüter und zwischenstaatliche Vereinbarungen zum Schutz vor ungerechter Behandlung und geschriebene Verträge über ein militärisches
1280b Bündnis. Aber dafür sind bei beiden weder gemeinsame Behörden eingerichtet – sondern bei jeder der Vertragsparteien jeweils eigene Behörden –, noch sorgen sich die Bürger des einen Staates darum, daß die des anderen eine bestimmte Qualität haben; auch sorgen sie nicht darum, daß keiner derjenigen, die unter diese Verträge fallen, ungerecht ist und irgendeine schlechte Eigenschaft annimmt, sondern nur darum, daß sie sich untereinander kein Unrecht antun. Auf die gute oder schlechte charakterliche Qualität der Bürger achten dagegen diejenigen sorgfältig, denen an einer vorbildlichen gesetzlichen Ordnung des Staates liegt. Auf diese Weise wird auch deutlich, daß der Staat, der wirklich diese Bezeichnung verdient und nicht lediglich diesen Namen führt, für die gute charakterliche Qualität (der Bürger) Sorge tragen muß – denn (andernfalls) wird die Gemeinschaft nur ein gemeinsames Bündnis, das sich von anderen, den Bündnissen zwischen räumlich getrennten Bundesgenossen, nur durch (das Zusammenwoh-

nen an einem) Ort unterscheidet, und das Gesetz wird lediglich zu einer Vereinbarung und, wie der Sophist Lykophron bemerkte, »zwischen den Menschen ein Garant ihrer Rechte«, ist jedoch außerstande, die Bürger gut und gerecht zu machen.

Daß diese Auffassung zutrifft, ist offensichtlich. Denn wenn jemand auch versuchen sollte, die Territorien zusammenzulegen, so daß der Staat der Megarer und der der Korinther sich mit ihren Mauern berührten, so würde doch dadurch nicht ein einziger Staat entstehen. Und auch dann, wenn sie untereinander Verträge über die Anerkennung von Ehen zwischen ihren Bürgern schlössen, (begründete dies) noch nicht (einen einzigen Staat), obwohl doch solche Vereinbarungen zu den besonderen Mittel gehören, durch die Staaten Gemeinschaft herstellen. Ebenso besteht auch dann noch nicht ein Staat, wenn einige Leute zwar voneinander getrennt wohnen, jedoch nicht so weit voneinander entfernt, daß sie nicht gemeinschaftliche Beziehungen miteinander unterhalten könnten, sondern es bei ihnen Gesetze zum gegenseitigen Schutz vor ungerechter Behandlung bei ihren Tauschbeziehungen gibt – ich nehme Bedingungen an, bei denen z.B. der eine ein Zimmermann, der andere Bauer, ein dritter Schuster ist und ein weiterer einen anderen Beruf dieser Art ausübt und sie eine Anzahl von Zehntausend bilden, jedoch nichts anderes miteinander teilen als den Tausch (von Waren) und gegenseitigen Schutz. Aus welchem Grunde (wäre dies noch kein Staat)? Gewiß nicht deswegen, weil sie nicht eng zusammen wohnen. Aber selbst wenn sie bei dieser Art ihrer Beziehungen sich an *einem* Ort zusammenschlössen, aber jeder seinen eigenen Haushalt, so wie einen Staat, für sich führte und man sich nur gegen diejenigen gegenseitig Hilfe leistete, die Unrecht begehen, weil man ein Abkommen zur Verteidigung geschlossen hat, so dürfte bei einer genauen Betrachtung auch unter diesen Bedingungen noch nicht ein Staat bestehen – sofern sie nämlich nach ihrem Zusammenschluß noch genauso miteinander umgehen wie bei getrennter Wohnweise.

Es ist nun offensichtlich, daß eine Staatsgemeinde nicht eine Gemeinschaft ist, die sich ein Gebiet miteinander teilt, und

auch nicht (ein Zusammenschluß von Menschen), um zu verhindern, daß sie sich untereinander Unrecht antun, und um (Güter) auszutauschen; sondern dies alles sind wohl notwendige Voraussetzungen, sofern ein Staat existieren soll, jedoch existiert ein Staat noch nicht dann schon, wenn alle diese Voraussetzungen erfüllt sind, vielmehr ist ein Staat eine Vereinigung von Haushalten und Familienverbänden, die gemeinschaftlich das richtige Leben führen, also eine Gemeinschaft zum Zwecke des vollkommenen und autarken Lebens. Das läßt sich jedoch nicht verwirklichen, wenn seine Mitglieder nicht ein und denselben Ort bewohnen und untereinander als gültig anerkannte Ehen schließen. Deswegen bildeten sich ja auch in den Staaten verwandtschaftliche Beziehungen und Geschlechterverbände aus, und es gibt gemeinsame Opfer und Veranstaltungen geselligen Zeitvertreibs. Es ist aber nur Freundschaft, die dies zustande bringt, denn die Entscheidung zum Zusammenleben macht eine Freundschaft aus. Das Ziel des Staates ist also, in einer guten Weise zu leben, die eben genannten Dinge dienen jedoch (als Mittel) jenem Ziel. Ein Staat ist also eine
1281a aus Familien und Dörfern gebildete Gemeinschaft, die Anteil am vollkommenen und autarken Leben hat – das ist, wie wir behaupten, ein Leben in Glück und vollendeter menschlicher Qualität. Man muß also feststellen, daß die staatliche Gemeinschaft um der in sich vollendeten Handlungen willen existiert, jedoch nicht um des Zusammenlebens willen.

Denjenigen, die am meisten zu einer Gemeinschaft dieser Art beitragen, steht daher ein größerer Anteil am Staat zu als denjenigen, die an freier Geburt und Abkunft gleich oder überlegen, an der für einen Bürger notwendigen charakterlichen Qualität aber ungleich sind, oder als denen, die zwar an Reichtum überlegen, jedoch an der guten charakterlichen Qualität von Bürgern unterlegen sind. Aus diesen Erörterungen geht hervor, daß alle, die um die (politische Rechte in) Verfassungen streiten, in einem gewissen Maße einen gerechten Anspruch vertreten.

Kapitel 10. Die Entscheidung darüber, wer der Souverän des Staates sein soll, bietet nun aber ein offenes Problem. Es können ja entweder die große Menge (der Freien) oder die Reichen oder die Guten oder der eine Beste von allen oder der Tyrann (der Souverän) sein. Aber alle diese Staatsordnungen scheinen doch Verdruss mit sich zu bringen: wenn die Armen, weil sie die Mehrheit bilden, den Besitz der Reichen unter sich a15
verteilen, ist das nicht ungerecht? »Aber, bei Zeus, dies wurde doch von dem Souverän nach dem Recht (dieser Verfassung) beschlossen.« Jedoch (wenn nicht dies), was soll man dann als das schlimmste Unrecht bezeichnen? Wenn man dagegen die Bürgerschaft in ihrer Gesamtheit zugrundelegt und wenn die Mehrheit den Besitz der Minderheit unter sich verteilt, dann richten sie offenkundig den Staat zugrunde. Jedoch es ist nicht eine positive Eigenschaft, die ihren Besitzer zugrunde richtet, und das Recht eines Staates ist nicht eine Kraft, die ihn zerstört; daher kann offensichtlich auch ein solches Gesetz nicht gerecht sein. (Nach jener Auffassung) müssen ferner alle Handlungen, die ein Tyrann begangen hat, gerecht sein, denn er übt als Stärkerer Gewalt aus, genauso wie die Menge über die Reichen. Aber ist es vielleicht gerecht, daß die Minderheit, d.h. die Reichen, die Herrschaft innehaben? Jedoch wenn auch sie solche Handlungen begehen und den Besitz der Menge plündern, ist das dann gerecht? Für den vorher genannten Fall müßte das ja entsprechend ebenso gelten. Es liegt auf der Hand, daß dieses alles schlimm und nicht gerecht ist.

Sollen dagegen die Guten herrschen, und sollen sie die souveräne Gewalt über alle übrigen innehaben? Jedoch müssen dann nicht alle übrigen ohne Ehrenstellung sein, da sie von den Ehren politischer Ämter ausgeschlossen sind? Als Ehrenämter bezeichnen wir ja politische Ämter. Jedoch wenn immer die Gleichen regieren, dann müssen die anderen von politischen Ehrenstellungen ausgeschlossen bleiben. Ist dagegen vorzuziehen, daß der eine beste Mann herrscht? Dies ist jedoch noch oligarchischer, denn die Zahl derer, die von politischen Ehrenämtern ausgeschlossen ist, ist dann noch größer. Aber vielleicht dürfte jemand die Auffassung vertreten, es sei eine schlechte Regelung, wenn nicht das Gesetz, sondern überhaupt ein Mensch, der doch in seiner Seele den mit ihr verbundenen Affekten unterworfen ist, Souverän ist. Jedoch angenommen, daß zwar das Gesetz regiert, aber oligarchisch oder demokratisch ist, welchen Unterschied macht das für die aufgeworfenen Fragen? Denn die gerade (für diese Verfassungen) aufgezeigten Folgen werden dann genauso eintreten.

Kapitel 11. Die anderen (möglichen Träger staatlicher Souveränität) sollen bei anderer Gelegenheit behandelt werden. Daß aber eher die Menge der Souverän sein soll als die Besten, die nur wenige sind, könnte vielleicht † in Frage gestellt werden † und eine gewisse Schwierigkeit enthalten, aber vielleicht doch auch Wahrheit. Denn auch wenn jeder einzelne aus der Menge
1281b nicht selber ein guter Mann ist, so kann diese, wenn sie sich versammelt hat – also nicht als Einzelpersonen, sondern als Gesamtheit – doch besser als jene einzelnen (sehr Guten) sein, so wie die Mahlzeiten, zu denen viele ihren Beitrag leisteten, besser als diejenigen sind, die aus der Aufwendung eines einzelnen bestritten werden. Denn da sie eine große Zahl bilden, kann jeder Einzelne von ihnen einen Teil charakterlicher Vorzüglichkeit und Vernunft besitzen; und wie die Menge, wenn sie sich versammelt hat, gleichsam ein einziger Mensch mit vielen Füßen und vielen Händen und vielen Wahrnehmungen werden kann, so kann sie auch im Bereich charakterlicher Haltungen und des Denkens (gemeinsam ihre Fähigkeiten steigern). Deswegen beweist die Menge auch ein treffenderes Urteil über Werke der Musik und Dichtung, denn die einen besitzen Kunstverstand für einen Teil, die anderen für einen anderen, für das Gesamte aber die Gesamtheit. Jedoch besteht die Überlegenheit überragender Persönlichkeiten über jeden aus der Menge – wie nach allgemeiner Auffassung die Überlegenheit der Schönen über diejenigen, die nicht schön sind, und die Überlegenheit der mit Meisterschaft gemalten Gegenstände über die der Wirklichkeit – darin, daß dort in einem einzigen vereint ist, was (bei diesen) zersplittert vonein-

ander getrennt existiert; jedoch für sich genommen kann bei dem einen sehr wohl das Auge, bei irgendeinem anderen ein b15
anderer Körperteil schöner als auf Gemälden sein.

Ob allerdings in jedem einzelnen Falle das gewöhnliche Volk und die breite Masse die eben beschriebene Überlegenheit der großen Zahl über die wenigen hervorragenden Persönlichkeiten besitzt, bleibt unklar, vielleicht aber ist es, bei Zeus, klar, daß bei einigen eine solche Überlegenheit ausgeschlossen ist. Denn die gleiche Argumentation müßte ja auch im Falle der Tiere zutreffen – jedoch worin unterscheiden sich einige Menschen – wenn man es so sagen darf – von den Tieren? Aber nichts steht dem im Wege, daß in bestimmten Fällen das gewöhnliche Volk in der beschriebenen Weise (überlegen) ist.

Daher könnte man auch auf dieser Grundlage die oben aufgeworfene Frage lösen und die weitere, die mit ihr zusammenhängt, nämlich in welchen Angelegenheiten die Freien und die Menge der Bürger souveräne Gewalt haben sollen – das sind die Leute, die weder begütert sind noch auch nur einen einzigen begründeten Anspruch auf moralische Qualität erheben können. Denn daß ihnen der Zugang zu den wichtigsten Ämtern offensteht, ist keine ungefährliche Regelung: wegen ihrer Ungerechtigkeit und Unvernunft muß es dazu kommen, daß sie in einigen Angelegenheiten ungerecht, in anderen fehlerhaft handeln; daß man ihnen jedoch keine Mitwirkung (an der politischen Verantwortung) einräumt und sie davon ausgeschlossen sind, ist eine Regelung, die zu Befürchtung Anlaß gibt. Denn wenn es politisch Rechtlose in Armut und großer Zahl gibt, dann muß ein solcher Staat voll von Feinden sein. So bleibt also (als Lösung), daß sie an Beratungen und an Entscheidungen beteiligt sind. Deswegen haben ihnen auch Solon und einige andere Gesetzgeber in ihren Verfassungsordnungen die Wahl der Beamten und die abschließende Kontrolle über deren Amtsführung übertragen, während sie nicht zulassen, daß jene als Einzelpersonen Ämter bekleiden. Denn (die Mitglieder des Volkes) zeigen zwar in ihrer Gesamtheit, wenn sie sich versammelt haben, ausreichend gesunden Menschenverstand, und wenn sie mit den Besseren zusammenwirken, nützen sie den Staaten, wie auch Nahrung, die in ihrem ursprünglichen Zustand belassen wurde, zusammen mit hochwertiger Nahrung die gesamte Speise bekömmlicher macht als eine geringe Menge (hochwertiger Nahrung allein dies tun könnte) –, für sich allein genommen ist aber jeder einzelne nur unvollkommen zu (politischer) Entscheidung befähigt.

Aber eine solche Verfassungsordnung wirft zuerst doch folgendes Problem auf: es steht doch wohl, wie es scheint, das Urteil darüber, wer einen Kranken richtig behandelt hat, dem gleichen Manne zu, der auch die Fähigkeit hat, jemanden zu behandeln und von seiner augenblicklichen Krankheit zu hei-
1282a len – das aber ist der Arzt. Genauso gilt das auch für die anderen Tätigkeiten und Fachkenntnisse. Wie nun ein Arzt (für seine Behandlung) vor Ärzten Rechenschaft ablegen muß, so auch die anderen Fachleute vor ihresgleichen – als Arzt gilt aber sowohl der Praktiker als auch der, der die Leitung und Verantwortung trägt, und an dritter Stelle der in der jeweiligen Disziplin fachlich Gebildete, es gibt sozusagen in allen Fachdisziplinen solche Persönlichkeiten; sachverständiges Urteil erkennen wir aber genauso diesen Gebildeten wie denen, die wirklich über das Fachwissen verfügen, zu. Das scheint dann wohl doch auch für die Wahl (der Beamten) in der gleichen Weise zu gelten: denn die richtige Wahl zu treffen, ist die Aufgabe derer, die die entsprechenden Kenntnisse besitzen: also die Auswahl eines Landvermessers ist Aufgabe der Landvermesser und die Auswahl eines Steuermanns ist Aufgabe der Steuermänner. Und selbst wenn in gewissen Tätigkeiten und Fachkenntnissen auch einige Laien (an der Wahl der Fachleute) beteiligt sind, so doch nicht in höherem Maße als diejenigen, die über die Fachkenntnisse verfügen. Deswegen sollte man nach diesem Argument auch nicht der Menge die politischen Vollmachten, die Beamten zu wählen und über deren Rechenschaftsablegung zu entscheiden, übertragen.

Vielleicht sind aber nicht alle diese Argumente zutreffend – einmal wegen der vorher dargelegten Gründe, also unter Bedingungen, unter denen die Menge nicht allzusehr einen Charakter von Sklaven hat: zwar besitzt jeder Einzelne nur ein schlechteres Urteil als diejenigen, die über die Fachkenntnisse verfügen; aber wenn sie sich versammelt haben, sind sie in ihrer Gesamtheit entweder besser oder (wenigstens) nicht schlechter. Hinzu kommt folgendes: in einigen Bereichen besitzen Leute genaue Kenntnisse über die Produkte, auch ohne über die spezifische Fachkenntnis (des Produzenten) zu verfügen; hier dürfte nicht allein oder nicht am besten der Produzent ein Urteil fällen; zum Beispiel besitzt nicht allein der Erbauer eines Hauses die Kenntnisse im Hausbau, sondern derjenige, der es benutzt wird sogar besser urteilen – das ist der Leiter des Haushaltes; und das Steuerruder wird der Steuermann besser beurteilen können als der Zimmermann und eine Mahlzeit der Gast und nicht der Koch. Auf diese Weise könnte man wohl dieses Problem befriedigend lösen.

Es schließt sich in diesem Zusammenhang aber ein weitere offene Frage an: es scheint doch unsinnig zu sein, daß Leute mit geringerer Qualität Vollmachten in wichtigeren Angelegenheiten erhalten als die Guten – Entscheidungen bei der Rechenschaftsablegung und der Wahl der Behörden sind nämlich die wichtigsten Funktionen, die man, wie gesagt, in einigen Verfassungen dem jeweils versammelten Demos zuweist; denn die Volksversammlung hat souveräne Befugnisse in allen diesen Angelegenheiten. Der Zugang zur Volksversammlung und die Zugehörigkeit zum Rat und die Ausübung des Richteramtes wird nun aber aufgrund einer niedrigeren Vermögensqualifikation und in jedem Alter übertragen, während das Amt des Schatzmeisters, des Strategen und die wichtigsten Ämter nur derjenige bekleidet, der hohe Vermögensanforderungen erfüllt.

Auch diese Schwierigkeit könnte man wohl in der gleichen Weise lösen: denn vielleicht sind auch diese Regelungen richtig: nicht das (einzelne) Mitglied des Geschworenengerichtes oder des Rates oder der Volksversammlung ist ja (selber) Amtsträger, sondern das Gericht und der Rat und die Volksversammlung, aber jeder der genannten – ich meine: Ratsherr,

Mitglied der Volksversammlung und Geschworener – bildet nur einen Teil (jener Gremien). Deswegen hat die Menge mit Recht absolute Vollmachten in wichtigeren Angelegenheiten. Denn die Volksversammlung, der Rat und die Geschworenengerichte werden aus vielen Mitgliedern gebildet, und das Vermögen von ihnen allen (zusammengenommen) ist größer als das derjenigen, die allein oder als kleine Gruppe bedeutsame
1282b Ämter bekleiden. In dieser Weise sollen nun diese Erörterungen abgeschlossen sein.

Aus der zuerst aufgeworfenen Frage geht keine andere Folgerung mit solcher Klarheit hervor wie diejenige, daß Gesetze, sofern sie richtig gegeben sind, die absolute Gewalt haben müssen, daß aber der Inhaber eines Amtes, sei es einer oder eine größere Zahl, nur in den Angelegenheiten souveräne Gewalt ausüben darf, in denen die Gesetze ganz außerstande sind, exakte Bestimmungen zu treffen; denn es ist schwer, über alle Angelegenheiten Vorschriften in allgemeiner Form zu erlassen. Es ist aber damit in keiner Weise schon geklärt, von welcher Art die richtigen Gesetze sein sollen, sondern die früher aufgeworfene Schwierigkeit bleibt bestehen; denn zugleich mit den Verfassungen und in gleicher Weise wie die Verfassungen müssen auch die Gesetze schlecht oder gut und gerecht oder ungerecht sein. Nur soviel ist wenigstens offensichtlich, daß die Gesetze so gegeben sein müssen, daß sie die Verfassung zur Grundlage nehmen. Wenn das aber so ist, dann müssen offensichtlich die Gesetze, die sich an den richtigen Verfassungen orientieren, gerecht sein, die aber, die an den entarteten Verfassungen, ungerecht.

Kapitel 12. In allen Wissenschaften und Fachkenntnissen ist
b15 das Ziel gut; das größte Gut und im höchsten Maße (gut ist aber das Ziel) in derjenigen, die am ehesten alle beherrscht, das ist die Staatskunst. Recht ist das Gut der Polis, und dieses ist der Nutzen für die Allgemeinheit. Allen Menschen scheint Recht eine Form von Gleichheit zu sein und bis zu einem gewissen Grade stimmen sie mit den Ergebnissen der philosophischen Erörterungen, in denen Fragen der charakterlichen

Qualität genau behandelt wurden, überein, nämlich daß Recht die Zuteilung von bestimmten Sachen an bestimmte Personen regelt und daß es für Gleiche Gleichheit schaffen müsse. Daher darf nicht ungeklärt bleiben, welche Eigenschaften diese Gleichheit begründen und welche Eigenschaften Ungleichheit; denn dies stellt ein Problem dar und gibt (Anlaß für) eine philosophische Untersuchung über den Staat.

Vielleicht könnte jemand die Auffassung vertreten, daß eine Überlegenheit in jeder positiven Eigenschaft zu einer Bevorzugung bei der Verteilung der staatlichen Ämter führen müsse, solange die Menschen in allen übrigen Eigenschaften sich nicht unterscheiden, sondern gleich sind; denn wenn Menschen verschieden sind, müssen auch ihr Recht und der verdiente Anspruch verschieden sein. Wenn dies zutrifft, dann müßte jedoch auch nach der Hautfarbe und der Körpergröße und nach einem beliebigen Vorzug den so Überlegenen ein Vorteil in ihren politischen Rechten eingeräumt werden. Aber liegt hier nicht der Irrtum (einer solchen Argumentation) zu Tage? Denn bei den anderen Wissenschaften und Fähigkeiten ist dies evident: wenn eine Anzahl von Flötenspielern technisch gleich gut ist, dann darf man bei der Verteilung von Flöten nicht diejenigen bevorzugen, die aus vornehmeren Familien stammen – denn sie werden (mit den besseren Instrumenten) nicht besser spielen –, sondern man muß denjenigen, die in der jeweiligen Tätigkeit hervorragen, auch das hervorragendste Instrument zur Verfügung stellen. Falls aber diese Erklärung noch nicht einleuchtet, so wird verständlich werden, (was ich meine), wenn wir mit diesem Beispiel noch weiter gehen.

Angenommen, jemand übertrifft auf der einen Seite in seiner Technik als Flötenspieler die anderen, bleibt aber auf der anderen Seite an Adel der Geburt und an Schönheit weit hinter ihnen zurück; und selbst wenn es zutrifft, daß jede dieser Eigenschaften, ich meine Adel und Schönheit, ein größeres Gut als die Kunst, Flöte zu spielen, darstellen und daher diese anderen bei der Berücksichtigung des Verhältnisses der Qualitäten (durch ihren Adel und Schönheit) in höherem Maße über die Kunst, Flöte zu spielen, herausragen, als jener sich durch

seine Flötenkunst auszeichnet, so muß man trotzdem diesem
1283a die besseren Flöten geben. Denn (damit die anderen die besseren Flöten verdienen,) müßte ihr Vorzug in Besitz und Adel zu der Tätigkeit Flötenspielen beitragen, aber diese ihre Umstände (in Besitz und Abkunft) tragen nichts dazu bei. Ferner müßte nach dieser Argumentation jeder Vorzug mit jedem anderen vergleichbar sein; denn wenn eine bestimmte Größe (gegen Reichtum oder Abkunft) aufgerechnet werden kann, dann müßte auch Größe überhaupt sowohl gegen Reichtum als auch gegen freie Geburt aufgerechnet werden können. Und wenn dieser bestimmte Mann sich durch Körpergröße mehr auszeichnet als jener durch menschliche Qualität, auch ⟨wenn⟩ allgemein menschliche Qualität Körpergröße im Range überragt, dann müßte somit alles miteinander vergleichbar sein. Denn wenn das eine [Größe] in einer bestimmten Ausprägung das andere in seiner bestimmten Ausprägung übertrifft, dann ist offensichtlich das erste in einer bestimmten anderen Ausprägung (jenem zweiten) gleich.

Da dies aber unmöglich ist, beansprucht man offensichtlich auch mit gutem Grund im staatlichen Bereich nicht aufgrund einer Ungleichheit in jeder Eigenschaft die Staatsämter; denn wenn die einen langsam, die anderen schnell sind, so dürfen deswegen nicht die einen bevorzugt, die anderen benachteiligt werden, sondern aufgrund dieses Unterschiedes gewinnt man wohl in sportlichen Wettkämpfen einen Preis, jedoch die Auseinandersetzung (um die politischen Rechte) muß unter denjenigen stattfinden, die die Bestandteile des Staates bilden. Deswegen beanspruchen mit guten Gründen die Adligen und die Freien und die Reichen die politische Ehrenstellung. Denn die Bürger müssen frei geboren sein und ein bestimmtes Vermögen aufweisen – aus lauter Armen kann ja wohl kein Staat bestehen wie auch nicht aus Sklaven. Aber wenn man diese Qualifikationen braucht, dann doch offensichtlich auch Gerechtigkeit und die gute Qualität, die einen Bürger auszeichnet. Denn ohne sie ist es ausgeschlossen, daß ein Staat leben kann, der Unterschied ist nur, daß es ohne jene vorher genannten ausgeschlossen ist, daß ein Staat existiert, ohne diese aber, daß er sich einer guten politischen Ordnung erfreut.

Kapitel 13. Soweit es nur den Bestand des Staates angeht, könnten gewiß entweder alle oder einige von diesen (wegen ihres Beitrags zu diesem Zweck) mit Recht einen Anspruch (auf politische Rechte) erheben, aber im Hinblick auf das vollendete Leben dürften Bildung und herausragende menschliche Qualität am ehesten mit Recht einen solchen Anspruch stellen, wie auch oben dargelegt wurde. Da aber weder diejenigen, die nur in einer Beziehung gleich sind, in allen Dingen gleichen Anteil erhalten dürfen, noch einen ungleichen Anteil, wenn sie nur in einer Beziehung ungleich sind, so müssen alle Verfassungen, die dennoch so verfahren, Entartungen sein. Es ist auch früher schon erklärt worden, daß sie zwar alle in gewisser Weise mit Recht ihre politischen Ansprüche stellen, aber alle nicht schlechthin mit Recht. Die Reichen (können nämlich ihren Anspruch damit begründen), daß ihnen ein größerer Teil des Landes gehört, das Land (ist aber keine beliebige Sache, sondern ist das Territorium des Staates), das alle Bewohner miteinander teilen; außerdem (könnten sie darauf verweisen), daß sie zumindest in den meisten Fällen zuverlässiger vertragliche Vereinbarungen einhalten. Die Leute von freier Geburt und von Adel (können politische Ansprüche damit begründen), daß sie sich nahe stehen – denn diejenigen, die aus edleren Häusern stammen, sind eher Bürger als diejenigen von niedriger Geburt; edle Abkunft findet ja auch bei allen in ihrem eigenen Bereich hohes Ansehen –; und auch damit, daß aller Wahrscheinlichkeit nach Kinder, deren Eltern höhere Qualitäten besaßen, auch selber höhere Qualitäten besitzen; denn Adel ist die hohe Qualität eines Geschlechts. Außerdem werden wir sagen, daß in gleicher Weise mit Recht auch hohe menschliche Qualität einen Anspruch erheben kann, denn wir behaupten, daß Gerechtigkeit eine gemeinschaftsstiftende Qualität ist, mit der notwendigerweise alle anderen guten menschlichen Eigenschaften einhergehen müssen. Aber auch die Mehrheit kann gegen die Minderheit (mit Recht ihre

Ansprüche vertreten), denn sie ist sowohl stärker als auch reicher und besser, wenn man die Mehrheit zusammenfaßt und mit der Minderheit vergleicht.

1283b Angenommen, daß es in einem einzigen Staat alle diese Gruppen gibt, ich meine die Guten und die Reichen und Adligen, ferner jede weitere Gruppierung, aus der ein Staat gebildet wird, wird es dann (unter ihnen) zu einem Streit darüber kommen, wer von ihnen herrschen soll, oder nicht? In jeder der beschriebenen Verfassungen ist die Entscheidung, wer herrschen soll, unumstritten – denn die Verfassungen unterscheiden sich voneinander darin, wer der Träger der Souveränität ist; zum Beispiel besteht die Besonderheit der einen darin, daß sie sich auf die Reichen stützt, die andere auf die guten Männer und so auf die gleiche Weise bei jeder anderen Verfassung. Aber trotzdem wollen wir untersuchen, wie man hier entscheiden soll, wenn diese Ansprüche zur gleichen Zeit vertreten werden. Nehmen wir also an, daß diejenigen, die hohe menschliche Qualität besitzen, nur eine ganz geringe Zahl bilden, wie soll man dann entscheiden? Soll man sich bei einer Bewertung dieser geringen Zahl die Funktion zum Maßstab nehmen, also (soll man prüfen), ob sie in der Lage sind, den Staat zu führen, oder ob sie zahlenmäßig ausreichen, so daß aus ihnen ein Staat gebildet werden kann?

Es gibt aber eine Schwierigkeit, die bei allen Gruppierun-
b15 gen, die um staatliche Ämter streiten, auftritt: es könnte doch die Auffassung vertreten werden, daß diejenigen, die den Anspruch erheben, sie müßten aufgrund ihres Besitzes die Herrschaft innehaben, keine berechtigte Forderung stellen; und das gleiche gilt auch für diejenigen, die sich auf ihre Abstammung berufen: denn wenn eine einzige Person reicher als alle ist, so muß doch offensichtlich nach dem gleichen Rechtsprinzip dieser eine über alle regieren, ebenso die Persönlichkeit von herausragendem Adel über alle, die nur aufgrund von freier Geburt Herrschaft beanspruchen. Das gleiche wird vielleicht auch bei der Aristokratie mit der hohen menschlichen Qualität der Fall sein: wenn ein einziger Mann besser ist als die übrigen, die in der Bürgerschaft gut sind, dann muß dieser (eine) nach

dem gleichen Rechtsprinzip der Souverän sein. Und wenn es richtig ist, daß auch die Menge der Souverän zu sein verdient, weil sie stärker als die Minderheit ist, so müssen genauso, falls einer oder eine größere Zahl als der eine, jedoch geringere Zahl als die Menge, stärker als die anderen sind, diese eher Souverän sein als die Menge. Alles dieses scheint doch klarzumachen, daß keines der Prinzipien richtig ist, aufgrund deren eine Gruppe beansprucht, daß sie selber herrschen solle und alle übrigen von ihr beherrscht werden müßten. Denn gegen diejenigen, die aufgrund von hoher menschlicher Qualität den Anspruch erheben, als Souverän die höchste Macht in Händen zu haben, und genauso gegenüber denen, die dies gestützt auf ihren Reichtum tun, könnten sicherlich auch die Massen einen berechtigten Gegenanspruch vortragen. Denn nichts steht dem entgegen, daß manchmal die Menge – nicht in jeder einzelnen Person, sondern alle zusammen genommen – besser und reicher als die wenigen ist.

Daher kann man auch auf diese Weise der Frage begegnen, über die einige nachdenken und die sie aufwerfen: einige stellen nämlich das Problem, ob der Gesetzgeber, der sich das Ziel setzt, die richtigsten Gesetze zu geben, diese zum Vorteil der Besseren oder der größeren Zahl geben soll, zumindest wenn der genannte Fall vorliegt. Hierbei hat man »richtig« als »in gleicher Weise« zu bestimmen; und »in gleicher Weise richtig« bedeutet (für die Gesetzgebung), daß sie auf den Vorteil des ganzen Staates und die Gemeinschaft der Bürger ausgerichtet sein muß. Bürger ist allgemein gesagt, wem die Teilnahme an
Herrschen und Beherrschtwerden offensteht, in jeder Verfas- 1274a
sung ist er verschieden bestimmt, in der besten Verfassung ist Bürger derjenige, der fähig ist und sich entschieden hat, ausgerichtet auf ein Leben nach der Norm herausragender menschlicher Qualität zu herrschen und sich beherrschen zu lassen.

Wenn aber ein Einziger oder eine Gruppe, die zwar mehr als nur einen einzigen umfaßt, jedoch nicht (allein) in der Lage ist, die gesamte Bürgerschaft des Staates zu bilden, sich so sehr durch außergewöhnliche Überlegenheit in menschlicher Qualität auszeichnen, daß die menschliche Qualität und politische

Fähigkeit aller anderen nicht mit der jener, wenn diese mehrere sind, oder mit der jenes einzelnen, wenn es nur einer ist, kommensurabel ist, so darf man die so Überragenden nicht mehr als Teil des Staates einordnen. Es würde ihnen ja Unrecht angetan, wenn ihnen nur der gleiche Rang eingeräumt wird, während sie doch in solchem Maße durch ihre Qualität und ihre politische Fähigkeit herausragen. Denn ein solcher Mann müßte ja wie ein Gott unter Menschen sein. Daraus geht klar hervor, daß auch die Gesetzgebung nur für Leute gilt, die von Geburt und in ihren Fähigkeiten gleich sind. Über jene Überragenden kann jedoch kein Gesetz aufgerichtet werden, denn sie sind selber Gesetz. Und jemand würde sich lächerlich
a15 machen, wenn er versuchte, ihnen Gesetze zu geben; denn sie könnten vielleicht erwidern, was nach der Fabel des Antisthenes die Löwen zur Antwort gaben, als die Hasen in einer Versammlung demagogische Reden hielten und forderten, alle müßten gleiches Recht haben.

Daher, aus einem solchen Grunde, schaffen sich die demokratisch regierten Staaten auch das Mittel des Scherbengerichtes, denn nach allgemeiner Auffassung suchen sie von allen am meisten Gleichheit. Deshalb pflegten sie diejenigen, die den Eindruck erweckten, an Macht durch Reichtum, eine große Zahl von Anhängern oder einen anderen politischen Machtfaktor zu einflußreich zu sein, durch das Scherbengericht zu verurteilen und für bestimmte Zeit aus dem Staat zu verbannen. Und der Mythos berichtet, die Argonauten hätten Herakles aus einem ähnlichen Grunde zurückgelassen, denn die Argo habe sich gesträubt, ihn mit den anderen zu befördern, da er viel schwerer als die anderen Mitglieder der Schiffsbesatzung war. Deswegen muß man auch die Auffassung vertreten, daß diejenigen, die die Tyrannis und den Rat des Periander an Thrasybul verurteilen, nicht uneingeschränkt Recht haben. Man berichtet nämlich, Periander habe sich zwar gegenüber dem zu ihm gesandten Herold nicht zu dem (erbetenen) Rat geäußert, er habe jedoch die Ähren, die über die anderen hinausragten, abgerissen und so das Getreidefeld auf eine gleichmäßige Höhe gebracht. Der Bote habe den Grund für dieses

Verhalten nicht durchschaut, den Vorgang aber gleichwohl berichtet; Thrasybul habe jedoch verstanden, daß er die mächtigen Männer beseitigen müsse; dieses nützt nämlich nicht nur den Tyrannen, und nicht nur die Tyrannen verfahren so, sondern genauso gilt das für Oligarchien und Demokratien. Denn das Scherbengericht hat in gewisser Weise die gleiche Wirkung wie die Entmachtung und Verbannung der Überragenden. Genauso verfahren diejenigen, die über die entsprechende Macht verfügen, mit den (verbündeten) Staaten und Völkern, zum Beispiel die Athener mit den Bürgern von Samos, Chios und Lesbos – sobald sie nämlich die Herrschaft fest in Händen hielten, schwächten sie vertragswidrig deren Stellung. Und der
Perserkönig demütigte häufig die Meder, Babylonier und die 1284b
anderen Völker, die starkes Selbstbewußtsein besaßen, weil sie einmal große Macht ausgeübt hatten.

Das Problem gilt aber allgemein für alle Verfassungen, auch die richtigen. Die entarteten handeln in der beschriebenen Weise im Eigeninteresse (der Regierenden), aber ein solches Verhalten ist auch für diejenigen Verfassungen, die das allgemeine Wohl beachten, zweckmäßig. Unzweifelhaft ist das ja auch in anderen Bereichen, bei Fachkenntnissen und Wissenschaften. Denn kein Maler dürfte zulassen, daß ein Lebewesen einen Fuß hat, der durch seine Größe die Symmetrie stört, auch nicht dann, wenn dieser besonders schön ist, und kein Schiffszimmermann wird dies bei dem Heck oder einem anderen Teil des Schiffes erlauben; und gewiß wird derjenige, der den Chor einstudiert, nicht dulden, daß einer im Chor mitwirkt, dessen Stimme an Kraft und Schönheit den gesamten Chor übertrifft. So steht daher nichts der Möglichkeit entgegen, daß Alleinherrscher im Einklang mit den Interessen ihrer Staaten handeln, wenn sie zu solchen Aktionen Zuflucht nehmen, vorausgesetzt, die eigene Herrschaft dient dem Vor-
teil der von ihnen regierten Staaten. Bezogen auf die allge- b15
mein anerkannten Qualitäten, in denen man sich auszeichnet, findet deswegen die Befürwortung des Scherbengerichtes eine gewisse Rechtfertigung im Wohl des Staates. Vorzuziehen wäre allerdings, daß der Gesetzgeber von Anfang an die Ver-

fassung so eingerichtet hätte, daß sie auf eine solche Therapie nicht angewiesen wäre; aber der nächstbeste Weg ist dann, wenn dieser Fall eintritt, zu versuchen, mit einem solchen Mittel nachträglich eine Verbesserung vorzunehmen. So wurde es jedoch nicht in den Staaten angewandt; denn sie sahen nicht auf den Nutzen der eigenen Verfassung, sondern bedienten sich des Scherbengerichts zur Durchsetzung von Parteiinteressen. Daß dieses dem besonderen Vorteil der entarteten Verfassungen dient und nach ihrem Recht geschieht, leuchtet ein, vielleicht aber auch, daß dies nicht schlechthin gerecht ist.

Für die beste Verfassung stellt sich aber die schwerwiegende Frage, wie man verfahren soll, nicht bei einem Übermaß der anderen Güter wie Macht, Reichtum und großer Zahl von Anhängern, sondern wenn jemand sich durch überragende menschliche Qualität auszeichnet; denn man wird doch wohl nicht fordern, daß man einen solchen Mann (aus dem Staate) vertreiben und verbannen soll, aber gewiß auch nicht, daß man über einen solchen herrschen dürfe. Das wäre nämlich mit der Forderung vergleichbar, daß Menschen über Zeus herrschen, indem sie die Ausübung der Ämter aufteilen. Es bleibt somit, wie es ja auch naturgemäß zu sein scheint, daß alle einem solchen Manne gerne gehorchen, so daß diese in ihren Städten ohne zeitliche Begrenzung als Könige regieren.

Kapitel 14. Vielleicht ist es angebracht, nach diesen Erörterungen zu einer Untersuchung des Königtums überzugehen, denn wir behaupten ja, dieses sei eine der richtigen Verfassungen. Dabei sollen folgende Fragen geprüft werden: ist es für eine Stadt und ein Land, die sich einer vorbildlichen politischen Ordnung erfreuen sollen, von Vorteil, von einem König regiert zu werden, oder nicht, sondern ist vielmehr eine andere Verfassung von Vorteil? Oder ist die Königsherrschaft für eine bestimmte Bevölkerung nützlich, für eine andere dagegen nicht nützlich?

Zuerst müssen wir aber abgrenzen, ob es nur eine Form von
1285a Königtum gibt oder ob dieses mehrere Unterarten aufweist.
Es läßt sich aber leicht erkennen, daß es mehrere Arten um-

faßt und die Herrschaftsweise bei allen nicht ein und dieselbe ist. Zwar gilt das Königtum der spartanischen Staatsordnung unter den gesetzmäßigen Formen am ehesten als Königtum, es besitzt aber nicht souveräne Macht in allen Dingen, sondern nur, wenn er das Land verlassen hat, ist der spartanische König Befehlshaber in der Kriegsführung. Außerdem ist den Königen die Sorge um die religiösen Angelegenheiten übertragen. Dieses Königtum ist gleichsam militärischer Oberbefehl mit außerordentlichen Vollmachten auf Lebenszeit; denn das Recht, über Leben und Tod zu entscheiden, hat der spartanische König nicht, mit der Ausnahme bei † Fällen von Feigheit †, wie es von den Königen alter Zeit während militärischer Expeditionen durch den Gebrauch ihrer Herrschergewalt ausgeübt wurde. Das beweist auch Homer: in den Versammlungen mußte es Agamemnon hinnehmen, geschmäht zu werden, aber nach Ausrücken des Heeres besaß er auch die Gewalt über Leben und Tod. Er sagt wenigstens: »aber wen ich fern der Schlacht ⟨erblicke⟩…, der wird nicht damit rechnen dürfen, Hunden und Vögeln zu entkommen; denn ich habe die Macht
zu töten.« Eine Form von Königtum ist diese eben beschrie- a15
bene, das Amt des Heerführers auf Lebenszeit, das entweder nach der Zugehörigkeit zu einer Familie oder durch Wahl besetzt wird.

Daneben gibt es eine andere Form von Alleinherrschaft, repräsentiert durch die Königtümer bei einigen Barbaren. Diese Könige besitzen alle eine Machtfülle, die der von Tyrannen nahekommt, sie sind aber an Gesetze gebunden und übernehmen die Herrschaft nach Erbfolge. Denn weil die Barbaren von Natur in ihren Verhaltensweisen sklavischer als die Griechen sind – und die Barbaren Asiens wiederum sklavischer als die Europas –, fügen sie sich despotischer Herrschaft ohne Aufbegehren. Aus diesem Grunde haben diese Königtümer einen tyrannischen Charakter, sie sind jedoch stabil, weil sie erblich sind und sich an das Gesetz halten. Aus dem gleichen Grunde ist auch die Leibwache wie bei Königen und nicht wie bei Tyrannen besetzt: Bürger schützen ihre Könige mit Waffen, die Tyrannen aber schützt eine Truppe von Ausländern; denn jene regieren gesetzmäßig und mit Zustimmung der Regierten, diese aber gegen deren Willen; daher bekommen die einen Schutz von den Bürgern, die anderen Schutz vor den Bürgern.

Dieses sind zwei Formen von Alleinherrschaft; die dritte ist die, die bei den Griechen früherer Jahrhunderte verbreitet war, die man Aisymnetie nennt: diese ist kurzgesagt eine aus Wahlen hervorgegangene Tyrannis, die sich von der bei den Barbaren praktizierten nicht dadurch unterscheidet, daß sie sich nicht an Gesetze hält, sondern allein dadurch, daß sie nicht erblich ist. Einige hatten dieses Amt auf Lebenszeit inne, die anderen bis festgelegte Fristen abgelaufen oder bestimmte Aufgaben erledigt waren; z. B. wählten die Bürger von Mytilene zu einem bestimmten Zeitpunkt Pittakos (als ihren Führer) gegen die Verbannten, an deren Spitze Antimenides und der Dichter Alkaios standen. Alkaios macht in einem seiner Skolien klar, daß man Pittakos zum Tyrannen wählte, denn er hält ihm vor, »Pittakos von unedler Herkunft haben sie als
1285b Tyrannen der Stadt, die ihren Groll vergaß und einem schlimmen Dämon erlag, eingesetzt, sie haben ihm einhellig laut Beifall gerufen«. Diese Formen von Königtum haben und hatten wegen der despotischen Herrschaftsweise einen tyrannischen Charakter, aber da die Monarchen durch Wahlen eingesetzt wurden und mit der Zustimmung der Bürger regierten, einen königlichen Charakter.

Die vierte Form königlicher Alleinherrschaft bilden diejenigen, die in der Heroenzeit mit Zustimmung der Regierten und im Wege der Erbfolge nach Gesetzen regierten. Denn weil sich die Stammväter dieser Königsgeschlechter in bestimmten Fachkenntnissen oder im Krieg als Wohltäter der Bevölkerung erwiesen oder weil sie (die Bevölkerung) zusammenführten oder (neues) Gebiet gewannen, wurden sie mit Zustimmung der Bevölkerung Könige und begründeten für ihre Nachfolger die Erblichkeit (der Institution). Ihre königlichen Vollmachten erstreckten sich auf den Oberbefehl im Krieg und die Opferhandlungen, soweit diese nicht Priestern vorbehalten waren; außerdem fällten sie Urteile in Rechtsstreitigkeiten; einige legten dabei keinen Eid ab, andere dagegen taten dies, der Eid aber bestand im Erheben des Zepters. Diese Könige entschieden als Herrscher in der Vorzeit sowohl über die Angelegenheiten in der Stadt wie auf dem Lande und außerhalb der Staatsgrenzen ohne zeitliche Begrenzung. Als später die Könige selber einige Amtsbefugnisse abtraten oder das Volk ihnen andere entriß, blieben in einigen Staaten den Königen nur die althergebrachten Opferhandlungen vorbehalten; wo man aber überhaupt noch mit einem gewissen Recht von einem Königtum sprechen konnte, da behielten sie lediglich die Führung in militärischen Dingen außerhalb der Landesgrenzen.

Das sind die Formen von Königtum, vier an der Zahl; eine ist das der Heroenzeit; der König regierte zwar mit Zustimmung der Bevölkerung, jedoch nur mit bestimmten fest umschriebenen Funktionen, denn der König war Feldherr und Richter, und ihm unterstand die Sorge um die religiösen Angelegenheiten. Die zweite Form ist das der Barbaren, dies ist ein aufgrund der Zugehörigkeit zu einer Familie bekleidetes Königtum despotischen Charakters, das aber an Gesetze gebunden ist. Die dritte nennt man Aisymnetie, sie ist eine aus Wahlen hervorgegangene Tyrannis. Die vierte ist das spartanische Königtum, es ist kurz gesagt erblicher Oberbefehl auf Lebenszeit. Das sind die Unterschiede zwischen diesen Arten.

Eine fünfte Form von Königtum liegt aber dann vor, wenn ein einziger die höchste Gewalt in allen Angelegenheiten innehat, so wie jedes Volk oder jeder Staat in den öffentlichen Angelegenheiten (unumschränkt regiert), diese Form entspricht der Leitung eines Haushalts. Denn wie die Leitung des Haushalts Königsherrschaft im Hause ist, so ist die Königsherrschaft die Autorität des Leiters des Haushalts über den Staat und eines oder mehrere Völker.

Kapitel 15 Es gibt, so könnte man sagen, recht eigentlich (nur) zwei Arten des Königtums, die eine Untersuchung verlangen: die eben genannte und die spartanische. Denn die meisten anderen liegen zwischen diesen: sie haben geringere Machtbefugnis als das absolute Königtum oder größere als das spartanische. Daher konzentriert sich unsere Untersuchung doch

eigentlich auf zwei Fragen, einmal: ist es für die Staaten nützlich, daß der Oberbefehlshaber dieses Amt auf Lebenszeit bekleidet – einerlei ob er es nach der Zugehörigkeit zu einer Familie oder † durch Wahl † erhält – oder nützt dies nicht? Die
1286a andere Frage lautet: ist es von Vorteil, daß ein einziger die höchste Gewalt in allen Dingen innehat, oder nicht? Jedoch eine Untersuchung über den Oberbefehl der beschriebenen Art betrifft mehr eine besondere Form der Gesetze als die Verfassung, denn in allen Verfassungen kann ein solches Amt vorkommen, weshalb dies vorerst beiseite bleiben soll. Die damit allein übrige Form des Königtums bildet dagegen einen eigenen Verfassungstyp, so daß wir sie untersuchen und kurz auf die damit verbundenen Fragen eingehen müssen.

Ausgangspunkt dieser Untersuchung ist (die Frage), ob es von Vorteil ist, von dem besten Mann oder den besten Gesetzen beherrscht zu werden. Diejenigen, die eine Königsherrschaft für nützlich halten, sind der Auffassung, daß Gesetze nur allgemeine Bestimmungen treffen, jedoch keine Anordnung für die jeweils auftretenden Einzelfälle geben; daher gelte es in jeder Fachkenntnis (die ja mit Einzelfällen zu tun hat) als Torheit, nach geschriebenen Richtlinien Anweisungen zu geben. Es ist ja auch in Ägypten den Ärzten erlaubt, nach vier Tagen die vorgeschriebene Therapie zu ändern – falls früher, dann auf ihr eigenes Risiko. Offensichtlich kann aus dem gleichen Grund eine Verfassung, die auf schriftlich niedergelegten Bestimmungen und Gesetzen beruht, nicht als die beste gelten.– Andererseits brauchen die Regierenden auch jenes (in Gesetzen niedergelegte) allgemeine Prinzip; vorzuziehen ist ja eine Autorität, der die Anfälligkeit für Affekte überhaupt nicht anhaftet, vor einer, mit der (diese Anfälligkeit) von Natur verwachsen ist; davon ist nur das Gesetz frei, jede menschliche Seele besitzt dagegen notwendigerweise diesen (affektiven Teil). Aber vielleicht könnte jemand behaupten, daß ein Mensch diese (Anfälligkeit für Affekte) dadurch wettmacht, daß er über Einzelfragen besser entscheidet. (Welche Folgerung hieraus zu ziehen ist,) ist damit klar: (der beste Mann) muß Gesetzgeber sein, und Gesetze müssen erlassen werden, die aber nicht in dem Bereich Gültigkeit haben sollen, in dem sie unzulänglich sind, in den anderen Bereichen müssen sie natürlich Gültigkeit haben.

Soll aber in den Angelegenheiten, in denen ein Gesetz überhaupt nicht oder nicht gut entscheiden kann, der eine Beste die politischen Vollmachten besitzen oder die Gesamtheit? Denn auch jetzt tritt sie zusammen, fällt Gerichtsurteile, berät sich und entscheidet, und alle diese Entscheidungen betreffen Einzelfälle. Mit dem besten Manne verglichen ist zwar jeder einzelne aus der Menge für sich genommen wohl schlechter; ein Staat besteht aber aus vielen Einzelpersonen, (die sich in ihren positiven Qualitäten ergänzen können), wie auch eine Mahlzeit, zu der viele ihren Teil beitragen, mehr Anklang findet als ein einziges einfaches Gericht. Deswegen entscheidet auch die Menge vieles besser als jeder einzelne, wer er auch sei. Außerdem verdirbt etwas von großer Masse weniger leicht – so wie jeweils die größere Menge Wasser weniger leicht in ihrer Qualität verdorben werden kann, so kann auch die Menge weniger leicht als die wenigen zum Schlechten beeinflußt werden. Denn wenn ein Einzelner von Zorn oder einem anderen Affekt dieser Art überwältigt wird, dann kann es nicht ausbleiben, daß er in seinem Urteil befangen ist, daß aber alle zugleich in Zorn geraten und eine Fehlentscheidung treffen, ist schon schwerer möglich – als Menge (die den Einzelnen überlegen ist) sollen aber die Freien gelten, die nicht gegen das Gesetz handeln, außer in Fällen, in denen es notwendigerweise unzulänglich ist.

Aber wenn ein solches (Verhalten) bei einer großen Zahl nicht leicht zu erreichen ist, (wie steht es dann mit einer anderen Alternative?) Angenommen, daß eine größere Zahl von Leuten sowohl gute Männer wie gute Bürger sind, ist ein Alleinherrscher weniger leicht (als jene) zu korrumpieren? Oder trifft das eher für die zu, die wohl eine größere Zahl bilden, und doch alle gut sind? Ist das nicht offensichtlich die größere 1286b
Zahl? – Gegen deren Herrschaft wird man aber einwenden: »sie werden sich untereinander in politische Kämpfe verstricken, der Alleinherrscher ist dagegen davon frei«. Dem muß man

vielleicht entgegenhalten, daß auch diese, genauso wie jener einzelne, gute Männer sind. Wenn man also die Herrschaft einer größeren Zahl, die aus lauter guten Männern besteht, als Aristokratie bezeichnen muß, die *eines* Mannes dagegen als Königtum, dann dürfte für die Staaten eine Aristokratie einer Königsherrschaft wohl vorzuziehen sein, sofern man nur eine größere Zahl von Gleichen finden kann. Und deswegen wurden früher (die Staaten) königlich regiert, weil man nur selten (mehrere) Männer finden konnte, die an persönlicher Qualität weit herausragten, zumal sie damals nur kleine Staaten bewohnten. Außerdem setzte man die Könige aufgrund ihrer Verdienste um das Wohl anderer ein – Verdienste, die ja die Leistung von Männern mit herausragender Qualität sind. Als es aber dazu kam, daß viele an hervorragender Qualität gleich waren, ertrugen diese (die Königsherrschaft) nicht länger, sondern suchten eine gemeinschaftliche (Ordnung) und begründeten eine Verfassung, in der Bürger die Staatsgeschäfte führten. Als diese sich aber korrumpieren ließen und sich am Staatsvermögen bereicherten, entstanden daraus naturgemäß Oligarchien; denn sie verhalfen Reichtum zu hohem Ansehen. Von hier fand zuerst ein Verfassungswechsel zu tyrannischen Verfassungen statt, von den tyrannischen Regimen aber zur Demokratie; indem sie nämlich wegen ihrer Gewinngier die Macht ständig auf eine geringere Zahl von Bürgern beschränkten, stärkten sie das (politisch rechtlose) Volk, so daß es sich auflehnte und Demokratien sich durchsetzten. Nachdem es aber dazu gekommen ist, daß die (freie Bevölkerung der) Staaten gewachsen ist, ist es wohl nicht länger leicht möglich, daß noch eine andere Verfassung als die Demokratie eingerichtet wird.

Wenn aber jemand meint, die Königsherrschaft sei die beste politische Ordnung für die Staaten, wie steht es dann mit den Kindern der Könige? Soll die Königsherrschaft auch innerhalb einer Familie erblich sein? Das kann jedoch von Nachteil sein, wenn die Kinder Eigenschaften haben, wie es manchmal der Fall war. »Aber der König wird dann, obwohl er dazu die Möglichkeit hätte, seinen Kindern nicht die Herrschaft übertragen.« Aber darauf darf man sich nicht so leicht verlassen;

denn ein solches Verhalten ist schwer und fordert eine stärkere charakterliche Qualität, als sie die Menschennatur hervorbringen kann.

Eine weitere strittige Frage liegt auch darin, ob dem zukünftigen König Sicherheitskräfte unterstellt werden sollen, durch die er die Machtmittel erhält, sich mit Gewalt gegen die Leute durchzusetzen, die nicht gehorchen wollen, oder wie er seine Machtbefugnisse ausüben kann. Denn auch wenn der Souverän auf der Grundlage von Gesetzen regiert und nichts nach eigenem Gutdünken gegen die Gesetze tut, so müssen ihm doch Sicherheitskräfte zur Verfügung stehen, mit denen er die (Einhaltung der) Gesetze überwacht. Es ist wohl nicht schwer, bei einem solchen König dafür eine genaue Festlegung zu treffen: er muß zwar eine solche Truppe haben, diese soll aber nur so stark sein, daß sie zwar jedem Einzelnen und mehreren überlegen ist, der Menge aber unterlegen bleibt; in dieser Form pflegten ja auch die Bürger früherer Zeit eine Leibwache zu stellen, wenn immer sie jemanden im Staat als Aisymneten – wie sie ihn nannten – oder als Tyrannen einsetzten, und so riet jemand den Bürgern von Syrakus, dem Dionysius in dieser Zahl Leute zum Schutz zu geben, als dieser eine Leibwache forderte.

Kapitel 16. Unsere Erörterung ist jetzt bei dem König, der in 1287a
allen Angelegenheiten nach eigenem Gutdünken regiert, angelangt, und ihm wollen wir jetzt unsere Untersuchung widmen. Denn der Mann, der auf der Grundlage von Gesetzen (regiert und) den Titel König führt, stellt, wie wir eben gesagt haben, keine eigene Verfassungsform dar. In allen Verfassungen kann ja das Amt des Oberbefehlshabers auf Lebenszeit besetzt sein, z. B. in einer Demokratie und Aristokratie, und viele übertragen einem einzigen die unbegrenzte Machtbefugnis in Angelegenheiten der inneren Verwaltung – ein solches Amt gibt es in Epidamnos und, mit demgegenüber eingeschränkten Aufgaben, in Opus.

Bei dem sogenannten absoluten Königtum – das ist die Form, bei der der König in allen Angelegenheit nach eigenem

Gutdünken regiert – gilt einigen die Herrschaft eines Einzigen über alle Bürger nicht einmal als naturgemäß, wenn der Staat aus Gleichen besteht. Denn für Leute, die von Natur gleich sind, müsse von Natur Gleichheit in Recht und Rang bestehen; und wenn es schon für den Körper schädlich ist, daß Ungleiche die gleiche Nahrung oder Kleidung erhalten, dann gilt dies ebenso auch für die politischen Ehrenstellungen. Genauso schädlich ist es auch, daß Gleiche einen ungleichen Anteil erhalten. Deswegen sei es (für Gleiche) gerecht, daß niemand mehr regiert als er beherrscht wird, und folglich sei genauso auch der Wechsel zwischen Herrschen und Beherrschtwerden gerecht. Dies ist aber schon eine gesetzliche Regelung, denn die Ordnung (die den Wechsel in der Amtsbekleidung vorschreibt) ist Gesetz. Es sei daher vorzuziehen, daß eher das Gesetz herrscht als irgendein Bürger, und wenn es schon vorzuziehen ist, daß einige Menschen Herrschaftsfunktionen ausüben, so müsse man diesen nach der gleichen Auffassung (ein Amt) übertragen, in dem sie Hüter der Gesetze und Diener der Gesetze sind. Denn Institutionen der Herrschaft seien nun einmal unverzichtbar, aber nach ihrer Auffassung sei es nicht gerecht, daß ein einziger der Inhaber eines solchen Amtes sei, wenigstens dann, wenn alle gleich sind. Aber gerade die Dinge, die, wie es scheint, ein Gesetz nicht eindeutig regeln kann, kann doch ein Mensch wohl kaum erkennen.

Das Gesetz hat jedoch mit voller Absicht die Bürger erzogen und überträgt Angelegenheiten, die es nicht eindeutig regeln kann, den Amtsinhabern, damit sie nach bestem Gewissen entscheiden und Maßnahmen treffen. Ferner räumt das Gesetz doch die Möglichkeit ein, die Verbesserungen vorzunehmen, die aufgrund von Erfahrungen den geltenden Regelungen vorzuziehen sind. Wer nun dem Gesetz die Herrschaft überträgt, der scheint zu gebieten, daß Gott und die Vernunft allein herrschen, wer aber die Herrschaft von Menschen anordnet, der fügt dem noch das wilde Tier hinzu – denn so kann man den Charakter der Begierde beschreiben, und (ein Affekt wie) Zorn bringt Regierende, auch wenn sie die besten Menschen sind, (von einer unparteiischen Haltung) ab. Deswegen ist ein Gesetz Vernunft ohne Affekte.

Das Beispiel mit den Fachkenntnissen, nämlich daß eine ärztliche Behandlung nach festen Regeln nachteilig sei und man lieber Leute hinzuzuziehen sollte, die die Fachkenntnisse beherrschen, ist aber falsch. Denn Ärzte verstoßen nicht aus Freundschaft (zu anderen) gegen die Regeln ihrer Kunst, sondern erhalten ihr Honorar, nachdem sie die Kranken geheilt haben. Leute, die staatliche Ämter bekleiden, pflegen jedoch vieles zu tun, um anderen das Leben schwer zu machen oder sie zu begünstigen – ja sogar Patienten, die den Argwohn hegen, daß Ärzte von persönlichen Gegnern gewonnen sind und sie für einen materiellen Vorteil umkommen lassen wollen, dürften eher eine Behandlung nach dem Buchstaben der Vorschriften suchen. Ja wenn Ärzte krank sind, ziehen sie selber andere 1287b
Ärzte, und die Turnlehre, wenn sie trainieren, andere Turnlehrer hinzu, weil sie sich darüber im klaren sind, daß sie nicht wahrheitsgemäß entscheiden können, da sie in eigener Sache entscheiden und unter dem Einfluß von Affekten stehen.

So ist nun klar, daß man bei der Suche nach Recht eine unparteiische Mittelinstanz sucht, denn das Gesetz ist die unparteiische Mittelinstanz. Außerdem haben die Gesetze, die auf Gewohnheiten beruhen, eine höhere Autorität als die geschriebenen und regeln Sachverhalte von grundlegenderer Bedeutung. Selbst wenn man demnach einräumt, daß ein Mensch als (unumschränkter) Herrscher zuverlässiger ist als Leute, die nach geschriebenen Gesetzen regieren, so ist er doch jedenfalls nicht zuverlässiger als die, die nach dem Gewohnheitsrecht regieren.

Für einen einzelnen ist es jedoch nicht leicht, die Aufsicht über viele Dinge zu haben. Es wird sich also die Notwendigkeit ergeben, daß er eine größere Zahl von Bevollmächtigten einsetzt; aber was macht es dann für einen Unterschied, ob dies von Anfang an so eingerichtet ist oder ob der Alleinherrscher erst diese Einrichtung schafft? Ferner, wenn – wie oben dargelegt wurde – der gute Mann deswegen, weil er anderen überlegen ist, zu herrschen berechtigt ist, dann übertreffen doch zwei Gute den einen an Qualität. Das meint ja das (Dichter) Wort: »wenn zwei miteinander gehen « und der Wunsch Agamemnons: »zehn Ratgeber von dieser Art wünsche ich mir.« Auch jetzt haben ja die Ämter in einigen Angelegenheiten volle Entscheidungsbefugnis, so wie die Richter, nämlich in Angelegenheiten, in denen das Gesetz keine festen Bestimmungen treffen kann; denn niemand streitet ab, daß das Gesetz in den Angelegenheiten, in denen es feste Vorschriften erlassen kann, auch am besten Anordnungen und Entscheidungen treffen könnte. Einige Sachverhalte können sicherlich von Gesetzen zutreffend erfaßt werden, andere jedoch nicht. Diese Tatsache bewirkt, daß man die Frage aufwirft und untersucht, ob die Herrschaft des besten Gesetzes oder des besten Mannes vorzuziehen ist. Denn die Aufgabe, Gesetze in den Angelegenheiten zu erlassen, über die man sich miteinander berät, ist nicht zu bewältigen. Man bestreitet ja auch gar nicht die Notwendigkeit, daß in diesen Dingen ein Mensch Entscheidungen fällen muß, sondern nur, daß es lediglich ein Einziger sein soll und nicht viele. Denn jeder Einzelne entscheidet gut, da er von dem Gesetz erzogen wurde, und die Erwartung, daß jemand mit seinen zwei Augen besser sehen sollte oder daß er (mehr erreicht), wenn er sich aufgrund seiner zwei Ohren sein Urteil bildet und mit zwei Füßen und Händen handelt als viele mit vielen, dürfte doch wohl keinen Sinn machen. Denn auch jetzt vervielfältigen Alleinherrscher die Zahl ihrer Augen, Ohren, Hände und Füße, indem sie die Freunde ihres Regimes und ihrer Person zu Mitregenten machen. Wenn diese nun nicht seine Freunde sind, werden sie nicht nach dem Willen des Monarchen handeln. Wir sagten, daß diese Männer Freunde des Monarchen und seiner Herrschaft sind, ein Freund ist aber gleich; wenn nun der Regent meint, diese müßten Herrschaft ausüben, dann ist er (selber) der Auffassung, Leute die möglichst gleich sind, müßten auch in gleicher Weise an der Herrschaft beteiligt sind.

Das sind nun so ziemlich die Punkte, die die Leute gegen das Königtum vorbringen, die ihm die Berechtigung bestreiten.

Kapitel 17. Aber dieses (Ergebnis) gilt in dieser Weise vielleicht für bestimmte Leute, für andere jedoch nicht. Es gibt nämlich eine Form von Recht und von Nutzen entsprechend der Natur in einem despotischen Herrschaftsverhältnis und eine andere Form von Recht und Nutzen von Natur in einem Königreich und wieder eine andere in einem von Bürgern regierten Staat. Eine tyrannische Form von Recht und Nutzen existiert jedoch nicht in naturgemäßer Weise und eine solche (naturgemäße) Form auch nicht bei den anderen Verfassungen, die Entartungen sind; denn in ihnen sind (die Rechts- und Nützlichkeitsprinzipien) wider die Natur. Jedoch soviel ist nach den bisherigen Erörterungen deutlich: es ist weder 1288a
nützlich noch gerecht, daß unter Ähnlichen und Gleichen ein Einziger die souveräne Macht über alle innehat – weder wenn es keine Gesetze gibt, sondern der Alleinherrscher selber das Gesetz ist, noch wenn es Gesetze gibt – auch nicht als ein Guter über alle anderen Guten und auch nicht als nicht Guter über andere, die nicht gut sind; (die Herrschaft eines einzigen Mannes ist) auch nicht dann schon (gerecht und nützlich), wenn er an menschlicher Qualität überlegen ist – außer in einem bestimmten Grade, wie aber dieser anzugeben ist, muß noch erläutert werden, es ist aber in gewisser Weise auch schon vorher erörtert worden.

[Zunächst muß aber voneinander abgegrenzt werden, was mit den Bestimmungen: »für eine Königsherrschaft geeignet«, »für eine Aristokratie befähigt«, »für eine Politie passend« gemeint ist. Für eine Königsherrschaft geeignet ist die Bevölkerung, die ihrer Natur nach dazu bestimmt ist, sich einer Herrscherfamilie unterzuordnen, die sich † durch persönliche Vollkommenheit auszeichnet, so daß sie eine Herrschaft über Bürger aufrichtet †; für eine Aristokratie geeignet ist eine Bevölkerung, die sich von Leuten beherrschen lassen kann, welche aufgrund ihrer überragenden Qualität zur Führung befähigt sind; die für eine Politie geeignete Bevölkerung ist diejenige, die † die Fähigkeit hat, sich beherrschen zu lassen und zu herrschen nach einem Gesetz, das den Begüterten ihrem Rang entsprechend die Ämter überträgt.]

Wenn es sich nun so fügt, daß entweder eine ganze Familie oder aus dem Kreis der übrigen Bewohner ein einziger durch seine hervorragenden menschlichen Eigenschaften sich so sehr auszeichnet, daß seine Qualität die aller anderen überragt, dann ist es gerecht, daß diese Familie die Königswürde bekleidet und die souveräne Macht über alle innehat und daß dieser eine König ist. Denn wie vorher bemerkt wurde, muß man diese Folgerung nicht nur nach dem Rechtsprinzip ziehen, das die Gruppen vertreten, die die jeweiligen Verfassungen einrichten, die aristokratischen, oligarchischen und weiter auch die demokratischen Verfassungen – denn sie alle stützen ihre Ansprüche auf einen Vorzug, jedoch nicht den gleichen Vorzug –, sondern diese Folgerung gilt auch nach unseren früheren Bemerkungen: denn einen solchen Mann zu töten oder zu verbannen oder durch das Scherbengericht auf bestimmte Zeit aus dem Lande zu verweisen, ist doch auf keinen Fall angebracht, genauso wenig aber auch zu verlangen, er solle sich im Wechsel regieren lassen. Denn der Teil ist von Natur nicht dazu bestimmt, das Ganze zu überragen; wer aber in diesem Maße überlegen ist, dem fiel es zu, das Ganze zu repräsentieren. Daher bleibt als einzige Möglichkeit, daß man einem solchen Mann gehorcht und daß er seine Macht nicht im Wechsel mit anderen ausübt, sondern uneingeschränkt.

Wie viele verschiedene Formen das Königtum aufweist, ob diese Staatsform für die Staaten nicht von Nutzen oder von Nutzen ist und für wen von Nutzen und unter welchen Voraussetzungen, darüber soll die Erörterung in dieser Weise abgeschlossen sein.

Kapitel 18. Wir behaupten nun, daß es drei richtige Verfassungen gebe; unter diesen ist aber notwendigerweise diejenige die beste, in der die Besten regieren, das ist aber eine Verfassung, in der entweder ein einziger oder ein ganze Familie oder eine größere Anzahl von Personen durch ihre persönliche Qualität über alle anderen weit herausragt, wobei die einen in der Lage sind, sich beherrschen zu lassen ⟨und zu herrschen⟩, die anderen, (ausschließlich) zu herrschen, ausgerichtet auf das beste

Leben als ihr Ziel. Es wurde aber in den ersten Erörterungen erwiesen, daß die vollkommene Qualität des Mannes und die des Bürgers des besten Staates notwendigerweise identisch sind. Demnach sind es offensichtlich die gleiche Weise und die gleichen Mittel, durch die jemand ein guter Mann wird und durch die man einen aristokratischen oder königlichen Staat einrichten könnte; daher werden es im wesentlichen die 1288b
gleiche Erziehung und die gleichen Gewohnheiten sein, die jemanden zum guten Mann und zum leitenden Staatsmann oder zu einem für das Königsamt befähigten Mann machen.

Nach dieser Erörterung müssen wir jetzt versuchen darzulegen, auf welche Weise die beste Verfassung naturgemäß entsteht und wie sie eingerichtet wird. [Wer darüber die angemessene Untersuchung vornehmen will, der muß daher …]

BUCH IV

Kapitel 1. In allen sachkundigen Tätigkeiten und Kenntnissen, die sich nicht nur auf ein Teilgebiet beschränken, sondern einen bestimmten Bereich in seinem vollen Umfang zum Gegenstand haben, hat eine einzige (Tätigkeit und Kenntnis) die Aufgabe zu untersuchen, was jeder Klasse (ihres Gegenstandes) angemessen ist; z. B. betrachtet (die Gymnastik) nicht nur, welche Art von Training welcher bestimmten (Konstitution eines) Körpers nützt, sondern auch, welches Training das beste ist – denn bei jemand, der die beste Anlage besitzt und über die entsprechenden Mittel verfügt, ist notwendigerweise auch das beste Training angebracht; und sie betrachtet, welche eine Form von Training für die größte Zahl in ihrer Gesamtheit (am besten ist) – denn auch dies ist eine Aufgabe der Gymnastik. Und wenn jemand weder die ihm erreichbare Kondition noch die Kenntnis wünscht, wie sie für den Wettkampf verlangt werden, dann haben Trainer und Sportlehrer trotzdem die Aufgabe, auch diese (mindere) Fähigkeit hervorzubringen. Wir können ja beobachten, daß auch bei Medizin, Schiffbau, (Anfertigung von) Kleidern und jeder anderen technischen Fertigkeit die gleichen (Alternativen) bestehen.

Das gilt dann offensichtlich auch bei der Verfassung: ein und dieselbe Kenntnis hat einmal die Aufgabe zu untersuchen (1), was das Wesen der besten Verfassung ist und wie sie beschaffen sein muß, um am ehesten die Wünsche (von Menschen) zu erfüllen, wenn man sich einmal vorstellt, es stünden keine äußeren Umstände hindernd entgegen; daneben untersucht sie auch (2), welche Verfassung zu welchen Menschen paßt, denn für viele bleibt die beste Verfassung vielleicht unerreichbar. Aus diesem Grunde dürfen der gute Gesetzgeber und der wahre Staatsmann sich nicht über die absolut beste (1) und die unter den gegebenen Voraussetzungen beste Verfassung (2) im Unklaren sein. (Diese eine Kenntnis) hat außerdem die Aufgabe, als dritte Möglichkeit (3) die jeweils existierende Verfassung (zu betrachten); denn man muß auch untersuchen können, wie es wohl am Anfang zur Entstehung der bestehenden Verfassung kommt und durch welche Mittel sie, wenn sie einmal in Kraft ist, für die längste Zeit erhalten werden könnte – ich meine z. B. wenn es sich so fügt, daß ein Staat nicht nach der besten Verfassung regiert wird und ihm auch die Ausstattung mit den notwendigen Mitteln fehlt (1) und er auch nicht nach einer Verfassung, die sich unter den gegebenen Bedingungen verwirklichen ließe (2), sondern einer schlechteren regiert wird (3). Neben allen genannten Möglichkeiten muß man auch die Verfassungsform kennen, die am ehesten zu allen Staaten paßt (4).

Weil (die Aufgabe der Staatskunde so umfassend ist), verfehlen die meisten, die ihre Vorstellungen über Verfassung dargelegt haben, das wenigstens, was von praktischem Nutzen ist, auch wenn sie in anderer Hinsicht treffende Feststellungen machen. Denn man darf nicht allein die beste Verfassung (1) untersuchen, sondern (muß sich) auch die, die verwirklicht werden kann, (vornehmen,) genauso dann auch die, die leichter einzurichten ist und eher die gemeinsame Grundlage für (die politische Ordnung) aller Staaten bilden kann (4). Wie die Dinge jedoch liegen, sucht eine Gruppe von Staatsdenkern nur die beste Verfassung, die eine äußere Ausstattung großen Umfanges erfordert (1), während die anderen eine Verfassung beschreiben, die eher (in einer größeren Zahl von Staaten) gemeinsam gelten kann (4); dabei verwerfen sie allerdings die bestehenden Verfassungen und preisen diejenige Spartas
1289a oder irgendeine andere. Dies ist jedoch (kurzsichtig; denn) man muß eine solche Ordnung einführen, daß die (Bürger) leicht dafür gewonnen werden können und auch in der Lage sein werden, von den jeweils vorherrschenden Verfassungen aus (an dieser neuen Ordnung) † mitzuwirken †. Daraus ergibt sich, daß es keine geringere Aufgabe ist, eine Verfassung wieder aufzurichten als eine von Grund auf neu zu schaffen, wie es auch (keine leichtere Aufgabe) ist, etwas umzulernen als völlig neu zu lernen. Daher muß der Staatsmann zusätzlich zu

den vorher genannten Aufgaben auch die Fähigkeit besitzen, den jeweils bestehenden Verfassungen (3) zu helfen.

Diese Aufgabe kann er aber nur dann meistern, wenn er die Zahl der Arten einer Verfassung kennt. Nun glauben aber einige Leute, es gebe nur eine (Form von) Demokratie und eine (Form von) Oligarchie, aber das ist unzutreffend. Daher muß man wissen, wieviele unterschiedliche Formen von Verfassungen es gibt und auf wieviele Weisen sie gebildet werden.

Zu der gleichen Kenntnis gehört auch zu verstehen, welches die besten Gesetze sind und welche Gesetze zur jeweiligen Verfassung passen. Denn wenn man Gesetze erläßt, muß man sich an den Verfassungen orientieren, und alle tun dies auch; man darf sich dagegen nicht an den Gesetzen orientieren, wenn man Verfassungen gibt. Denn eine Verfassung ist die Ordnung für Staaten, (die festlegt,) wie die Staatsämter verteilt sind, wer der Souverän der Verfassung ist und was das Ziel jeder Gemeinschaft ist. Verschieden von den (Bestimmungen), die (den Charakter der) Verfassung angeben, sind dagegen die Gesetze, in Übereinstimmung mit denen die Amtsträger die Ämter führen und Gesetzesübertreter in Schranken halten müssen. Daraus geht klar hervor, daß man auch zum Zweck der Gesetzgebung bei jeder Verfassung die Unterarten und ihre Anzahl kennen muß. Denn es ist ausgeschlossen, daß die gleichen Gesetze allen Formen von Oligarchie oder Demokratie nützen, da es ja eine größere Anzahl, und nicht nur eine einzige Form von Demokratie oder Oligarchie gibt.

Kapitel 2. In der ersten Untersuchung über die Verfassungen haben wir folgende Unterscheidung getroffen: drei Verfassungsformen, nämlich Königtum, Aristokratie und Politie, sind richtig, während drei ihre Entartungsformen bilden: Tyrannis ist die Entartungsform des Königtums, Oligarchie die Entartungsform der Aristokratie und Demokratie die der Politie. Aristokratie und Königtum sind nun behandelt; denn eine Untersuchung der besten Verfassung bedeutet, die gleichen Aussagen auch über die (beiden) Verfassungsformen zu machen, die die genannten Bezeichnungen tragen; jede von ihnen hat ja die Intention, nach der Norm persönlich herausragender Qualität, die mit äußeren Mitteln wohl ausgestattet ist, geordnet zu sein. Es ist außerdem früher erörtert worden, worin der Unterschied zwischen Aristokratie und Königtum besteht und wann es angebracht ist, daß ein Königtum die geltende Verfassung sein soll. Es steht daher noch aus, die Verfassungsform zu behandeln, die mit dem (allen Verfassungen) gemeinsamen Namen (›Politie‹) bezeichnet wird, und (dann) auch die übrigen Verfassungen, das sind Oligarchie, Demokratie und Tyrannis.

Es unterliegt nun keinem Zweifel, welche der gerade genannten Entartungsformen die schlimmste ist und welche den zweiten Rang einnimmt: die schlechteste Verfassung muß diejenige sein, die die Entartung der ersten und göttlichsten Verfassung ist – (diese ist) das Königtum; denn es ist entweder
1289b nur ein bloßer Name, ohne wirklich Königtum zu sein, oder es muß auf die überragende Überlegenheit dessen, der die Königsmacht innehat, gegründet sein. Daraus geht hervor, daß die Tyrannis, die die schlechteste Verfassung ist, am meisten von dem entfernt ist, was eine Verfassung ausmacht; an zweiter Stelle folgt dann die Oligarchie, denn es besteht ein großer Unterschied zwischen dieser Verfassung und der Aristokratie; die gemäßigtste (Entartungsform) ist aber die Demokratie.

Gewiß hat auch schon einer der Früheren (die Rangfolge der Verfassungen) so angegeben, jedoch nicht unter dem gleichen Gesichtspunkt wie wir. Denn nach seinem Urteil ist die Demokratie die schlimmste aller guten Verfassungen, ich meine wenn man Oligarchie und die anderen zu den guten Verfassungen rechnet; in der Gruppe der schlechten Verfassungen sei sie aber die beste. Wir behaupten dagegen, daß diese schlechthin verfehlt sind und daß es nicht richtig ist zu sagen, eine Oligarchie sei »besser« als eine andere Verfassung, man muß sie vielmehr als »weniger schlecht« bezeichnen. Aber diese Beurteilung (der Qualität der Verfassungen) soll für den Augenblick beiseite bleiben.

Stattdessen müssen wir zuerst abgrenzen, wieviele Formen von Verfassungen unterschieden werden können, da es ja mehrere Arten von Demokratie und Oligarchie gibt; danach welche Verfassung am ehesten die gemeinsame Grundlage (für eine größere Zahl von Staaten) bilden kann und welche Verfassung nach der besten am ehesten gewählt zu werden verdient; ferner was das Wesen eines weiteren Verfassungstyps ist, der aristokratischen Charakter besitzt und wohlgeordnet ist, zugleich aber zu (den Bedingungen in) den meisten Staaten paßt – falls es einen solchen (Verfassungstyp) gibt; weiterhin (müssen wir) auch (bestimmen), welche andere Verfassung bei welcher Bevölkerung den Vorzug verdient; denn vielleicht ist für bestimmte Menschen eine Demokratie geradezu eine Notwendigkeit, eher als eine Oligarchie, für andere dagegen umgekehrt. Danach (soll behandelt werden), wie man vorgehen soll, wenn man sich vornimmt, diese Verfassungen einzurichten, ich meine jede Form von Demokratie und entsprechend von Oligarchie. Wenn wir kurz auf alle diese Dinge, so wie es möglich ist, eingegangen sind, müssen wir schließlich sowohl generell (für alle) als auch gesondert für jede einzelne Verfassungsform zu behandeln versuchen, was jeweils die Formen ihrer Zerstörung und die Methoden ihrer Erhaltung sind, und warum es in der Natur der Dinge liegt, daß am ehesten diese Entwicklungen eintreten.

Kapitel 3. Es gibt eine Vielzahl von Verfassungen, und der Grund dafür ist, daß jeder Staat eine Vielzahl von Teilen aufweist: zunächst sind, wie wir beobachten können, alle Staaten aus Haushalten gebildet; aus deren Zahl sind notwendigerweise dann wieder die einen wohlhabend, die anderen arm, und der Rest liegt (in ihren Besitzverhältnissen) in der Mitte; bei den Begüterten und Armen besitzen die einen schwere Waffen, die anderen dagegen nicht.

Wir beobachten auch, daß der Demos sich zum Teil aus Bauern, zum Teil aus Händlern, zum Teil aus Handwerkern zusammensetzt. Auch unter den Angesehenen gibt es Unterschiede, einmal nach dem Reichtum, d. h. dem Umfang von Besitz, der z. B. in Pferdezucht bestehen kann; denn man kann sie nicht leicht betreiben, wenn man nicht begütert ist. In früheren Zei-

ten pflegten deswegen auch in den Staaten, in denen die militärische Stärke auf der Reiterei beruhte, Oligarchien vorzuherrschen. Man setzte gewöhnlich Pferde in den Kriegen gegen die Nachbarn ein, wie z. B. die Bewohner von Eretria, Chalkis, Magnesia am Mäander und viele andere in Asien. Neben den Unterschieden (unter den Angesehenen) nach dem Besitz gibt
1290a es außerdem einen nach der Herkunft, einen anderen nach besonderer charakterlicher Qualität und (weitere Unterschiede), wenn bei den Erörterungen über die Aristokratie noch ein anderer Teil dieser Art aufgeführt wurde; dort haben wir ja auseinandergesetzt, aus wievielen notwendigen Teilen jeder Staat besteht. Von diesen Teilen haben nun bald alle an der Verfassung teil, bald eine geringere, bald eine größere Zahl.

Es ist damit klar, daß es notwendigerweise eine größere Zahl von Verfassungen gibt, die sich der Art nach voneinander unterscheiden. Denn auch jene Teile (von denen einige oder alle an der Verfassung teilhaben) sind der Art nach voneinander verschieden. Eine Verfassung ist nämlich die Ordnung, die die Staatsämter regelt; alle verteilen aber diese Ämter entweder nach dem überragenden Einfluß derjenigen, die (an der Verfassung) teilhaben, oder nach einer bestimmten Form von Gleichheit, die für sie gemeinsam gilt, ich meine damit z. B. (nach dem Einfluß) der Armen oder der Begüterten oder einer bestimmten unter ihnen gemeinsam geltenden (Machtverteilung). Notwendigerweise muß es danach ebenso viele Formen von Verfassungen geben, wie Ordnungen (für die Besetzung der Ämter) nach den Bedingungen von Überlegenheit und nach den Unterschieden zwischen den Teilen (des Staates) gebildet werden können.

Am meisten aber herrscht die Auffassung vor, es gebe (nur) zwei Verfassungen; wie man bei den Winden sagt, es
a15 gebe entweder Nord- oder Südwinde und die anderen seien Abweichungen davon, so nimmt man auch nur zwei Verfassungen, Demokratie und Oligarchie, an. Denn die Vertreter dieser Auffassung bestimmen die Aristokratie als eine Form von Oligarchie, so als sei sie eine Art Oligarchie; und die sogenannte Politie deuten sie als eine Form von Demokratie,

wie man bei Winden den Westwind als eine Form des Nordwindes und den Südostwind als Form des Südwindes angibt. Das gleiche gelte auch für die Tonarten, wie einige behaupten; denn auch hier nimmt man zwei Arten an, die dorische und die phrygische, die anderen bezeichnet man Tonarten mit entweder dorischem oder phrygischem Charakter.

Es sind hauptsächlich Vorstellungen dieser Art, die man von den Verfassungen zu hegen pflegt. Wahrer und besser ist aber eine Einteilung, wie wir sie vorgenommen haben, nämlich daß es zwei oder eine vorbildliche Verfassung gibt und daß (alle) anderen deren Entartungsformen darstellen; so wie die Tonarten Entartungsformen der einen wohl temperierten sind, so sind die Verfassungen Entartungsformen der besten Verfassung: die straffer geführten und eher despotischen sind oligarchisch, die undisziplinierten und lockeren dagegen demokratisch.

Kapitel 4. Man darf nun aber nicht, wie das jetzt einige zu tun pflegen, als Demokratie so ohne weiteres (die Verfassung) angeben, in der die Menge der Souverän ist; denn auch in Oligarchien und allen anderen Verfassungen bildet jeweils die Mehrheit den Souverän; noch darf man als Oligarchie (die Verfassung) angeben, in der eine Minderheit Souverän ist. (Zur Verdeutlichung wollen wir folgende Möglichkeiten betrachten): angenommen (der Staat bestünde aus) insgesamt eintausenddreihundert Männern und davon wären eintausend wohlbegütert und diese schlössen die dreihundert, die arm und freigeboren, in allen übrigen Dingen aber gleich sind, von der Bekleidung eines Amtes aus, dann dürfte niemand behaupten, diese hätten eine demokratische Ordnung. Das gleiche gilt auch für die Annahme, daß die Armen zwar nur eine kleine Zahl bilden, aber stärker als die Reichen, die die Mehrzahl bilden, sind: niemand dürfte eine solche Verfassung Oligarchie nennen, wenn (in ihr) den übrigen, die wohlbegütert sind, der Zugang zu den Staatsämtern verschlossen bliebe. Eher soll
man daher sagen, daß eine Demokratie dann vorliegt, wenn 1290b
die Freigeborenen, und eine Oligarchie, wenn die Begüterten

Souverän sind, aber es geht damit einher, daß die erst genannte Gruppe eine große Zahl, die andere eine Minderheit bildet; denn freigeboren sind viele, aber nur wenige sind wohlbegütert. (Andernfalls) müßte man auch von einer Oligarchie sprechen, wenn man die Staatsämter Männern nach der Körpergröße zuteilte, wie es nach dem Bericht einiger in Äthiopien geschieht, oder nach schönem Aussehen; denn die Zahl derjenigen, die gut aussehen und groß sind, ist gering.

Aber auch mit diesen Angaben allein sind die beiden Verfassungen noch nicht hinreichend bestimmt. Da es eine größere Zahl von Teilen in der Demokratie und Oligarchie gibt, muß man vielmehr eine zusätzliche Präzisierung vornehmen: es ist keine Demokratie, wenn die Freigeborenen, die die Minderheit bilden, über die Mehrheit, die nicht freigeboren ist, regieren – so ein Fall lag in Apollonia am jonischen Meer und auf Thera vor: in beiden Staaten bekleideten Männer, die sich durch ihre Herkunft auszeichneten und als erste die Kolonien besiedelt hatten, die Staatsämter – als Minderheit (regierten sie über) eine große Zahl. Und man kann auch dann nicht von einer Demokratie reden, wenn die Begüterten (die Regierung innehaben), weil sie an Zahl überlegen sind, so wie es in alter Zeit in Kolophon der Fall war: dort besaß die Mehrheit viel Vermögen, bevor der Krieg gegen die Lyder ausbrach. Eine Verfassung ist vielmehr dann eine Demokratie, wenn die Freigeborenen und Armen, die die Mehrzahl bilden, als Souverän die Macht innehaben, und eine Oligarchie, wenn die Reichen und Männer aus vornehmeren Familien, die die Minderheit bilden, (regieren).

Es ist damit erklärt, daß es eine größere Anzahl von Verfassungen gibt und warum dies der Fall ist.

† [Daß es aber eine größere Anzahl von Verfassungen als die genannten gibt, welche dies sind und warum dies der Fall ist, wollen wir darlegen und dabei den oben beschriebenen Ausgangspunkt wählen. Wir sind uns ja darüber einig, daß jeder Staat nicht (nur) einen, sondern eine Vielzahl von Teilen aufweist. (Zur Erläuterung benutzen wir folgende Analogie): Wenn wir uns die Aufgabe stellten, die Klassen von Lebe-

wesen herzuleiten, dann würden wir zunächst bestimmen, welche (Organe) jedes Tier haben muß, z. B. einige Sinnesorgane, das Organ zur Verdauung und Aufnahme von Nahrung, d. h. Mund und Bauchhöhle, außerdem die Körperteile, mit denen sich jedes Lebewesen fortbewegt. Angenommen, daß damit die Zahl der lebensnotwendigen Organe vollständig angegeben ist, daß sie aber in unterschiedlichen Formen auftreten, ich meine in mehreren Arten von Mund, Magen, Sinnes- und Bewegungsorganen, dann wird die Anzahl der Kombinationen dieser Organe notwendigerweise eine Mehrzahl von Arten von Lebewesen konstituieren; denn ein und dieselbe (Gattung von) Lebewesen kann nicht zugleich mehrere unterschiedliche Formen von Mund oder Ohren aufweisen. Wenn nun alle möglichen Verbindungen zwischen diesen (unterschiedlich ausgebildeten lebensnotwendigen Organen) erfaßt sind, werden diese die Arten von Lebewesen begründen, und die Zahl der Tierarten wird ebenso groß sein, wie es Verbindungen von notwendigen Körperteilen gibt.

Das gleiche gilt aber auch für die genannten Verfassungen; denn die Staaten (deren Ordnungen die Verfassungen sind) bestehen nicht (nur) aus einem einzigen, sondern aus vielen Teilen, wie schon häufig dargelegt wurde: ein Teil, die sogenannten Landwirte, hat die (Beschaffung von) Nahrung zur
Aufgabe; den zweiten bilden die sogenannten Handwerker; 1291a
sie üben die handwerklichen Fachkenntnisse aus, ohne die man in einem Staat nicht wohnen kann – einige dieser Fachkenntnisse sind völlig unverzichtbar, während andere den Annehmlichkeiten des Lebens oder seiner vollkommenen Form dienen. Einen dritten Teil stellen die Händler dar – ich meine mit Händlern Leute, die in Verkauf und Kauf, Fernhandel und ortsgebundenem Handel beschäftigt sind; der vierte Teil sind die Lohnarbeiter. Die fünfte Gruppe bilden diejenigen, die im Krieg für das Land kämpfen sollen; sie müssen genauso unverzichtbar wie die eben genannten Gruppen im Staat vorhanden sein, wenn dessen Bewohner nicht Sklaven der Angreifer werden sollen. Es ist ja doch wohl ein Ding der Unmöglichkeit, daß eine Gemeinschaft die Be-

zeichnung Staat verdient, wenn sie ihrem Wesen nach Sklave ist; denn ein Staat ist autark, was aber versklavt ist, ist nicht autark.

Aus diesem Grunde ist die Darstellung in der *Politeia* zwar geistreich, aber unbefriedigend. Denn Sokrates behauptet (dort), der Staat bestehe aus den vier allernotwendigsten Personen, und als diese gibt er Weber, Landwirt, Schuster und Hausbauer an. Weil ihm aber offensichtlich diese eben genannten nicht allein zur Befriedigung der Bedürfnisse ausreichten, fügt er dann noch Schmied und Hirten von Weidetieren, die unentbehrlich sind, hinzu, außerdem denjenigen, der Fernhandel treibt, und den ortsgebundenen Händler. Sie alle bilden die Gesamtzahl des ersten Staates, so als bestehe jeder Staat zur (Befriedigung) notwendiger (Bedürfnisse), und nicht vielmehr um eines Zweckes willen, der seine Vollendung in sich findet, und so als benötige er Schuster genau so dringend wie Landwirte. Die Kriegerschicht weist er aber (dem Staat) nicht eher zu, als bis seine Bewohner in einen Krieg verwickelt wurden, nachdem ihr Gebiet ausgeweitet wurde und das der Nachbarn verletzte. Aber selbst in einer Gemeinschaft von vier Mitgliedern oder jeder anderen Zahl muß es jemanden geben, der die Aufgabe hat, Recht zu erteilen und zu richten. Wenn man nun die Seele in höherem Maße als Teil eines Lebewesens angibt als den Körper, so muß man auch bei den Staaten Gruppierungen dieser Art eher (als ihre eigentlichen Bestandteile ansehen) als diejenigen, die (nur) zur (Befriedigung) notwendiger Bedürfnisse beitragen – (zu den eigentlichen Bestandteilen rechne ich) die Kriegerschicht und den Teil (des Staates), der die Gerechtigkeit besitzt, die man für Rechtsprechung braucht; hinzukommt der Teil, der politische Entscheidungen trifft und eine Aufgabe erfüllt, die politische Klugheit erfordert. Für das gegenwärtige Argument ist es allerdings unerheblich, ob diese Aufgaben je gesondert von bestimmten oder von den gleichen Leuten ausgeübt werden; es kommt ja häufig vor, daß die gleichen Leute als Schwerbewaffnete kämpfen und Landwirte sind. Wenn nun diese und jene Gruppierungen als Teile des Staates angegeben werden müssen, so folgt daraus, daß jedenfalls die Gruppe, die schwere Waffen besitzt, ein unentbehrlicher Teil des Staates ist.

Der siebte Teil ist derjenige, der mit seinem Vermögen (der Gemeinschaft) dient, den wir die Begüterten nennen. Der achte ist die Gruppe der Gemeindebeamten und derer, die in den öffentlichen Ämtern dienen, zumal ohne Regierende ein Staat nicht bestehen kann; es ist daher unerläßlich, daß einige Personen die Fähigkeit besitzen, ein Staatsamt zu bekleiden und dem Staat diesen Dienst entweder auf Dauer oder in turnusmäßigem Wechsel zu leisten. Übrig bleiben die Teile, die wir eben abgegrenzt haben: derjenige, der politische Entscheidungen trifft, und (derjenige, der) denen ein Urteil spricht, die um ihre Rechte streiten. Wenn nun diese Aufgaben in den Staaten wahrgenommen und gut und gerecht wahrgenommen
werden müssen, dann muß es auch einige Bürger geben, die 1291b
herausragende menschliche Qualität besitzen.

Nach der Auffassung vieler besteht nun durchaus die Möglichkeit, daß ein und dieselben Leute sehr wohl (alle) diese Fähigkeiten besitzen; so könnten die gleichen Leute Krieger, Landwirte und handwerkliche Fachkräfte sein und außerdem politische Entscheidungen treffen und (Rechtsfragen) entscheiden. Alle beanspruchen auch herausragende menschliche Qualität für sich und glauben, sie seien imstande, die meisten Ämter zu führen. Es sei jedoch unmöglich, daß die gleichen Leute sowohl arm als auch reich sind. Deswegen werden diese Gruppierungen, ich meine die Begüterten und die Armen, auch am ehesten für die Teile des Staates gehalten. Und weil in der Mehrzahl der Fälle die Begüterten eine geringe Zahl bilden, die Armen jedoch eine große Zahl, scheinen sie unter den Teilen, die der Staat hat, die entgegengesetzten Teile zu sein. Entsprechend setzt man auch die Verfassungen nach dem jeweiligen Übergewicht dieser Gruppen ein, und es scheint (nur) zwei Verfassungen zu geben, Demokratie und Oligarchie. Daß es nun eine größere Anzahl von Verfassungen gibt und aus
welchen Gründen, ist vorher erklärt worden.] † b15

Wir wollen aber darlegen, daß es auch bei Demokratie und Oligarchie eine Mehrzahl von Arten gibt. Diese Tatsache ist aber auch nach den vorherigen Erörterungen klar; denn Demos und die sogenannten Angesehenen untergliedern sich in eine größere Anzahl von Gruppierungen: die Landwirte bilden eine der Gruppen des Demos, diejenigen, die sich handwerklichen Fachkenntnissen widmen, eine andere; eine weitere die, die auf dem Markt mit Kauf und Verkauf beschäftigt sind; eine weitere die, deren (Tätigkeiten) mit dem Meer zu tun haben – dazu gehören einmal Männer, die in Kriegen eingesetzt werden, dann Handeltreibende, Leute, die zu Schiff Personen befördern, und Fischer; jede dieser Gruppen bildet vielerorts eine große Zahl, z. B. die Fischer in Tarent und Byzanz, die Besatzung auf den Schiffen mit drei Reihen von Rudern in Athen, die Fernhändler auf Ägina und Chios, und Leute, die Beförderung von Personen und Gütern zu Schiff betreiben, auf Tenedos; (zu den Gruppen, die den Demos bilden, gehören) außerdem Handarbeiter, die nur über geringes Vermögen verfügen, so daß sie es sich nicht leisten können, müßig zu gehen; hinzukommt die Gruppe von Freien, die nicht sowohl väterlicherwie mütterlicherseits Bürger waren, und eine weitere ähnliche Gruppierung aus der Menge, wenn wir eine ausgelassen haben. Bei den Angesehenen (bilden) dagegen Reichtum, vornehme Abkunft, persönlich herausragende Qualität, Bildung und, was man (sonst) in der gleichen Klasse wie die genannten Eigenschaften angibt, (die unterschiedlichen Gruppen).

Die erste Form von Demokratie ist die, die im höchsten Maße nach dem Prinzip von Gleichheit beschrieben wird. Das Gesetz dieser Demokratie bestimmt ja als Gleichheit, daß die Armen nicht mehr Macht ausüben als die Reichen, und daß keine von beiden Gruppen den Souverän stellt, sondern daß beide gleich sind. Denn wenn, wie einige glauben, Freiheit am ehesten in der Demokratie zur Geltung kommt und zusätzlich Gleichheit, dann dürften diese (Ziele) am ehesten verwirklicht werden, wenn alle möglichst in gleichem Umfang an der Verfassung teilhaben. Da aber der Demos die Mehrheit bildet und da die Beschlüsse der Mehrheit Gültigkeit besitzen, muß diese Verfassung eine Demokratie sein. Dieses ist nun die eine Form von Demokratie.

Eine andere Form (schreibt vor), daß die Staatsämter aufgrund von Vermögensqualifikationen besetzt werden, deren Höhe aber niedrig festgelegt ist. Wer (das vorgeschriebene Vermögen) besitzt, muß das Recht haben, (zu den Ämtern) zugelassen zu werden, während demjenigen, der das Mindestvermögen verliert, der Zugang verschlossen ist.

Eine weitere Form von Demokratie (bestimmt), daß alle 1292a
Bürger, deren Abstammung nicht bestritten werden kann, Zugang (zu den Ämtern) haben und daß das Gesetz regiert. Eine andere Form von Demokratie (sieht vor), daß jeder Zugang zu den Ämtern hat, wenn er nur Bürger ist, und daß das Gesetz regiert.

Eine weitere Form von Demokratie regelt, daß alles andere genauso gilt (wie in der gerade genannten Demokratie), daß aber die Menge und nicht das Gesetz Souverän ist. Dies ist dann der Fall, wenn Volksbeschlüsse, und nicht das Gesetz, souveräne Geltung haben. Zu einer solchen Entwicklung kommt es durch das Treiben der Demagogen; in demokratischen Staaten, die nach dem Gesetz regiert werden, erlangt ja kein Demagoge Einfluß, sondern die besten Bürger nehmen die führende Stellung ein. Wo dagegen nicht die Gesetze souveräne Geltung haben, da kommen Demagogen auf; denn der Demos wird ein Alleinherrscher, eine einzige Person, die aus vielen zusammengesetzt ist – die Menge bildet ja den Souverän nicht als Einzelpersonen, sondern in ihrer Gesamtheit. Es ist nun nicht klar, ob sich Homer auf die eben beschriebene Demokratie bezog oder auf die Form, bei der eine Vielzahl von Männern jeweils als Einzelpersonen herrscht, wenn er
sagte, Vielherrschaft sei nicht gut. Da der so geartete Demos a15
Alleinherrscher ist, sucht er jedenfalls auch, wie ein Alleinherrscher zu regieren; denn er wird nicht vom Gesetz regiert. Und er nimmt einen despotischen Charakter an, so daß sich Schmeichler hoher Wertschätzung erfreuen.

Unter den Monarchien hat eine solche Demokratie ihr Gegenstück in der Tyrannis. Deswegen ist auch der Charakter (den die Regierenden in beiden Verfassungen annehmen) der gleiche, und beide haben die Eigentümlichkeit, die Besseren gewaltsam zu unterdrücken, und die Volksbeschlüsse (in der Demokratie) entsprechen den Anordnungen des Tyrannen. Demagoge und Schmeichler stellen auch einen und denselben (Typ von) Menschen dar und entsprechen sich völlig: jeder von beiden hat bei seinem jeweiligen (Herren) am meisten Einfluß, die Schmeichler bei den Tyrannen, die Demagogen bei einer Volksmenge der beschriebenen Art. Indem sie alle Angelegenheiten an das Volk verweisen, sind sie dafür verantwortlich, daß die Volksbeschlüsse, und nicht die Gesetze, die höchste Autorität haben; denn es gelingt ihnen, Einfluß zu gewinnen, weil bei der Menge die oberste Entscheidung über alle Angelegenheiten liegt, während sie ihrerseits (die Macht) über die Meinung der Menge ausüben; denn die Menge folgt ihnen. Außerdem fordern diejenigen, die (den Einfluß der) politischen Ämter kritisieren, daß der Demos die Entscheidungen fällen müsse, und dieser nimmt diese Aufforderung gerne an; so kommt es denn dazu, daß alle Ämter beseitigt werden.

Jemand, der behauptet, eine solche Demokratie sei überhaupt keine Verfassung, hat wohl Recht mit dieser Kritik. Denn wo nicht die Gesetze regieren, besteht keine Verfassung. Das Gesetz muß als Herrscher alle Angelegenheiten ⟨von allgemeinem Charakter⟩ regeln, die Ämter dagegen die individuellen Fälle, und (eine Ordnung, die so verfährt,) muß man als eine Verfassung ansehen. Wenn nun auch die Demokratie zu den Verfassungen zu zählen ist, dann folgt offensichtlich, daß die beschriebene politische Einrichtung, in der alle Angelegenheiten auf der Grundlage von Volksbeschlüssen verwaltet werden, auch nicht eine Demokratie im eigentlichen Sinne ist. Denn kein Volksbeschluß kann Regelungen von allgemeiner Gültigkeit treffen.

Mit dieser Abgrenzung der verschiedenen Formen von Demokratie soll es damit sein Bewenden haben.

Kapitel 5. Unter den Formen von Oligarchie ist eine (dadurch gekennzeichnet), daß die Staatsämter nach Vermögensqualifikationen besetzt werden; sie sind in einer solchen Höhe festgelegt, daß gerade die Armen, die die Mehrheit bilden, kei-

nen Zugang (zu den Ämtern) haben, während derjenige, der das (vorgeschriebene Vermögen) besitzt, an der Verfassung teilhat. Eine andere Form liegt vor, wenn die Ämter nach ei- 1292b
ner hohen Vermögensqualifikation besetzt werden und die (so qualifizierten) selber die (Nachfolger der) ausscheidenden Amtsinhaber wählen – wenn man sie aus der Gesamtheit der in Frage kommenden Personen wählt, so scheint dies eine eher aristokratische Regelung zu sein, wenn dagegen aus einer bestimmten begrenzten Gruppe, dann eine oligarchische. Eine andere Form von Oligarchie ist es, wenn der Sohn Nachfolger seines Vaters (in der Bekleidung eines Staatsamtes) wird; eine vierte, wenn das eben Gesagte gültig ist und nicht das Gesetz, sondern die Amtsinhaber die Macht ausüben. Unter den Oligarchien ist diese Form das Gegenstück zur Tyrannis unter den Formen von Alleinherrschaft und unter den Demokratien zu der Form, die wir als letzte behandelt haben. Man pflegt eine solche Oligarchie Willkürherrschaft weniger mächtiger Männer zu nennen. Damit ist nun die Zahl der Arten von Oligarchie und Demokratie angegeben.

Man darf sich aber über eines nicht im Unklaren bleiben: es kommt in vielen Staaten vor, daß die Verfassung in ihren gesetzlichen Regelungen nicht demokratisch ist, während (die Bürger) nach Gewohnheit und Erziehung demokratischen Grundsätzen folgen. Und genauso kann bei anderen der um- b15
gekehrte (Widerspruch) bestehen: die Verfassung ist ihren Gesetzen nach eher demokratisch ausgerichtet, während in Erziehung und Gewohnheit eher oligarchische Züge vorherrschen. Ein solcher (Widerspruch) tritt meistens nach Verfassungswechseln ein; denn (die jeweils siegreiche Gruppe) vollzieht den Wandel nicht auf ein Mal, sondern gibt sich zunächst damit zufrieden, ihre Vormacht nur zu einem geringen Maße auszunutzen. So bleiben die vorher gültigen Gesetze in Kraft, während die Männer, die den Umsturz der Verfassung betrieben, die Macht in Händen halten.

Kapitel 6. Aus unseren Ausführungen geht schon klar hervor, daß die Zahl der Arten von Oligarchie und Demokratie so anzugeben ist: (es gibt mehrere Arten), weil entweder alle genannten Teile des Demos an der Verfassung teilhaben müssen oder nur einige, während andere nicht teilhaben. Wenn nun der Teil des Demos, der der Landwirtschaft nachgeht und der über mäßigen Besitz verfügt, Souverän der Verfassung ist, dann verwalten diese (Bürger) ihre staatlichen Angelegenheiten getreu den gesetzlichen Vorschriften; denn solange sie arbeiten, haben sie (hinreichend) zum Leben; sie können es sich aber nicht leisten, müßig zu gehen, so daß sie das Gesetz als Herrscher einsetzen und selber (nur) die notwendigen Volksversammlungen besuchen. Die anderen (Bürger) haben das Recht, (an politischen Entscheidungen) mitzuwirken, wenn sie das von den Gesetzen festgelegte Mindestvermögen besitzen. Daher haben (in dieser Verfassung) alle, die den vorgeschriebenen Betrag besitzen, das Recht zur Mitwirkung. Denn während es eine oligarchische Regelung ist, daß nicht alle schlechthin dieses Recht haben, besitzen ⟨in Demokratien alle⟩ dieses Recht; ⟨aber nicht alle, die das Recht haben, wirken auch tatsächlich am Staatsleben mit, weil sie⟩ ohne Einkünfte keine freie Zeit dafür haben. Aus den genannten Gründen bildet die eben beschriebene Art eine Form von Demokratie.

Eine zweite Form ergibt sich nach der sich anschließenden Untergliederung (des Demos). Alle Männer, deren Abkunft nicht beanstandet werden kann, haben das Recht (an politischen Entscheidungen) mitzuwirken, aber sie wirken nur dann tatsächlich mit, wenn sie ein Leben der Muße führen können. Und so haben in dieser Verfassung die Gesetze die oberste Autorität, weil es keine Einkünfte (für politische Tätigkeit) gibt. Die dritte Form (ist dadurch gekennzeichnet,) daß alle Freigeborenen das Recht haben, an der Verfassung teilzuhaben, dies aber aus dem vorher genannten Grunde nicht tun. Notwendigerweise regiert daher auch in dieser Form von Demokratie das Gesetz.

1293a Die vierte Form von Demokratie ist diejenige, die in der zeitlichen Abfolge als letzte in den Staaten aufgekommen ist. Denn da die (Bürgerschaft in den) Staaten weit über den ursprünglichen Umfang hinaus angewachsen ist und Einkünfte in reichlichem Maße zur Verfügung stehen, haben wegen der überlegenen (Zahl) der Menge alle an der Verfassung teil, und sie wirken auch aktiv mit und sind politisch tätig; denn auch die Armen können sich Müßiggang leisten, da sie Bezahlung (für öffentliche Tätigkeit) empfangen. Und diese Gruppe lebt am ehesten in Muße, denn keine Sorge um persönliche Angelegenheiten hält sie (von politischer Tätigkeit) ab, sie hält aber die Begüterten fern, so daß diese häufig an (den Beratungen) der Volksversammlung und an richterlichen Entscheidungen nicht teilnehmen. Auf diese Weise wird die Menge der Armen Souverän in der Verfassung, und nicht die Gesetze. Aus den dargelegten Gründen gibt es notwendigerweise Arten von Demokratie in der angegebenen Zahl und Qualität.

Die Oligarchie weist dagegen folgende Formen auf: Wenn eine größere Anzahl (von Bürgern) über Besitz verfügt, der von eher geringem Umfang und nicht zu groß ist, liegt die Form der ersten Oligarchie vor. In ihr gibt man das Recht zur Teilnahme (an der Verfassung) allen, die Besitz (in der angegebenen Höhe) haben; weil die Mitglieder der Bürgerschaft eine größere Zahl bilden, folgt mit Notwendigkeit, daß nicht Menschen die oberste Autorität ausüben, sondern das Gesetz. Denn je weiter sie (in ihrer Verfassungsordnung) von der Alleinherrschaft entfernt sind und je weniger sie so vermögend sind, daß sie ein Leben der Muße ohne Sorge (um ihre persönlichen Angelegenheiten) führen können, und je weniger sie so bedürftig sind, daß sie ihren Unterhalt vom Staat erhalten, (umso mehr) müssen sie darauf bestehen, daß das Gesetz ihr Herrscher ist, aber nicht sie selber.

Wenn dagegen die Zahl der Vermögenden geringer ist als bei den Bürgern der vorher genannten Oligarchie, sie aber über größeren Besitz verfügen, dann ergibt sich die Form der zweiten Oligarchie. Denn da sie mehr Macht besitzen, fordern sie auch Vorrechte; deswegen wählen sie selber aus den übrigen die Inhaber der Regierungsämter. Weil sie aber noch nicht so viel Macht besitzen, daß sie ohne das Gesetz regieren können, regeln sie ein solches Verfahren (der Ämterwahl) durch Gesetz. Wenn sie aber (die Verhältnisse) dadurch verschärfen, daß sie mehr Vermögen in noch weniger Händen vereinigen, dann entsteht die dritte Stufe von Oligarchie. Sie ist dadurch gekennzeichnet, daß diese (wenigen Reichen) die Staatsämter fest in Händen halten, aber einem Gesetz folgen, das bestimmt, daß die Söhne die Nachfolge (ihrer Väter) nach deren Tod antreten. Wenn es aber so weit kommt, daß (Einzelne) durch den Umfang ihres Besitzes und die große Zahl ihrer politischen Freunde erheblich dominieren, dann kommt eine solche Willkürherrschaft weniger mächtiger Männner einer Alleinherrschaft nahe; in ihr übernehmen Menschen die souveräne Gewalt, und nicht das Gesetz. Dies ist die vierte Form von Oligarchie, das Gegenstück zur letzten Form von Demokratie.

Kapitel 7. Neben Demokratie und Oligarchie gibt es noch zwei Verfassungen. Die eine von ihnen pflegen alle anzugeben, und sie wird als eine Form unter den (allgemein angenommenen) vier Verfassungen aufgeführt – die vier Verfassungen, die man gewöhnlich nennt, sind Monarchie, Oligarchie, Demokratie und als vierte die, die man Aristokratie bezeichnet. Es gibt aber eine fünfte, die den allen Verfassungen gemeinsamen Namen trägt, man nennt sie ›Politie‹; weil sie aber nicht häufig vorkommt, wird sie von denen übersehen, die die Zahl der Arten von Verfassungen anzugeben versuchen, und bei den
1293b (von ihnen behandelten) Verfassungen berücksichtigen sie allein die vier (genannten), so wie Platon.

Die Verfassung, die wir in unseren ersten Untersuchungen behandelt haben, nennt man zweifellos zu Recht Aristokratie. Denn wenn eine Bürgerschaft aus Leuten gebildet wird, die an herausragender persönlicher Qualität schlechthin die besten Männer sind und nicht nur nach einer bestimmten anderen Norm als gut gelten, dann verdient allein eine solche Verfassung zurecht den Namen Aristokratie; in ihr allein ist ja der gute Mann uneingeschränkt zugleich guter Bürger, während die (Bürger) in den übrigen Verfassungen nur nach (den Erfordernissen) ihrer jeweiligen Verfassung gut sind.

Es gibt aber auch einige Verfassungen, die Aristokratien genannt werden und Unterschiede sowohl zu den oligarchischen

Verfassungsordnungen als auch zu der sogenannten Politie aufweisen; denn wo man die Wahl zu den Ämtern nicht nur nach dem Vermögen, sondern auch nach der herausragenden persönlichen Qualität vornimmt, da ist eine solche Verfassung von den beiden genannten verschieden und wird als aristokratisch bezeichnet. Auch in Verfassungen, die die Förderung herausragender persönlicher Qualität nicht zu einer öffentlichen Aufgabe machen, gibt es ja doch einzelne, die sich eines hervorragenden Rufes erfreuen und das Ansehen genießen, gute Männer zu sein. Wo nun eine Verfassung auf Reichtum, herausragende persönliche Qualität und den Demos ausgerichtet ist, wie in Karthago, da ist sie aristokratisch; genauso hat die Verfassung auch dort einen aristokratischen Charakter, wo sie, wie in Sparta, nur auf zwei Bestandteile ausgerichtet ist, auf herausragende persönliche Qualität und den Demos, und wo eine Mischung zwischen den beiden, nämlich Demokratie und herausragender persönlicher Qualität, stattfindet. Neben der ersten und besten Form gibt es diese beiden Arten von Aristokratie, und als dritte diejenigen Formen der sogenannten Politie, die eher zur Oligarchie neigen.

Kapitel 8. Es steht noch aus, die sogenannte Politie und die Tyrannis zu behandeln. Wir haben (für die Behandlung der Politie), die – ebenso wenig wie die gerade genannten Aristokratien – eine Entartungsform von Verfassungen darstellt, diese Anordnung gewählt, weil in Wahrheit sie alle die richtigste Verfassung verfehlen und dann (entsprechend zusammen) mit jenen (Verfassungen) aufgeführt werden, welche ihre Entartungsformen sind, wie wir in unseren einführenden Erörterungen dargelegt haben. Es ist aber wohlbegründet, (erst) am Ende auf die Tyrannis einzugehen, weil sie unter allen am wenigsten eine Verfassung ist, während unsere Untersuchung die Verfassung zum Gegenstand hat. Aus welchem Grunde diese Reihenfolge gewählt wurde, ist damit erklärt.

Jetzt soll zunächst unsere Behandlung der Politie folgen, denn ihre Bedeutung ist leichter verständlich, nachdem wir die angemessenen Bestimmungen über Demokratie und Oligarchie getroffen haben. Allgemein gesagt ist die Politie eine Mischung von Oligarchie und Demokratie. Es ist aber weitverbreitet, (Misch-)Verfassungen mit Neigung zur Demokratie Politien zu bezeichnen, dagegen (Mischverfassungen) mit einer Neigung eher zur Oligarchie Aristokratien, weil Bildung und edle Geburt sich eher bei Männern von größerem Vermögen finden. Außerdem glaubt man, daß die Begüterten die Dinge schon besitzen, die sich Leute, die Unrecht begehen, erst durch Unrecht aneignen wollen. Aus diesem Grunde nennt man die Reichen auch Männer »von vornehmer und guter Wesensart« und »Angesehene«. Da nun die Aristokratie den Anspruch erhebt, den besten Bürgern den höchsten politischen Einfluß zuzuweisen, behauptet man, daß auch die (Bürgerschaft der) Oligarchien eher aus Männern von vornehmer und guter Wesensart besteht.

1294a Es scheint aber doch ein Ding der Unmöglichkeit zu sein, daß ein Staat, der nicht von den besten, sondern von schlechten Führern regiert wird, sich einer trefflichen gesetzlichen Ordnung erfreut, und genauso auch daß ein Staat, der keine gute gesetzliche Ordnung hat, aristokratisch regiert ist; denn als gute gesetzliche Ordnung kann nicht gelten, wenn zwar gute Gesetze erlassen wurden, man ihnen aber nicht gehorcht. Deswegen muß man davon ausgehen, daß es zwei Formen guter gesetzlicher Ordnung gibt: in der einen gehorchen die (Bürger) den geltenden Gesetzen, während in der zweiten gute Gesetze erlassen sind, denen die Bürger dann auch gehorchen – es ist ja auch möglich, schlechten Gesetzen zu gehorchen. Bei dieser zweiten Form einer guten gesetzlichen Ordnung gibt es die Alternative, daß die Bürger entweder den besten für sie erreichbaren Gesetzen gehorchen oder den absolut besten.

Es gilt am ehesten als Merkmal der Aristokratie, daß die Ämter nach herausragender persönlicher Qualität zugeteilt werden; denn das bestimmende Kennzeichen der Aristokratie ist herausragende persönliche Qualität, das der Oligarchie Vermögen und das der Demokratie freie Geburt. Dagegen hat in allen Verfassungen Gültigkeit, was immer die Mehrheit beschließt; denn in einer Oligarchie, Aristokratie und den (verschiedenen) Formen von Demokratie sind die Regelungen gültig, die von der Mehrheit derer beschlossen wurde, die voll an der Verfassung teilhaben.

In den meisten Staaten herrscht nun die Verfassungsform vor, die Politie genannt wird; denn (in ihnen) zielt die Mischung nur auf Wohlhabende und Arme, auf Vermögen und Freiheit. Bei den meisten scheinen nämlich die Begüterten die Stelle einzunehmen, die Männern von vornehmer und guter Wesensart zusteht.

Es gibt aber (in Wirklichkeit) drei Qualitäten, mit denen man einen Anspruch auf Gleichheit in der Verfassung erheben kann: Diese sind freie Geburt, Besitz und hervorragende persönliche Qualität – vornehme Abkunft, die man als die vierte Qualität angibt, geht dagegen mit zwei der genannten Eigenschaften einher; denn vornehme Abkunft ist altererbter Reichtum und hervorragende persönliche Qualität. Danach ist klar, daß man eine Mischung von zwei der so beschriebenen (Gruppen), nämlich von Vermögenden und Armen, als Politie bezeichnen muß, dagegen als Aristokratie – nach der wahren und ersten Aristokratie – am ehesten von allen Verfassungen die Mischung von allen drei.

Es ist damit geklärt, daß es neben Monarchie, Demokratie und Oligarchie auch noch weitere Arten von Verfassungen gibt und welche Qualität diese Verfassungen besitzen. Es ist jetzt auch klar, worin sich die Aristokratien voneinander unterscheiden und worin die Politien von der Aristokratie und daß der Unterschied nicht weitreichend ist.

Kapitel 9. Im Anschluß an diese Ausführungen wollen wir darlegen, wie neben Demokratie und Oligarchie die sogenannte Politie zustande kommt und wie man sie einrichten muß. Dies wird zugleich auch mit den (Merkmalen), durch welche man Demokratie und Oligarchie bestimmt, deutlich werden; denn man muß die Unterschiede zwischen ihnen kennen und von ihnen ausgehend von jeder der beiden Verfassungen (die jeweiligen Verfahrensweisen) wie ein Kennzeichen der Identifizierung nehmen und sie dann verbinden.

Es gibt drei spezifische Möglichkeiten, eine solche Verbindung und Mischung herzustellen. Die erste besteht darin, daß man beide Regelungen, die die (Verantwortlichen) in jeder der beiden Verfassungen gesetzlich festlegen, übernehmen muß. So verhängt man zum Beispiel in Oligarchien im Bereich der Gerichtsbarkeit Strafen für die Vermögenden, wenn sie nicht an der Rechtsprechung teilnehmen, während man für die Armen keine Entlohnung (für die Teilnahme) vorsieht; in Demokratien bestimmt man umgekehrt, daß die Armen eine Entlohnung (für die Teilnahme an der Rechtsprechung) erhalten, während die Vermögenden vor Strafen verschont bleiben (wenn sie fernbleiben). Beide Regelungen (zu verbinden) dient dem gemeinsamen Interesse und stellt einen Mittelweg zwischen den jeweiligen Vorschriften dar; deswegen paßt dies
1294b auch zu einer Politie, denn es ist das Ergebnis einer Mischung der Verfahrensweisen beider. Dies ist die eine Form der Verbindung.

Bei der zweiten wählt man die Mitte zwischen den Regelungen, die die Anhänger jeder der beiden Verfassungen treffen; zum Beispiel machen die einen (den Zugang zur) Volksversammlung von keiner oder einer sehr niedrigen Vermögensqualifikation abhängig, die anderen dagegen von einer hohen. Keine dieser beiden Regelungen dient den Interessen beider Gruppen, aber eine Vermögensqualifikation in einer Höhe, die in der Mitte zwischen beiden Beträgen festgesetzt ist (liegt im Interesse beider).

Die dritte Form besteht darin, aus beiden Ordnungen (eine Auswahl zu treffen), nämlich einiges aus dem oligarchischen, anderes aus dem demokratischen Gesetz zu übernehmen. Ich meine damit Folgendes: es gilt als demokratisch, die Ämter durch Los zu besetzen, dagegen als oligarchisch, die Inhaber zu wählen; und demokratisch ist, daß der Zugang nicht durch eine Vermögensqualifikation beschränkt wird, während es oligarchisch ist, daß eine Vermögensqualifikation zur Bedingung gemacht wird. Es paßt daher zu einer Aristokratie und Politie, aus jeder der beiden Verfassungen jeweils eine Regelung auszuwählen: aus der Oligarchie die Besetzung der Ämter durch Wahl, und aus der Demokratie ihre Besetzung ohne Vermögensqualifikation. Das ist diese Form der Mischung.

Es gibt einen Maßstab für eine gelungene Mischung von Demokratie und Oligarchie, nämlich wenn man ein und dieselbe Verfassung Demokratie und Oligarchie nennen kann. Denn wer sie so beschreibt, gewinnt offensichtlich diesen Eindruck wegen der guten Mischung (der beiden Verfassungen). Auch bei der Mitte macht man diese Erfahrung, da in der Mitte jedes der beiden Extreme erkennbar ist.

Bei der (Beurteilung der) spartanischen Verfassung erlebt man diesen Vorgang: denn viele versuchen (tatsächlich), von ihr als einer Demokratie zu reden, weil ihre Ordnung viele demokratische Züge aufweist. Dazu gehört zunächst einmal das Aufziehen der Kinder; denn die Söhne der Reichen werden genau so wie die der Armen aufgezogen, und sie erhalten eine Ausbildung, wie sie auch die Söhne der Armen erhalten könnten; (die Söhne der Reichen und Armen) werden dann auch auf der nächsten Altersstufe gleich behandelt und genauso dann, wenn sie volljährig geworden sind; denn so läßt sich nicht ausmachen, wer reich und wer arm ist; (so ist auch) bei den gemeinsamen Mahlzeiten die Nahrung für alle gleich, und die Begüterten tragen Kleidung, wie sie sich auch jeder Arme beschaffen könnte. Außerdem (sei die spartanische Verfassung eine Demokratie, weil) der Demos (die Inhaber des) einen der zwei wichtigsten Ämtern durch Wahl ernenne, während ihm die Bekleidung des anderen offenstehe; denn sie wählen die Geronten und bekleiden (selber) das Ephorat. Eine andere Gruppe von Leuten bezeichnet (Spartas Verfassung) dagegen als eine Oligarchie, weil sie viele oligarchische Züge aufweise, zum Beispiel daß alle Ämter durch Wahl besetzt werden, aber keines nach dem Losverfahren, und daß eine kleine Zahl von Männern die Entscheidung über Leben und Tod und über Verbannung treffe, und viele andere Regelungen dieser Art.

Bei einer Politie, die in der richtigen Weise gemischt ist, muß der Eindruck entstehen, daß sie (die Regelungen) beider (Verfassungen) und nicht nur der einen aufweist und daß sie ihr Überleben ihrer eigenen (Stabilität) und nicht der Hilfe von außen verdankt; und sie soll (ihre Dauer) nicht dadurch sich selbst verdanken, daß die Mehrheit [von außen] diese Verfassung wünscht – denn auch in einer schlechten Verfassung könnte dies der Fall sein – sondern dadurch, daß überhaupt kein Teil des Staates eine andere Verfassung wünscht.

Wie man eine Politie und die sogenannten Aristokratien einrichten soll, ist damit behandelt.

1295a *Kapitel 10.* Es bleibt uns noch, wie wir sagten, die Aufgabe, auf die Tyrannis einzugehen, nicht etwa weil es darüber viel zu sagen gibt, sondern damit auch sie ihren Teil der Untersuchung erhält, denn wir geben ja auch sie als eine Form von Verfassung an. In den ersten Erörterungen haben wir unsere Bestimmungen über das Königtum getroffen, als wir untersuchten, ob das am ehesten diese Bezeichnung verdienende Königtum für die Staaten von Nachteil oder von Vorteil ist, wen man als König einsetzen soll und woher und auf welche Weise.

In jener Erörterung über das Königtum unterschieden wir auch zwei Formen von Tyrannis, da sie sich ja im Gebrauch ihrer Macht in gewissem Maße auch mit dem Königtum überschneiden; denn beide regieren im Einklang mit dem Gesetz; bei einigen barbarischen Stämmen wählt man ja Alleinherrscher mit unbeschränkten Vollmachten; und in der Vorzeit kamen auch bei den früheren Griechen auf diese Weise einige Monarchen, die man Aisymneten zu nennen pflegte, an die Macht. Diese Formen (von Tyrannis) weisen zwar auch zueinander
a15 gewisse Unterschiede auf, sie besaßen aber königlichen Charakter, weil (diese Tyrannen) nach dem Gesetz regierten und die Untertanen, über die sie allein herrschten, sich willig fügten; einen tyrannischen Charakter hatten sie jedoch, weil sie nach eigenem Gutdünken despotisch regierten. Es gibt aber eine dritte Form von Tyrannis, die das Gegenstück zum absoluten Königtum bildet und am ehesten als tyrannisches Regime gilt. Diese Form von Alleinherrschaft muß eine Tyrannis sein, wenn sie, ohne einer Rechenschaft unterworfen zu sein, über Untertanen regiert, die alle gleich oder sogar besser sind, und wenn sie dies zum eigenen Vorteil und nicht dem der Unter-

tanen tut. Deswegen wird sie auch nur widerwillig hingenommen; denn kein Freier erträgt freiwillig eine solche Herrschaft.

Dies sind nun die Gründe dafür, daß es die beschriebenen Arten von Tyrannis in der angegeben Zahl gibt.

Kapitel 11. Welches ist nun die beste Verfassung und welches ist das beste Leben für die größte Zahl von Staaten und die größte Zahl von Menschen? (Bei der Suche danach) wollen wir nicht eine Form persönlicher Vorzüglichkeit, die über (die Möglichkeiten) gewöhnlicher Menschen hinausgeht, als Maßstab wählen, auch nicht eine (Form von) Bildung, die eine (besondere) Naturanlage und vom Glück begünstigte Ausstattung verlangt, und auch nicht eine Verfassung, die nur auf Wunschvorstellungen beruht; Maßstab soll vielmehr eine Lebensform sein, an der die meisten Leute teilhaben können, und eine Verfassung, die die meisten Staaten verwirklichen können. Denn die sogenannten aristokratischen Verfassungen, die wir gerade besprochen haben, fallen teils außerhalb (der Möglichkeiten) der meisten Staaten, teils kommen sie der sogenannten Politie nahe – aus diesem Grunde sollen beide so behandelt werden, als seien sie eine Verfassung.

Die Entscheidung in allen gerade aufgeworfenen Fragen baut auf ein und denselben Elementen auf. Denn wenn in den ethischen Abhandlungen zutreffend behauptet wurde, daß das glückliche Leben mit hervorragender persönlicher Qualität und ohne Hemmnisse (durch äußere Umstände geführt wird) und daß hervorragende persönliche Qualität eine Mitte darstellt, dann muß auch ein Leben der Mitte am besten sein, ich meine einer Mitte, die für alle erreichbar ist. Notwendigerweise gelten diese gleichen Bestimmungen auch für die gute und schlechte Qualität eines Staates und einer Verfassung. Denn die Verfassung ist die bestimmte Lebensform des 1295b
Staates.

In allen Staaten gibt es drei Teile des Staates: die sehr Reichen, die sehr Armen und als dritten diejenigen, die (in ihrem Vermögen) in der Mitte zwischen diesen liegen. Es herrscht nun aber Einigkeit darüber, daß Maß und Mitte am besten sind; daher ist offensichtlich auch der mittlere Besitz unter allen Glücksgütern am besten; denn (dies sind Verhältnisse), die es am leichtesten machen, der Vernunft zu gehorchen; dagegen ist es für jemanden, der an Schönheit, Kraft, vornehmer Geburt oder Besitz weit herausragt, oder umgekehrt für den, der übermäßig bedürftig, schwach oder ganz entehrt ist, schwer, der Vernunft zu folgen. Denn die zuerst genannten entwickeln sich zu Menschen, die Unrecht zufügen, um andere zu erniedrigen, und zu Verbrechern großen Stiles, die anderen dagegen zu Spitzbuben, die andere übervorteilen, und zu Übeltätern kleineren Formates; Unrecht begeht man ja entweder aus Übermut, um andere zu erniedrigen, oder um zu übervorteilen. [Außerdem entziehen sich diese Leute (mittleren Besitzes) am wenigsten der Bekleidung eines Amtes, sie suchen aber auch nicht ehrgeizig nach Ämtern]. Beides ist aber für die Staaten verhängnisvoll.

Außerdem sind diejenigen, die sich eines Übermaßes von
b15 Glücksgütern, wie Kraft, Reichtum, Freunden und anderer Vorzüge dieser Art erfreuen, weder willens, sich beherrschen zu lassen, noch verstehen sie dies – und diese Haltung beginnt bei ihnen schon in der Kindheit gleich im Elternhaus; weil sie verwöhnt wurden, fehlt ihnen selbst die Gewohnheit, sich in den Schulen (Weisungen) zu fügen; umgekehrt sind diejenigen, die übermäßigen Mangel an diesen Dingen leiden, allzu untertänig. So kommt es denn dazu, daß die einen nicht verstehen, ein Amt zu führen, sondern nur sich in einer sklavischen Weise regieren zu lassen, während die anderen es nicht verstehen, sich irgendeiner Herrschaft zu fügen, sondern (nur) in despotischer Weise zu regieren. (So) entsteht ein Staat, der nicht aus Freien, sondern aus Sklaven und despotischen Herren besteht, wobei die einen von Neid erfüllt sind, während die anderen nur Verachtung übrig haben. (Solche Beziehungen) sind am weitesten von einem freundschaftlichen Verhältnis und einer Gemeinschaft von Bürgern entfernt; denn eine staatliche Gemeinschaft ist auf freundschaftliche Beziehungen gegründet, während man mit Feinden nicht einmal eine Strecke Weges zusammen gehen will.

Ein Staat strebt danach, aus Mitgliedern zu bestehen, die soweit wie möglich gleich sind; das ist am ehesten dann der Fall, wenn sie ein Vermögen mittleren Umfanges haben. Daher muß sich der Staat der besten politischen Verhältnisse erfreuen, ⟨dessen⟩ (Bürgerschaft) aus den (Leuten) besteht, aus denen, wie wir behaupten, die staatliche Gemeinschaft der Natur entsprechend zusammengesetzt ist.

Diese (Angehörigen der Mittelklasse) leben auch von allen Bürgern in den Staaten am sichersten. Denn weder trachten sie selber nach fremdem Besitz, wie die Armen, noch trachten andere nach ihrem Besitz, wie die Armen nach dem der Reichen. Und weil man ihnen nicht nachstellt und sie anderen nicht nachstellen, leben sie gefahrlos. Deswegen hat auch Phokylides zu Recht den Wunsch ausgesprochen: »Für die Mittelklasse gibt es viele sehr große Vorzüge; ich will zur Mitte in der Stadt gehören«.

Offensichtlich ist also auch die staatliche Gemeinschaft die beste, die sich auf die Mittelklasse stützt; und die Staaten können sich einer guten politischen Ordnung erfreuen, in denen die Mittelklasse zahlreich und, im besten Falle, stärker als die beiden anderen Klassen ist, andernfalls wenigstens stärker als die eine der beiden. Denn wenn sich die Mittelklasse (mit einer anderen) verbündet, verändert sie das Gewicht (der politischen Gruppierungen) und verhindert, daß die beiden entgegengesetzten Extreme sich durchsetzen. Deswegen ist es der größte Glücksumstand, wenn die Männer, die sich als Bürger aktiv einsetzen, Vermögen von mittlerem und ausreichendem Umfang besitzen; denn wenn in einem Staat die ei- 1296a
nen sehr viel, die anderen dagegen nichts besitzen, kommt es entweder zur extremen Demokratie oder zur Oligarchie in ihrer reinen Form oder wegen beider extremen Entartungsformen zur Tyrannis, denn aus der radikalsten Demokratie und Oligarchie entsteht die Tyrannis, weit weniger jedoch aus den mittleren (Verfassungen) und denen, die ihnen am nächsten kommen. Die Ursache dafür werden wir später bei unseren Erörterungen über die Arten von Verfassungswechsel angeben.

Daß aber die mittlere Verfassung am besten ist, zeigt sich auch darin, daß sie als einzige von Aufständen verschont bleibt. Denn wo die auf die Mittelklasse gestützte Bürgerschaft zahlreich ist, kommt es am wenigsten zu Bürgerzwist und Spaltungen unter den Bürgern. Aus dem gleichen Grunde bleiben große Staaten eher von Bürgerzwist verschont, weil in ihnen die Mittelklasse zahlenmäßig stark ist. In kleinen Staaten ist es dagegen leicht, alle (Bürger) in zwei (Lager) auseinanderzudividieren, so daß in der Mitte nichts erhalten bleibt, sondern so ziemlich alle arm oder vermögend sind. Und Demokratien verdanken es der Mittelklasse, daß sie stabiler und
a15 dauerhafter als Oligarchien sind; denn sie bilden die Mehrheit, und sie finden eher in den Demokratien Zugang zu den Ämtern als den Oligarchien; wenn dagegen die Armen ohne die Mittelklasse an Zahl überlegen sind, reißen Mißstände ein, und sie gehen schnell zugrunde. Als ein Indiz (für die Richtigkeit dieses Urteils) muß man auch die Tatsache betrachten, daß die besten Gesetzgeber der Mittelklasse innerhalb der Bürgerschaft angehörten: Solon war einer von ihnen, wie dies aus seiner Dichtung hervorgeht, auch Lykurgos – denn er war nicht König –, daneben Charondas und so ziemlich die meisten anderen Gesetzgeber.

Diese Darlegungen können aber auch erklären, warum die meisten Verfassungen entweder demokratischen oder oligarchischen Charakter haben. Denn weil in ihnen häufig die Mittelklasse nur zahlenmäßig schwach ist, zieht jeweils die Vermögensklasse, die stärker ist, seien es die Vermögenden oder der Demos, also die Gruppe, die außerhalb der Mitte steht, die politische Macht an sich, und so wird entweder eine Demokratie oder eine Oligarchie eingerichtet. Hinzukommt folgendes: weil Demos und Reiche gewaltsame Auseinandersetzungen und Kämpfe gegeneinander austragen, richten diejenigen, denen es gelang, ihre Gegner zu besiegen, nicht eine Verfassung ein, die die Interessen der Gemeinschaft verfolgt oder Gleichheit herstellt, sondern sie sichern sich als Siegespreis den beherrschenden Einfluß in der Verfassung, und die einen richten eine Demokratie, die anderen eine Oligarchie ein. Außerdem:

jeder der beiden in Griechenland führenden Staaten nahm jeweils die Verfassung, die bei ihnen in Kraft war, zum Vorbild, und die einen setzten in den abhängigen Staaten Demokratien, die anderen Oligarchien ein. Dabei sahen sie nicht auf den Vorteil dieser Staaten, sondern ihren eigenen. Aus (allen) diesen Gründen hat es die mittlere Verfassung entweder nie oder nur selten und bei wenigen gegeben. Unter den früheren Führern konnte nämlich nur ein einziger dafür gewonnen werden, diese Staatsordnung zu geben; und bei den (Bürgern) in
den Staaten selber ist schon die Gewohnheit verwurzelt, nicht 1296b
einmal Gleichheit zu wünschen, sondern entweder die Macht zu suchen oder sich damit abzufinden, beherrscht zu werden. Aus diesen Darlegungen geht klar hervor, welches die beste Verfassung ist und warum sie dies ist.

(Wir wollen auch auf den Rang) der anderen Verfassungen (eingehen), da wir ja behaupten, daß es eine Mehrzahl von Formen von Demokratien und eine Mehrzahl von Oligarchien gibt. Nach der Bestimmung der besten ist leicht zu erkennen, welche Verfassung man aufgrund ihrer besseren oder schlechteren Qualität als die erste, zweite und die nach diesem Prinzip nächstfolgende angeben muß. Denn die Verfassung, die der besten am nächsten kommt, muß jeweils auch die bessere sein, schlechter dagegen diejenige, die weiter von der Mitte entfernt ist – außer wenn man (seiner Beurteilung) die gegebenen Bedingungen zugrunde legt. Ich meine mit ›die gegebenen Bedingungen zugrunde legen‹ eine in vielen Fällen (auftretende Möglichkeit): zwar verdient an sich die eine Verfassung eher den Vorzug, und doch steht dem nichts im Wege, daß für eine bestimmte Bürgerschaft eine andere mehr von Nutzen ist.

Kapitel 12. In engem Zusammenhang mit diesen Ausführungen steht die Behandlung der Frage, welche Verfassung welcher (Bürgerschaft) nützt und welche Art einer Verfassung welcher Art von Bürgerschaft nützt. Zunächst müssen wir für
alle Verfassungen in allgemeiner Form das gleiche (Prinzip) b15
feststellen: der Teil des Staates, der den Fortbestand der Verfassung wünscht, muß dem, der dies nicht wünscht, überlegen

sein. Jeder Staat besteht aber aus qualitativen und quantitativen (Faktoren) – als qualitativ bezeichne ich freie Geburt, Reichtum, Bildung und edle Abkunft, als quantitativ dagegen die zahlenmäßige Überlegenheit der Menge. Es kommt nun vor, daß Qualität bei einem der Teile, aus denen der Staat zusammengesetzt ist, vorliegt, Quantität dagegen bei einem anderen – ich meine damit z. B. den Fall, daß Leute von niedriger Geburt zahlenmäßig stärker sind als die von vornehmer Abkunft und die Armen zahlenmäßig stärker als die Wohlhabenden, daß sie in ihrer Quantität aber nicht so überlegen sind, wie sie an Qualität zurückbleiben. Deswegen muß man diese (beiden Faktoren) gegeneinander abwägen. Wo nun die Klasse der Armen in dem angegebenen Verhältnis überlegen ist, da ist es von Natur angebracht, daß eine Demokratie besteht – und jede Unterart von Demokratie entsprechend der jeweiligen Überlegenheit einer jeden Gruppierung des Demos. So besteht der Natur entsprechend die erste Demokratie, wenn die Gruppe der Bauern (so) überlegen ist, dagegen die letzte Form, wenn die Gruppe der Handwerker und Lohnarbeiter überlegen ist, und nach dem gleichen (Prinzip) auch die anderen Verfassungen, die zwischen diesen beiden anzusiedeln sind. Wo dagegen die Gruppe der Vermögenden und Angesehenen mehr an Qualität überlegen ist, als sie an Quantität zurücksteht, da besteht der Natur entsprechend eine Oligarchie, und jede einzelne Art von Oligarchie nach dem gleichen Prinzip gemäß dem Vorherrschen der jeweiligen oligarchischen Gruppierung.

In allen Fällen muß aber der Gesetzgeber zusätzlich auch die Mittelklasse in die politisch entscheidende Schicht einschließen: Wenn er oligarchische Gesetze gibt, muß er auf die Mittelklasse zielen, und wenn demokratische, muß er durch seine Gesetze die Mittelklasse zu gewinnen versuchen. Wo aber die Mittelklasse entweder die beiden extremen Gruppierungen oder auch nur die eine (an Stärke) übertrifft, da kann eine Verfassung dauerhaft sein. Man braucht ja nicht zu befürchten, daß die Reichen sich irgendwann einmal mit den Ar-
1297a men gegen die Mitte verbünden; denn keine der beiden Gruppen wird sich bereitfinden, der anderen wie Sklaven zu dienen;

wenn sie aber eine andere Verfassung suchen sollten, die mehr die Interessen aller verfolgt als diese, werden sie keine finden. Denn (Arme und Reiche) werden wegen ihres gegenseitigen Mißtrauens es nicht hinnehmen, die Ämter im Wechsel zu bekleiden. Dagegen genießt überall der Vermittler am meisten Vertrauen, der Mann der Mitte ist aber Vermittler.

Je besser eine Verfassung gemischt ist, umso dauerhafter ist sie. Wenn viele (Verfassungsgeber), selbst solche, die aristokratische Verfassungen einrichten wollen, nicht nur den Reichen größeren Einfluß einräumen, sondern auch den Demos betrügen, dann begehen sie einen schweren Fehler. Denn es läßt sich nicht vermeiden, daß irgendwann im Laufe der Zeit falsches Wohl zu einem wahren Übel wird. Die Bemühungen der Reichen, sich einen Vorteil zu sichern, ruinieren ja mehr die Verfassung als diejenigen des Demos.

Kapitel 13. Es gibt fünf Bereiche, in denen man sich in den Verfassungen Maßnahmen gegenüber dem Demos ausdenkt, um einen schönen Schein zu erwecken: dies sind Maßnahmen, die die (Teilnahme an der) Volksversammlung, die (Bekleidung der) Ämter, den (Zugang zu den) Gerichten, die Ausrüstung mit schweren Waffen und die (Teilnahme an) gymnastischen Übungen betreffen.

Bei der Volksversammlung (erläßt man die Vorschrift), daß alle zwar das Recht zur Teilnahme an der Volksversammlung haben, daß aber bei den Reichen das Fernbleiben von Sitzungen mit einer Strafe geahndet wird – entweder bei ihnen allein oder mit einer Strafe, die beträchtlich schwerer ist; bei den Ämtern (trifft man die Regelung), daß diejenigen, die ein bestimmtes Mindestvermögen besitzen, nicht unter Eid die Annahme eines Amtes ablehnen dürfen, während die Armen dies können, bei den Gerichten (trifft man die Regelung), daß den Reichen für das Fernbleiben von Sitzungen eine Strafe verhängt ist, die Armen dagegen straffrei bleiben, oder daß für jene eine schwere, für diese aber nur eine geringfügige Strafe festgelegt ist, so wie das in den Gesetzen des Charondas vorgesehen war. In manchen Staaten haben alle, die sich in ein Register eintragen ließen, das Recht, an den Sitzungen der Volksversammlung und Gerichte teilzunehmen. Wenn sie sich aber eintragen ließen und dann doch den Sitzungen der Volksversammlung oder Gerichte fernbleiben, dann steht darauf eine schwere Bestrafung. Man will damit erreichen, daß sie wegen dieser Strafe darauf verzichten, sich eintragen zu lassen, und weil sie nicht eingetragen sind, dann auch nicht an den Sitzungen der Gerichte und Volksversammlung teilnehmen. In der gleichen Weise erläßt man auch Gesetze für den Besitz schwerer Waffen und für gymnastische Übungen: den Armen ist es freigestellt, sie nicht zu besitzen, für die Vermögenden ist es dagegen ein strafbares Delikt, keine schweren Waffen zu besitzen. Und der einen Klasse ist keine Strafe verhängt, wenn sie nicht an den gymnastischen Übungen teilnehmen, bei den Begüterten ist das dagegen ein strafbares Vergehen; man will damit erreichen, daß die einen wegen der verhängten Strafe teilnehmen, die anderen dagegen fernbleiben, weil sie nichts zu fürchten haben. Damit sind nun die ausgeklügelten Maßnahmen oligarchischen Charakters bei der Gesetzgebung aufgezählt.

In demokratischen Verfassungen ersinnt man folgende Gegenmaßnahmen: den Armen bietet man für ihre Teilnahme an den Sitzungen der Volksversammlung und Gerichte Bezahlung, verhängt aber den Reichen keine Bestrafung (für Nichtteilnahme). Aus dieser (Gegenüberstellung) wird deutlich, daß ein (Gesetzgeber), der eine gerechte Mischung vornehmen will, die bei beiden üblichen Maßnahmen verbinden und den einen Besoldung gewähren, für die anderen eine Strafe verhängen muß. Eine solche Regelung könnte bewirken, daß alle (am Staatsleben) teilnehmen; nach jenen beschriebenen
1297b Maßnahmen wird dagegen die Verfassung von nur einer Gruppierung kontrolliert.

Die Politie soll ausschließlich aus Männern bestehen, die schwere Waffen besitzen. Die Vermögensqualifikation kann man aber nicht absolut festsetzen, indem man etwa festlegt, daß sie eine bestimmte Höhe betragen müsse; man muß vielmehr untersuchen, welches die höchstmögliche Vermögensqualifikation ist, bei der die Zahl derer, die voll an der Verfassung Anteil haben, größer ist als derjenigen, die ausgeschlossen bleiben; diesen Betrag muß man dann festlegen. Denn wenn auch die Armen (bei einer solchen Regelung) nicht zu den politischen Ämtern zugelassen sind, so sind sie doch bereit, dies ruhig hinzunehmen, wenn man nur ihnen nicht in erniedrigender Weise Unrecht zufügt oder ihnen von ihrem Besitz wegnimmt. Aber dies läßt sich nicht leicht garantieren; denn nicht immer ist es der Fall, daß die Machthaber anständig genug sind. Und (weil in einer solchen Politie) die Armen (von der Bürgerschaft ausgeschlossen sind), pflegen sie sich im Kriegsfalle (der Teilnahme an militärischen Aktionen) zu entziehen, wenn sie keinen Unterhalt empfangen; wenn man ihnen jedoch Unterhalt anbietet, dann wollen sie an den Kämpfen teilnehmen.

Bei einigen umfaßt die Bürgerschaft nicht nur diejenigen, die mit schweren Waffen dienen, sondern auch diejenigen, die
gedient haben. Bei den Maliern bestand die Bürgerschaft aus b15
dem gerade beschriebenen Personenkreis, während man die Ämter nur aus denen besetzte, die aktiv im Heer dienten.

Bei den Griechen wurde die erste Verfassung, die auf das Königtum folgte, aus den Kriegern gebildet, und zwar in ihrem frühesten Stadium aus den Rittern; denn im Krieg verdankte man damals Stärke und Überlegenheit der Reiterei; die Schwerbewaffneten konnten ja ohne Schlachtordnung nichts ausrichten, und die Erfahrungen in diesen Dingen und die Regeln der Aufstellung der Truppen waren den Männern der Vergangenheit noch unbekannt; daher beruhte ihre militärische Stärke auf der Reiterei. Als dann aber die (Bevölkerung in den) Staaten zunahm und diejenigen, die schwere Waffen trugen, stärkeren Einfluß gewonnen hatten, erhielt eine größere Anzahl Bürgerrechte; aus diesem Grunde verwendeten die Männer früherer Generationen für die Verfassungen, die wir jetzt Politien nennen, die Bezeichnung Demokratien. Daß die Verfassungen der Frühzeit dagegen einen oligarchischen oder königlichen Charakter hatten, läßt sich sinnvoll erklären; denn wegen der geringen Zahl von Bürgern verfügten sie auch nur über eine Mittelklasse von geringer Zahl. Weil sie nur eine kleine Zahl bildeten und an militärischer Organisation unterlegen waren, fügten sie sich der Herrschaft anderer.

(In unserer Erörterung) haben wir damit folgende Themen behandelt: die Gründe dafür, daß es eine größere Anzahl von Verfassungen gibt, und dafür, daß neben den Verfassungen, die man allgemein nennt, noch weitere vorkommen – denn die Demokratie weist nicht nur eine Form auf und entsprechend die anderen Verfassungen (auch nicht nur eine); außerdem (haben wir) die Unterschiede zwischen ihnen und die Gründe dafür (behandelt), zusätzlich die Frage, welches für die meisten Fälle die beste Verfassung ist und welche andere Verfassung zu welchen Menschen paßt.

Kapitel 14. Wir wollen nun zusätzlich sowohl allgemein als auch für jede Verfassung gesondert einen verwandten Gegenstand behandeln und dabei den dafür passenden Ausgangspunkt wählen.

Es gibt bei allen Verfassungen drei Elemente; der gute Gesetzgeber muß nun verstehen, wie man mit ihnen zum Nutzen jeder Verfassung (verfahren muß). Denn wenn diese Dinge richtig geregelt sind, muß sich auch die Verfassung einer guten Ordnung erfreuen; und die Unterschiede zwischen den Verfassungen müssen darin bestehen, daß jedes dieser Elemente verschieden ausgebildet ist. Einen dieser drei (Teile) bildet die Körperschaft, die über öffentliche Angelegenheiten berät; der
1298a zweite (Teil) ist der Komplex öffentliche Ämter – damit ist gemeint, was für Ämter es geben muß, welches ihre Befugnisse sein und wie ihre (Inhaber) gewählt werden sollen; als drittes (gehört dazu), welche Körperschaft die richterlichen Entscheidungen trifft.

Die beratende Körperschaft hat souveräne Entscheidungsbefugnisse über Krieg und Frieden, über den Abschluß und die Auflösung militärischer Bündnisse, über Gesetz(gebung), über Todesstrafe, Verbannung und Konfiskation von Eigentum und über die Wahl (der Inhaber) von Ämtern und ihre abschließende Rechenschaftsablegung.

Zwangsläufig (kann es bei ihrer Organisation nur drei Möglichkeiten geben): Entweder (A) sind allen Bürgern alle diese Entscheidungen übertragen, oder (B) nur einem bestimmten Kreis der Bürger alle Entscheidungen – ich meine damit, daß diese Entscheidungen einem einzelnen bestimmten Amt oder mehreren Staatsämtern vorbehalten sind oder daß Entscheidungen bestimmter Art jeweils bestimmten Ämtern zugewiesen wurden – oder (C) bestimmte Entscheidungen sind der Gesamtheit der Bürger übertragen, während andere einem bestimmten Kreis von Bürgern (vorbehalten bleiben).

Daß alle Bürger über alle Angelegenheiten (entscheiden) (A), ist der Demokratie eigentümlich; denn diese Form von Gleichheit sucht der Demos. Es gibt aber mehrere Alternativen dieses Falles (A), daß alle (beraten): eine (A1) besteht darin, daß sie dies in turnusmäßigem Wechsel, aber nicht alle in einer gemeinsamen Versammlung (tun); so ist es in der Verfassung des Milesiers Telekles geregelt; und auch in anderen Verfassungen berät eine Versammlung der Beamtenkollegien in gemeinsamen Sitzungen, alle bekleiden aber die Ämter in turnusmäßigem Wechsel nach der Zugehörigkeit zu Phylen oder den kleinsten Gruppierungen, bis jeder an die Reihe kam; (die gesamte Bürgerschaft) tritt dagegen nur zusammen, um über Gesetzgebung und Regelungen, die die Verfassung betreffen, zu beraten und um die Berichte der Inhaber der Staatsämter anzuhören. Eine andere Möglichkeit besteht darin, daß (A2) zwar die versammelte Bürgergemeinde (Entscheidungen trifft), daß sie aber nur zur Wahl der Inhaber der Staatsämter, zur Gesetzgebung, (zu Entscheidungen) über Krieg und Frieden und zur abschließenden Rechenschaftsablegung (der Amtsinhaber) zusammentritt, während in den anderen Angelegenheiten die Staatsämter, denen die jeweiligen Aufgaben zugewiesen sind, entscheiden; diese Ämter werden aus der Gesamtheit durch Wahl oder durch Los besetzt. Eine weitere Möglichkeit besteht darin, daß (A3) (alle) Bürger in Sitzungen zur (Wahl der) Staatsämter und abschließenden Rechenschaftsablegung zusammentreten und auch, um über Krieg oder militärisches Bündnis zu beraten, daß aber die

Verwaltung der übrigen Angelegenheiten bei den Staatsämtern liegt, die durch Wahl besetzt werden, soweit das möglich ist – das gilt für alle Ämter, die Sachverständige bekleiden müssen. Die vierte Alternative sieht vor, daß (A4) alle Bürger zu Sitzungen zusammentreten, um über alle Angelegenheiten zu beschließen, daß die Staatsämter dagegen keine Entscheidung in irgendeiner Angelegenheit treffen, sondern nur eine Voruntersuchung vornehmen; in dieser Weise führt jetzt die letzte Form von Demokratie die Geschäfte, die, wie wir sagen, ein Gegenstück zu der Form von Oligarchie, die Willkürherrschaft weniger mächtiger Männer ist, und zur tyrannischen Form der Alleinherrschaft darstellt.

Alle diese Formen (der Verteilung der Entscheidungsbefugnisse) sind demokratisch. Oligarchisch ist dagegen, daß (B) ein bestimmter Kreis über alle Angelegenheiten (entscheidet). Auch diese (Kompetenzverteilung) läßt mehrere Unterschiede zu: wenn (B1) die (Bürger) auf der Grundlage einer eher maßvollen Vermögensgrenze in (das politische Entscheidungsgremium) gewählt werden können und wenn sie wegen der mäßigen Höhe der Vermögensqualifikation eine größere Zahl bilden und die gesetzlichen Verbote nicht umstoßen, sondern sich an sie halten, und wenn es jedem, der das festgelegte Mindestvermögen besitzt, erlaubt ist, (an den Beratungen) teilzuhaben, dann ist diese Verfassung eine Oligarchie, wegen ihrer Mäßigung besitzt sie jedoch Merkmale der Politie. Wenn dagegen (B2) nicht alle (die das Mindestvermögen besitzen) an den Be-
1298b ratungen teilnehmen können, sondern nur eine Gruppe durch Wahl bestellter Männer, die aber ihre politische Verantwortung im Einklang mit den Gesetzen wahrnehmen, so wie das in der vorherigen Form der Fall war, dann ist das oligarchisch. Wenn aber (B3) diejenigen, die die politischen Entscheidungen kontrollieren, selber ihresgleichen (in das Entscheidungsgremium) wählen und wenn der Sohn Nachfolger seines Vaters wird und sie sich zu Herren über die Gesetze aufwerfen, dann muß diese Ordnung oligarchisch in der radikalsten Form sein.

(Dann gibt es noch die Möglichkeit (C), daß) ein bestimmter Kreis über bestimmte Angelegenheiten (zu beschließen die Vollmacht hat). Wenn z. B. (C1) die Gesamtheit zwar über Krieg, Frieden und die abschließende Rechenschaftsablegung (der Amtsinhaber entscheidet), die Inhaber der Staatsämter aber über die anderen Angelegenheiten (beschließen) und diese gewählt oder durch Los bestellt sind, dann ist dies eine Aristokratie oder eine Politie. Wenn dagegen (C2) über einige Angelegenheiten gewählte, über andere aber Los bestellte (Amtsträger) – die entweder direkt durch Los ermittelt oder aus einem Kreis von gewählten Kandidaten erlost werden – (entscheiden), oder wenn sowohl durch Wahl wie Los bestellte Männer gemeinsam (entscheiden), so gehören die einen Regelungen zu einer Politie aristokratischen Charakters, die anderen zur Politie im eigentlichen Sinne. In der hier beschriebenen Weise ist die beratende (Körperschaft) entsprechend den jeweiligen Verfassungen unterschiedlich geregelt, und jede Verfassung führt ihre Geschäfte entsprechend der gerade gegebenen Bestimmung.

Um die Beratung zu verbessern, nützt es der Demokratie, die jetzt am ausgeprägtesten die Demokratie zu verkörpern scheint – ich meine damit die Form, in der der Demos sich zum Herren auch über die Gesetze aufgeworfen hat –, die gleichen Regelungen für die Volksversammlungen einzuführen, die man in Oligarchien bei den Gerichten erläßt: sie verhängen denjenigen eine Strafe (für Fernbleiben), deren Mitwirkung an der Richtertätigkeit sie wünschen, um zu erreichen, daß sie ihr Richteramt ausüben, während die Demokraten (mit der gleichen Absicht) Richtertätigkeit entlohnen. Denn wenn (auf diese Weise) alle miteinander, der Demos mit den Angesehenen und diese mit der Menge, die Entscheidungen treffen, dann werden sie besser entscheiden. Von Nutzen ist auch, daß die Mitglieder beratender Körperschaften durch Wahl ernannt oder in gleicher Zahl aus den politischen Gruppierungen durch Los bestimmt werden; wenn in der Bürgerschaft die Anhänger der Demokratie an Zahl weit überwiegen, ist es auch von Vorteil, entweder nicht allen Besoldung (für die Teilnahme an den Beratungen) zu geben, sondern nur so vielen, daß ihre Zahl in einem angemessenen Verhältnis zu der der

Angesehenen steht, oder die, die über diese Zahl hinausgehen, durch Los (von der Beratung) auszuschließen.

In Oligarchien nützt es umgekehrt, entweder bestimmte Mitglieder des Demos (in die beratenden Gremien) hinzuzuwählen oder eine Körperschaft einzurichten, wie sie in einigen Verfassungen unter der Bezeichnung »vorberatender Ausschuß« oder »Hüter der Gesetze« existiert; nur über Angelegenheiten, über die diese zuvor beraten haben, darf dann (die Bürgerversammlung) verhandeln; so läßt sich erreichen, daß der Demos an den Beratungen Anteil hat und doch keinen Teil der Verfassung aufheben kann; weiterhin (ist es von Nutzen,) daß der Demos entweder (nur) den (von einem solchen Gremium) vorgelegten Anträgen zustimmen oder nichts, was ihnen zuwiderliefe, beschließen darf; oder daß zwar alle an einer Empfehlung mitwirken können, daß aber nur die Amtsinhaber einen Beschluß fassen. Man soll auch das Gegenteil von dem tun, was gewöhnlich in den Verfassungen geschieht: man muß nämlich bestimmen, daß die Menge sich durchsetzt, wenn sie Anträge zurückweist, aber nicht wenn sie selber Beschlüsse formuliert, vielmehr muß (in einem solchen Fall die Angelegenheit) an die Inhaber der Ämter zurückverwiesen werden. In den Verfassungen verfährt man genau umgekehrt: die Minderheit behauptet sich, wenn sie Anträge zurückverweist, aber sie hat nicht die Vollmacht, selber Beschlüsse zu formulieren, sondern (wenn keine Einigkeit zustande kommt) wird die Angelegenheit jeweils an die Mehrheit zurückverwiesen.

1299a Damit soll nun die Behandlung der beschließenden Körperschaft, die auch der Souverän in der Verfassung ist, abgeschlossen sein.

Kapitel 15. In engem Zusammenhang mit dieser Behandlung stehen die unterschiedlichen Alternativen bei den politischen Ämtern, denn auch dieser Teil der Verfassung weist viele unterschiedliche Ausbildungen auf (und zwar nach den Gesichtspunkten:) wieviele Ämter gibt es, welches sind ihre Befugnisse, und bei der Amtszeit: wie lange soll man jedes Amt bekleiden? Denn einige richten Ämter ein, die sechs Monate lang bekleidet werden, andere dagegen Ämter für eine kürzere Frist, wieder andere auf ein Jahr und andere eine längere Zeitdauer. Außerdem (ergeben sich Unterschiede danach), ob die Ämter auf Lebenszeit oder über einen langen Zeitraum bekleidet werden sollen; oder ob keine dieser beiden Regelungen gewählt werden, sondern derselbe (Bürger) mehrmals Ämter bekleiden soll; oder ob ein und derselbe nicht zweimal, sondern nur einmal ein Amt bekleiden darf. Außerdem (ergeben sich unterschiedliche Möglichkeiten) bei der Besetzung der Ämter nach dem Kreis der Personen, die für die Ämter wählbar sind bzw. die Wahl vornehmen, und dem dabei befolgten Verfahren. Für alle diese Fragestellungen muß man festlegen können, auf wieviele Arten (Regelungen) getroffen werden können; im Anschluß danach muß man in eine angemessene Relation setzen, welche Ämter welchen Verfassungen nützen.

Es läßt sich aber nicht einmal leicht entscheiden, welche (Körperschaften) man politische Ämter nennen soll. Denn die staatliche Gemeinschaft ist auf eine große Zahl von Personen angewiesen, denen die Verantwortung für bestimmte Aufgaben übertragen ist; deswegen darf man ⟨nicht⟩ sie alle, auch nicht die durch Wahl oder Los bestellten, schon als Inhaber eines politischen Amtes gelten lassen, wie zum Beispiel zunächst die Inhaber eines Priesteramtes – denn es ist von den politischen Ämtern zu unterscheiden –, außerdem Choregen und Herolde; durch Wahl werden aber auch Gesandte ernannt (ohne Inhaber eines politischen Amtes zu sein).

Ein Teil der öffentlichen Tätigkeiten ist politischer Art; sie sind entweder für alle Bürger zuständig, um eine spezifische Aufgabe zu erledigen, z.B. (das Amt des) Strategen für alle, die im Heer dienen, oder nur für eine Gruppe, so wie das Amt des Frauen- oder Kinderbeauftragten. Eine andere Gruppe von Verwaltungsaufgaben ist ökonomischer Natur; so wählt man häufig Getreidemeßbeamte. Andere Funktionen sind untergeordnet, so daß man sie sogar Sklaven überträgt, wenn man dafür reichlich Geldmittel besitzt.

Allgemein gesagt muß man am ehesten diejenigen Institutionen als Staatsämter bezeichnen, denen die Vollmacht übertragen ist, über bestimmte Angelegenheiten zu beraten, zu entscheiden und Anordnungen zu erlassen, und besonders diejenigen, denen die zuletzt genannte Befugnis übertragen ist; denn Anordnungen zu erlassen kennzeichnet eher die Aufgabe eines Amtes. Aber dieses Problem (der Abgrenzung von Ämtern) macht für die Praxis sozusagen keinen Unterschied; denn im Meinungsstreit über den Begriff ist es noch nicht zu einer Entscheidung gekommen, die Frage bietet aber Stoff für eine andere Betrachtung, eine theoretischer Art.

Mit größerer Berechtigung könnte man schon untersuchen, was für Ämter und wieviele unerläßlich sind, wenn ein Staat bestehen soll, und was für Ämter zwar nicht unerläßlich, aber doch für eine gute Ordnung des Staatslebens von Nutzen sind; dabei sollte man sein Augenmerk sowohl generell auf jeden Verfassungstyp richten als auch im besonderen auf kleine Staaten. In großen Staaten ist es ja möglich und erforderlich, jeweils einer staatlichen Aufgabe auch ein Staatsamt zuzuordnen; denn weil die Bürgerzahl groß ist, können viele die Ämter bekleiden; daher vergeht viel Zeit (bevor sie ein Amt zum zweiten Mal innehaben), oder sie bekleiden es überhaupt nur einmal. Jede Aufgabe wird auch besser verrichtet, wenn man
1299b ihr allein seine Aufmerksamkeit widmen kann, als wenn man sich um viele kümmern muß. In kleinen Staaten muß man dagegen viele Ämter in den Händen weniger Männer vereinigen; wegen der geringen Zahl von Bürgern kann ja nicht leicht eine große Zahl die Ämter innehaben; wer sollte denn auch nach ihrem Ausscheiden ihren Platz einnehmen?

In einigen Fällen brauchen kleine Staaten die gleichen Staatsämter und Gesetze wie die großen, mit dem Unterschied, daß die großen Staaten die gleichen Ämter häufig brauchen, während in kleinen Staaten ein Bedürfnis dafür nur nach Ablauf langer Zeit einmal eintritt. Aus diesem Grunde steht dem nichts entgegen, (in ihnen) viele Aufgaben zugleich (denselben Ämtern) zu übertragen; denn solche vielfältigen Aufgaben behindern sich nicht gegenseitig; hier soll man angesichts der geringen Zahl von Bürgern die (Kompetenzen der) Ämter so wie bei Bratspießen, die auch als Leuchter dienen, regeln. Wenn wir angeben können, wieviele Staatsämter jeder Staat braucht und wieviele zwar nicht unverzichtbar sind, aber doch vorhanden sein sollten, dann könnte jemand mit diesem Wissen leichter entscheiden, bei welchen Staatsämtern es der Sache angemessen ist, sie zu einem einzigen zusammenzufassen.

Auch folgender Gesichtspunkt darf nicht ignoriert werden: was für Aufgaben soll eine Vielzahl von Behörden, die je nach den Orten ihres Wirkens unterschieden sind, übernehmen, und welche Aufgaben soll eine einzige (Zentral-)Behörde an allen Orten kontrollieren? Soll z. B. für das ordentliche Geschäftsgebaren auf dem Markt ein Marktaufseher verantwortlich sein und an einer anderen Stelle ein anderer Beamter oder ein und derselbe überall zugleich? Weiterhin: soll man die Staatsämter nach ihrer Aufgabe oder nach den Personengruppen (für die sie zuständig sind) gliedern? Ich meine damit: soll man einen einzigen Mann mit der Sorge um die Einhaltung guter Ordnung betrauen oder einen Beamten mit der der Kinder, einen anderen mit der von Frauen? (Nicht ignoriert werden darf man) auch die Zuordnung zu den Verfassungen: Gehört zu jeder Verfassung auch eine je verschieden ausgeprägte Form von Ämtern oder nicht? Ich meine damit: haben in Demokratie, Oligarchie, Aristokratie und Monarchie zwar die gleichen Behörden die entscheidenden Vollmachten, werden jedoch nicht von Leuten besetzt, die völlig gleich sind, sondern in den verschiedenen Verfassungen von je Verschiedenen? Haben z. B. in den Aristokratien die Gebildeten, in den Oligarchien die Reichen, in den Demokratien die Freien die Ämter inne? Oder trifft es sich so, daß einige Unterschiede bei den Ämtern schon mit (dem besonderen Charakter der) Verfassungen gegeben sind, während es mancherorts von Nutzen ist, daß man die gleichen Ämter hat, und anderenorts wieder verschiedene? Denn in einem Staat ist es angebracht, daß Ämter einflußreich sind, in einem anderen dagegen, daß die gleichen Ämter wenig Macht besitzen.

Es gibt jedoch auch Ämter, die spezifisch zu (bestimmten Verfassungen) gehören, wie z. B. das des vorberatenden Kollegiums; denn dieses ist keine demokratische Einrichtung, während der Rat demokratisch ist. Es muß aber ein Gremium geben, dem die Aufgabe übertragen ist (Beschlüsse, die der) Demos (zu fassen hat), vorher zu beraten, damit dieser seiner Erwerbstätigkeit nachgehen kann. Wenn dieses Gremium nur wenige Mitglieder umfaßt, ist es oligarchisch; die Zahl der Mitglieder des vorberatenden Kollegiums ist aber zwangsläufig klein, weshalb diese Einrichtung oligarchisch ist. Wo es aber diese beiden Gremien zugleich gibt, da ist das vorberatende Kollegium dem Rat als Kontrollinstanz vorgesetzt; denn das Mitglied des Rates nimmt eine Amtsstellung wahr, die zur Demokratie gehört, das des vorberatenden Kollegiums dagegen zur Oligarchie. Aber selbst der Einfluß des Rates wird in
1300a denjenigen Demokratien beseitigt, in denen der Demos zusammentritt, um selber alle Geschäfte zu führen. Dies pflegt dann einzutreten, wenn den Mitgliedern der Volksversammlung reichliche Tagegelder zur Verfügung stehen. Denn da sie jetzt müßig gehen können, treten sie häufig zu Sitzungen zusammen und entscheiden selber über alle Angelegenheiten.

Kinder- und Frauenbeauftragter und jeder andere Amtsträger, dem eine solche Aufgabe übertragen ist, wenn es einen gibt, sind eine aristokratische, keine demokratische Einrichtung – denn wie sollte es auch nur möglich sein, den Frauen der Armen zu verbieten, das Haus zu verlassen? Sie sind auch keine oligarchische Einrichtung, denn die Frauen der in einer Oligarchie regierenden Männer führen ein Leben weichlicher Verwöhnung.

Soviel soll hier zu diesem Thema genügen; es soll aber der Versuch gemacht werden, von Grund auf die (mannigfaltigen) Möglichkeiten der Ernennung (der Inhaber) der Ämter zu behandeln. Die dabei auftretenden Unterschiede ergeben sich aus den drei Elementen, durch deren (vielfältige) Verbindungen notwendigerweise alle Modalitäten (der Besetzung der Ämter) erfaßt sind. Von diesen drei Elementen ist eines der Personenkreis, der die Inhaber der Ämter ernennt, das zweite der Personenkreis, aus dessen Mitte, und drittens das Verfahren, nach dem sie ernannt werden. Innerhalb jeder dieser drei Elemente gibt es (wiederum) drei unterschiedliche Möglichkeiten: entweder ernennen alle oder einige Bürger (die Amtsträger), und sie ernennen sie entweder aus der Gesamtheit oder aus einigen, die in einer bestimmten Weise abgegrenzt sind, z.B. entweder durch eine bestimmte Vermögensqualifikation oder Abkunft, durch persönlich herausragender Qualität oder ein anderes Merkmal dieser Art; man ernannte z.B. in Megara die Amtsinhaber aus dem Kreis derjenigen, die aus der Verbannung zurückgekehrt waren und an dem Kampf gegen den Demos teilgenommen hatten. Und man besetzt die Ämter entweder durch Wahl oder Los. Die genannten Möglichkeiten lassen sich wieder miteinander verbinden, ich meine damit: daß eine abgegrenzte Schicht die (Mitglieder der) einen Gruppe von Ämtern ernennt, die Gesamtheit dagegen die (der) anderen, und daß man die eine Gruppe von Ämtern aus der Gesamtheit, die andere dagegen aus einer abgegrenzten Schicht besetzt, und die eine Gruppe durch Wahl, die andere durch Los bestellt.

Bei jeder Variante der genannten Elemente (des Ernennungsprozesses) sind wiederum †sechs† Alternativen möglich: Entweder (1) ernennt die Gesamtheit (die Amtsträger) aus der Gesamtheit durch Wahl, oder (2) die Gesamtheit aus der Gesamtheit durch Los, ⟨oder (4) die Gesamtheit aus einer abgegrenzten Schicht durch Wahl oder (5) die Gesamtheit aus einer abgegrenzten Schicht durch Los⟩; und falls man die Amtsträger aus der Gesamtheit ernennt, dann so, daß diese entweder in einem bestimmten Turnus, z.B. nach Phylen, Demen oder Geschlechterverbänden (ein Amt übertragen bekommen), bis alle Bürger berücksichtigt wurden, oder immer aus der Gesamtheit; oder (3; 6) man benutzt für eine Gruppe (von Ämtern) das eine Verfahren, für die andere das andere.

Wenn dagegen eine abgegrenzte Schicht (die Inhaber der Ämter) ernennt, so tut sie dies entweder (10) aus der Gesamtheit durch Wahl oder (11) aus der Gesamtheit durch Los oder (13) aus einer abgegrenzten Schicht durch Wahl oder (14) aus einer abgegrenzten Schicht durch Los; oder sie verfährt bei einer Gruppe (von Ämtern) nach der einen, bei der anderen nach der anderen Methode – ich meine damit, daß sie (12) eine Gruppe von Ämtern aus der Gesamtheit durch Wahl besetzt, die andere Gruppe von Ämtern dagegen durch Los ⟨und (15) eine Gruppe von Ämtern aus einer abgegrenzten Schicht durch Wahl, eine andere durch Los⟩. Auf diese Weise ergeben sich zwölf Arten, die verschiedenen Möglichkeiten zu arrangieren, nicht gerechnet die beiden Kombinationsweisen (beim Kreis der Wähler bzw. Wählbaren).

Von diesen sind † drei † Organisationsweisen demokratisch, nämlich daß (1) die Gesamtheit (die Ämter) aus der Gesamtheit durch Wahl oder (2) durch Los oder (3) nach beiden Verfahren, nämlich einige (Ämter) durch Los, andere durch Wahl ernennt. Zu einer Politie paßt dagegen, daß zwar nicht alle zugleich die Ernennung der Amtsinhaber vornehmen, daß die (jeweils ernennende Versammlung) dies jedoch entweder aus der Gesamtheit oder aus einer abgegrenzten Schicht entweder (2a; 5a) durch Los oder (1a; 4a) durch Wahl oder (3a; 6a) nach beiden Verfahren tut, oder daß sie einige Ämter aus der Gesamtheit, andere dagegen aus einer abgegrenzten Schicht besetzt, ⟨entweder (8) durch Los oder (7) durch Wahl oder (9)⟩ nach beiden Verfahren – mit ›nach beiden Verfahren‹ meine ich, einige Ämter durch Los andere durch Wahl zu besetzen; und oligarchisch ist, daß eine abgegrenzte Schicht die Ämter aus der Gesamtheit entweder (10) durch Wahl oder (11) durch Los oder (12) nach beiden Verfahren, nämlich einige Ämter durch Los, andere dagegen durch Wahl, besetzt – noch oligarchischer ist aber (die Regelung), sie † aus beiden † (zu besetzen); daß dagegen (16) eine abgegrenzte Schicht einige Ämter aus der Gesamtheit besetzt, andere Ämter jedoch aus
1300b einer abgegrenzten Schicht, ist eine Regelung der Politie mit aristokratischer Neigung, oder auch (18) daß sie einige Ämter durch Wahl, andere dagegen durch Los besetzt. Oligarchisch ist dagegen die Regelung, daß (13) eine abgegrenzte Schicht (die Ämter) aus einer abgegrenzten Schicht ⟨durch Wahl⟩ (besetzt), und auch (14) daß eine abgegrenzte Schicht aus einer abgegrenzten Schicht die Ernennung durch Los vornimmt –

† obwohl dies nicht die gleiche Auswirkung hat † –, und daß (15) eine abgegrenzte Schicht aus einer abgegrenzten Schicht nach beiden Verfahren (die Amtsinhaber bestellt). Aristokratisch ist dagegen, daß (10) eine abgegrenzte Schicht aus allen und (4) daß alle aus einer abgegrenzten Schicht durch Wahl (die Amtsinhaber bestellen).

Damit haben wir die Anzahl der (Möglichkeiten bei der Ernennung der Inhaber von) Staatsämtern angegeben; sie sind in der beschriebenen Weise nach der Zuordnung zu den jeweiligen Verfassungen klassifiziert. Welche (Organisationsweisen der Ämter) wem nützen und wie man die Ämter einrichten muß, wird zugleich mit (der Bestimmung) ihrer Befugnisse verständlich werden – mit Befugnissen eines Amtes meine ich z. B. die verantwortliche Kontrolle über Staatseinkünfte oder über den Schutz (der Stadt); denn das Strategenamt und das Amt, das die Kontrolle über private Vereinbarungen auf dem Markt ausübt, haben eine je verschiedene Art von Befugnissen.

Kapitel 16. Unter den drei (Teilen der Verfassung) steht noch die Behandlung des Gerichtswesens aus. Auch dessen vielfältige Formen muß man nach der gleichen Methode (wie bei den beiden anderen Teilen der Verfassung) bestimmen. Die Unterschiede bei (der Organisation) der Gerichte ergeben sich aus drei Elementen: (a) dem Personenkreis, aus deren Mitte (sie besetzt werden), (b) den Gegenständen, mit denen sie befaßt sind, und (c) dem Verfahren (nach dem man die Richter ernennt). Ich meine mit dem Personenkreis (a) die Alternative, ob sie aus der Gesamtheit bzw. aus einer abgegrenzten Schicht ernannt werden; mit den Gegenständen (b) meine ich die Anzahl der Arten von Gerichten und mit dem Verfahren (c) die Alternative (der Ernennung) durch Los oder durch Wahl.

Zunächst muß die Anzahl der Arten von Gerichtshöfen bestimmt werden: es gibt deren acht: einer ist mit der abschließenden Kontrolle (der Inhaber von Staatsämtern) befaßt; der zweite entscheidet in Fällen, wenn jemand ein Unrecht gegen die Gemeinschaft begeht; ein weiterer (bei Vergehen), die sich gegen die Verfassung richten; ein vierter (bei Auseinandersetzungen) zwischen Amtsträgern und Privatleuten in Fällen, in denen diese gegen Strafen Einspruch erheben; ein fünfter über private Abmachungen von höherem Wert; neben diesen entscheidet einer über Handlungen mit Todesfolge und einer über Angelegenheiten, die Ausländer betreffen – bei dem Gericht, das mit Handlungen mit Todesfolge befaßt ist, gibt es mehrere Arten (von Fällen), unabhängig davon, ob sie vor den gleichen oder vor verschiedenen Richtern verhandelt werden: eine betrifft vorsätzlich und (eine) nicht vorsätzlich begangene Handlungen, eine weitere Handlungen, bei denen man sich zwar (über die Tat) einig ist, deren rechtliche Beurteilung jedoch umstritten ist, und die vierte betrifft Leute, die wegen Tötungsdelikten verbannt waren, wenn gegen sie nach ihrer Rückkehr Anklagen erhoben werden, wie es in Athen (für solche Fälle) einen Gerichtshof unter dem Namen Phreatto gibt; aber selbst in großen Staaten kommen Fälle dieser Art im gesamten Ablauf der Zeit nur selten vor. Eine Abteilung des Ausländergerichtes ist für (Streitigkeiten) von Fremden mit Fremden zuständig, eine andere von Fremden mit Einheimischen; neben allen diesen Gerichtshöfen gibt es einen mit Zuständigkeit für Vereinbarungen von geringem Wert, z. B. in der Höhe von einer oder von fünf Drachmen oder einem geringfügig höheren Betrag. Es muß ja auch in solchen Streitigkeiten eine gerichtliche Entscheidung geben, sie werden aber nicht einer großen Zahl von Richtern vorgelegt.

(Gerichtshöfe), die über diese Fälle entscheiden und über Handlungen mit Todesfolge oder über (Streitigkeiten, an denen) Ausländer (beteiligt sind), sollen hier beiseite bleiben; wir wollen vielmehr die (Gerichtshöfe) behandeln, die für Fälle zuständig sind, welche den Staat betreffen. Denn wenn (Entscheidungen) darüber nicht richtig gefällt werden, pflegt es zu Auseinandersetzungen und Sturz der Verfassungen zu kommen.

(Wenn) die Gesamtheit über alle (eben) unterschiedenen Streitfälle entscheidet, (ergeben sich folgende Möglichkeiten): entweder (1) wird die Gesamtheit durch Wahl oder (2) durch Los zu Richtern bestellt, oder (3) sie entscheidet über

alle Angelegenheiten, die Richter sind jedoch für einige Prozesse durch Los, für andere durch Wahl ernannt; oder (4) die Gesamtheit entscheidet in einem Teil der Prozesse bei ein und denselben Streitfällen durch Richter, von denen einige durch Los, die anderen durch Wahl ernannt werden. Dies ergibt vier 1301a
Formen.

Ebensogroß ist die Zahl (5–8) in dem Falle, wenn die Richter (aus der Gesamtheit) nach einem bestimmten Turnus (ernannt werden). Dann (gibt es) noch (die Möglichkeiten, daß) (9) die Richter, die über alle Angelegenheiten entscheiden, durch Wahl aus einer abgegrenzten Schicht ernannt wurden, oder (10) daß sie über alle Angelegenheiten entscheiden, aber durch Los aus einer abgegrenzten Schicht ernannt sind, oder (11) daß sie für einige Prozesse durch Los, für andere dagegen durch Wahl ernannt werden, oder (12) daß einige Gerichtshöfe, die mit den gleichen Streitfällen befaßt sind, durch Los und durch Wahl besetzt werden. Die Organisationsformen, wie sie hier aufgezählt wurden, ⟨entsprechen⟩ den zuvor genannten. Außerdem können die gleichen Regelungen miteinander verbunden werden, ich meine damit, daß (13) einige Gerichte mit Richtern aus der Gesamtheit besetzt werden, andere aus einer abgegrenzten Schicht, andere mit Richtern aus beiden – ich meine damit den Fall, daß die Richter eines einzigen Gerichtshofes z. T. aus der Gesamtheit, z. T. aus einer abgegrenzten Schicht ernannt werden, und daß sie entweder durch Los oder Wahl oder nach beiden Verfahren ernannt werden.

Es ist damit behandelt, wieviele Möglichkeiten der Besetzung von Gerichten existieren. Davon sind die zuerst genannten (1–8), nämlich die Gerichte, die aus der Gesamtheit besetzt werden und über alle Angelegenheiten entscheiden, demokratisch, die an zweiter Stelle aufgeführten Gerichte (9–12), die aus einer abgegrenzten Schicht ernannt werden und über alle Angelegenheiten richten, oligarchisch; die an dritter Stelle beschriebenen (13), von denen einige aus allen, die anderen aus einer bestimmten Gruppe besetzt sind, gehören spezifisch zu a15
einer Aristokratie und Politie.

BUCH V

Kapitel 1. So ziemlich alle anderen Gegenstände, die wir uns vorgenommen hatten, sind damit behandelt. Im Anschluß an diese Darlegungen muß man aber noch folgende Fragen untersuchen: welches sind die Gründe für Verfassungsänderungen, wieviele Gründe gibt es und von welcher Art sind sie? Welche Formen von Zerstörung gibt es bei jeder Verfassung? Und von welchen Verfassungen kommt es am ehesten zu einem Umschlag zu welchen anderen? Außerdem: welche Methoden der Verfassungserhaltung gibt es sowohl allgemein als auch spezifisch für jede einzelne Verfassung? Außerdem: wodurch könnte am ehesten jede Verfassung erhalten werden?

Man muß als Ausgangspunkt zunächst verstehen, daß viele Verfassungen dadurch entstanden sind, daß alle, die über das Gerechte, d. h. proportionale Gleichheit, einer Meinung sind, diese dann aber doch falsch bestimmen, wie auch früher dargelegt wurde. Die Demokratie entstand so daraus, daß (ihre Anhänger), die in einer bestimmten Beziehung gleich sind, annehmen, sie seien schlechthin gleich; denn weil sie alle in gleicher Weise frei geboren sind, glauben sie, sie seien schlechthin gleich. Die Oligarchie entstand dagegen daraus, daß (ihre Anhänger), die in einer Beziehung ungleich sind, annehmen, sie seien schlechthin ungleich; denn aufgrund ihrer Überlegenheit in Besitz glauben sie, schlechthin überlegen zu sein. Als Folge davon verlangen nun die einen, in der Überzeugung, gleich zu sein, an allen Dingen in gleichem Umfang beteiligt zu werden, die anderen suchen dagegen in der Überzeugung, überlegen zu sein, einen größeren Anteil zu bekommen; denn ein größerer Anteil bedeutet Überlegenheit.

Alle (diese) Verfassungen besitzen zwar eine gewisse Rechtsgrundlage, sind aber schlechthin betrachtet doch verfehlt. Wenn nun die eine oder die andere der beiden Gruppierungen nicht entsprechend ihren Vorstellungen an der Verfassung

beteiligt ist, zettelt sie aus diesem Grunde innenpolitische Unruhen an. Von allen dürften diejenigen am ehesten das Recht haben, innenpolitische Auseinandersetzungen zu beginnen, die sich durch herausragende persönliche Qualität auszeich-
1301b nen – sie tun es aber am wenigsten – denn die Auffassung, daß sie allein schlechthin überlegen sind, macht am ehesten Sinn. Es gibt aber auch ⟨andere⟩, die aus vornehmen Familien kommen und aufgrund dieser Überlegenheit glauben, sie verdienten nicht nur gleiche Rechte; denn als vornehm gelten diejenigen, die hervorragende persönliche Qualität und Reichtum ihrer Vorfahren vorweisen können. Dies sind sozusagen die Ursprünge und Quellen, die zu politischen Auseinandersetzungen führen.

Aus diesem Grunde gibt es auch zwei verschiedene Formen von Verfassungsänderungen: im einen Falle ⟨erheben sich Männer⟩ gegen die Verfassung, um die bestehende durch eine andere abzulösen, z. B. die Demokratie durch eine Oligarchie oder die Oligarchie durch eine Demokratie oder ⟨eine⟩ dieser ⟨beiden⟩ durch eine Politie oder Aristokratie oder diese ⟨beiden⟩ durch jene zuvor genannten. Im anderen Falle ⟨beginnen sie politische Auseinandersetzungen⟩ nicht gegen die bestehende Verfassung, sondern sie wollen zwar lieber an der gleichen Verfassung festhalten, wünschen aber selber, in ihr die Macht innezuhaben, etwa in der Oligarchie oder Monarchie. Außerdem ⟨gibt es innenpolitische Kämpfe⟩ um die stärkere oder schwächere Ausprägung ⟨des Verfassungscharakters⟩,
b15 z. B. damit eine Oligarchie stärker oder schwächer oligarchisch oder eine Demokratie stärker oder schwächer demokratisch ausgeprägt ist, und ebenso auch bei den übrigen Verfassungen, damit ihr Charakter verschärft oder abgemildert wird. Außerdem ⟨unternimmt man solche Aktionen⟩, um einen Teil der Verfassung zu verändern, z. B. um ein bestimmtes Staatsamt einzuführen oder zu beseitigen; so behaupten einige, in Sparta habe Lysander versucht, das Königtum, und der König Pausanias, das Ephorat abzuschaffen; und in Epidamnos wurde die Verfassung in einem Teil verändert; denn sie ersetzten die Phylarchen durch einen Rat, während die Verpflichtung fort-

besteht, daß unter den Mitgliedern der Bürgerschaft die Inhaber der Ämter an (den Sitzungen) der Volksversammlung teilnehmen, wenn (dort über die Ernennung der Inhaber) eines Amtes abgestimmt wird; oligarchisch war in jener Verfassung auch die Einrichtung, daß ein einziger Mann allein die Staatsverwaltung leitete.

Überall kommt es ja wegen Ungleichheit zu politischen Auseinandersetzungen, außer ⟨wenn⟩ den Ungleichen ein proportionaler Anteil (an politischen Rechten) zugewiesen wird; denn das Königtum auf Lebzeiten ist ein Verstoß gegen die Gleichheit, wenn es unter Gleichen aufgerichtet ist (und ist deswegen nicht berechtigt). Denn generell zettelt man politische Auseinandersetzungen an, weil man Gleichheit sucht. Es gibt aber zwei Arten von Gleichheit, eine der Zahl, die andere dem Wert nach: als (gleich) der Zahl nach bezeichne ich, was der Anzahl oder Größe nach identisch und gleich ist, als (gleich) dem Wert nach, was in der Proportion identisch ist; z. B. ist ›drei‹ um den gleichen Betrag der Zahl nach größer als ›zwei‹ und ›zwei‹ als ›eins‹; dagegen ist ›vier‹ in der Proportion (um den gleichen Betrag) größer als ›zwei‹ und ›zwei‹ als ›eins‹. Denn ›zwei‹ bildet den gleichen Bruchteil von ›vier‹ wie ›eins‹ von ›zwei‹; beide Zahlen sind ja jeweils die Hälfte.

Man ist sich zwar darüber einig, daß (Gleichheit) dem Wert nach schlechthin gerecht ist, liegt aber trotzdem miteinander im Streit, wie vorher erklärt wurde: die einen, weil sie glauben, sie seien schlechthin gleich, wenn sie in einer bestimmten Beziehung gleich sind; die anderen, weil sie beanspruchen, in allen Dingen mehr zu verdienen, wenn sie in einer bestimmten Beziehung überlegen sind.

Aus diesem Grunde werden auch meistens nur zwei Verfassungen eingerichtet, Demokratie und Oligarchie; denn vornehme Abkunft und herausragende persönliche Eigenschaft 1302a
finden sich (nur) bei wenigen, jene Eigenschaften (auf die sich die Anhänger von Demokratie und Oligarchie berufen) dagegen bei einer größeren Zahl; denn nirgendwo gibt es einhundert Männer, die vornehme Abkunft und gute persönliche Ei-

genschaft besitzen, Reiche ⟨und Arme⟩ gibt es dagegen überall in großer Zahl.

Es ist aber eine nachteilige Regelung, wenn (der Staat) schlechthin in jeder Hinsicht nur nach einer der beiden Formen von Gleichheit geordnet ist. Die Folgen (solcher Einseitigkeit) zeigen das klar: keine Verfassung dieser Art ist dauerhaft. Der Grund dafür liegt in der Tatsache, daß Fehler, die zuerst und am Anfang gemacht wurden, unvermeidlich zu einem verhängnisvollen Ende führen. Aus diesem Grund soll man für einige Angelegenheiten die Gleichheit der Zahl nach anwenden, für andere dagegen die nach dem Wert.

Ungeachtet dessen ist die Demokratie doch stabiler und bleibt eher von politischen Auseinandersetzungen verschont als die Oligarchie. Denn in den Oligarchien gibt es zwei Formen politischer Auseinandersetzungen, die zwischen den Oligarchen untereinander und zusätzlich die mit dem Demos; in den Demokratien gibt es dagegen nur diejenige gegen die Oligarchie; bei dem Demos kommt es aber nicht zu Auseinandersetzungen innerhalb seiner eigenen Reihen (in einem Maße), das Erwähnung verdiente. Außerdem steht die Verfassung, die sich auf die Mittelklasse stützt, der Demokratie näher als die der Oligarchen, und diese (mittlere Verfassung) ist die stabilste unter den Verfassungen dieser Art.

Kapitel 2. Da wir untersuchen, was zu politischen Auseinandersetzungen und Verfassungswechseln führt, müssen wir zuerst in allgemeiner Form die Anlässe und Gründe dafür bestimmen. Man trifft so ziemlich das Richtige, wenn man ihre Zahl mit drei angibt; sie sollen zunächst (jeder) für sich im Umriß näher bestimmt werden. Denn man muß verstehen, aus was für einer Einstellung heraus und für welches Ziel man politische Auseinandersetzungen anzettelt, und drittens, was die Unruhen unter Bürgern und Kämpfe gegeneinander auslöst.

Man muß davon ausgehen, daß, allgemein gesprochen, der schon erwähnte Grund am ehesten die persönliche Einstellung prägt, die man zu Verfassungswechsel einnimmt; denn einige, die Gleichheit gewinnen wollen, zetteln politische Auseinandersetzungen an, wenn sie glauben benachteiligt zu sein, obwohl sie denen, die Vorrechte besitzen, gleich seien; dagegen tun diejenigen, die eine ungleiche und überlegene Stellung gewinnen wollen, dies, wenn sie glauben, daß sie als Ungleiche nicht eine überlegene, sondern nur eine gleiche oder gar eine unterlegene Stellung einnehmen. Beim Verfolgen ihrer Absichten können sie entweder im Recht oder im Unrecht sein: so zetteln z. B. Unterlegene politische Auseinandersetzungen an, um gleich zu sein, und Gleiche, um überlegen zu sein.

Damit ist erläutert, aus welcher Einstellung heraus man sich in innenpolitischen Auseinandersetzungen entzweit. Die Ziele, die man in solchen Auseinandersetzungen verfolgt, sind materieller Gewinn und öffentliche Ehrenstellung – und deren Gegenteil: denn man beginnt Auseinandersetzungen in den Staaten, um Ehrlosigkeit und Benachteiligung für sich selber oder für seine Freunde zu entkommen.

Es gibt in gewisser Weise sieben Ursachen und Anlässe, die dazu führen, daß (einige Bürger) selber eine Einstellung in der beschriebenen Weise und bezogen auf die genannten Ziele entwickeln, in gewisser Weise gibt es sie auch in größerer Zahl. Zwei von ihnen sind mit den vorher genannten identisch, aber sie (wirken) nicht in derselben Weise. Denn (Bürger) werden aufgrund von materiellem Gewinn und dem Ansehen in der Öffentlichkeit gegeneinander aufgebracht, aber nicht um diese für sich zu gewinnen, wie das vorher ausgeführt wurde,
sondern weil sie sehen, daß andere – einige zu Recht, andere zu 1302b
Unrecht – mehr davon besitzen. Weiterhin (kommt es zu diesen Reaktionen) wegen Unrecht, das zugefügt wurde, um zu erniedrigen, aus Furcht, wegen einer überlegenen Stellung, wegen Verachtung und wegen Machtzuwachs, der die Verhältnisse sprengt; außerdem, in davon verschiedener Weise, wegen Amtserschleichung, Unaufmerksamkeit, Geringfügigkeit und mangelnder Homogenität.

Kapitel 3. Welche Wirkung unter allen diesen Ursachen Unrecht, das zugefügt wird, um andere zu erniedrigen, und Gewinnsucht haben, und in welcher Weise sie Ursachen (politischer Auseinandersetzungen) sind, ist so ziemlich klar. Denn wenn diejenigen, die die Ämter bekleiden, erniedrigendes Unrecht begehen und sich bereichern, werden (die Bürger) in politische Auseinandersetzungen gegeneinander und gegen die Verfassungen, die dies ermöglichen, verstrickt – wenn Ämter sich bereichern, so tun sie dies bisweilen vom Privatvermögen (der Bürger), bisweilen von öffentlichem Besitz.

Es ist aber auch klar, was das Ansehen in der Öffentlichkeit ausrichten kann und in welcher Weise es Ursache (politischer Auseinandersetzungen) ist. Denn Menschen zetteln politische Auseinandersetzungen an, sowohl wenn sie selber zurückgesetzt werden als auch wenn sie mitansehen, daß andere mit Ehrungen überhäuft werden – solche Verhältnisse herrschen dann zu Unrecht, wenn einige entgegen ihrem Wert Ehrungen empfangen oder ihres Ansehens beraubt werden, zurecht dagegen, wenn dies ihrem Wert entspricht.

b15 Wegen einer überlegenen Stellung (kommt es) dagegen (zu Unruhen), wenn ein einziger oder eine größere Zahl zu mächtig im Verhältnis zum Staat oder zur Machtbefugnis seiner regierenden Körperschaft ist. Denn es kommt häufig vor, daß von solchen (Männern ein Umsturz zur) Monarchie oder Willkürherrschaft weniger Männer ausgeht. Deswegen pflegt man auch in einigen Staaten, wie in Argos und Athen, Verbannung durch Scherbengericht vorzunehmen. Es ist jedoch vorzuziehen, von Anfang dafür zu sorgen, daß sich Männer mit dieser Überlegenheit nicht (in der Bürgerschaft) finden, anstatt dies zuerst zuzulassen und danach (den Schaden) zu heilen.

Aus Furcht beginnen diejenigen politische Auseinandersetzungen, die unrecht gehandelt haben und dann Strafe fürchten, wie auch diejenigen, denen droht, Opfer von Unrecht zu sein, weil sie (mit dem Aufstand) dem bevorstehenden Unrecht zuvorkommen wollen. So setzten sich auf Rhodos die Vornehmen wegen der gegen sie eingeleiteten Prozesse gegen den Demos zur Wehr.

Aus Verachtung beginnen (Menschen) politische Auseinandersetzungen und unternehmen einen Angriff, z. B. in Oligarchien, wenn diejenigen, die von der Verfassung ausgeschlossen sind, die Mehrheit bilden – denn sie glauben, stärker zu sein; und in Demokratien beginnen die Begüterten aus Verachtung für das Fehlen von Ordnung und für die Anarchie den inneren Krieg. So wurde z. B. die Demokratie in Theben nach der Schlacht bei Oinophyta, als schlimme politische Verhältnisse vorherrschten, gestürzt und die in Megara, nachdem ihre Anhänger wegen des Fehlens von Ordnung und wegen Anarchie eine Niederlage hinnehmen mußten, und die in Syrakus vor der Tyrannis des Gelon; und so (zog) der Demos auf Rhodos (Verachtung auf sich), bevor sich (die Vornehmen) gegen ihn erhoben.

Zum Verfassungswandel kommt es aber auch wegen eines Machtzuwachses, der die Verhältnisse sprengt. Dies läßt sich an einem Körper verdeutlichen: er ist aus Teilen zusammengesetzt und muß (überall) im gleichen Verhältnis wachsen, damit die Symmetrie erhalten bleibt; andernfalls geht er zugrunde, (z. B.) wenn der Fuß vier Ellen, aber der Rest des Körpers nur zwei Spannen groß ist; bisweilen könnte er auch die Form eines anderen Lebewesens annehmen, wenn er nicht nur qualitativ, sondern auch quantitativ unverhältnismäßig wächst. In der gleichen Weise ist auch der Staat aus Teilen zusammengesetzt, von denen häufig ein Teil unbemerkt anwächst, 1303a
wie z. B. die Zahl der Armen in Demokratien und Politien. Manchmal tritt dies auch aufgrund von Unglücksfällen ein; z. B. wurde in Tarent nach der Niederlage (der Stadt), als viele Vornehme nicht lange nach den Perserkriegen von den Japygen getötet worden waren, die Politie von einer Demokratie abgelöst; in Argos wurden (die Bürger) nach der Vernichtung der Männer in der (Schlacht am) Siebten durch den Spartaner Kleomenes gezwungen, einige Periöken (in die Bürgerschaft) aufzunehmen; und in Athen (änderte sich der Charakter der Verfassung), als die Zahl der Vornehmen nach den Niederlagen der Fußtruppen dezimiert wurde, weil während des Krieges mit Sparta (die Truppen) nach einem Verzeichnis der für den Waffendienst Tauglichen auf Feldzüge entsandt wurden. Dieser (Verfassungswechsel wegen unverhältnismäßigen An-

wachsens) kommt auch, jedoch in einem geringeren Maße, in Demokratien vor; denn wenn sich die Zahl der Reichen erhöht oder ihr Vermögen zunimmt, tritt ein Wechsel zur Oligarchie oder Willkürherrschaft weniger Männer ein.

Der Wechsel von Verfassungen findet auch ohne politische Auseinandersetzungen (aus folgenden Ursachen) statt: wegen unrechtmäßiger Wahlbeeinflussung wie in Heraia, (wo) man die durch Wahl besetzten Staatsämter durch Losämter ersetzte, weil man Männer in die Ämter zu wählen pflegte, die mit unredlichen Mitteln um diese Stellung kämpften; aus Unaufmerksamkeit, wenn man zuläßt, daß Männer, die der Verfassung nicht freundlich gesonnen sind, Zugang zu den einflußreichsten Ämtern gewinnen; so wurde in Oreos die Oligarchie gestürzt, nachdem Herakleodor unter die Amtsträger aufgenommen wurde; er bewerkstelligte, daß aus der Oligarchie eine Politie bzw. Demokratie wurde; oder wegen Geringfügigkeit (einer Änderung) – ich meine mit Geringfügigkeit, daß häufig unbemerkt eine tiefgreifende Veränderung gesetzlicher Regelungen eintritt, wenn man das Unbedeutende übersieht; so war z. B. in Ambrakia die Vermögensqualifikation niedrig angesetzt, bis die (Bürger) schließlich ohne eine Vermögensqualifikation ein Amt bekleiden konnten, da »ohne eine« und »niedrig« sich nahe kämen oder keinen Unterschied machten.

Anfällig für politische Auseinandersetzungen ist auch eine Bürgerschaft, die nicht aus einem Volksstamm gebildet ist, bis sie zu einer Einheit zusammengewachsen ist. Wie ein Staat nicht aus einer Menschenmenge von beliebiger Art gebildet wird, so auch nicht in einer beliebigen Frist; daher kam es dazu, daß die meisten derjenigen, die bei der Gründung Mitsiedler (aus einem anderen Staat beteiligten) oder (später) Ansiedler aufnahmen, sich in politischen Auseinandersetzungen entzweit haben. So besiedelten die Bewohner von Achaia zusammen mit den Einwohnern von Troizen Sybaris; als dann die Achaier die Mehrheit bildeten, vertrieben sie die Troizener, ein Vorgang, in dessen Folge dann auch die Sybariten die Blutschuld auf sich zogen. Und in Thurioi kam es zu

Auseinandersetzungen zwischen den Sybariten und den übrigen Siedlern, in deren Folge die aus Sybaris, die Vorrechte beanspruchten, da das Territorium (von Thurioi) ihnen gehöre, vertrieben wurden. Und gegen die Byzantier planten die dort aufgenommenen Siedler einen Anschlag; nachdem er aufgedeckt wurde, wurden die Siedler durch Waffengewalt vertrieben. Und die Bürger von Antissa, die die Verbannten aus Chios aufgenommen hatten, vertrieben sie wieder nach einer militärischen Auseinandersetzung. Dagegen wurden die Bürger von Zankle, die Siedler von Samos aufgenommen hatten, selber aus dem Lande verjagt. Und die Bürger aus Apollonia am Pontos wurden in politische Auseinandersetzungen verwickelt, nachdem sie Siedler (in ihr Staatsgebiet) geholt hatten. Die Bürger von Syrakus, die nach dem Sturz der Tyrannen Fremde und Söldner zu Bürgern gemacht hatten, wurden 1303b
in politische Auseinandersetzungen verstrickt und kämpften (gegen sie) in offener Feldschlacht. Die Mehrzahl der Bürger von Amphipolis, die chalkidische Siedler aufgenommen hatten, wurden von diesen vertrieben.

In Oligarchien zettelt die Menge politische Auseinandersetzungen aus dem Gefühl an, ungerecht behandelt zu werden, da sie nicht an den gleichen (Rechten) teilhat, obwohl sie doch gleich sei, wie schon vorher dargelegt wurde; in den Demokratien (tun dies) die Vornehmen, weil sie (nur) gleiche Rechte haben, obwohl sie nicht gleich seien.

Auch wegen ihrer geographischen Lage sind Staaten bisweilen in politische Auseinandersetzungen verstrickt, wenn ihr Territorium seiner Natur nach die Einheit des Staates nicht begünstigt, wie z. B. in Klazomenai die Bewohner in Chyton mit denjenigen auf der Insel (verfeindet waren) und wie die Bürger von Kolophon und Notion. Und in Athen haben die Bewohner des Piräus nicht die gleiche demokratische Einstellung wie die der Stadt, sondern eine radikalere. Wie in kriegerischen Auseinandersetzungen das Überqueren von Gräben, mögen sie auch noch so schmal sein, die Kampfreihen auseinanderreißt, so scheint auch (im Staat) jeder Unterschied eine Spaltung zu verursachen. Der bedeutendste Gegensatz ist wohl der zwi- b15 schen herausragender und schlechter persönlicher Qualität, danach der zwischen reich und arm, und in entsprechender Weise (wirkt) der eine Gegensatz in stärkerem Maße als der andere, und der eben behandelte (der geographischen Lage) gehört hierzu.

Kapitel 4. Zu politischen Auseinandersetzungen kommt es nicht wegen unbedeutender Angelegenheiten, sondern aus geringfügigen Anlässen; aber es sind wichtige Belange, um die Menschen bei ihren politischen Auseinandersetzungen kämpfen.

Selbst geringfügige Auseinandersetzungen haben sehr starke Auswirkungen, wenn sie unter einflußreichen Männern stattfinden. Dafür bietet auch ein Ereignis in alter Zeit in Syrakus ein Beispiel: als zwei junge Männer, die Staatsämter bekleideten, sich wegen einer Verwicklung erotischen Charakters zerstritten, kam es zu einem Wechsel der Verfassung. Denn während der eine außer Landes weilte, gewann einer seiner Freunde dessen Geliebten für sich; darauf wurde jener erbost und brachte dessen Frau dazu, sich mit ihm einzulassen. Das führte dazu, daß sie die Mitglieder der Bürgerschaft jeweils (auf die eine oder andere Seite) zogen und so alle gegeneinander aufbrachten. Deswegen muß man solche Vorgänge gleich bei ihrem Anfang ernst nehmen und Auseinandersetzungen der Führer und mächtigen Männer schlichten; denn am Anfang wird der Fehler begangen, der Anfang gilt aber als die Hälfte des Ganzen, und daher ist ein geringfügiger Fehler, der zu Beginn gemacht wird, so schwerwiegend wie die in den späteren Stadien (zusammengenommen).

Allgemein bewirken die Streitigkeiten unter den Angesehenen, daß auch der ganze Staat in Mitleidenschaft gezogen wird. So hat es sich z.B. in Hestiaia nach den Perserkriegen abgespielt, als zwei Brüder über die Aufteilung des väterlichen Erbes in Streit gerieten. Als der eine das Vermögen und den Schatz, den der Vater gefunden hatte, verborgen hielt, gewann der Ärmere diejenigen, die volksfreundlich gesonnen waren, für seine Sache, der andere, der viel Vermögen besaß, dagegen

die Reichen. Und in Delphi entwickelte sich aus einer Heiratsangelegenheit ein persönlicher Zwist, der dann den Ausgangspunkt aller späteren politischen Auseinandersetzungen bildete. Denn der Bräutigam deutete einen bestimmten Vor- 1304a
fall, als er zu seiner Braut gekommen war, als ungünstiges Vorzeichen und kehrte um, ohne sie zu heiraten; da die Mitglieder der Familie der Braut sich als Opfer erniedrigenden Unrechts fühlten, steckten sie ihm, als er beim Opfern war, einige Besitzstücke vom Tempel zu und brachten ihn dann, als wäre er ein Tempelräuber, um. Und als es in Mytilene wegen Erbtöchtern zu einer Auseinandersetzung kam, wurde diese der Ausgangspunkt vieler verhängnisvoller Ereignisse und auch des Krieges gegen Athen, in dem Paches ihre Stadt besetzte: ein gewisser wohlhabender Bürger Timophanes hinterließ zwei (unverheiratete) Töchter; Dexandros, der abgewiesen wurde und sie nicht für seine Söhne gewann, zettelte daraufhin politische Auseinandersetzungen an und stachelte auch die Athener auf (einzugreifen), da er ein Staatsgastfreund Athens war. Und als es in Phokis wegen einer Erbtochter zu einem Zerwürfnis zwischen Mnaseas, dem Vater des Mnason, und Euthykrates, dem Vater des Onomarchos, kam, entwickelte sich diese Auseinandersetzung für die Phoker zum Beginn des heiligen Krieges. Auch in Epidamnos waren es Heiratsangelegenheiten, die zu einem Wechsel der Verfassung führten. Denn ein Vater, der seine Tochter heimlich mit einem jungen Mann verlobt hatte, wurde von dem Vater des jungen Mannes, der verlobt war, be- a15
straft, als dieser Mitglied der regierenden Behörde geworden war; da jener andere nun das Gefühl hatte, er sei von diesem in böswilliger Absicht schmählich behandelt worden, holte er sich diejenigen, die außerhalb der Verfassung standen, zu seiner Unterstützung.

Verfassungswechsel zur Oligarchie, Demokratie und Politie finden aber auch deswegen statt, weil ein bestimmtes Staatsamt oder ein Teil des Staates hohes Ansehen oder zusätzlichen Einfluß gewinnt. So scheint der Rat auf dem Areiopag, der während der Perserkriege sich hohe Achtung erwarb, erreicht zu haben, daß die Verfassung straffer geführt wurde;

und umgekehrt hat die Masse, die die Schiffe bemannte, zur Stärkung der Demokratie beigetragen, da man ihr den Sieg bei Salamis und wegen dieses Sieges aufgrund der Vormacht zur See die Führungsposition zu verdanken hatte. In Argos haben die Angesehen, die sich in der Schlacht gegen die Spartaner bei Mantinea ausgezeichnet hatten, versucht, die Demokratie zu beseitigen; und in Syrakus hat der Demos, dem der Sieg im Krieg gegen die Athener zuzuschreiben war, die Politie in eine Demokratie umgewandelt. In Chalkis hat der Demos, der zusammen mit den Angesehenen den Tyrannen Phoxos beseitigt hatte, sofort die Verfassung an sich gerissen. Wiederum hat genauso in Ambrakia der Demos, der zusammen mit den Verschwörern den Tyrannen Periander vertrieben hatte, sich selber die Verfassung übertragen.

Überhaupt darf einem nicht die Tatsache entgehen, daß diejenigen politische Auseinandersetzungen auslösen, denen (ein Staat) seine Stärke zu verdanken hat, seien es Privatleute, staatliche Ämter, Phylen oder generell jeder Teil oder Gruppe; denn entweder zetteln diejenigen, die diesen ihr Ansehen mißgönnen, die Unruhen an, oder die anderen sind wegen ihrer überlegenen Leistung nicht bereit, auf einer Position der Gleichheit stehen zu bleiben.

Verfassungen werden auch dann gestürzt, wenn die Teile des Staates, die als entgegengesetzt gelten, sich (an Einfluß) gleich-
1304b kommen, wie die Reichen und der Demos, während es entweder gar keine oder (nur) eine ganz unbedeutende Mittelschicht gibt. Denn wo eine Gruppe, einerlei welche, beträchtlich überlegen ist, da ist die andere nicht bereit, sich auf eine riskante Aktion gegen die offensichtlich stärkere einzulassen; aus diesem Grunde zetteln auch die an persönlicher Qualität Herausragenden sozusagen nie politische Auseinandersetzungen an; denn als eine kleine Zahl stehen sie den vielen gegenüber.

In der beschriebenen Weise sind allgemein gesprochen die Anlässe und Gründe der politischen Auseinandersetzungen und Verfassungswechsel für alle Verfassungen anzugeben.

Man betreibt den Umsturz der Verfassungen bald mit Gewalt, bald durch Betrug – mit Gewalt, indem man entweder sofort von Anfang an oder erst später Zwang ausübt. Auch bei Betrug gibt es zwei Möglichkeiten: im einen Falle täuschen die Umstürzler zuerst die Bürgerschaft und ändern die Verfassung mit ihrer Zustimmung, halten aber dann später mit Gewalt gegen den Willen der Bürger (an der neuen Verfassung) fest. So täuschten unter dem Regime der Vierhundert (die Umstürzler) den Demos, indem sie verhießen, der Großkönig werde Geld für den Kampf gegen die Spartaner bereitstellen (wenn sie die Demokratie abschwächten); nachdem sie ihn aber so getäuscht hatten, versuchten sie, an der geänderten Verfassung festzuhalten. Im anderen Falle gewinnen (die Umstürzler die Bürger) zunächst durch Überredung und, nachdem diese sich später erneut überzeugen ließen, herrschen sie über sie mit ihrer Zustimmung.

Es hat sich nun ergeben, daß bei allen Verfassungen der Wechsel allgemein gesagt aus den genannten Gründen eintritt.

Kapitel 5. Auf der Grundlage dieser Darlegungen muß man nun (das Allgemeine) in seine spezifischen Bestandteile zerlegen und untersuchen, was bei jeder einzelnen Verfassungsform eintritt.

Den Sturz der Demokratien verursacht im stärksten Maße die schamlose Frechheit der Demagogen. Sie bewirken, daß sich die Vermögenden zusammenschließen, indem sie entweder falsche Anklagen gegen Einzelne persönlich erheben – denn gemeinsame Furcht führt selbst die erbittertsten Feinde zusammen – oder indem sie das Volk gegen alle Reichen aufhetzen. Man kann leicht bemerken, daß dies bei vielen in der beschriebenen Weise abläuft: auf Kos wurde die Demokratie, als schlimme Demagogen in ihr aufgetreten waren, gestürzt; denn die Vornehmen setzten sich gegen sie zur Wehr. Und auf Rhodos (trat das Gleiche ein): die Demagogen setzten durch, daß (der Demos für politische Tätigkeit) Bezahlung empfing, und verhinderten, den Trierarchen die geschuldeten Beträge zurückzuzahlen. Diese setzten sich aber wegen der ihnen drohenden Prozesse zur Wehr und sahen sich gezwungen, die Demokratie zu stürzen. Auch in Herakleia wurde unmittelbar

nach der Gründung der Kolonie wegen der Demagogen die Demokratie gestürzt; denn weil die Angesehen von diesen Unrecht erlitten hatten, verließen sie das Land; dann aber schlossen sie sich im Exil zusammen, kehrten zurück und beseitigten die Demokratie. In einer ähnlichen Weise wurde auch die Demokratie in Megara gestürzt: die Demagogen trieben viele Angesehene außer Landes, um so ihre Besitztümer konfiszieren zu können, bis durch ihre Aktionen die Zahl der Verbannten erheblich angestiegen war; diese kehrten zurück, besiegten in einer Schlacht den Demos und etablierten eine Oligarchie.
1305a Das gleiche trat auch in Kyme unter der Demokratie, die dann Thrasymachos stürzte, ein.

Jeder, der dies untersucht, dürfte erkennen, daß auch bei den anderen der Sturz der Demokratien so ziemlich in der beschriebenen Weise abläuft: die Demagogen bringen die Angesehenen gegen sich auf, indem sie in einigen Fällen, um sich (beim Volk) beliebt zu machen, Unrechttaten gegen sie begehen: entweder verteilen sie ihre Besitztümer neu oder sie (zehren) ihre Einkünfte durch kostspielige öffentliche Leistungen (auf); in anderen Fällen (bringen die Demagogen die Angesehenen gegen sich auf), indem sie Anschuldigungen gegen die Vermögenden erheben, um ihre Besitztümer konfiszieren zu können.

Immer wenn in der Vergangenheit ein und dieselbe Person Demagoge und Feldherr war, kam es zu einem Verfassungswechsel zur Tyrannis. So sind so ziemlich die meisten Tyrannen der Vorzeit aus der Stellung als Demagogen in diese Machtposition gelangt. Der Grund dafür, daß dies zwar in der Vergangenheit der Fall war, aber nicht mehr heutzutage, liegt darin, daß damals die Demagogen aus den Reihen der Feldherrn kamen – denn sie besaßen noch nicht die Kraft rednerischer Überzeugungsgabe –, während jetzt, nachdem die Redekunst solche Fortschritte gemacht hat, bedeutende Redner zwar Demagogen sind, aber wegen ihres Mangels an militärischer Erfahrung nicht (mit Waffengewalt nach der Alleinherrschaft) zu greifen versuchen, abgesehen von einer seltenen
b15 Ausnahme dieser Art.

Tyrannische Regime pflegten in der Vergangenheit häufiger als heutzutage an die Macht zu kommen, weil (damals) einigen Männern einflußreiche Ämter übertragen wurden; so entwickelte sich (die Tyrannis) in Milet aus dem Amt des Prytanen, denn der Prytane hatte viele bedeutende Befugnisse. Weil außerdem damals die Städte noch nicht von vielen Menschen bewohnt waren, sondern der Demos auf dem Land wohnte, wo er beschäftigt war, seinen Arbeiten nachzugehen, griffen Anführer des Volkes, wenn sie eine kriegerische Natur hatten, nach tyrannischer Macht. Alle taten dies, da sie sich des Vertrauens des Volkes sicher waren – ihr Vertrauen bestand in der Feindschaft gegen die Reichen. Dies war der Fall in Athen, als Peisistratos sich gegen die Bewohner der Ebene erhob, und in Megara, wo Theagenes die Herden der Wohlhabenden abschlachtete, als er sie entlang dem Fluß weidend vorfand, und als Dionysius nach seiner Anklage gegen Daphnaios und die Reichen als würdiger Inhaber der Tyrannis angesehen wurde, da man ihm wegen seiner Feindseligkeit gegen die Reichen vertraute, er vertrete die Interessen des Volkes.

Ein Verfassungswechsel findet auch von der Demokratie der Väter zur letzten Demokratie statt; denn wo die Ämter zwar durch Wahl besetzt werden, jedoch keine Beschränkung durch eine Vermögensqualifikation auferlegt wird, und wo der Demos (die Inhaber der Ämter) wählt, da bringen es diejenigen, die sich nach den Ämtern drängen, durch demagogische Machenschaften so weit, daß der Demos absolute Gewalt selbst über die Gesetze ausübt. Ein Heilmittel, um zu erreichen, daß dies überhaupt nicht oder weniger häufig eintritt, besteht darin, daß die Phylen, und nicht der gesamte Demos, die Inhaber der Ämter ernennen.

So ziemlich alle Fälle der Ablösung von Demokratien treten wegen der hier behandelten Gründe ein.

Kapitel 6. Am offensichtlichsten sind am ehesten zwei Formen des Verfassungswechsels, die Oligarchien erfahren: eine tritt ein, wenn man den Demos ungerecht behandelt; denn in einem solchen Falle erweist sich jeder als geeigneter Führer,

besonders wenn es sich ergibt, daß der Anführer aus (den Rei-
1305b hen) der Oligarchie selber kommt, so wie Lygdamis auf Naxos, der auch später die Tyrannis über die Naxier gewann. Aber auch die politischen Unruhen, die von anderen Personen ausgehen, weisen verschiedene Alternativen auf. So wird bisweilen eine Oligarchie durch die Reichen selber, die aber nicht zu den Ämtern zugelassen sind, gestürzt, wenn die Inhaber der Ämter nur eine ganz geringe Zahl bilden, wie es zum Beispiel in Massalia, Istros, Herakleia und anderen Staaten sich zutrug. Denn diejenigen, die von den Ämtern ausgeschlossen waren, wirkten auf eine Veränderung der Verfassung hin, bis zuerst (wenigstens) die älteren Brüder, später dann auch die jüngeren Zugang erhielten. In einigen (oligarchisch regierten) Staaten haben ja nicht Vater und Sohn zur gleichen Zeit Ämter inne, in anderen nicht zugleich älterer und jüngerer Bruder. Dort (in Massilia) nahm die Oligarchie einen Charakter an, der eher der Politie nahe kommt; in Istros endete (der Verfassungswechsel) mit einer Demokratie, während in Herakleia (die Zahl derer, die Zugang zu den Ämtern hatte) von ziemlich wenigen auf sechshundert anwuchs. Auch auf Knidos wurde die Oligarchie gestürzt, nachdem die Angesehenen selber sich untereinander in Kämpfe verstrickt hatten, weil nur eine geringe Zahl (zu den politischen Ämtern) Zugang hatte und, wie gesagt, der Sohn ausgeschlossen war, wenn der Vater Zugang hatte, und wenn es mehrere Brüder gab, nicht alle, sondern nur der älteste Zugang hatte. Während sie in ihre Auseinandersetzungen verwickelt waren, griff der Demos ein, und nachdem er aus der Gruppe der Angesehenen einen Führer gewonnen hatte, griff er sie an und siegte; denn wer in Auseinandersetzungen verwickelt ist, ist schwach. Und in Erythrai unter der Oligarchie der Basiliden in der Vorzeit stürzte der Demos die Verfassung; obwohl diejenigen, die die vollen Rechte der Verfassung besaßen, die Staatsgeschäfte vorbildlich führten, fand sich trotzdem der Demos nicht damit ab, da er von einer so kleinen Zahl regiert wurde.

Aus sich heraus werden dagegen Oligarchien einmal wegen der Machtgier der Demagogen gestürzt – solche Demagogie gibt es in zwei Formen: die eine wird innerhalb der wenigen selber praktiziert, denn ein Demagoge kann ja auch dann auftreten, wenn der Kreis (derer, die er beeinflußt,) nur sehr klein ist; so gewannen in Athen unter (dem Regime der) Dreißig Charikles und seine Anhänger dadurch Einfluß, daß sie die Dreißig demagogisch beeinflußten, und in gleicher Weise gingen unter den Vierhundert Phrynichos und sein Kreis vor. Oder (nach der zweiten Form von Demagogie), wenn die (Machthaber) in der Oligarchie Einfluß bei der Masse zu gewinnen suchen; so buhlten in Larisa die Bürgerwächter um die Gunst des Volkes, weil dieses sie in das Amt wählte, und so ist es in allen Oligarchien der Fall, in denen nicht diejenigen, aus deren Mitte die Amtsinhaber kommen, auch selber die Ämter wählen, sondern wo die Inhaber der Ämter aus Klassen mit großem Vermögen oder aus politischen Vereinigungen gewählt werden, während die Schwerbewaffneten oder der Demos sie wählt – das waren die Bedingungen für die Vorgänge in Abydos; und (es kommt dort zu Demagogie), wo die Gerichte nicht aus der regierenden Schicht besetzt werden; denn man sucht die Gunst (der Richter), um die Urteile zu beeinflussen, und ändert so die Verfassung, wie es in Herakleia am Pontos passierte.

(Ein Verfassungswechsel tritt) auch dann ein, wenn einige Männer die (Zahl der Vollbürger in einer) Oligarchie verringern; denn die (Ausgeschlossenen) sind bei ihrem Streben nach Gleichheit gezwungen, den Demos als Verbündeten auf ihre Seite zu ziehen.

Oligarchien werden auch dann gestürzt, wenn (einzelne) durch ein Leben maßloser Begierden ihr Eigentum verschwenden. Denn Leute dieser Art sind auf Umsturz aus, und entweder versuchen sie selber, für sich die Tyrannis zu gewinnen,
oder sie setzen einen anderen als Tyrannen ein, so wie Hip- 1306a
parinos den Dionysios in Syrakus, und wie in Amphipolis ein Mann mit dem Namen Kleotimos Siedler aus Chalkis herbeirief und sie nach ihrer Ankunft in Auseinandersetzungen mit den Begüterten verwickelte, und in Aigina der Mann, der die Abmachung mit Chares traf, aus einem solchen Grunde die

Verfassung zu stürzen versuchte. In einigen Fällen versuchen (diese Männer) ohne weiteren Verzug, einen Wandel herbeizuführen, in anderen bereichern sie sich widerrechtlich aus öffentlichem Besitz, und als Folge davon zetteln entweder sie selber politische Unruhen gegen die (oligarchischen Machthaber) an, oder die (anderen), die sich gegen jene Diebe öffentlichen Eigentums zur Wehr setzen, tun dies, wie es in Apollonia am Pontos eintrat.

Solange eine Oligarchie sich der Eintracht erfreut, läßt sie sich dagegen nicht leicht aus sich selber zerstören. Ein Indiz für (die Richtigkeit dieser Auffassung) bietet die Verfassung in Pharsalos: die Bürger (unter dieser Verfassung), die nur eine kleine Zahl bilden, üben absolute Gewalt über viele aus, weil sie miteinander gut umgehen.

(Diese Verfassungen) werden aber auch gestürzt, wenn man in der Oligarchie eine zweite Oligarchie einrichtet. Dies ist dann der Fall, wenn von der gesamten Aktivbürgerschicht, die nur wenige umfaßt, nicht alle diese wenigen Zugang zu den wichtigsten Ämtern haben, wie es einmal in Elis eintrat. Denn während die Verfassungsgewalt in den Händen weniger lag, hatte nur eine ganz geringe Zahl Zugang zum Amt der Geronten, weil dieses nur neunzig Mitglieder umfaßte, die auf Lebenszeit ernannt wurden; ihre Wahl wies den Charakter der Willkürherrschaft weniger mächtiger Männer auf und wurde ähnlich wie die der Geronten in Sparta (durchgeführt).

Oligarchien werden im Krieg wie im Frieden gestürzt, im Krieg, wenn die (Bürger der Oligarchie) wegen ihres Mißtrauens gegenüber dem Demos gezwungen sind, Söldner anzuheuern; wem sie (das Kommando über) diese übertragen, der erhebt sich häufig zum Tyrannen, wie Timophanes in Korinth; wenn sie aber mehreren (das Kommando übertragen), dann richten diese eine Willkürherrschaft weniger mächtiger Männer ein. In manchen Fällen fürchten sie sich aber davor und beteiligen den Demos an den politischen Rechten, da sie auf seine Unterstützung nicht verzichten können. Im Frieden übertragen sie dagegen wegen ihres gegenseitigen Mißtrauens den Schutz (des Landes) Söldnern und einem als Vermittler ernannten Regenten, der dann bisweilen die absolute Gewalt über beide Gruppen an sich zieht, wie es sich in Larisa unter der Regierung des Simos aus der Familie der Aleuaden und in Abydos während der Vorherrschaft der politischen Vereinigungen ereignete, von denen eine die des Iphiades war.

Zu Auseinandersetzungen kommt es auch, wenn unter den (Bürgern) in der Oligarchie selber die einen von den anderen erniedrigend zurückgewiesen und wegen Heiraten oder Prozessen in feindselige Streitereien verwickelt werden, so wie die vorher genannten Auseinandersetzungen, die im Zusammenhang mit Heiratsangelegenheiten ausgebrochen waren. In Eretria brachte Diagoras die auf die Ritter gestützte Oligarchie zu Fall, nachdem man ihn im Zusammenhang mit einer Heirat ungerecht behandelt hatte. Die politischen Auseinandersetzungen in Herakleia und Theben waren die Folge einer Gerichtsentscheidung: in Herakleia, als (einige Oligarchen) auf eine Anklage wegen Ehebruchs hin zwar gerechterweise, aber doch in parteiisch provozierender Weise gegen Eurytion 1306b
eine Strafe verhängten, und in Theben, als man so mit Archias verfuhr; denn ihre Feinde wollten ihren Triumph als Sieger so sehr auskosten, daß sie diese auf dem Marktplatz an den Pranger binden ließen.

Weil Oligarchien einen zu despotischen Charakter hatten, sind viele von ihnen, wie z. B. die Oligarchie auf Knidos und die auf Chios, durch Männer gestürzt worden, die zwar zur Verfassung gehörten, aber über (deren despotischen Charakter) verärgert waren.

Wegen zufälliger Entwicklungen kommt es aber auch zum Umsturz sowohl der sogenannten Politie wie derjenigen Oligarchien, in denen eine Vermögensqualifikation die Voraussetzung für die Mitgliedschaft im Rat, das Mitwirken an der Rechtsprechung und andere (Rechte wie) das Bekleiden von Staatsämtern ist. Wenn nämlich zuerst eine Vermögensqualifikation entsprechend den vorliegenden Verhältnissen festgelegt wurde, so daß in der Oligarchie wenige, in der Politie die Mittelklasse (an den politischen Rechten) teilhat, und wenn dann aufgrund von Frieden oder einer anderen glücklichen Fügung eine (wirtschaftliche) Blüte eintritt, dann kommt es häufig vor, daß der gleiche Besitz den Gegenwert eines Vielfachen der vorgeschriebenen Vermögensqualifikation erreicht. In einem solchen Falle haben dann alle an allen (politischen Rechten) teil, wobei der Wechsel bald allmählich und in kleinen Schritten vor sich geht und unbemerkt bleibt, in anderen Fällen aber auch schneller abläuft.

Dies sind nun die Gründe, aus denen Oligarchien gestürzt oder von politischen Unruhen heimgesucht werden.

Generell vollzieht sich der Verfassungswandel bei Demokratien und Oligarchien bisweilen nicht zu den entgegengesetzten Verfassungen, sondern zu denen innerhalb der gleichen Art. Zum Beispiel gehen gesetzmäßige Demokratien und Oligarchien zu solchen, die unumschränkt Macht ausüben, und diese in jene über.

Kapitel 7. In den Aristokratien kommt es teils zu politischen Unruhen, weil nur wenige Zugang zu den Ämtern haben; dieser Umstand ist auch für den Sturz der Oligarchien verantwortlich, wie zuvor dargelegt wurde, da ja auch die Aristokratie in gewisser Hinsicht eine Oligarchie ist; denn in beiden Verfassungen ist die Anzahl der Amtsinhaber gering, aber sie ist nicht aus dem gleichen Grund klein; gleichwohl gilt wegen dieser (Gemeinsamkeit) auch die Aristokratie als eine Oligarchie.

Am ehesten muß es aber zu solchen Ereignissen kommen, wenn es (in der Aristokratie) eine Gruppe von Leuten gibt, die das Selbstbewußtsein besitzen, sich in herausragender persönlicher Qualität als gleich zu betrachten, so wie in Sparta die sogenannten Partheniai, die ja Abkömmlinge »der Gleichen« waren; nachdem ihre Verschwörung aufgedeckt war, sandte man sie aus, Tarent zu besiedeln. (Solche Verwicklungen drohen auch dann), wenn bedeutende Männer, die in ihrer herausragenden persönlichen Qualität hinter niemand zurückstehen, von anderen, die höhere öffentliche Ehren genießen, in ihrem Rang zurückgesetzt werden, wie Lysander von den Königen; oder wenn jemand mit männlicher Tatkraft von öffentlichen Ehrenstellungen ferngehalten wird, wie Kinadon, der Rädels-

führer des Aufstandes gegen die Spartiaten zur Zeit des Königs Agesilaos. Außerdem (kommt es zu politischen Auseinandersetzungen), wenn die Not der einen zu groß ist, während die anderen sehr vermögend sind; eine solche (Situation) tritt besonders in Kriegen ein. Auch dies ereignete sich in Sparta zur Zeit des Messenischen Krieges; das läßt sich auch deutlich aus dem Gedicht des Tyrtaios mit dem Titel ›*Eunomia*‹ ent- 1307a
nehmen; denn als einige infolge des Krieges in schwere wirtschaftliche Bedrängnis geraten waren, forderten sie eine Neuaufteilung des Landes. (Unruhen werden) außerdem dann (angezettelt), wenn jemand einflußreich ist und Mittel und Wege hat, noch mächtiger zu werden, um als Alleinherrscher zu regieren. So scheinen es in Sparta Pausanias, der während der Perserkriege Feldherr war, und in Karthago Hanno (versucht zu haben).

Politien und Aristokratien werden besonders gestürzt, weil in der Verfassungsordnung selber Recht verletzt wird. Denn der Anfang (einer Entwicklung, die schließlich zum Verfassungssturz führen kann,) liegt darin, daß die Mischung nicht richtig getroffen wurde, in der Politie die von Demokratie und Oligarchie, in der Aristokratie die dieser (beiden) und zusätzlich von herausragender persönlicher Qualität, in der Hauptsache aber der beiden, ich meine Demokratie und Oligarchie; denn die Politien und viele der sogenannten Aristokratien versuchen eine Mischung (nur) dieser beiden, und in der (Art der Mischung) unterscheiden sich diese Aristokratien von den sogenannten Politien und wegen der (Art der Mischung) sind die einen weniger stabil, während sich die anderen einer längeren Dauer erfreuen. Denn man nennt die (Mischungsformen), die mehr zur Oligarchie hinneigen, Aristokratien, Politien dagegen diejenigen, die zur Demokratie neigen. Aus diesem Grunde sind auch (Mischverfassungen) dieser Art stabiler als jene anderen; denn die größere Zahl verfügt über mehr Macht, und die (Mitglieder der Mehrheit) geben sich eher damit zufrieden, gleichen Anteil zu haben; wenn dagegen die Verfassung denjenigen, die reichlich Vermögen besitzen, eine Vormachtstellung einräumt, dann sind diese darauf aus, anderen

Unrecht zuzufügen, um sie zu erniedrigen, oder darauf, sich einen Vorteil zu verschaffen.

Generell gesagt, verläuft der Wandel einer Verfassung in die Richtung, zu der die (Mischung der) Verfassung hinneigt, da jede der (jeweils dominierenden) Gruppen ihren Einfluß zu stärken sucht; so (schlägt) die Politie zur Demokratie (um), die Aristokratie dagegen zur Oligarchie. Oder (der Verfassungswechsel verläuft) zur entgegengesetzten Verfassungsordnung, z. B. von der Aristokratie zur Demokratie – die Ärmeren, die sich (unter der Aristokratie) ungerecht behandelt fühlen, vollziehen (in der Wahl der Verfassung) eine Kehrtwendung zum Gegenteil –, und von den Politien zur Oligarchie, denn die einzige dauerhafte (Grundlage einer Verfassung) ist proportionale Gleichheit und (die Garantie,) daß jeder das besitzt, was ihm zukommt. Der beschriebene Fall trat in Thurioi ein; denn weil die Vermögensqualifikation für die Besetzung der Ämter zu hoch war, wurde sie herabgesetzt und führte zur Einrichtung einer größeren Zahl von Ämtern; weil sich aber die Vornehmen in gesetzwidriger Weise das gesamte Land aufgekauft hatten – denn die Verfassung war stärker oligarchisch ausgebildet, so daß sie die Möglichkeit hatten, sich zu bereichern –, gewann der Demos, der im Krieg geübt war, die Oberhand über die Wachmannschaften, bis diejenigen, die zuviel besaßen, einen Teil des Landes abtraten. Außerdem: da alle aristokratischen (Misch-)Verfassungen einen eher oligarchischen Charakter besitzen, sind es die Angesehenen, die sich bereichern, wie auch in Sparta die Besitztümer in die Hände weniger übergegangen sind. Und die Angesehenen haben eher die Freiheit zu tun, was ihnen gefällt, und ihre Töchter den Männern ihrer Wahl zur Frau zu geben; deswegen führte auch die Verheiratung (der Tochter eines Bürgers) mit Dionysios zum Untergang des Staates von Lokroi, was in einer Demokratie und in einer Aristokratie, die richtig gemischt ist, nie eingetreten wäre.

Zum Verfassungswechsel von Aristokratien kommt es mei-
1307b stens unbemerkt, da die Auflösung sich nur in kleinen Schritten vollzieht, so wie früher generell für alle Verfassungen dar-

gelegt wurde, daß auch geringfügige Vorkommnisse Verfassungswechsel auslösen. Wenn man nämlich bei Regelungen, die sich auf die Verfassung beziehen, einen Teil preisgibt, dann ändert man leichter anderes, was schon ein wenig bedeutsamer ist, bis man schließlich die gesamte Ordnung stürzt. Dies trat ebenfalls bei der Verfassung von Thurioi ein. Dort schrieb ein Gesetz vor, daß man das Amt des Strategen nur nach Ablauf von fünf Jahren (erneut) bekleiden durfte; unter den jüngeren Männern hatten aber einige, die sich auch bei der Mehrheit der Wachmannschaften hohen Ansehens erfreuten, militärische Aspirationen; sie hatten eine sehr geringe Meinung von den offiziellen Machthabern und glaubten, sie könnten ihre Absichten leicht durchsetzen; nachdem sie sich vergewissert hatten, daß der Demos bereit wäre, sie zu wählen, versuchten sie zuerst, das genannte Gesetz außer Kraft zu setzen, so daß ein und dieselben Männer ununterbrochen das Strategenamt innehaben könnten. Die Inhaber des Amtes, in deren Verantwortung diese Angelegenheit fiel, die sogenannten »Berater«, versuchten zwar zuerst, sich dem zu widersetzen, ließen sich aber dann (für die Änderung) gewinnen, weil sie hofften, diese Männer würden den Rest der Verfassung unangetastet lassen, nachdem sie dieses eine Gesetz außer Kraft gesetzt hatten. Als sie aber zu einem späteren Zeitpunkt andere Änderungen verhindern wollten, richteten sie nichts mehr aus, sondern die gesamte Verfassungsordnung wurde durch eine Willkürherrschaft derer, die den politischen Umsturz betrieben hatten, ersetzt.

Alle Verfassungen werden aber entweder aus sich selber heraus gestürzt oder von außen – dies tritt dann ein, wenn (ein) benachbarter (Staat) oder ein entfernter, der jedoch mächtig ist, eine entgegengesetzte Verfassung hat. Solche (Verfassungswechsel) pflegten zur Zeit der athenischen und spartanischen Hegemonie stattzufinden, denn die Athener stürzten überall die Oligarchien, die Spartaner dagegen die Demokratien.

Damit sind so ziemlich die Ursachen behandelt, derentwegen die Ereignisse des Verfassungswandels und die politischen Unruhen ausgelöst werden.

Kapitel 8. Hieran schließt sich nun eine Behandlung der Erhaltung sowohl generell (aller) Verfassungen als auch gesondert jeder einzelnen an. Zunächst ist zweifellos folgendes klar: wenn wir wissen, durch welche Einflüsse die Verfassungen zerstört werden, wissen wir auch, durch welche sie erhalten werden können. Denn entgegengesetzte Ursachen haben entgegengesetzte Wirkungen, Zerstörung bildet aber den Gegensatz zur Erhaltung.

In den wohlgemischten Verfassungen muß man besonders streng darüber wachen, daß (die Bürger) nicht gegen die Gesetze verstoßen, und hierbei man muß besonders auf die geringfügigen (Übertretungen) achten; denn Gesetzlosigkeit schleicht sich unvermerkt ein, so wie die Ausgabe eines kleinen Betrages, wenn sie nur häufig genug stattfindet, Besitztümer vollständig aufzehrt; die Ausgabe fällt ja nicht auf, da sie keinen großen Betrag ausmacht. Man wird dadurch in seiner Beurteilung getäuscht, so wie bei dem sophistischen Schluß: »wenn jedes klein ist, dann ist auch alles klein.« Dies ist zwar in einer bestimmten Hinsicht richtig, in einer anderen jedoch nicht, denn das Gesamte und das Ganze ist nicht klein, sondern ist aus Kleinem zusammengesetzt.

Dies ist die eine Vorsichtsmaßregel, die man gegen die Anfänge (der Zerstörung von Verfassungen) treffen muß. Hinzu-
1308a kommt, daß man nicht den Erfindungen trauen darf, die zur Täuschung des Volkes ersonnen wurden, denn sie werden durch die Tatsachen entlarvt – es ist aber früher erläutert worden, was wir mit den trügerischen Erfindungen der Verfassungen meinen.

Außerdem muß man folgendes beachten: nicht nur einige Aristokratien, sondern auch Oligarchien sind dauerhaft, nicht etwa weil diese Verfassungen stabil sind, sondern weil diejenigen, die die Ämter innehaben, in umsichtiger Weise sowohl mit denen, die sich außerhalb der Bürgerschaft befinden, als auch denen innerhalb richtig umgehen. (Ich meine damit, daß) sie denjenigen, die nicht an den politischen Rechten teilhaben, kein Unrecht zufügen und diejenigen unter ihnen, die die Qualitäten von Führern besitzen, in die Bürgerschaft aufnehmen;

(ihre Dauer verdanken sie auch der Tatsache), daß sie gegen die, die auf ihr Ansehen bedacht sind, kein Unrecht begehen, das zum Verlust von Ehre führt, und gegen die Menge kein Unrecht gegen ihre materiellen Interessen; (dazu gehört auf der anderen Seite), daß sie in den Beziehungen zueinander, d. h. denen, die an den politischen Rechten teilhaben, miteinander wie in einer Demokratie umgehen. Denn Gleichheit, die die Befürworter der Demokratie bei der Menge (durchzusetzen) versuchen, ist in den Beziehungen unter Gleichen nicht nur gerecht, sondern auch von Vorteil. Wenn daher (in Aristokratien und Oligarchien) die Zahl der Mitglieder der Bürgerschaft relativ groß ist, sind viele Elemente der demokratischen Gesetzgebung von Nutzen, z. B. daß die Ämter nur für eine Dauer von sechs Monaten bekleidet werden, damit alle Gleichen Zugang dazu haben; denn diese Gleichen bilden schon gleichsam einen Demos; deswegen treten auch unter ihnen häufig Demagogen auf, wie vorher dargelegt wurde. Außerdem werden (bei einer solchen Regelung) Aristokratien und Oligarchien weniger von einem Umsturz zur Willkürherrschaft betroffen; denn wenn man nur für eine kurze Zeit ein Amt bekleidet, ist es weniger leicht, Schaden anzurichten, als wenn man es lange innehat. Und dies ist der Grund, weshalb in Oligarchien und Demokratien (in denen Beamte auf eine lange Zeit ein Amt bekleiden) Tyrannen zur Macht kommen; denn es sind entweder die mächtigsten Männer in beiden Verfassungen, in dieser die Demagogen, in jener die Führer der Oligarchen, die versuchen, die Stellung als Tyrann zu gewinnen, oder die Inhaber der einflußreichsten Ämter, wenn sie diese für lange Zeit innehaben.

Verfassungen werden nicht nur dadurch erhalten, daß man weit von denen entfernt ist, die sie zerstören könnten, sondern manchmal auch, weil man sie in der Nähe hat; denn aus Furcht vor ihnen hält man mit aller Kraft an der Verfassung fest. Deswegen sollen diejenigen, die sich um den Erhalt der Verfassung sorgen, ein Klima der Furcht schaffen, damit (die Bürger) wachsam bleiben und die strikte Überwachung der Verfassung genauso wenig wie die Nachtwache aussetzen, und sie sollen eine ferne (Bedrohung) als nahe darstellen.

Ferner muß man die Rivalitäten der Angesehenen und ihre Auseinandersetzungen auch durch Gesetze zu kontrollieren versuchen, bevor auch diejenigen, die noch nicht von dem Machtkampf erfaßt sind, wie auch sie selber hineingezogen werden; denn nicht jedermann, sondern nur der Staatsmann kann das Unheil, das sich noch im Keime entwickelt, entdecken.

Wegen der Festlegung der Vermögensqualifikationen können Oligarchie und Politie gestürzt werden; wenn es zu einer solchen (Gefährdung der Verfassung) kommt, weil zwar die Vermögensgrenzen unverändert geblieben sind, aber Geld in reichlicher Menge (den Bürgern) zur Verfügung steht, dann ist es angebracht, die Gesamtmenge des neuen Vermögensbetrages mit dem zuletzt festgestellten zu vergleichen, und zwar jährlich in den Staaten, in denen die Bürger in dieser Frist
1308b veranlagt werden, in größeren Staaten dagegen nach Ablauf von zwei oder vier Jahren. Wenn sich dabei herausstellt, daß der Vermögensbetrag ein Vielfaches oder einen Bruchteil des Betrages ausmacht, der früher festgesetzt wurde, als die Vermögensveranlagungen für die (Zulassung zur) Bürgerschaft durchgeführt wurden, dann nützt es, durch Gesetz auch die Vermögensqualifikationen zu verschärfen oder zu lockern: wenn (die Gesamtmenge des neuen Vermögensbetrages den alten) erheblich übersteigt, dann soll man die Vermögensqualifikation entsprechend der Steigerung erhöhen, wenn sie dagegen zurückbleibt, soll man sie lockern und herabsetzen. Denn wenn man dies in Oligarchien und Politien versäumt, kommt es dazu, daß in dem einen Falle (der Verschärfung der Vermögensqualifikation) hier eine Oligarchie, dort die Willkürherrschaft einer kleinen Zahl zur Macht kommt, während in dem anderen Falle (der Lockerung der Vermögensqualifikation) die Politie von einer Demokratie und die Oligarchie von einer Politie oder Demokratie abgelöst wird.

Gemeinsam für Demokratie, Oligarchie, Monarchie und (überhaupt) jede Verfassung gilt die Warnung, nicht einen Mann unverhältnismäßig einflußreich zu machen; man muß eher versuchen, Ämter mit geringen Befugnissen aber langer Amtszeit zu vergeben als für ein kurze Zeit Ämter mit viel

Macht; denn (Amtsinhaber mit großen Vollmachten) werden leicht korrumpiert, und nicht jeder Mann ist der Bürde einer solchen Begünstigung durch das Glück gewachsen. Wenn man sich aber nicht (an diesen Grundsatz hält), dann sollen Leute, die Ämter mit großer Machtfülle übertragen, diese Machtfülle nicht auf einmal wieder entziehen, sondern nur allmählich. Besonders muß man versuchen, durch Gesetze so ausgeglichene Verhältnisse zu schaffen, daß es niemanden gibt, der durch seinen Einfluß an Freunden oder Reichtum weit herausragt, und wenn dies doch der Fall sein sollte, muß man veranlassen, daß sie außer Landes entfernt werden.

Da Männer auch wegen ihrer persönlichen Lebensführung auf eine Änderung der politischen Verhältnisse hinarbeiten, muß man auch ein Amt schaffen, das diejenigen überwachen soll, die ein Leben gegen die Interessen der Verfassung führen, in der Demokratie gegen die Demokratie, in der Oligarchie gegen die Oligarchie und genauso bei jeder der anderen Verfassungen. Aus den gleichen Gründen muß man auch ein wachsames Auge auf den Teil des Staates haben, dem es jeweils besonders gut geht. Ein Mittel gegen (die von dort drohenden Gefahren) besteht darin, wichtige öffentliche Aufgaben und die Ämter den jeweils entgegengesetzten Gruppen zu übertragen – als entgegengesetzte Gruppen verstehe ich die Guten und den Demos bzw. die Armen und die Vermögenden – und entweder zu versuchen, die Klasse der Armen und der Reichen miteinander zu verschmelzen oder die Mittelklasse zu stärken, da eine solche Maßnahme auch die Fälle von Bürgerzwist, die wegen Ungleichheit ausbrechen, verhütet.

Am wichtigsten ist aber in jeder Verfassung, daß man durch Gesetze und andere Regelungen, wie solche über Erwerb, verhindert, daß (Inhaber von) Ämtern sich bereichern. Darauf muß man besonders in Oligarchien achten. Denn die Menge nimmt es nicht so übel, vom Herrschen ausgeschlossen zu werden, sondern ist sogar dankbar dafür, wenn man ihr nur ermöglicht, in Ruhe ihren persönlichen Angelegenheiten nachzugehen. Wenn diese Leute aber den Eindruck haben, daß die Amtsinhaber öffentliche Mittel unterschlagen, dann schmerzt beides, von der Ehre öffentlicher Ämter und von Gewinn ausgeschlossen zu sein.

Nur auf eine Weise, nämlich wenn jemand die eben genannte (Empfehlung) verwirklicht, läßt sich außerdem erreichen, daß zugleich eine Demokratie und Aristokratie in Kraft
1309a sind; denn dabei dürfte es möglich sein, daß jede der beiden Gruppen, sowohl die Angesehenen wie die Menge, erhält, was sie wünschen. Es ist ja eine demokratische Forderung, daß alle das Recht zum Bekleiden der Ämter haben, während es aristokratisch ist, daß die Angesehenen die Ämter innehaben, und beides wird dann erreicht, wenn man keinen Gewinn aus der Bekleidung von Ämtern zieht. Denn die Armen werden dann nicht den Wunsch haben, ein Amt zu bekleiden, da sie nichts dabei gewinnen können, sondern sie werden es vorziehen, sich ihren eigenen Angelegenheiten zu widmen; die Begüterten werden dagegen in der Lage sein, (Ämter zu bekleiden,) da sie nicht auf öffentliche Gelder angewiesen sind. Und so wird es dazu kommen, daß die Armen reich werden, da sie sich ganz um ihre Arbeit kümmern können, und die Angesehenen nicht von dem ersten Besten beherrscht werden.

Um nun zu vermeiden, daß öffentliche Gelder unterschlagen werden, sollen die Gelder in Anwesenheit aller Bürger (von den Beamten an ihre Nachfolger) übergeben werden, und Abschriften der Finanzurkunden sollen bei Phratrien, Heeresabteilungen und Phylen deponiert werden. Um zu fördern, daß man das Amt ohne persönlichen Gewinn führt, sollen öffentliche Auszeichnungen für alle, die sich hierin besonders bewähren, durch Gesetz vorgesehen sein.

a15 In demokratischen Verfassungen muß man die Reichen schonen, nicht nur, indem man ihren Besitz nicht neu verteilt, sondern auch nicht dessen Erträge, wie das in einigen Verfassungen unbemerkt geschieht. Noch besser ist aber, (die Reichen), selbst wenn sie dies wünschen, daran zu hindern, öffentliche Leistungen zu übernehmen, die zwar aufwendig, aber (für die Gemeinschaft) nicht von Nutzen sind, wie die Ausstattung von Chören und von Fackelläufen und andere Leistungen dieser Art.

In der Oligarchie muß man sich besonders um das Wohl der Armen kümmern und ihnen die Ämter, die Einkünfte bringen, überlassen; und falls einer der Vermögenden gegen sie Unrecht begeht, um sie zu erniedrigen, dann soll dafür eine höhere Strafe vorgesehen sein, als wenn sie so gegen einen ihresgleichen handeln. Erbgüter sollen nicht frei nach dem Wunsch des Erblassers weitergegeben werden, sondern so, daß die Familie (Vorrang hat), und eine Person soll nicht mehr als ein Erbe antreten. Auf diese Weise dürften die Vermögen in ein ausgeglicheneres Verhältnis gebracht werden und eine größere Zahl von Armen reich werden.

Während man in einer Demokratie und Oligarchie die Ämter, die souveräne Macht in der Verfassung haben, allein den Vollmitgliedern der Bürgerschaft oder doch der Mehrheit von ihnen übertragen soll, ist es vorteilhaft, in anderen Angelegenheiten denen, die zu einem geringeren Grade an der Verfassung teilhaben, den gleichen Rang oder gar den Vorsitz einzuräumen, in einer Demokratie den Reichen, in der Oligarchie den Armen.

Kapitel 9. Männer, die die höchsten Ämter bekleiden sollen, müssen im wesentlichen drei Voraussetzungen erfüllen: zunächst müssen sie zuverlässige Anhänger der bestehenden Verfassung sein, dann die höchste Befähigung für die Aufgaben des Amtes besitzen, drittens müssen sie in jeder Verfassung die Form von persönlicher Qualität und Gerechtigkeit besitzen, die (der Besonderheit) der jeweiligen Verfassung angemessen ist – denn wenn Recht nicht in allen Verfassungen identisch ist, dann muß es auch bei der Gerechtigkeit entsprechende Unterschiede geben.

Es stellt sich jedoch die Frage, nach welchen Kriterien man (die Amtsinhaber) auswählen soll, wenn ein und derselbe
Mann nicht alle diese Qualitäten besitzt. Nehmen wir z. B. an, 1309b
daß einer zwar ein fähiger Heerführer, aber verrucht und kein zuverlässiger Anhänger der Verfassung ist, während ein anderer gerecht und der Verfassung freundlich gesonnen ist (ohne militärische Eignung zu besitzen), wie soll man in einem sol-

chen Falle die Wahl treffen? Es scheint so, daß man sich an zwei Kriterien orientieren (und prüfen) muß: welche Qualität haben alle in einem größeren Maße und welche in einem geringeren? Deswegen muß man bei der Ernennung eines Feldherrn mehr auf seine militärische Erfahrung als seine charakterlich herausragende Qualität achten; denn gewöhnlich haben Männer weniger die Fähigkeit eines Feldherren, jedoch besitzen sie eher gute persönliche Qualität; umgekehrt dagegen bei der Kontrolle und Verwaltung von Geldern; diese erfordern mehr persönliche Integrität, als die meisten Leute haben, während alle die dafür erforderliche Sachkenntnis besitzen.

Jemand könnte aber auch folgende Frage aufwerfen: wozu braucht (der Amtsinhaber) überhaupt herausragende charakterliche Qualität, wenn er schon die erforderliche Fähigkeit besitzt und ein zuverlässige Anhänger der Verfassung ist? Denn diese zwei Eigenschaften werden schon ausrichten, was (für die Aufgabe) zuträglich ist. Oder (ist herausragende charakterliche Qualität doch unerläßlich), weil ja Männer, die nur die beiden genannten Eigenschaften besitzen, an einem Mangel an Selbstbeherrschung leiden können? Wie solche Männer nicht einmal ihrem eigenen Wohl dienen, obwohl sie (es) doch kennen und ihre eigene Person lieben, so ist nicht auszuschließen, daß einige sich genauso auch gegenüber der Gemeinschaft verhalten.

Allgemein gesagt, erhält alles, was wir bei den Gesetzen als für die Verfassungen vorteilhafte Regelungen bezeichnen, die Verfassungen; außerdem (trägt) das häufig erwähnte wichtigste Prinzip, nämlich daß man streng darüber wachen muß, daß der (Teil der Bürgerschaft), der die Verfassung wünscht, stärker ist als der, der sie nicht wünscht, (zu ihrer Erhaltung bei).

Neben all diesem darf man nicht unbeachtet lassen, was jetzt die verfehlten Verfassungen übersehen: Mitte (und Maß). Denn viele als volksfreundlich geltende Maßnahmen zerstören die Demokratien, und als oligarchisch geltende Maßnahmen zerstören die Oligarchien. Dagegen glauben die Anhänger (dieser Verfassungen, die Einführung möglichst vieler demokratischen bzw. oligarchischen Maßnahmen) sei die einzige

richtige Haltung, und sie treiben (die Verfassung) zur Übersteigerung (ihres Prinzips). Zum Beispiel kann eine Nase von der schönsten Geradlinigkeit eher zur Form einer Hakennase oder Stupsnase abweichen und trotzdem schön und hübsch anzusehen sein; wenn aber jemand diese (Formen) noch weiter zum Extrem treibt, dann wird er zuerst die Proportion dieses Körperteils aufgeben und ihn am Ende so entstellen, daß er nicht einmal mehr wie eine Nase aussieht, weil die entgegengesetzten Züge auf der einen Seite übertrieben sind und auf der anderen ganz fehlen. Daß dies bei anderen Teilen genauso gilt, wissen Leute (die mit der Verfassung so verfahren) nicht, und ein solcher Prozess findet auch bei [anderem wie] den Verfassungen statt; denn Oligarchie und Demokratie können sich annehmbarer Bedingungen erfreuen, obwohl jede außerhalb der besten Ordnung steht. Wenn aber jemand (den Charakter) jeder dieser beiden Verfassungen weiter verschärft, dann wird er zuerst die Qualität dieser Verfassung verschlechtern und schließlich bewirken, daß sie gar keine Verfassung mehr ist. Aus diesem Grunde muß der Gesetzgeber und leitende Staatsmann wohl wissen, welche demokratischen Maßnahmen die Demokratie erhalten und welche sie zerstören, und welche oligarchischen Maßnahmen die Oligarchie (erhalten oder zerstören); denn keine von beiden kann ohne die Reichen und die Menge existieren und Bestand haben, sondern wenn ein Ausgleich in der Vermögensverteilung stattfindet, dann ist notwendigerweise danach diese Verfassung nicht mehr die gleiche. Es ist also festzuhalten, daß Leute, die die (bestehen- 1310a
den Verhältnisse) durch extreme Gesetze zerstören, damit die Verfassungen zerstören.

Falsch verhält man sich sowohl in Demokratien wie Oligarchien – in den Demokratien die Demagogen, wenn die Menge absolute Gewalt über die Gesetze hat; denn da sie gegen die Reichen kämpfen, zerreißen sie den einen Staat immer in zwei. Sie sollten aber genau umgekehrt immer den Eindruck erwekken, im Interesse der Reichen zu sprechen, wie in Oligarchien die Oligarchen im Interesse des Demos; und sie sollten Eide schwören, die den jetzt üblichen oligarchischen entgegengesetzt sind. Denn jetzt schwört man in einigen Oligarchien: »Ich werde dem Demos feindlich gesinnt sein und planen, ihm zu schaden, wie immer ich kann.« Man soll dagegen das Gegenteil sowohl glauben als auch zur Schau stellen, indem man in den Eiden zum Ausdruck bringt: »Ich werde dem Demos kein Unrecht zufügen.«

Die wichtigste unter allen genannten Maßnahmen, die zur Dauer der Verfassungen beitragen, die aber jetzt alle vernachlässigen, ist die Erziehung auf die jeweiligen Verfassungen hin. Denn die besten Gesetze, die von allen Bürgern gemeinsam beschlossen sind, nützen nichts, wenn nicht die Bürger im Geiste der Verfassung Gewohnheiten angenommen und eine entsprechende Erziehung erhalten haben – falls ihre Gesetze demokratisch sind, eine Erziehung im demokratischen Sinn, wenn sie oligarchisch sind, in oligarchischem Sinn; denn wenn es Unbeherrschtheit bei einer Person gibt, dann findet sie sich auch beim Staat. Im Geiste der Verfassung erzogen sein heißt aber nicht, das zu tun, woran die Oligarchen oder die, die die Demokratie wollen, Gefallen finden, sondern das, wodurch die einen dauerhaft in einer Oligarchie, die anderen in einer Demokratie leben können.

Wie die Dinge jedoch liegen, führen in den Oligarchien die Söhne der Regierenden ein Leben verwöhnten Genießens, während die der Armen wohl trainiert und an Anstrengungen gewöhnt sind; so kommt es, daß sie eher den Wunsch und die Fähigkeit haben, auf die Veränderung der politischen Verhältnisse hinzuarbeiten. Aber in den Demokratien, die im höchsten Maße als Demokratien gelten, hat sich das Gegenteil von dem, was nützlich ist, durchgesetzt; dafür muß man die Tatsache verantwortlich machen, daß sie Freiheit falsch bestimmen. Denn es sind zwei Prinzipien, durch die nach allgemeiner Auffassung die Demokratie bestimmt ist, einmal dadurch, daß die Mehrheit den Souverän bildet, dann durch Freiheit. Denn Recht besteht nach dieser Auffassung in Gleichheit, Gleichheit bedeute aber, daß die Beschlüsse der Menge die oberste Autorität bilden; und Freiheit und Gleichheit sei, daß jeder tut, was er will. Daher lebt in solchen Demokratien jeder, wie es ihm gefällt, und für das, »worauf er Lust hat«, wie Euripides sagt. Dies ist aber eine verhängnisvolle (Einstellung). Denn man soll nicht glauben, daß ein Leben, das auf die Verfassung ausgerichtet ist, Sklaverei ist, sondern, daß es das Überleben (der Verfassung) garantiert.

Soviele Gründe gibt es nun allgemein gesagt, aus denen es zu Umsturz und Zerstörung der Verfassungen kommt und aus denen sie erhalten werden und Bestand haben.

Kapitel 10. Es steht noch aus, auch zu behandeln, was zur
Zerstörung der Monarchie führt und was sie naturgemäß er-
hält. Die Vorgänge, die bei den verfassungsmäßig geordne- 1310b
ten Staatsformen beschrieben wurden, kommen dem ziemlich nahe, was in königlich oder tyrannisch regierten Staaten eintreten pflegt; denn das Königtum ist der Aristokratie zugeordnet, während die Tyrannis aus der extremen Oligarchie und Demokratie zusammengesetzt ist; aus diesem Grunde richtet sie auch bei den Untertanen am meisten Schaden an, da sie aus zwei Übeln zusammengesetzt ist und die Abweichungen vom Richtigen und die Verfehlungen dieser beiden Verfassungen vereinigt.

Jede dieser beiden monarchischen Staatsformen verdankt ihre Entstehung von vornherein entgegengesetzten Ursachen. Das Königtum wurde zum Schutz der Guten gegen den Demos eingerichtet, und der König wird aus den Reihen der Guten aufgrund seiner herausragenden persönlichen Qualität, aufgrund von Leistungen, die mit herausragender persönlicher Qualität vollbracht wurden, oder aufgrund der Zugehörigkeit zu einer in dieser Weise herausragenden Familie ernannt; dagegen wird ein Tyrann aus der Mitte des Demos und der Menge (zu ihrem Schutz) gegen die Angesehenen an die Macht gebracht, damit der Demos von ihnen kein Unrecht zu erleiden hat. Dies ergibt sich deutlich aus den Vorgängen: so ziem-
lich die meisten Tyrannen sind aus der Stellung als Demago- b15
gen, die sich das Vertrauen (des Volkes) erworben hatten, an die Macht gekommen, da sie die Angesehenen in Mißkredit gebracht hatten.

Diese tyrannischen Regierungen wurden in der beschriebenen Weise eingesetzt, als die (Bevölkerung der) Staaten schon angewachsen war; diejenigen vor ihnen (kamen) dagegen entweder aus der Stellung als Könige, die die überlieferten Satzungen nicht länger befolgten und eine despotischere Form (der Herrschaft) wollten, (zur Macht) oder als Inhaber höchster Ämter, in die man sie gewählt hatte; denn in der Vorzeit pflegte die freie Bevölkerung die Ämter des Demiurgen und Theoros für eine längere Amtsdauer zu besetzen; andere tyrannische Regime entstanden aus Oligarchien, in denen (die Bürger) einen einzigen Mann mit souveränen Vollmachten in die höchsten Ämter wählten. Ihnen war es möglich, (diese Stellung) auf die beschriebenen Weisen leicht zu gewinnen, wenn sie nur wollten, weil sie zuvor schon über Macht verfügten, die einen die der Königsherrschaft, die anderen die des hohen Amtes. So waren Pheidon in Argos wie auch andere schon Könige, bevor sie sich zu Tyrannen aufwarfen; dagegen gelangten die Tyrannen in Ionien und Phalaris aus ihrer hohen Amtsstellung zur Macht und Panaitios in Leontini, Kypselos in Korinth, Peisistratos in Athen, Dionysius in Syrakus und andere in der gleichen Weise aus ihrer Stellung als Demagogen.

Wie wir schon feststellten, hat das Königtum in der Ordnung (der Verfassungen) seinen Platz neben der Aristokratie; denn es wird nach dem Verdienst besetzt, das in herausragender persönlicher Qualität (des Inhabers) oder seiner Familie, in Leistungen zum Wohle (der Bevölkerung) oder diesen Eigenschaften und der Befähigung (solches zu vollbringen) besteht; denn alle erhielten die Königswürde entweder wegen solcher Leistungen zum Wohle (der Bevölkerung) oder weil sie die Befähigung hatten, den Staaten oder Völkern gute Dienste zu leisten. So bewahrten einige in Kriegen (ihr Volk) davor, (dem Gegner) als Sklaven zu dienen, wie Kodros, oder befreiten es, wie Kyros, oder besiedelten oder gewannen ein Gebiet wie die Könige der Spartaner, der Makedonen und Molosser. Denn der König hat es sich zum Ziel gesetzt, darüber zu wa-
1311a chen, daß die Vermögenden kein Unrecht erleiden und der Demos nicht das Opfer von erniedrigender ungerechter Behand-

lung wird; die Tyrannis verfolgt dagegen, wie schon häufig dargelegt wurde, überhaupt nicht das Wohl der Gesamtheit – es sei denn dies dient (zugleich) dem eigenen Vorteil. Das Ziel, das sich der Tyrann setzt, ist Lustbefriedigung, das des Königs dagegen richtiges Handeln. Aus diesem Grunde zielen auch die Anstrengungen eines Tyrannen, mehr zu gewinnen, auf Besitz, bei einem König dagegen eher auf hohes Ansehen; und die Leibwache des Königs ist aus Bürgern, die des Tyrannen aus Söldnern gebildet.

Es bedarf keines Nachweises, daß die Tyrannis sowohl die Mißstände der Demokratie wie der Oligarchie aufweist: aus der Oligarchie stammt ihr Ziel: Reichtum, denn (reichliche Geldmittel) sind unverzichtbar, um Leibwache und luxuriösen Lebensstil beizubehalten; daneben ist es ein gemeinsamer Zug beider Staatsformen, der Oligarchie und der Tyrannis, der Menge nicht zu trauen – deswegen entwaffnen sie sie auch –, und die Menge übel zu behandeln, sie aus der Stadt zu entfernen und verstreut anzusiedeln. Aus der Demokratie stammt a15
dagegen das Verhalten, gegen die Angesehenen zu kämpfen, sie versteckt und offen zu beseitigen und als Rivalen und als hinderlich für die (Ausübung der Allein-)Herrschaft zu verbannen. Daher kommt es auch zu den Anschlägen gegeneinander, da die einen selber die Macht innehaben wollen, während die anderen nicht bereit sind, die Stellung von Sklaven einzunehmen. Dies ist auch der Hintergrund für den Rat des Periander an Thrasybul, die herausragenden Getreidehalme abzuhauen, weil man seiner Auffassung nach immer die überragenden Bürger beseitigen müßte.

Wie nun so ziemlich erklärt wurde, muß man davon ausgehen, daß die Änderungen der verfassungsmäßig geordneten Staatsformen auf den gleichen Ursachen beruhen wie die der monarchischen Staatsformen, denn viele Untertanen kämpfen gegen Monarchien wegen Unrechts, das man ihnen angetan hat, und aus Furcht und wegen Verachtung – bei Unrecht ist es meistens die Form, die begangen wird, um zu erniedrigen, in manchen Fällen aber auch, um das Vermögen wegzunehmen. Aber auch die Ziele sind die gleichen (bei Umsturzversuchen) verfassungsmäßig geordneter Staatsformen und tyrannischer und königlicher Regierungsformen; denn Monarchen verfügen über ein großes Maß von Reichtum und hohem Ansehen – beides sind die Ziele, nach denen jedermann strebt.

Die Angriffe richten sich bald gegen die Person der Herrscher, bald gegen das Regime; auf die Person des Monarchen zielen Anschläge, die wegen erniedrigenden Unrechts unternommen werden – erniedrigendes Unrecht hat nun mehrere Formen, und jede von ihnen provoziert den Zorn (des Erniedrigten). So ziemlich die meisten, die Zorn hegen, unternehmen einen Anschlag, um sich zu rächen, und nicht um eine überlegene Stellung zu erringen. So kam es zum Anschlag gegen die Söhne des Peisistratos, weil sie die Schwester des Harmodios in ihrer Ehre schwer kränkten und Harmodios böswillig mit Verachtung behandelten – Harmodios unternahm ihn wegen seiner Schwester, Aristogeiton dagegen wegen Harmodios. Einen Anschlag wagte man auch gegen Periander, den Tyrannen
1311b von Ambrakia, weil er bei einem Gelage mit seinem Geliebten ihn fragte, ob er schon von ihm schwanger sei. Pausanias führte seinen Mordanschlag gegen Philipp aus, weil dieser es zuließ, daß Attalos ihm erniedrigendes Unrecht zufügte, und Derdas unternahm einen Anschlag gegen Amyntas den Kleinen, weil er öffentlich damit prahlte, dessen Jugendschönheit (genossen zu haben). Und der Eunuch griff Euagoras von Zypern an und tötete ihn als Reaktion auf die erniedrigende Behandlung, weil dessen Sohn seine Frau entführt hatte.

Viele Anschläge wurden auch deswegen ausgeführt, weil einige Monarchen (mit Untertanen) in schändlicher Weise körperlich umgingen, z. B. der des Krataios gegen Archelaos; denn immer verabscheute er den sexuellen Verkehr mit ihm, so daß (für einen Anschlag) auch schon ein geringerer Grund ausgereicht hätte als der, daß Archelaos gegen sein Versprechen ihm keine seiner Töchter zur Frau gab; vielmehr, als er in dem Krieg mit Sirras und Arrabaios in eine schwierige Lage geriet, gab er die ältere dem König von Elimeia, die jüngere dagegen seinem Sohn Amyntas, weil er sich ausrechnete, daß auf diese
b15 Weise dieser und der Sohn der Kleopatra am wenigsten feind-

selige Beziehungen entwickeln würden. Es war jedoch seine Abscheu gegen die Liebesdienste, die er ihm gewähren mußte, die seine Abneigung auslöste. Aus dem gleichen Grunde beteiligte sich Hellanokrates aus Larisa an dem Anschlag; denn als Archelaos zwar dessen Jugendschönheit genoß, ihn aber gegen sein Versprechen nicht nach Hause zurückkehren ließ, glaubte er, daß jener die sexuelle Beziehung nicht aus Verlangen eingegangen sei, sondern um ihn in ungerechter Weise zu erniedrigen. Python und Herakleides von Ainos brachten Kotys um, um Rache für ihren Vater zu nehmen, und Adamas fiel von Kotys ab; denn er fühlte sich in beleidigender Weise ungerecht behandelt, da er als Kind von ihm entmannt worden war.

Viele Männer sind aber auch in Zorn geraten, weil sie mit Schlägen körperlich mißhandelt wurden, und haben aus dem Gefühl, Opfer entehrenden Unrechts zu sein, entweder (die Täter) umgebracht oder es versucht, und dazu gehörten auch die Inhaber hoher Ämter oder Männer aus dem engsten Machtkreis um den König. In Mytilene hat so Megakles mit seinen Anhängern die Penthiliden, die herumzogen und mit Keulen Schläge austeilten, angegriffen und getötet. Und später hat Smerdis, der verprügelt und aus den Armen seiner Frau weggerissen worden war, Penthilos getötet. Und Anführer des Anschlages gegen Archelaos wurde Dekamnichos, der auch die Angreifer ganz besonders aufstachelte. Grund seines Zornes war die Tatsache, daß Archelaos ihn dem Dichter Euripides zum Verprügeln übergeben hatte; Euripides war aber über Dekamnichos verärgert, weil dieser etwas über seinen üblen Mundgeruch gesagt hatte. Viele andere wurden aus solchen Gründen entweder umgebracht oder wurden Opfer von Anschlägen.

Genauso kommt es aber auch aus Furcht (zu Anschlägen gegen Monarchen); Furcht war ja eine der Ursachen (von Verfassungswechseln) bei den Monarchien genauso wie bei den verfassungsmäßig geordneten Staatsformen. So hat auch Artapanes (einen Anschlag) gegen Xerxes (unternommen), weil er sich vor Anschuldigungen in Verbindung mit Dareios fürchtete; er hatte ihn nämlich erhängen lassen, ohne daß Xerxes ihm dies aufgetragen hatte, im Glauben, er würde es ihm nachsehen, da er sich wegen des Mahles an nichts erinnern könnte.

1312a Anschläge einer anderen Art werden aus Verachtung unternommen, so z. B. der gegen Sardanapal, nachdem jemand gesehen hatte, wie dieser zusammen mit den Frauen Wolle krempelte – sofern die, die solche Geschichten erzählen, die Wahrheit berichten; und wenn nicht in seinem Falle, so könnte sich so etwas doch bei einem anderen wirklich ereignen. Und Dion unternahm aus Verachtung einen Anschlag gegen Dionysius den Jüngeren, weil er feststellte, daß die Bürger genauso empfanden und jener ständig betrunken war. Und manche Vertraute (der Monarchen) unternehmen einen Anschlag, weil sie (das Risiko) als gering einschätzen; denn weil man ihnen Vertrauen schenkt, nehmen sie (die Möglichkeit eines Fehlschlages) nicht ernst, da sie darauf bauen, unentdeckt zu bleiben. Und diejenigen, die glauben, sie besäßen die Mittel, die Machtstellung des Monarchen auf irgendeine Weise zu gewinnen, unternehmen einen Anschlag, weil sie (das Risiko) für gering halten; denn weil sie sich stark fühlen und wegen ihrer Macht die Gefahr nicht ernst nehmen, schlagen sie unbedenklich los, wie etwa Heerführer gegen Monarchen. So unternahm z. B. Kyros einen Anschlag gegen Astyages, weil er eine geringe Meinung von seinem Lebenswandel und seiner Macht hatte – seine Macht hatte ihre Bedeutung eingebüßt, und Astyages lebte in weichlichem Luxus; auch der Thraker Seuthes, der Befehlshaber war, unternahm einen Anschlag gegen Amadokos.

a15 Andere führen Anschläge aus mehreren Gründen zusammengenommen aus, etwa aus Geringschätzung und Gewinnstreben, so wie Mithridates gegen Ariobarzanes. Aus dem hier behandelten Grunde unternehmen am ehesten Leute mit einer draufgängerischen Natur, die überdies bei den Monarchen eine hohe militärische Stellung bekleiden, Anschläge. Denn Mut, dem die Machtmittel zur Verfügung stehen, wird zu Draufgängertum; gestützt auf diese beiden (Voraussetzungen) und in der Erwartung, leicht die Oberhand zu gewinnen, unternehmen sie die Anschläge.

Männer, die aus Verlangen nach Ruhm Monarchen angreifen, haben dafür einen Grund, der eine eigene Kategorie neben den vorher behandelten bildet. Einige führen einen Anschlag auf Tyrannen aus, weil sie sehen, daß diese großes Vermögen und großes Ansehen besitzen; dagegen entscheidet sich jeder, der aus Verlangen nach Ruhm einen solchen Anschlag unternimmt, nicht in dieser Weise für das gefährliche Unternehmen: die erste Gruppe von Männern tut es aus dem genannten Grunde, dagegen trachten diese nach dem Leben eines Monarchen, so wie sie auch jede andere außergewöhnliche Handlung vollziehen könnten, durch die sie sich einen Namen machen und hohes Ansehen bei anderen gewinnen können. Sie wollen nicht die Monarchie, sondern Ruhm gewinnen. Aber Männer, die aus einem solchen Grunde losschlagen, bilden eine sehr kleine Zahl; denn sie brauchen die Einstellung, sich um den Erhalt des Lebens nicht zu scheren, falls ihrer Aktion kein Erfolg beschieden ist. Sie müssen die Auffassung eines Dion haben, aber nur schwer kann sie sich bei vielen finden; Dion zog nämlich mit nur wenigen Begleitern gegen Dionysios zu Felde; er erklärte, es sei seine Einstellung, daß wieweit er immer vorrükken könnte, ein so großer Teil seiner Aktion ihm genüge. Wenn ihn z. B. der Tod treffe, nachdem er nur wenige Schritte auf das Land gesetzt habe, so gereiche ihm ein solcher Tod zur Ehre.

Eine Form des Sturzes der Tyrannis wie jeder anderen Verfassung erfolgt von außen, wenn ein an Macht überlegener (Staat eine) entgegengesetzte Verfassung hat; denn den 1312b
Wunsch (zum Sturz) wird er wegen des Gegensatzes in der Zielsetzung haben; und was sie wollen, pflegen alle Menschen auch zu tun, wenn sie dazu in der Lage sind. Unter den Verfassungen ist nun die Demokratie der Tyrannis entgegengesetzt, so wie nach dem Vers des Hesiod »der Töpfer dem Töpfer«, denn die letzte Form von Demokratie ist Tyrannis; und Königtum und Aristokratie sind wegen der Gegensätzlichkeit ihrer Verfassung (der Tyrannis) entgegengesetzt – aus diesem Grunde haben auch die Spartaner die meisten tyrannischen Regime gestürzt und die Syrakusaner während der Zeit, als sie sich einer guten politischen Ordnung erfreuten.

Eine andere Form (des Sturzes der Tyrannis) findet von innen heraus statt, wenn diejenigen, die das tyrannische Regime mit tragen, sich gegeneinander erheben, so wie die Tyrannis des Gelon und seiner Anhänger und in der jüngeren Vergangenheit die des Dionysius und seiner Anhänger gestürzt wurde: die Tyrannis des Gelon wurde gestürzt, als Thrasybul, der Bruder des Hieron, wie ein Demagoge Einfluß über den Sohn des Gelon ausübte und ihn zu einem Leben der Vergnügungen verführte, um selber die Macht auszuüben; dagegen brachten seine Angehörigen eine Gruppe von Verschwörern zusammen, nicht mit der Absicht, die Tyrannis überhaupt, sondern nur Thrasybul zu beseitigen; als sich eine günstige Gelegenheit dafür bot, vertrieben aber die Verschwörer alle (die mit der Tyrannis verbunden waren). Und Dion wagte eine militärische Unternehmung gegen Dionysius, mit dem er durch Heirat verwandt war; er hatte sich die Unterstützung des Volkes gesichert, wurde aber getötet, nachdem es ihm gelungen war, jenen zu vertreiben.

Es gibt zwei Ursachen, deretwegen man meisten einen Anschlag gegen tyrannische Regime verübt, Haß und Verachtung. Haß wird Tyrannen immer entgegengebracht, aber es ist Verachtung, die in vielen Fällen zu ihrem Sturz führt. Als Indiz dafür (kann folgendes dienen): die meisten, die sich die Machtstellung (als Tyrann) selber erobern mußten, haben sie auch behalten, während alle, die sie ererbt haben, sie sozusagen gleich beim Antritt verloren haben; denn da sie ein Leben des Genusses führen, werden sie leicht Gegenstand der Verachtung und bieten ihren Angreifern zahlreiche Gelegenheiten.

Als eine Form von Haß muß man auch den Zorn ansetzen, denn in gewisser Hinsicht führt er zu den gleichen Handlungen; Zorn ist aber (ein Affekt, der) in vielen Fällen sogar mehr zum Handeln provoziert als Haß; denn mit grimmigerer Härte greifen Männer im Zorn an, weil bei diesem Affekt keine Überlegung im Spiele ist – daß man Zornesaufwallungen nachgibt, ist meistens die Reaktion gegen erniedrigende ungerechte Behandlung; aus diesem Grunde wurde auch die Tyrannis der Söhne des Peisistratos gestürzt und viele andere tyrannischen Regime; Haß gehorcht dagegen eher der Vernunft; denn während Zorn von schmerzlicher Kränkung begleitet ist, so daß es schwer fällt, vernünftig zu überlegen, ist Feindseligkeit nicht von einem solchen Schmerzgefühl begleitet (weshalb bei dieser Empfindung Vernunft zur Geltung kommt).

Um die Hauptpunkte zusammenzufassen: alle Ursachen, die wir (für den Sturz) der radikalen und letzten Form von Oligarchie und der extremen Demokratie genannt haben, muß man auch als Ursachen (für den Sturz) der Tyrannis angeben. Denn diese beiden Regierungsformen sind tyrannische Systeme, deren Machtausübung lediglich auf viele Menschen verteilt ist.

Eine Königsherrschaft wird am wenigsten von außen gestürzt, deswegen ist sie auch dauerhaft; in den meisten Fällen wird sie aber von innen heraus zu Fall gebracht. Ihr Sturz läuft
aber in zwei verschiedenen Formen ab: im einen Falle, wenn 1313a
diejenigen, die die Königsherrschaft mit tragen, sich gegeneinander erheben, im anderen dann, wenn (die Könige) versuchen, in einer zu stark tyrannischen Weise zu regieren, (und dies ist der Fall) wenn sie beanspruchen, wider das Gesetz absolute Macht über eine zu große Zahl von Angelegenheiten zu haben. Königsherrschaften werden aber heutzutage nicht mehr eingerichtet, sondern wenn überhaupt (solche Staatsformen) entstehen, dann eher monarchische und tyrannische Regierungsformen; denn das Königtum ist eine Herrschaftsform, die zwar freiwillig (von den Regierten akzeptiert wird), aber absolute Macht über eine größere Zahl von Angelegenheiten ausübt; da nun viele (in ihrer Qualifikation) gleich sind und niemand sich so auszeichnet, daß er der Bedeutung und dem Anspruch dieses Amtes gewachsen ist, fügt man sich nicht freiwillig (der Herrschaft eines Einzigen). Wenn jemand aber durch Trug oder Gewalt die Herrschaft an sich reißt, so gilt das schon als Tyrannis. In Königtümern, die nach der Zugehörigkeit zu einer Familie besetzt werden, muß man als Grund für ihren Sturz neben den vorher aufgeführten Ursachen noch angeben, daß viele Könige leicht Opfer von Verachtung werden,

und daß sie als Inhaber königlicher Würde, aber nicht von tyrannischer Gewalt (den Untertanen) in erniedrigender Weise Gewalt antun; in diesem Fall hörte das Königtum leicht auf zu existieren. Denn wenn die Regierten die Herrschaft eines Königs nicht mehr wollen, wird es sofort mit der Königsherrschaft zu Ende sein, ein Tyrann herrscht dagegen auch ohne ihre Zustimmung.

Es sind diese Gründe und weitere dieser Art, die zum Sturz der Monarchien führen.

Kapitel 11. Ihre Erhaltung verdanken Monarchien dagegen allgemein gesagt den entgegengesetzten Gründen, und im einzelnen werden die königlichen Verfassungen durch Maßnahmen erhalten, durch die man sie auf eine maßvollere Form zurückführt. Denn je weniger Angelegenheiten sie kontrollieren, umso länger muß ihre Herrschaft als Ganzes erhalten bleiben. Die Regierenden werden ja so weniger despotisch und in ihren Verhaltensweisen eher (ihren Untertanen) gleich sein und werden von diesen weniger beneidet. Aus diesem Grunde behauptete sich auch bei den Molossern das Königtum auf lange Zeit; und das gleiche gilt für die Königsherrschaft der Spartaner; denn ihre Machtbefugnisse waren von Anfang an auf zwei (Könige) aufgeteilt, und Theopomp schränkte sie dann zusätzlich ein, indem er einige Maßnahmen einführte, besonders aber indem er das Amt der Ephoren neben den Königen einsetzte. Denn dadurch, daß er von ihren Machtbefugnissen wegnahm, stärkte er das Königtum auf Dauer, so daß er es in gewisser Weise nicht schmälerte, sondern mehrte. In diesem Sinne soll er auch seiner Frau geantwortet haben, als sie ihn fragte, ob er sich nicht schäme, die Königsherrschaft an seine Söhne mit geringerer Macht weiterzugeben, als er sie von seinem Vater übernommen habe: »Keineswegs«, soll er gesagt haben; »ich hinterlasse ihnen ja eine dauerhaftere Königsherrschaft«.

Tyrannische Regierungen werden auf zwei Arten erhalten, die einander völlig entgegengesetzt sind. Eine ist die traditionelle Form, nach der auch die meisten Tyrannen regieren. Die meisten dieser Maßnahmen soll Periander von Korinth

eingeführt haben; man kann aber auch vieles dieser Art der Persischen Regierungsweise entnehmen. Es sind dies die früher beschriebenen Maßnahmen, die Tyrannen zum Erhalt ihrer Herrschaft anwenden, soweit das möglich ist, nämlich die überragenden Männer zu erniedrigen und die selbstbewußten zu beseitigen, gemeinsame Mahlzeiten, Zusammenschluß zu einem Klub, Erziehung oder Ähnliches nicht zu gestatten, son- 1313b
dern alles genau zu überwachen, was gewöhnlich zwei Auswirkungen hat: Selbstbewußtsein und gegenseitiges Vertrauen; (zu tyrannischen Maßnahmen gehört auch, den Untertanen) Treffen, die der Bildung gewidmet sind, oder andere Zusammenkünfte zu geselligem Zeitvertreib nicht zu erlauben und alles in ihrer Kraft zu tun, so daß die Untertanen, soweit es möglich ist, sich nicht näher kennenlernen; denn Bekanntschaft bewirkt, daß sie eher Zutrauen zueinander fassen. (Zum Erhalt der Tyrannis trägt auch bei), daß alle, die sich im Lande aufhalten, immer in der Öffentlichkeit sichtbar sind und ihre Zeit vor den Türen verbringen; so können sie ihr Treiben am wenigsten verheimlichen und dürften die Gewohnheit annehmen, gering von sich selber zu denken, da sie sich ständig servil aufführen müssen. (Dem gleichen Zweck dienen) auch die anderen tyrannischen Maßnahmen, die bei den Persern oder Barbaren im Brauch sind; denn sie haben alle die gleiche Wirkung. Dazu gehört auch zu versuchen, daß nichts geheim bleiben kann, was ein Untertan sagt oder spricht, sondern daß es Spitzel gibt, so wie in Syrakus die sogenannten »Zuträgerinnen« und die Lauscher, die Hieron überall hinschickte, wo immer es ein Treffen oder eine Versammlung gab; denn aus Angst vor ihnen reden die Untertanen weniger offen, und wenn sie sich frei aussprechen, bleiben sie weniger leicht unentdeckt. Weiter gehört dazu, Leute gegeneinander aufzubringen und Zwietracht unter Freunden, zwischen dem Demos und den Angesehenen und zwischen den Reichen untereinander zu säen. Zu den tyrannischen Maßnahmen gehört auch, daß man die Untertanen in Armut stürzt, damit man (von ihren Abgaben) die Leibwache unterhalten kann und damit die Untertanen, die ihren täglichen Verpflichtungen nachgehen müs-

sen, keine freie Zeit haben, um einen Anschlag (gegen den Tyrannen) zu unternehmen – ein Beispiel für ein solches Vorgehen bieten die Pyramiden in Ägypten, die Weihgeschenke der Kypseliden, der Bau des Olympieion durch die Peisistratiden und die Bauten des Polykrates auf Samos; denn sie haben alle die gleiche Wirkung: sie rauben den Untertanen die freie Zeit und machen sie arm. Auch das Eintreiben von Steuern (verfolgte diesen Zweck) wie z. B. in Syrakus: unter der Tyrannis des Dionysius wurde im Laufe von fünf Jahren das ganze Vermögen als Steuer abgeführt. Ein Tyrann bricht aber auch gewohnheitsmäßig Kriege vom Zaun, damit seine Untertanen durch Tätigkeiten angespannt bleiben und dauernd auf einen Führer angewiesen sind. Und während eine Königsherrschaft durch die Freunde des Königs geschützt wird, ist es für Tyrannen typisch, gerade ihren Freunden zu mißtrauen, wohlwissend daß alle (einen Anschlag gegen sie) unternehmen wollen, die Freunde aber am ehesten die Möglichkeit dazu haben.

Alle Erscheinungen der extremen Demokratie sind auch der Tyrannis eigentümlich, nämlich die dominierende Stellung der Frauen in den Haushalten, damit sie gegen ihre Männer Aussagen machen, und aus dem gleichen Grunde die Lockerung der Kontrolle über die Sklaven; denn Sklaven und Frauen zetteln keinen Anschlag gegen Tyrannen an; und weil es ihnen (unter diesen Verfassungen) gut geht, mögen sie zwangsläufig tyrannische und demokratische Regime; denn der Demos wünscht, Alleinherrscher zu sein. Deswegen erfreuen sich bei beiden Schmeichler einer hohen Wertschätzung, beim Volk der Demagoge – denn der Demagoge ist der Schmeichler des Volkes –, bei den Tyrannen dagegen diejenigen, die als Krie-
1314a cher mit ihnen Umgang pflegen – denn das ist, was Schmeichler tun. Aus diesem Grunde umgeben sich Tyrannen auch typischerweise mit schlechten Freunden; denn sie haben es gern, daß man ihnen schmeichelt; dazu könnte sich aber niemand, der einen freien Sinn hat, bereitfinden. Männer von Wert pflegen dagegen Freundschaften oder treten wenigstens nicht als Schmeichler auf. Und schlechte Leute (wie die, mit denen sich der Tyrann umgibt) sind nützlich für schlechte Vorhaben, wie

man nach dem Sprichwort »einen Nagel mit einem Nagel« (heraustreibt).

Es ist aber auch typisch für einen Tyrannen, daß er kein Gefallen an Männern finden kann, die Würde und Freiheit bewahren; denn der Tyrann beansprucht diese Qualität allein für sich; wer aber ihm gegenüber Würde und Freiheit zeigt, der stiehlt ihm seinen überlegenen Rang und den absoluten Anspruch der Tyrannis; solche Leute werden von Tyrannen mit Haß verfolgt, als würden sie ihr Regime stürzen.

Ein Tyrann pflegt auch Tischgenossen und Gefährten für den täglichen Umgang eher aus der Fremde als aus den Bürgern seines Staates zu wählen, da er in diesen persönliche Gegner vermutet, während jene ihm seine Herrschaft nicht streitig machten. Alle diese Maßnahmen gehören zur Tyrannis, sie verleihen dem Regime Dauer; es gibt aber keine Ruchlosigkeit, die nicht angewandt würde.

Die aufgezählten Maßnahmen werden alle sozusagen unter drei Hauptbegriffen erfaßt, denn die Tyrannis verfolgt drei Ziele: erstens das Selbstvertrauen der Untertanen zu brechen – denn ein Mann, der gering von sich selber denkt, wird keinen Anschlag gegen irgendjemand verüben; zweitens zu erreichen, daß sie einander mißtrauen – denn eine Tyrannis wird nicht eher gestürzt, als bis einige zueinander Vertrauen fassen; deswegen verfolgen Tyrannen auch rechtschaffene Männer mit Feindseligkeit, da sie in ihnen eine Bedrohung ihres Regimes fürchten, nicht nur weil diese es ablehnen, sich despotisch regieren zu lassen, sondern auch weil sie untereinander und bei den anderen Untertanen Vertrauen genießen und weder gegen Männer aus den eigenen Reihen noch gegen andere Anklagen erheben; drittens (ist ihr Ziel) die Ohnmacht (der Untertanen), effektiv zu handeln – denn niemand versucht Unmögliches, daher auch nicht den Sturz einer Tyrannis, wenn die Machtmittel dazu fehlen. Dies sind die drei leitenden Gesichtspunkte, auf die sich die Machenschaften der Tyrannen zurückführen lassen; denn alle tyrannischen Maßnahmen könnte man auf die folgenden Grundsätze zurückführen: entweder, daß die Untertanen einander mißtrauen oder daß sie ohnmächtig sind oder daß sie kein Selbstvertrauen besitzen.

Damit ist nun die eine Methode, durch die Tyrannen das Überleben ihrer Herrschaft erreichen, behandelt. Bei der anderen trifft man fürsorgende Maßnahmen, die den eben beschriebenen so ziemlich genau entgegengesetzt sind. Man kann sie aus (der Beschreibung der Ursachen) des Sturzes der Königsherrschaft gewinnen. Denn wie eine Methode, die Königsherrschaft zu zerstören, darin besteht, daß man der Herrschaftsform zu sehr ein tyrannisches Gepräge gibt, so läßt sich (umgekehrt) der Erhalt einer Tyrannis sichern, indem man ihr einer stärker königlichen Charakter verleiht. Nur darf der Tyrann dabei eines nicht aufgeben, ich meine seine Machtstellung, damit er seine Herrschaft nicht nur mit der Zustimmung der Bürger, sondern auch gegen ihren Widerstand behaupten kann; denn wenn er diese Machtstellung preisgibt, dann gibt er auch die Herrschaft als Tyrann auf; (an ihr festzuhalten) muß als die Grundlage (seiner Macht) gelten. In allen anderen Angelegenheiten muß er einige Handlungen wie ein König ausführen, andere so auszuführen den Eindruck erwecken, indem er die Rolle eines Königs gekonnt spielt.

1314b Zuallererst muß er den Eindruck erwecken, er kümmere sich um das öffentliche Wohl; er soll keine Ausgaben für Geschenke machen, über die sich die Menge empört, (z. B.) wenn (Tyrannen) von ihnen, die arbeiten und sich abplagen müssen, Abgaben abpressen und davon dann an Hetären, Fremde und Künstler großzügige Geschenke machen. Er soll auch Rechenschaft über Einnahmen und Ausgaben ablegen, wie es schon einige Tyrannen getan haben; denn wenn er die öffentlichen Mittel so verwaltet, könnte er eher den Eindruck eines Hausverwalters und nicht eines Tyrannen machen. Er darf aber nicht die Furcht hegen, daß ihm die Geldmittel ausgehen könnten; denn er hat ja die absolute Macht im Staate inne. Vielmehr ist für Tyrannen, die außer Landes weilen, das beschriebene Vorgehen eher von Vorteil, als Schätze aufzuhäufen und zurückzulassen; denn dann haben die, denen das Geld anvertraut ist, weniger Grund zu versuchen, die Macht an sich zu reißen; für Tyrannen, die außer Landes weilen, sind ja die Männer, die die Gelder überwachen, mehr zu fürchten als die Bürger; denn diese ziehen mit ihnen aus, jene aber bleiben im Land zurück. Außerdem muß allgemein deutlich werden, daß der Tyrann Steuern und öffentliche Leistungen für die Bestreitung notwendiger Aufgaben und für möglichen Bedarf in Kriegszeiten einfordert. Und generell muß er sich (in der Verwaltung von Geldern) als Hüter und Treuhänder darstellen, so als gehörten sie der Allgemeinheit und seien nicht sein Privatvermögen.

Und er soll nicht als ein Mann erscheinen, mit dem schwer umzugehen ist, sondern der Würde hat; und er soll so auftreten, daß alle, die mit ihm zu tun haben, ihn nicht fürchten, sondern eher achten. Solchen Respekt bringt man ihm aber nicht leicht entgegen, wenn er sich der Verachtung aussetzt. Wenn der Tyrann schon die anderen wertvollen Eigenschaften nicht besitzen kann, so soll er sich aus diesem Grunde doch um kriegerische Tüchtigkeit bemühen, und er muß eine solche Auffassung über sich verbreiten.

Ferner darf weder er selber noch irgend jemand aus seiner Umgebung dabei gesehen werden, wie er in erniedrigender Weise einem Untertanen, sei es ein junger Mann oder eine junge Frau, Unrecht zufügt. Die Frauen aus der Familie des Tyrannen müssen sich entsprechend gegenüber den übrigen Frauen verhalten, da Unrecht in erniedrigender Absicht schon den Untergang vieler tyrannischer Regime verursacht hat. Und beim Verfolgen sinnlicher Genüsse müssen Tyrannen das Gegenteil von dem tun, was einige von ihnen gewöhnlich tun: diese gehen ihrer Genußsucht nicht nur vom frühen Morgen an und ununterbrochen über viele Tage hin nach, sondern sie wollen auch noch, daß anderen solche Taten bekannt werden, damit diese sie als glücklich und gesegnet bewundern; vielmehr sollen sie am besten in diesen Dingen Mäßigkeit üben, und wenn sie das nicht können, wenigstens bei anderen den Eindruck (von Genußleben) vermeiden. Denn nicht der Nüchterne, sondern der Trunkene, und nicht der Wachende, sondern der Schlafende ist leicht das Ziel von Angriffen und Verachtung.

(Als Tyrann) muß man aber das Gegenteil von so ziemlich allem tun, was vorher ausgeführt wurde. Man muß nämlich die Stadt ausbauen und verschönern wie jemand, dem die Sorge dafür übertragen wurde, und nicht wie ein Tyrann. Und er muß den Eindruck erwecken, er nehme die Verpflichtungen gegenüber den Göttern besonders ernst; denn wenn die Untertanen glauben, der Herrscher sei gottesfürchtig und es sei ihm mit den Göttern ernst, werden sie weniger fürchten, daß sie von solchen Männern Widerrechtliches erleiden müssen, und sie werden weniger einen Anschlag gegen ihn planen, da sie sich vorstellen, er habe die Götter zu Verbündeten; in seiner Frömmigkeit darf er aber nicht einfältig erscheinen.

Er muß auch alle, die sich in irgendeiner Form verdient gemacht haben, so ehren, daß diese sich nicht vorstellen könnten, sie könnten von freien Bürgern größere Ehren empfangen. Und solche Ehrungen muß er selber verleihen, Bestrafungen jedoch durch andere, nämlich Ämter oder Gerichte, vollziehen lassen.

Für jede Form von Monarchie gilt in gleicher Weise eine Vorsichtsmaßnahme, nämlich nicht (neben dem Monarchen) einen einzelnen in eine mächtige Position zu erheben, sondern wenn überhaupt, dann eine größere Anzahl; denn diese werden sich gegenseitig überwachen. Wenn man aber schon einen einzigen herausheben muß, dann nicht jemanden mit entschlossener Kühnheit; denn ein Mann mit einem solchen Charakter neigt am ehesten dazu, in allen Angelegenheiten rücksichtslos anzugreifen. Und wenn der Monarch jemandem Machtbefugnisse abnehmen muß, dann soll er dies Schritt für Schritt tun und ihm nicht allen Einfluß auf einmal wegnehmen.

Der Tyrann muß sich vor jeder Form von Unrecht, das zugefügt wird, um andere zu erniedrigen, hüten, vor allem aber vor zwei Arten entehrender Angriffe, solchen [Schlägen] gegen die körperliche Unversehrtheit und gegen die Jugend. Diese Vorsicht und Zurückhaltung muß er besonders gegenüber denjenigen üben, denen ihre Ehre viel bedeutet; denn wie Leute, die Geld lieben, Mißachtung ihrer Besitz(interessen) nur schwer ertragen, so nehmen die, denen ihre Ehre viel bedeutet, und rechtschaffene Menschen nicht leicht rücksichtsloses Verhalten, das ihr Ansehen schädigt, hin. Deswegen soll der Tyrann solche Leute entweder ganz meiden oder aber es deutlich werden lassen, daß er Strafen wie ein Vater verhängt und nicht aus Geringschätzung; und er soll den Eindruck erwecken, daß er sexuelle Beziehungen zu Jüngeren aus erotischer Anziehung pflegt und nicht weil er Macht besitzt; und überhaupt muß er eine Behandlung, die als ehrenrührig empfunden werden könnte, durch größere Ehrenbezeigungen ausgleichen.

Unter denen, die dem Tyrannen nach dem Leben trachten, sind die Männer am gefährlichsten, die bereit sind, ihr Leben zu opfern, wenn sie nur zuerst das des Tyrannen genommen haben; gegen sie muß er am meisten Vorkehrungen treffen. Deswegen muß er sich besonders vor denen in acht nehmen, die glauben, entweder sie selber oder andere, deren Wohl ihnen am Herzen liegt, seien die Opfer seines entehrenden Unrechts. Denn wer aus Zorn angreift, schont nicht sein Leben, wie auch Heraklit aussprach, wenn er sagte, daß es »schwierig« sei, »gegen Zorn zu kämpfen, denn er kaufe sich (was er begehrt) um den Preis der Seele.«

Da aber die Staaten aus zwei Gruppen zusammengesetzt sind, den Armen und den Reichen, müssen am besten beide glauben können, daß sie ihre Sicherheit der Macht des Tyrannen verdanken und nicht (seinetwegen) die einen Opfer von Unrecht, das die anderen gegen sie begehen, werden. Er muß aber jeweils die Gruppe, die stärker ist, besonders an sein Regime binden; denn wenn der Tyrann eine solche Unterstützung für seine Macht hat, dann braucht er nicht Sklaven zu befreien oder (den Bürgern) die Waffen abzunehmen; wenn diese eine Gruppe seiner Macht hinzugefügt wird, reicht sie aus, um ihre Überlegenheit über die Angreifer zu sichern.

Es würde zu weit führen, jede dieser Maßnahmen im Einzelnen zu behandeln; denn das allgemeine Ziel ist auch so schon klar: der Tyrann darf bei den Untertanen nicht den Eindruck erwecken, daß er tyrannisch regiere, sondern als Ver- 1315b
walter eines Hauses und wie ein König, und daß er nicht (ihre

Güter) plündert, sondern sich (um sie) sorgt; und er muß in seiner Lebensführung Maß statt der Extreme verfolgen und sich außerdem die besseren Kreise durch persönlichen Umgang verpflichten, die Menge aber als Demagoge gewinnen.

Als Ergebnis solcher Maßnahmen wird seine Herrschaft bewundernswerter und erstrebenswerter sein, da er über bessere Untertanen herrscht anstatt solche, die gedemütigt sind; er wird nicht verhaßt und voller Furcht leben, und sein Regime wird dauerhafter sein. Er selber wird in seiner Charakterhaltung entweder richtig herausragende menschliche Qualität anstreben oder doch halbwegs gut sein, und keinesfalls ruchlos, sondern nur halbwegs schlecht.

Kapitel 12. Und doch sind unter allen Verfassungen Oligarchie und Tyrannis am kurzlebigsten; die Tyrannis des Orthagoras und seiner Söhne in Sikyon, die sich hundert Jahre lang hielt, erfreute sich noch der längsten Dauer, und dafür gibt es mehrere Gründe: sie gingen mit den Untertanen maßvoll um und unterwarfen sich in vielen Angelegenheiten ganz den Gesetzen; Kleisthenes setzte sich nicht leicht der Verachtung aus, da er sich in Kriegen hervortat, und sie gewannen das Volk durch vielseitige fürsorgende Maßnahmen für sich. Man berichtet auch, Kleisthenes habe den Kampfrichter, der ihm einen Sieg absprach, mit einem Kranz ausgezeichnet. Einige behaupten auch, daß das Standbild eines sitzenden Mannes auf dem Markt diesen Richter darstelle. Man sagt auch, daß Peisistratos Folge geleistet habe, als er einmal vor den Areiopag in einem Rechtsstreit vorgeladen wurde.

An zweiter Stelle folgt die Tyrannis der Kypseliden in Korinth; denn sie hielt sich dreiundsiebzig Jahre und sechs Monate. Kypselos regierte nämlich als Tyrann dreißig Jahre lang, Periander vierzig einhalb und Psammitich, der Sohn des Gorgos, drei Jahre lang. Diese (Dauer der Herrschaft) verdankte Kypselos den gleichen Maßnahmen wie die vorher beschriebene Tyrannis: er trat als Führer des Volkes auf und ließ sich während seiner ganzen Regierungszeit nicht von einer Leibwache schützen, während Periander zwar wie ein Tyrann regierte, aber sich im Kriege auszeichnete. An dritter Stelle folgt die Tyrannis der Peisistratiden in Athen. Diese regierten aber nicht ununterbrochen; denn zweimal mußte Peisistratos als Tyrann außer Landes gehen; so kam es, daß er in einem Zeitraum von 33 Jahren nur siebzehn Jahre regierte, dazu kamen achtzehn Jahre seiner Söhne, so daß ihre gesamte Regierungszeit fünfunddreißig Jahre betrug. Unter den übrigen tyrannischen Regimen (hielt sich noch am längsten) das des Hieron und Gelon in Syrakus. Aber auch ihre Tyrannis dauerte nicht lange, sondern alles in allem achtzehn Jahre. Denn nach sieben Jahren tyrannischer Herrschaft starb Gelon im achten Jahr, während Hieron zehn Jahre regierte und Thrasybul im elften Monat seiner Regierung vertrieben wurde. Sieht man sich aber die Mehrzahl tyrannischer Regierungen an, so konnten sich alle nur ganz kurze Zeit behaupten.

Damit sind so ziemlich alle Ursachen behandelt, die zum Sturz oder zur Erhaltung verfassungsmäßig geordneter und monarchischer Regierungsformen führen.

In der *Politeia* hat Sokrates zwar die (Verfassungs-)Ände- 1316a
rungen besprochen, aber nicht in befriedigender Weise. Denn bei der besten Verfassung, die auch den ersten Rang einnimmt, beschreibt er den Wechsel nicht in spezifischer Weise, da er als Ursache angibt, daß nichts Bestand habe, sondern alles sich in einem gewissen Zeitumlauf wandle, und daß der Beginn (des Wandels) von solchen (Dingen) ausgehe, »bei denen das Grundverhältnis 3 zu 4 verbunden mit 5 zwei Harmonien ergibt«; damit meint er den Fall, wenn die Zahl dieser Figur zum Körper potenziert wird, weil, wie er annimmt, die Natur manchmal Menschen hervorbringt, die schlecht ausgestattet sind und allen Versuchen der Erziehung widerstehen. Diese Erklärung ist an sich vielleicht nicht unrichtig, denn es kann ja Männer geben, bei denen es unmöglich ist, daß sie erzogen oder gut werden. Aber in welcher Beziehung gilt diese (Ursache des) Wechsels spezifisch eher für die von ihm beschriebene beste Verfassung als für alle anderen Verfassungen oder für alles, was entsteht? Und verändern sich unter der
Einwirkung der Zeit, der er jede Änderung zuschreibt, auch a15

Dinge zugleich, die nicht zugleich entstanden sind? Wird z. B. was am Vortag der Wende entstand, sich zugleich (mit früher Entstandenem) verändern?

Warum findet außerdem der Verfassungswechsel vom (besten Staat) zur spartanischen Verfassung statt? Denn alle Verfassungen schlagen häufiger in die entgegengesetzte als die nahe verwandte um. Dieser gleiche Einwand gilt aber auch für die anderen (in der *Politeia* beschriebenen) Verfassungsänderungen. Denn (Sokrates) behauptet, daß von der spartanischen Verfassung ein Umschlag zur Oligarchie stattfinde und von dieser zur Demokratie und zur Tyrannis aus der Demokratie. Jedoch vollziehen sich Verfassungswechsel auch in die entgegengesetzte Richtung, ich meine von der Demokratie zur Oligarchie, und das häufiger als zur Monarchie.

Außerdem legt er nicht dar, ob die Tyrannis ihrerseits in eine andere Verfassung umschlagen wird oder nicht, ⟨und wenn sie umschlägt⟩, aus welchem Grunde und zu welcher Verfassung. Die Erklärung für dieses (Versäumnis) liegt darin, daß er dies nur schwer hätte ausführen können; denn dies entzieht sich genauer Bestimmungen, während nach seiner Darstellung die Tyrannis in seine erste und beste Verfassung übergehen müßte; denn so würde sich die (von ihm vorausgesetzte) ununterbrochene Entwicklung und ein Kreislauf ergeben. Aber eine Tyrannis schlägt auch in eine Tyrannis um, wie in Sikyon die des Myron in die des Kleisthenes, und in eine Oligarchie wie in Chalkis die des Antileon, und zur Demokratie wie die des Gelon und seiner Familie in Syrakus, und zur Aristokratie wie die des Charillos in Sparta und die in Karthago. Und ein Verfassungswechsel findet auch von der Oligarchie zur Tyrannis statt, so wie es in Sizilien so ziemlich den meisten der früheren Oligarchien widerfuhr: in Leontini (führte der Sturz der Oligarchie) zur Tyrannis der Panaitios und in Gela zu der des Kleandros und in Rhegion zu der des Anaxilaos und in vielen anderen Städten genauso.

Es macht außerdem keinen Sinn anzunehmen, ein Verfassungsumsturz zur Oligarchie trete deswegen ein, weil die
1316b Amtsinhaber geldgierig sind und einträglichen Tätigkeiten

nachgehen; der Grund ist vielmehr, daß diejenigen, die weit mehr besitzen, es nicht für gerecht halten, daß die, die nichts besitzen, den gleichen Anteil an den politischen Rechten haben wie die Begüterten. In vielen Oligarchien ist es außerdem (den Bürgern) untersagt, einer gewinnbringenden Tätigkeit nachzugehen; ihre Gesetze verbieten dies, während im demokratisch regierten Karthago (Bürger) einträglichen Tätigkeiten nachgehen und noch nicht einen Verfassungswechsel erfahren haben.

Es macht auch keinen Sinn zu sagen, ein oligarchisch regierter Staat sei in Wirklichkeit zwei Staaten, einer der Reichen und einer der Armen. Denn wieso ist eine Oligarchie dem mehr ausgesetzt als die spartanische Verfassung oder irgendeine andere, in denen nicht alle gleich viel Eigentum besitzen oder nicht alle in gleicher Weise gut sind? Und ohne daß Einzelne ärmer werden als vorher, kommt es doch zu einem Verfassungsumsturz von der Oligarchie zur Demokratie, wenn die Zahl der Armen zunimmt; und von der Demokratie zur Oligarchie, wenn die Begüterten politisch stärker sind als die Menge und die eine Gruppe (ihre Interessen) vernachlässigt, während die andere (die sich bietenden Gelegenheiten) nutzt.

Während es viele Ursachen gibt, die zum Umsturz (der Oli- b15
garchie) führen, nennt er überhaupt nur eine einzige, nämlich daß Männer infolge von Verschwendung und Verschuldung in Armut geraten – so als ob am Anfang alle oder die meisten reich gewesen wären. Aber diese (Erklärung des Umsturzes der Oligarchie) ist falsch. Vielmehr, nur wenn einige der führenden Männer ihren Besitz verlieren, arbeiten sie auf den Sturz der Verfassung hin, während es keine schlimmen Folgen hat, wenn sonst jemand seinen Besitz verliert – und auch dann vollzieht sich der Umsturz nicht eher zur Demokratie als zu (jeder) anderen Verfassung. Außerdem zetteln (Männer) politische Unruhen an und stürzen die Verfassungen, wenn sie von politischen Rechten ausgeschlossen oder wenn sie Opfer von Unrecht oder erniedrigenden Angriffen sind, auch wenn sie nicht ihr Vermögen verschwenden, weil ihnen (unter der Verfassung) freisteht zu tun, was immer sie wollen – als Grund für

diese Haltung gibt er das Übermaß an Freiheit an. Und während es doch eine größere Anzahl von Oligarchien und Demokratien gibt, behandelt Sokrates ihren Verfassungswechsel so, als weise jede dieser Verfassungen nur eine Form auf.

BUCH VI

Kapitel 1. Wieviele unterschiedliche Formen es bei dem beschließenden Gremium, das auch das höchste Organ der Verfassung ist, gibt und welche dies sind, wurde früher behandelt; (die gleichen Fragen wurden auch für) die Ordnung der Ämter und die Gerichte (aufgeworfen), zusätzlich auch (die Frage), welche besondere Form (dieser drei Einrichtungen) welcher Verfassung zugeordnet ist. Außerdem wurde früher dargelegt, durch was für (Vorgänge) und aus welchen Gründen Verfassungen gestürzt oder erhalten werden.

Da es eine Vielzahl von Unterarten bei Demokratie und genauso auch bei den anderen Verfassungen gibt, ist es vielleicht keine schlechte Idee, auch über sie eine Untersuchung vorzunehmen, falls davon noch etwas unerledigt geblieben ist, und die für jede (dieser Verfassungen) passende und vorteilhafte (Organisations-)Weise anzugeben. Man muß außerdem auch die verschiedenen Möglichkeiten, alle behandelten Organisationsformen zu verbinden, untersuchen; denn ihre Verbindung 1317a
bewirkt, daß Verfassungen sich überschneiden und Aristokratien einen oligarchischen Charakter oder Politien einen stärker demokratischen haben – mit den Verbindungen, die man untersuchen muß, die aber bisher noch nicht betrachtet wurden, meine ich z. B. den Fall, daß das beratende Gremium und die Ernennung der Beamten in oligarchischer Weise geregelt sind, die Gerichte dagegen aristokratisch; oder den Fall, daß diese und das beratende Gremium oligarchisch geregelt sind, die Beamtenwahl dagegen aristokratisch, oder daß in irgend einer anderen Form nicht alle Institutionen, die spezifisch zu einer bestimmten Verfassung gehören, vereinigt werden.

Es wurde vorher erörtert, welche Form von Demokratie zu welcher (sozialen Zusammensetzung des) Staates paßt und genauso welche Oligarchie zu welcher Gruppierung paßt und welche der übrigen Verfassungen welcher (Bürgerschaft) nützt. Und trotzdem (bedarf diese Erörterung einer Ergänzung:) da nicht nur geklärt werden muß, welche dieser Verfassungen am meisten den Staaten nützen, sondern auch wie man sie und die übrigen einrichten soll, wollen wir uns dem kurz zuwenden. Laßt uns zuerst die Demokratie behandeln; damit werden (die entsprechenden Folgerungen) zugleich auch für die entgegengesetzte Verfassung, die manche Oligarchie nennen, deutlich sein. Für diese Untersuchung muß man alle Elemente, die demokratisch sind und nach allgemeiner Auffassung mit den Demokratien einhergehen, erfassen; denn ihre Verbindung führt dazu, daß Unterarten von Demokratie entstehen und die Demokratie mehr als nur eine einzige Form, von denen jede verschieden ist, aufweist.

Es sind ja zwei Ursachen, weshalb es eine größere Zahl von Demokratien gibt; zunächst ist da der früher angegebene Grund, daß beim Demos mehrere Gruppierungen unterschieden werden; denn die eine Gruppe der Menge besteht aus Bauern, die andere aus Handwerkern und Tagelöhnern; wenn nun (bei der Bürgerschaft der Demokratie) die zuerst genannte Gruppe zur zweiten hinzutritt und die dritte wiederum zu den beiden vorher genannten, dann besteht der Unterschied nicht nur darin, daß die (jeweilige Form von) Demokratie besser oder schlechter, sondern daß sie nicht mehr die gleiche ist. Die zweite Ursache (für die Mehrzahl der Demokratien) ist die, die wir jetzt gerade behandeln; denn die Einrichtungen, die mit den Demokratien einhergehen und nach allgemeiner Auffassung spezifisch zu dieser Verfassung gehören, bringen entprechend ihren (unterschiedlichen) Kombinationen unterschiedliche Formen von Demokratien hervor: zur einen wird eine geringere Zahl, zur anderen eine größere, zu einer dritten die Gesamtheit dieser (der Demokratie eigentümlichen Einrichtungen) gehören.

Wenn man vorhat, eine dieser Verfassungsformen einzurichten oder eine bestehende zu verbessern, ist es von Vorteil, jedes dieser Elemente zu kennen. Diejenigen, die Verfassungen einrichten, versuchen nun, alle Institutionen, die dem Grundprinzip (der jeweiligen Verfassung) eigentümlich sind, zu verbinden; aber indem sie dies tun, begehen sie einen großen Fehler, wie zuvor in unseren Erörterungen der Zerstörung und Erhaltung der Verfassungen ausgeführt wurde.

Jetzt wollen wir aber die Forderungen (die man in der Demokratie erhebt), die Charakterhaltungen (die dort vorherrschen), und die Ziele, die man (dort) verfolgt, behandeln.

Kapitel 2. Freiheit ist das Grundprinzip der demokratischen Verfassung; diese Auffassung vertritt man ja gewöhnlich, so
als könnten nur in dieser Verfassung (die Bürger) an der Frei- 1317b
heit teilhaben; denn man sagt, daß jede Demokratie danach strebe. Ein Aspekt von Freiheit ist, daß man sich im Wechsel beherrschen läßt und herrscht; denn das demokratische Verständnis von Recht enthält die Forderung, daß (die Bürger) der Zahl und nicht dem Verdienst nach Gleichheit besitzen. Aus diesem Rechtsverständnis folgt notwendigerweise, daß die Menge alle Macht innehat und daß der Beschluß der Mehrheit, wie immer er ausfällt, oberste Gültigkeit besitzt und die Rechtsnorm bildet; denn (die Anhänger der Demokratie) sagen, daß jeder Bürger Gleiches besitzen muß. So ergibt sich, daß in den Demokratien die Armen größere Macht ausüben als die Begüterten; denn jene bilden die Mehrheit, der Beschluß der Mehrheit hat aber absolute Gültigkeit.

Dies ist das eine Kennzeichen der Demokratie, das alle demokratisch Gesinnten als bestimmendes Merkmal dieser Verfassung angeben. Das zweite ist, daß man lebt, wie man will; denn man sagt, daß Freiheit dies gewährleiste, wenn es denn zutrifft, daß es für einen Sklaven charakteristisch ist, nicht leben zu können, wie er möchte. Damit haben wir das zweite
Merkmal der Demokratie beschrieben. Als eine Folge (dieses b15
Verständnisses von Freiheit) kam es dazu, daß man es nicht hinnimmt, sich beherrschen zu lassen, am besten von gar niemand, oder wenn schon, dann (nur) im Wechsel, und auf diese Weise unterstützt diese (Einstellung) den (ersten) Aspekt von Freiheit, der die Verwirklichung der Gleichheit der Zahl nach zum Ziel hat.

Von dieser Grundlage und diesem Prinzip (der Demokratie) her ergibt sich, daß folgende Einrichtungen als demokratisch zu gelten haben: die Gesamtheit wählt die (Inhaber der) Ämter aus der Gesamtheit; die Gesamtheit regiert über jeden einzelnen, jeder einzelne aber im Wechsel über die Gesamtheit; die Ämter werden durch Los besetzt – entweder alle oder wenigstens die, für die man keine Erfahrung oder Sachkenntnis braucht; der Zugang zu den Ämtern hängt nicht von einer Vermögensqualifikation oder nur der allerniedrigsten ab; ein und derselbe Mann kann kein Amt zweimal bekleiden oder nur wenige Male oder nur wenige Ämter mit der Ausnahme der militärischen; alle Ämter werden nur für eine kurze Zeitspanne bekleidet oder wenigstens die, bei denen das möglich ist; die Gesamtheit oder ein aus der Gesamtheit bestelltes Gericht entscheidet über sämtliche (Rechtsfälle) oder doch über die meisten und schwerwiegendsten oder die, die von höchster Bedeutung sind, wie z.B. über Rechenschaftsablegungen, (Vergehen gegen die) Verfassung und private Vereinbarungen; die Volksversammlung hat souveräne Befugnis in allen oder den wichtigsten Angelegenheiten, während kein Amt eine definitive Entscheidung in irgendeiner Sache trifft oder höchstens in ganz wenigen – unter den Ämtern ist der Rat dort die am meisten demokratische Einrichtung, wo nicht für alle reichlich Besoldung zur Verfügung steht; denn wo dies der Fall ist, nimmt man auch diesem Amt seine Befugnisse; wenn der Demos reichlich Tagegelder erhält, zieht er ja alle Entscheidungen an sich, wie zuvor in der vorausgehenden Abhandlung dargelegt wurde. Besoldung (für die Teilnahme an politischen Versammlungen) erhalten im besten Falle alle (Einrichtungen, nämlich) die Volksversammlung, Gerichte und Staatsämter, und wenn nicht (alle), dann die Staatsämter, Gerichte, der Rat und die Hauptversammlungen des Volkes oder diejenigen Staatsämter, die miteinander gemeinsam Mahlzeiten einnehmen müssen.

Da die Oligarchie durch die Merkmale vornehme Abkunft, Reichtum und Bildung bestimmt ist, scheinen die diesen entgegengesetzten Eigenschaften: niedrige Abkunft, Armut und geistige Beschränktheit körperlich Arbeitender zur Demokra-

tie zu gehören; ferner die Regelung, daß kein Amt auf unbegrenzte Dauer bekleidet wird; und wenn ein solches eine frü- 1318a
here Verfassungsänderung überdauerte, (so gehört zur Demokratie,) daß man seine Macht einschränkt und (seine Inhaber) durch Los anstelle von Wahl besetzt.

Dies sind die Merkmale, die Demokratien gemeinsam haben. Das Rechtsverständnis, das übereinstimmend als demokratisch angesehen wird – es besteht darin, daß alle der Zahl nach Gleichheit besitzen – führt zur Demokratie, die am ehesten als diese Verfassung gilt, und (zur Herrschaft des) Demos. Denn es (gilt als) ein Gebot der Gleichheit, daß die Armen nicht in höherem Maße Herrschaft ausüben als die Reichen und sie nicht allein die Macht innehaben, sondern alle in gleicher Weise entsprechend ihrer Zahl. Wenn dies erreicht wird, können sie ja wohl annehmen, daß die Verfassung Gleichheit und Freiheit verwirklicht.

Kapitel 3. Danach stellt sich die Frage, wie (Arme und Reiche) eine gleiche Stellung erhalten können. Soll man die Vermögensbeträge so aufteilen, daß (der Gesamtbetrag des Vermögens) von fünfhundert (Begüterten) dem von tausend (weniger Besitzenden) ⟨gleichkommt⟩, und sollen die tausend den gleichen politischen Einfluß wie die fünfhundert haben? Oder soll man die Gleichheit, die dem (demokratischen Selbstverständnis) entspricht, nicht in der beschriebenen Weise herstellen,
sondern zwar die Vermögen, wie eben dargestellt, aufspalten, a15
aber dann aus (beiden Gruppen,) den fünfhundert und den tausend, die gleiche Anzahl von Männern auswählen und ihnen alle Vollmacht bei der Wahl der Beamten und in den Gerichten übertragen? Ist es diese Verfassung, die im höchsten Maße Recht nach dem demokratischen Rechtsbegriff verwirklicht, oder eher die Verfassung, die nach der zahlenmäßigen Überlegenheit entscheidet? Denn die demokratisch Gesinnten behaupten, daß der Beschluß der Mehrheit, wie immer er ausfällt, geltendes Recht sei; die oligarchisch Gesinnten betrachten dagegen jeden Beschluß der (Bürger mit dem) größeren Vermögen als rechtskräftig; denn nach dem Umfang des Ver-

mögens müßten die Entscheidungen getroffen werden. Beide (Verfahren) bringen aber Ungleichheit und Unrecht mit sich. Denn wenn der Beschluß der wenigen (Rechtsnorm wird), dann kommt das einer Tyrannis gleich; nach dem oligarchischen Rechtsprinzip hat ja ein einzelner, wenn er mehr als die übrigen Begüterten besitzt, das Recht, allein zu herrschen. Wenn dagegen jeder Beschluß der zahlenmäßigen Mehrheit rechtskräftig ist, dann werden sie Unrecht begehen: sie werden den Besitz der begüterten Minderheit konfiszieren, wie vorher ausgeführt wurde.

Wie könnte nun die Gleichheit aussehen, auf die sich beide Gruppen einigen können? Man muß diese Frage auf der Grundlage der Rechtsbestimmungen, die beide treffen, untersuchen. Sie behaupten, daß jeweils der Beschluß gültig sein müsse, den die Mehrheit der Bürger faßt. Dieser Grundsatz soll nun zwar gelten, aber nicht schlechthin. Da es sich so ergibt, daß der Staat aus zwei Gruppen zusammengesetzt ist, den Reichen und Armen, soll vielmehr der Beschluß Gültigkeit haben, der von beiden oder (ihrer) Mehrheit gefaßt wurde. Falls sich dagegen beide Seiten für entgegengesetzte Maßnahmen entscheiden, dann soll der Beschluß gültig sein, den die Mehrheit, d.h. diejenigen, die den größeren Betrag geschätzten Vermögens auf sich vereinigen, faßt. Nimmt man z.B. an, daß die eine Gruppe aus zehn, die andere aus zwanzig Mitgliedern besteht und daß aus der Gruppe der Reichen sechs Mitglieder einen Antrag befürworteten, dagegen fünfzehn Ärmere (anders) entscheiden, daß also vier Reiche sich den Armen anschlossen, während fünf Arme sich auf die Seite der Reichen schlugen, dann soll der Beschluß der Seite gültig sein, deren geschätztes Vermögen den größeren Betrag ausmacht, wenn auf jeder Seite (die Vermögen) beider Gruppen zusammengezählt werden. Wenn aber (aus der Abstimmung) beide Seiten gleich stark hervorgehen, dann muß man diese Schwierigkeit nicht anders einschätzen als jetzt, wenn Volksversammlung oder Geschworenengericht
1318b (bei der Abstimmung) genau in der Mitte gespalten sind: man muß entweder eine Losentscheidung herbeiführen oder etwas anderes dieser Art unternehmen.

Wenn es um Gleichheit und Recht geht, ist es in der Tat schwer, die Wahrheit zu finden. Aber dies ist immer noch einfacher zu erreichen als Leute dafür zu gewinnen, (sich mit Gleichheit und Recht zufrieden zu geben), wenn sie die Mittel haben, einen Vorteil zu gewinnen. Denn es sind immer die Unterlegenen, die Gleichheit und Recht suchen, während die Mächtigen sich darum nicht scheren.

Kapitel 4. Es gibt vier Formen von Demokratien; diejenige, die in der Reihenfolge an erster Stelle steht, ist auch die beste, wie in den hier vorausgehenden Untersuchungen dargelegt wurde; sie ist aber auch die älteste von allen. Als erste bezeichne ich sie aber in dem Sinne, in dem man auch die Gruppen des Demos unterteilen (und in eine Rangordnung bringen) könnte: die beste (Gruppierung des) Demos bilden die Bauern. Es bietet sich damit die Möglichkeit, dort eine Demokratie einzurichten, wo die Menge von Ackerbau oder Weidewirtschaft lebt. Denn diese Gruppe verfügt nicht über viel Vermögen und kann sich daher keine Muße leisten, so daß sie nicht häufig Volksversammlungen besucht. Weil diese Leute andererseits nicht das Notwendige besitzen, verbringen sie ihre Zeit damit zu arbeiten, und sie sind nicht darauf aus, sich fremdes Gut anzueignen; Arbeit bereitet ihnen mehr Vergnügen als politische Aktivität und die Bekleidung eines Amtes, (zumindest) wo Amtsinhaber nicht hohe Einnahmen von der Bekleidung von Ämtern gewinnen; denn die Menge ist mehr auf Gewinn als auf Ehrenstellung aus; als Indiz dafür sei angeführt, daß man die tyrannischen Regime der Vergangenheit hinnahm und jetzt Oligarchien hinnimmt, solange man nicht den Untertanen verwehrt zu arbeiten oder ihnen etwas wegnimmt. Denn (durch Arbeit) werden die einen von ihnen in kurzer Zeit reich, während die anderen wenigstens keine Not leiden.

Außerdem befriedigt eine Regelung, bei der sie die Wahl (der Beamten) und die Rechenschaftsablegung vollständig kontrollieren, ihr Bedürfnis nach öffentlicher Anerkennung, falls sie ein solches Verlangen besitzen; denn in einigen Demokratien gibt sich die Menge mit (der Verfassungsordnung) zufrieden, wenn sie vollständig die Beratung kontrolliert, selbst wenn sie nicht die Beamten wählen kann, sondern deren Wahl einigen übertragen ist, die im Turnus aus der Gesamtheit gewählt wurden, wie in Mantinea. Man muß eine solche Verfassungsordnung, wie sie einmal in Mantinea in Kraft war, auch als eine Form der Demokratie ansehen.

Aus diesem Grunde ist für die zuvor beschriebene Demokratie eine Regelung von Vorteil und pflegt auch (dort) in Kraft zu sein, bei der die Gesamtheit die Beamten wählt, über deren Rechenschaftsablegung entscheidet und die Gerichtsentscheidungen fällt, während Männer, die durch Wahl und auf der Grundlage von Vermögensqualifikationen ernannt sind, die wichtigsten Ämter bekleiden – und jeweils die wichtigeren Ämter auf der Grundlage einer höheren Vermögensqualifikation –, oder bei der es keine Vermögensqualifikation für ein Amt gibt, sondern die dazu Befähigten (die Ämter innehaben).

Wenn sie auf diese Weise ihre politischen Verhältnisse ordnen, müssen sie sich einer guten politischen Ordnung erfreuen; denn die Ämter werden immer von den Besten besetzt sein, während der Demos dies willig hinnimmt und keinen Neid gegen die Besseren hegt. Den Besseren und Angesehenen wird diese Verfassungsordnung genügen; denn sie werden nicht von anderen, die schlechter sind, beherrscht. Sie werden selber gerecht herrschen, weil andere die Rechenschaftsablegung kontrollieren; die Tatsache, daß sie abhängig sind und nicht die Möglichkeit haben, alles zu tun, was ihnen jeweils gut scheint, ist ja von Vorteil. Denn die Möglichkeit zu tun, was
1319a immer man will, kann nicht das in jedem Menschen liegende Schlechte unter Kontrolle halten. So muß als Resultat dieser Regelung der bei den Verfassungen vorteilhafteste Zustand eintreten: die Besseren, die (durch Kontrollen) vor Fehlverhalten bewahrt werden, haben die Ämter inne, ohne daß die Menge in irgendeiner Weise benachteiligt ist.

Es ist damit geklärt, daß die eben beschriebene Verfassung die beste unter den Arten von Demokratie ist; auch der Grund dafür ist klar, nämlich daß der Demos diese bestimmte Qualität besitzt. Um aber zu erreichen, daß der Demos aus Bauern besteht, sind einige Gesetze, die bei vielen in alter Zeit gültig waren, sehr nützlich, nämlich daß der Besitz von Land überhaupt oder von Land, das zwischen einem bestimmten Punkt und der städtischen Ansiedlung oder Befestigung gelegen ist, eine bestimmte Größe nicht übersteigen darf. Es gab wenigstens vor langer Zeit Gesetzgebung, die die Möglichkeit unterband, die ersten Ackerlose zu verkaufen. Auch das dem Oxylus zugeschriebene Gesetz hat eine ähnliche Wirkung; es untersagte, Geld zu verleihen und als Sicherheit dafür einen bestimmten Teil des jedem gehörenden Landes zu verpfänden. Bei der gegenwärtigen Lage der Dinge muß man aber auch Abhilfe nach dem Gesetz der Aphytäer suchen, es fördert nämlich den Zweck, den wir hier nennen; denn obwohl sie eine große Zahl bilden und nur wenig Land besitzen, gehen sie doch alle dem Ackerbau nach; denn sie veranlagen für die Vermögenserhebung nicht den gesamten (Land-)Besitz, sondern zerteilen ihn in so viele Teile, daß auch die Armen bei den Vermögenserhebungen ihres Grundbesitzes (die Mindestgrenze) übertreffen können.

Die beste Gruppierung des Demos nach den Bauern findet man dort, wo es (reichlich) Hirten gibt und (der Demos) von Weidetieren lebt. In vieler Hinsicht ähnelt diese Lebensweise ja derjenigen der Bauern, und für die kriegerischen Aufgaben sind sie nach ihren Lebensgewohnheiten am besten trainiert und körperlich einsetzbar, und sie können unter freiem Himmel leben.

So ziemlich alle anderen Gruppierungen, die die tragende Schicht der übrigen Demokratien darstellen, sind diesen weit unterlegen. Denn sie führen ein übles Leben, und keine Tätigkeit, der die große Zahl der Handwerker, der auf dem Markt tätigen Männer und der Tagelöhner nachgeht, verlangt charakterliche Qualität. Weil sie sich außerdem dauernd um den Markt und in der Stadt herumtreiben, nimmt sozusagen jede dieser Gruppen ständig an den Volksversammlungen teil. Die Bauern nehmen dagegen nicht häufig an solchen Versammlungen teil und empfinden auch nicht in gleicher Weise ein

Bedürfnis dafür, weil sie vereinzelt über das Land hin wohnen. Wo es sich aber auch noch trifft, daß das (landwirtschaftlich genutzte) Land weit von der Stadt entfernt gelegen ist, läßt sich leicht eine gute Demokratie und eine Politie einrichten; denn der Demos ist gezwungen, seinen Wohnsitz auf dem Lande zu nehmen. Aus diesem Grunde darf man daher in solchen Demokratien, auch wenn es hier eine Anzahl von Leuten gibt, die auf dem Markt tätig sind, doch keine Volksversammlungen einberufen, ohne daß der auf dem Lande wohnende Demos teilnimmt.

Wie man die beste und erste Demokratie einrichten soll, ist damit behandelt. Es ist aber damit auch deutlich, wie man bei den übrigen vorgehen muß. Man muß sich nämlich (von die-
1319b ser besten Demokratie) Schritt für Schritt entfernen und die jeweils schlechtere Gruppe herausnehmen. Weil in der letzten Demokratie alle (an den politischen Entscheidungen) teilhaben, ist nicht jede Stadt einer solchen Verfassung gewachsen; sie kann, außer wenn ihr Bestand durch Gesetze und gewohnheitsmäßige Haltungen gut gesichert ist, nicht leicht dauern – so ziemlich die meisten Ursachen, die zur Zerstörung dieser und der anderen Verfassungen führen, sind aber vorher behandelt worden. Um diese Demokratie einzurichten und den Demos zu stärken, pflegen seine Führer eine möglichst große Zahl (in die Bürgerschaft) aufzunehmen und das Bürgerrecht nicht nur denjenigen mit vollgültiger Abkunft zu verleihen, sondern auch Abkömmlingen aus nicht vollgültiger Ehe und solchen, bei denen nur ein Elternteil, also Vater oder Mutter, Bürger ist. Denn jede dieser Personengruppen passt eher zu einer solchen Demokratie.

Die Demagogen pflegen in der beschriebenen Weise vorzugehen. Man soll aber zusätzliche (Bürger) nur so weit aufnehmen, bis die Menge die Angesehenen und die mittlere Besitzklasse (gerade zahlenmäßig) übersteigt, und man soll über diese Grenze nicht hinausgehen. Denn wenn sie zu zahlreich
b15 sind, schaffen sie in der Verfassung eher ein Klima der Unordnung, und sie verbittern die Vornehmen, so daß diese weniger geneigt sind, die Demokratie hinzunehmen; in Kyrene kam es

dazu, daß eine solche Entwicklung zur Ursache für innenpolitische Auseinandersetzungen wurde. Denn ein geringes Maß von Übel ist man bereit zu übersehen, wenn es aber überhand nimmt, dann fällt es umso stärker in die Augen.

Außerdem sind für diesen Typ von Demokratie Maßnahmen von Nutzen, wie sie Kleisthenes in Athen ergriff, als er die Demokratie stärken wollte, und wie in Kyrene diejenigen, die die Demokratie einrichten wollten: man muß neue Phylen und Phratrien in größerer Zahl bilden und die (Vielzahl) privater Kulte auf wenige reduzieren, zu denen die Allgemeinheit Zugang hat. Überhaupt muß man sich alle erdenklichen Mittel aussinnen, die so weit wie möglich zu einer Verschmelzung aller Bürger miteinander führen, während früher zwischen ihnen bestehende Verbindungen zerrissen werden.

Außerdem scheinen alle Verhaltensweisen, die sich unter tyrannischen Regimen finden, die Demokratie zu fördern, ich meine damit, daß die Sklaven sich keiner Autorität fügen müssen – denn das ist (hier) bis zu einem gewissen Grade nützlich – und daß Frauen und Kinder sich niemandem unterordnen müssen; im Sinne der Demokratie ist es auch zu dulden, daß jeder lebt, wie er will. Denn damit wird eine solche Verfassung breite Unterstützung finden; der Menge bereitet es ja mehr Vergnügen, ohne strikte Ordnung als mit maßvoller Selbstbeherrschung zu leben.

Kapitel 5. Für einen Gesetzgeber und alle, die eine Verfassung dieser Art einrichten wollen, ist es aber nicht die bedeutendste oder einzige Aufgabe, sie zustande zu bringen, sondern eher zu erreichen, daß sie erhalten bleibt; denn man kann mit jeder vorstellbaren Verfassung ohne größere Schwierigkeiten wohl einen, zwei oder drei Tage überleben, (aber nicht länger). Ausgehend von unserer früheren Untersuchung der verfassungserhaltenden und -zerstörenden Faktoren muß man deswegen versuchen, der Verfassung Stabilität zu geben. Dabei soll man alles, was sie zerstören könnte, vermeiden, während man Gesetze erläßt, ungeschriebene und geschriebene, die besonders 1320a
verfassungsbewahrende Regelungen enthalten. Man darf auch

nicht die Auffassung hegen, demokratisch oder oligarchisch sei alles, was dazu führt, daß ein Staat im radikalsten Sinne demokratisch oder oligarchisch regiert wird, sondern was ermöglicht, daß er für die längste Zeit so regiert wird. Dagegen geben die heutigen Demagogen den Wünschen der Menge nach und benutzen häufig die Gerichte, um (den Besitz der Verurteilten) zu konfiszieren. Diejenigen, denen die (Dauer der) Verfassung am Herzen liegt, müssen Vorkehrungen gegen diese Praktiken treffen, indem sie durch Gesetze vorschreiben, daß das Eigentum Verurteilter nicht der Allgemeinheit gehören und an die Staatskasse fallen dürfe, sondern an den Tempelschatz. Bei einer solchen Maßnahme werden sich (mögliche) Übeltäter nicht weniger vorsehen – denn sie werden nach wie vor bestraft werden –, aber die Masse wird weniger darauf aus sein, Angeklagte zu bestrafen, da sie davon keinen Vorteil zieht.

Außerdem muß man die Zahl von Prozessen (wegen Vergehen) gegen die Gemeinschaft immer auf ein Mindestmaß beschränken, indem man durch hohe Strafen die abschreckt, die ohne Grund solche Klagen erheben; denn sie pflegen nicht die Anhänger des Demos, sondern die Angesehenen anzuklagen. (Aber dies beeinträchtigt das Verfassungsleben), denn im besten Falle müssen alle Bürger die Verfassung befürworten, oder wenn das unmöglich ist, muß man doch wenigstens verhindern, daß (man) die Inhaber der Macht als Feinde ansieht.

Die radikalen Demokratien stützen sich auf eine große Zahl von Bürgern, aber es läßt sich nur schwer erreichen, daß diese an Volksversammlungen teilnehmen, wenn man sie nicht dafür entlohnt. Wenn der Staat keine Einkünfte hat, ist diese Entlohnung aber eine gegen die Reichen gerichtete feindselige Maßnahme; denn (die erforderlichen Geldmittel) muß man durch ihre Besteuerung, Konfiskation oder (Urteile) parteiischer Gerichte gewinnen, was schon zum Sturz vieler Demokratien geführt hat. Wenn daher solche (anderen) Einkünfte fehlen, muß man die Zahl der Volksversammlungen klein halten und Gerichte zwar mit vielen Geschworenen besetzen, aber nur an wenigen Tagen einberufen. Eine solche Regelung trägt auch dazu bei, daß die Reichen nicht die Ausgaben dafür fürchten, zumal wenn sie als die Begüterten keinen Richtersold empfangen, sondern nur die Armen. Diese Regelungen werden aber auch dazu führen, daß (durch die Teilnahme der Reichen) in Prozessen viel bessere Urteile gefällt werden; denn sie sind bereit, für eine kurze Zeit die Besorgung ihrer persönlichen Angelegenheiten auszusetzen, nicht aber viele Tage lang.

Wo aber der Staat Einkünfte hat, darf man nicht tun, was jetzt die Demagogen praktizieren, die die Überschüsse (an die Armen) verteilen; diese empfangen sie und leiden doch im selben Augenblick schon wieder Mangel an den gleichen Mitteln; eine solche Unterstützung der Armen ist ja ein Faß ohne Boden.

Der Mann, der wirklich das Wohl des Demos verfolgt, muß vielmehr Vorkehrungen treffen, daß der Demos nicht zu viel Not leidet; denn sie ist der Grund für den schlimmen Zustand der Demokratie. Man muß Mittel und Wege ersinnen, die dem Demos zu dauerndem Wohlstand verhelfen. Da dies auch im Interesse der Reichen liegt, muß man die Erträge der Einnahmen sich ansammeln lassen und dann in größeren Beträgen an die Armen verteilen. Am besten wäre es, wenn man so viel ansammeln kann, wie für den Erwerb eines kleinen Landgutes benötigt wird, oder wenn das unmöglich ist, so viel, um den Grundstock für (eine Existenz in) Handel und Land- 1320b
wirtschaft bereitzustellen. Und wenn man (solche Mittel) nicht an alle verteilen kann, dann soll man in einem bestimmten Turnus nach der Gliederung der Bürgerschaft in Phylen oder einer anderen sozialen Gruppierung vorgehen, während die Reichen in dieser Zeit die Mittel für die Besoldung der notwendigen Versammlungen beisteuern, aber von den finanziellen Verpflichtungen für nutzlose Aufgaben befreit sind. So sicherten sich die Karthager auf Dauer eine freundliche Einstellung des Demos, indem sie mit solchen Maßnahmen den Staat verwalteten. Denn indem sie immer einige Mitglieder des Demos in die umliegenden Staaten entsenden, verhelfen sie ihnen zu Reichtum. Die Mitglieder der Oberschicht beweisen Einfallsreichtum und gutes Urteil, wenn sie die Ar-

men in Gruppen aufteilen und (jeder den Mitgliedern seiner Gruppe) einen Grundstock von Mitteln bereitstellt und sie so dazu bringt, einer Beschäftigung nachzugehen.

Es empfiehlt sich aber auch, die Maßnahmen der Bürger von Tarent nachzuahmen. Diese stellen ihren Besitz den Armen wenigstens zur Nutzung zur Verfügung und erwerben sich so das Wohlwollen des Demos. Außerdem schufen sie für das gesamte Ämterwesen zwei Formen (der Ernennung der Beamten): die eine Gruppe besetzten sie durch Wahl, die andere durch Los – die Losämter, damit der Demos Zugang zu ihnen hat, die Wahlämter, damit man bessere Politik macht. Man kann dieses Ziel auch verwirklichen, indem man bei ein und demselben Amt zwei Gruppen von Amtsinhabern schafft, die einen, die durch Los, die anderen, die durch Wahl ernannt werden.

Damit ist behandelt, wie man Demokratien einrichten muß.

Kapitel 6. Aus diesen Erörterungen sollte aber auch so ziemlich klar hervorgehen, wie man bei den Oligarchien verfahren muß. Man muß (die Einrichtungen) jeder Oligarchie nach einer genauen Gegenüberstellung mit der entgegengesetzten Demokratie aus den ihr entgegengesetzten Einrichtungen kombinieren; bei der in ihrer Mischung ausgeglichensten und ersten Oligarchie, ich meine damit die Form, die der sogenannten Politie nahekommt, muß man bei der Vermögensqualifikation unterschiedliche Beträge festsetzen, die einen niedriger, die anderen höher – niedriger diejenigen, die den Zugang zu den unverzichtbaren Ämtern eröffnen werden, höher diejenigen für die wichtigeren Ämter. Wer das vorgeschriebene Vermögen besitzt, soll das Recht zur Teilnahme an der Staatsverwaltung haben. Dabei soll man vermittels der Vermögensqualifikation aus dem Demos Männer in der Anzahl hinzunehmen, daß zusammen mit ihnen die (Bürger) stärker sind als die, die nicht an der Staatsverwaltung mitwirken. Diese (zusätzlichen) Mitglieder (der Bürgerschaft) muß man jeweils aus der besseren Gruppe des Demos auswählen. In gleicher Weise muß man auch die nächstfolgende Oligarchie einrichten, indem man sie etwas enger beschränkt.

Die Form von Oligarchie, die das Gegenstück zur äußersten Demokratie bildet, ist am ehesten eine Willkürherrschaft weniger und kommt unter allen Oligarchien einer Tyrannis am nächsten. Sie verlangt umso größere Anstrengung zu ihrem Schutze, als sie die schlimmste Verfassung ist. Denn Körper in guter gesundheitlicher Verfassung und seetüchtige Schiffe mit einer guten Besatzung erlauben Fehler in größerer Zahl, ohne daran zugrundezugehen; dagegen überstehen kränkelnde Körper und Schiffe mit losen Planken und einer unfähigen Mannschaft nicht einmal die kleinsten Irrtümer. In der gleichen Weise brauchen auch die schlechtesten Verfassungen (zu ihrem Überleben) die größte Wachsamkeit. 1321a

Allgemein gesagt, schützt die große Zahl der Bürger den Bestand der Demokratien – die entsprechende Form von Recht ist dem nach der Leistung entgegengesetzt. Damit ist aber auch klar, daß im Gegensatz (zu diesem verfassungserhaltenden Faktor der Demokratie) der Bestand der Oligarchie darauf beruht, daß sie sich einer guten Ordnung erfreut.

Kapitel 7. Am ehesten sind es vier Gruppen, die man bei der Menge angeben kann: Bauern, Handwerker, Händler und Tagelöhner; und es gibt auch vier Gattungen, die im Krieg eingesetzt werden: die Reiterei, Schwerbewaffnete, Leichtbewaffnete und die Flotte. Es entspricht nun der Natur (der Gegebenheiten) sehr gut, die Oligarchie dort stark auszubilden, wo das Land für den Einsatz der Reiterei geeignet ist; denn die Sicherheit seiner Bewohner wird durch die Reiterei garantiert, und nur die sehr Begüterten können sich Pferdezucht leisten. Wo aber das Land den Einsatz von Schwerbewaffneten begünstigt, da entspricht es der Natur, die nächstfolgende Oligarchie einzurichten – denn es sind eher die Begüterten, die das Hoplitenheer bilden, als die Armen. Die leichtbewaffneten Truppen und die Flotte werden dagegen ganz und gar vom Demos gestellt. Bei diesen Gegebenheiten, wenn Leichtbewaffnete und Flotte zahlenmäßig sehr stark sind, kämpfen nun (die Oligarchen) häufig von einer unterlegenen Position aus, wenn es zu inneren Auseinandersetzungen kommt. Die Abhilfe dagegen muß man von kriegserfahrenen Heerführern übernehmen, die der Reiterei und dem Schwerbewaffnetenheer Leichtbewaffnete in angemessener (Zahl) angliedern. Allerdings gewinnen auf diese Weise bei Auseinandersetzungen die Gruppen des Demos die Oberhand über die Reichen; denn als Leichtbewaffnete behaupten sie sich leicht in Kämpfen gegen Reiterei und Schwerbewaffnete. Solche (Leichtbewaffnete) aus den Reihen (des Demos) zu rekrutieren heißt (für die Oligarchen) nichts anderes, als deren Waffenkraft gegen sich aufzustellen. Da wir aber mehrere Altersstufen unterscheiden, nämlich die Älteren und die Jüngeren, sollen (Oligarchen) dafür sorgen, daß ihre Söhne noch in jugendlichem Alter die verschiedenen Aufgaben in leichtbewaffneten oder beweglichen Truppenteilen lernen; sobald sie aber aus der Altersgruppe der Knaben ausgeschieden sind, sollen sie diese Aufgaben dann vollständig beherrschen.

(In diesen Oligarchien) sollen die Mitglieder des Demos das Recht zum Zugang zu den Ämtern entweder unter der vorher beschriebenen Bedingung erhalten, d.h. wenn sie das erforderliche Mindestvermögen besitzen, oder wie man es in Theben verleiht, nämlich wenn sie für eine bestimmte Zeit keiner handwerklichen Tätigkeit nachgegangen sind, oder wie in Massalia, indem man aus der Zahl derer, die zur Bürgerschaft gehören bzw. außerhalb stehen, die auswählt, die (zur Bürgerschaft zu gehören) verdienen. Außerdem sollen den Ämtern mit den wichtigsten Vollmachten, die nur Mitglieder der Bürgerschaft innehaben dürfen, finanzielle Leistungen auferlegt werden. Diese Regelung soll bewirken, daß sie der Demos aus freien Stücken nicht bekleiden will, sondern er die Amtsinhaber eher bedauert, weil sie einen hohen Preis für ihr Amt zahlen. Es ist aber auch angebracht, daß sie bei ihrem Amtsantritt großzügige Opfer darbringen und öffentliche Bauten errichten, damit der Demos, der öffentliche Speisungen empfängt und die Stadt durch Standbilder und Bauten geschmückt sieht, auch gerne sieht, daß die Verfassung erhalten bleibt; zugleich wird dadurch erreicht, daß die Vornehmen sich Denkmäler für ihre großzügigen Aufwendungen errichten. Nun

handeln allerdings die Machthaber in den Oligarchien nicht so, sondern genau umgekehrt: sie jagen persönlichem Gewinn genauso wie Ansehen in der Öffentlichkeit nach. Deswegen ist es angebracht, diese Oligarchien kleine Demokratien zu 1321b
bezeichnen.

Wie man Demokratien und Oligarchien einrichten muß, soll hiermit in der beschriebenen Weise behandelt sein.

Kapitel 8. Auf diese Erörterung folgt, dass im Einzelnen angemessen festgelegt wird, wieviele Staatsämter es gibt, wie sie bestimmt sind und welche Kompetenzen ihnen übertragen sind, wie auch vorher ausgeführt wurde. Denn ohne die unverzichtbaren Ämter kann ein Staat nicht existieren, während er ohne diejenigen Ämter, die seine gute Ordnung und das Wohlbetragen (seiner Mitglieder) fördern, nicht richtig geführt werden kann. Außerdem gibt es in kleineren Staaten notwendigerweise weniger, in den großen dagegen mehr Ämter, wie vorher erwähnt wurde. Welche Ämter sich dazu eignen, dass man sie (zu einer einzigen Behörde) zusammenfasst, und welche man getrennt lassen muß, darf nicht unbekannt bleiben.

Der erste Bereich der öffentlichen Fürsorge um lebensnotwendige Angelegenheiten ist der Markt, für den eine Behörde eingerichtet sein muß, die Vereinbarungen und ordentliches Geschäftsgebaren überwacht. Denn für so ziemlich alle Staaten besteht die Notwendigkeit, einige Güter zu kaufen oder b15
zu verkaufen, um den unter seinen Bewohnern bestehenden Bedarf an notwendigen Gütern zu befriedigen; und (Handel) ist das Mittel, das am unmittelbarsten zur Autarkie beiträgt, um derentwillen, wie man weithin annimmt, Menschen sich zu einem Staat zusammengeschlossen haben.

Eine weitere öffentliche Aufgabe hängt mit der eben behandelten eng zusammen und ist mit ihr verwandt: die Sorge für den ordentlichen und ansprechenden Zustand der öffentlichen und privaten Gebäude im Stadtbereich und die Instandhaltung und Ausbesserung vom Einsturz bedrohter Gebäude und (reparaturbedürftiger) Wege und die Aufsicht über die gegenseitigen Grundstücksgrenzen, um zu vermeiden, daß diese angefochten werden, und andere ähnliche Aufgaben. Die meisten nennen eine solche Behörde städtisches Ordnungsamt; sie umfaßt mehrere Abteilungen, so daß man in Städten mit einer größeren Bevölkerung für jeweils besondere Aufgaben auch eigene Beamte einsetzt, wie die Bauaufsicht über die Befestigungsmauern, die Aufseher über Brunnen und die Hafenaufsicht.

Ein weiteres unverzichtbares Amt kommt dem gerade behandelten sehr nahe; es hat nämlich die gleichen Aufgaben, nimmt sie aber im Hinterland und außerhalb des Stadtbereichs wahr. Diese Beamten nennen einige Landpolizei, andere Forstaufsichtsbeamte. Soweit haben wir damit drei Aufgabenbereiche behandelt.

Eine vierte Behörde ist das Amt, an das man die öffentlichen Einkünfte abführt. Unter seiner Aufsicht werden die Einnahmen an jede Abteilung der Verwaltung verteilt. Man nennt diese Beamten Einnehmer und Schatzmeister.

Es ist eine davon verschiedene Behörde, bei der Privatverträge und Gerichtsurteile schriftlich hinterlegt werden müssen. Bei dem gleichen Amt muß man auch die Schriftsätze von Anklagen einreichen und die ersten Schritte zur Einleitung von Prozessen vornehmen. Mancherorts unterteilt man auch diese Behörde in mehrere Abteilungen, während in anderen Staaten eine einzige Behörde für alle diese Angelegenheiten zuständig ist. Diese Beamten nennt man sakrale Archivbeamte, Vorsteher, Archivbeamte oder Beamte mit ähnlichen Titeln.

Hieran schließt sich die Behörde an, auf die man wohl am wenigsten verzichten kann und die das schwierigste aller Ämter ist. Ihr ist der Vollzug von Strafen gegen Verurteilte, das Einziehen geschuldeter Beträge von denen, deren Namen durch die Eintragungen in den Listen öffentlich bekannt ge-
1322a macht wurden, und die Überwachung der Gefängnisinsassen übertragen. Dieses Amt ist schwierig, weil es seine Inhaber so sehr verhaßt macht; wenn Männer dafür nicht gut bezahlt werden, wollen sie daher dieses Amt nicht auf sich nehmen oder, wenn sie es schon auf sich genommen haben, sind sie

nicht bereit, es nach den gesetzlichen Vorschriften auszuüben. Es ist aber schlechthin unverzichtbar, weil es zu nichts führt, daß zwar Prozesse über die Rechtsansprüche geführt, die Urteile aber dann nicht vollstreckt werden. Wenn (es richtig ist, daß) Menschen nicht in einer Gemeinschaft leben können, wo nicht Recht gesprochen wird, dann können sie auch nicht miteinander leben, wenn Urteile nicht vollstreckt werden. Daher ist es vorzuziehen, daß nicht eine einzige Behörde mit diesen Aufgaben betraut wird, sondern daß jeweils eine eigene Behörde †(für die Verurteilten) jeweils eines Gerichtshofs† zuständig ist; genauso soll man auch (die Kompetenzen) bei den öffentlichen Eintragungen von Schuldnern aufzuteilen versuchen; außerdem sollen (jeweils) verschieden (besetzte) Behörden einige Geldforderungen eintreiben, und zwar soll eher die Behörde, die gerade das Amt angetreten hat, die von den Vorgängern verhängten Bußen einziehen; und bei dem Vollzug von Strafen durch Behörden, die im Amt sind (soll man entsprechend vorgehen): wenn eine Behörde die Strafe verhängt hat, dann soll eine andere sie vollstrecken. So sollen z. B. die städtischen Aufsichtsbeamten die von den Marktaufsehern verhängten Bußen eintreiben und eine andere Behörde die von diesen verhängten Strafen. Je weniger Feindseligkeit denjenigen entgegengebracht wird, die die Strafen vollziehen a15
müssen, umso eher werden die Urteile auch tatsächlich vollstreckt werden. Wenn nun ein und dieselben Männer erst die Strafen verhängen und sie dann auch noch vollstrecken, so setzt sie dies doppelter Feindseligkeit aus; daß die gleichen Leute (solche Funktionen) in allen Angelegenheiten haben, ⟨macht sie⟩ aber zum Feind aller.

In vielen Staaten bildet die Gefängnisbehörde ein eigenes Amt, das von dem verschieden ist, welches Geldbußen eintreibt, wie z. B. in Athen die Behörde mit dem Namen ›Elf Männer‹. Daher ist vorzuziehen, auch die Gefängnisaufsicht (als besondere Behörde) abzusondern und auch für sie nach einer solchen wohl durchdachten Maßnahme (zur Vermeidung der beschriebenen Feindseligkeiten) zu suchen; denn dieses Amt ist genauso wie das vorher genannte unverzichtbar. Aber die Erfahrung zeigt, daß die Besseren besonders dieses Amt meiden, während es riskant ist, den Schlechten die Kontrolle darüber zu übertragen; denn sie müssen eher überwacht werden, als daß sie andere überwachen können. Wegen dieser Gefahren darf nicht nur ein einziges Amt zur Beaufsichtigung (der Gefängnisinsassen) eingerichtet werden, und es darf auch (in seiner Besetzung) nicht unverändert bleiben, vielmehr sollen jeweils verschiedene Aufseher aus dem Kreis der jungen Männer, wo es die Einrichtung von Wehrdienst oder Grenzwachen gibt, und aus dem Kreis der Beamten in einem bestimmtem Turnus diese Aufgabe übernehmen.

Den eben beschriebenen Ämtern muß man die höchste Priorität zuweisen, da sie am ehesten unverzichtbar sind; nach ihnen kommen diejenigen, auf die man nicht minder verzichten kann, denen sogar ein bedeutenderer Rang zugewiesen ist, da sie erhebliche Erfahrung und Vertrauen verlangen. Das sind die Ämter, denen der Schutz der Stadt und die militärischen Aufgaben übertragen sind. Sie müssen im Frieden genauso wie im Krieg Verantwortung für den Schutz der Stadttore und der Befestigungsmauern, für die Musterung der Bürger und ihre Aufstellung in der Schlachtordnung tragen. In manchen Staaten gibt es für alle diese Aufgaben Ämter in größerer, in anderen in geringerer Zahl; so ist in kleinen Staaten ein einziges Amt für alle diese Aufgaben zuständig. Solche Amtsinhaber pflegt man Heerführer oder Befehlshaber
1322b im Krieg zu nennen.

Wo es eine Reiterei, Leichtbewaffnete, Bogenschützen oder eine Flotte gibt, wird manchmal über jeden dieser Truppenteile ein eigenes Kommando eingesetzt, die dann Flottenkommandanten, Reiterkommandanten und Befehlshaber eines Regiments genannt werden; für die Untergliederungen (dieser Truppenteile) werden weiterhin diesen Kommandanten unterstellte Befehlshaber eingesetzt: die Kommandeure eines Kriegsschiffes mit drei Ruderbänken, die Anführer einer Heeresabteilung zu Fuß und die Kommandanten einer Phyle und was es sonst für Abteilungen hierbei gibt. Die Gesamtheit dieser Tätigkeiten bildet aber eine einzige Form öffentlicher

Aufgaben, nämlich das Kriegsamt. So steht es mit dieser Behörde.

Da einige Ämter, wenn auch nicht alle, erhebliche Beträge öffentlicher Gelder verwalten, ist es unumgänglich, daß es eine eigene Behörde gibt, die, ohne irgendeine weitere Aufgabe wahrzunehmen, die Verwaltung (dieser Mittel) überprüft und vor der die Beamten Rechenschaft ablegen müssen. Manche nennen diese Beamten Rechenschaftsbeamte, andere Rechnungsprüfer, wieder andere Untersuchungsbeamte und einige öffentliche Ankläger.

Neben allen diesen Behörden gibt es ein Amt, das am ehesten Macht über alle Angelegenheiten ausübt. Denn ein und dasselbe Amt kontrolliert häufig die endgültige Entscheidung und bringt Anträge ein oder führt in der Volksversammlung
(in Staaten) den Vorsitz, in denen der Demos der Souverän b15
ist; es muß ja eine Instanz geben, die die Versammlungen des Souveräns der Verfassung einberuft. Man nennt dieses Amt in manchen Staaten vorbereitenden Rat, weil er zuvor eine Empfehlung berät, oder eher Rat dort, wo die Menge (den Souverän) bildet. Damit sind so ziemlich die Ämter, denen staatliche Aufgaben übertragen sind, aufgezählt.

Eine davon verschiedene Form der Aufgabe von Ämtern sind die Angelegenheiten, die die Götter betreffen: diese Aufgaben sind Priestern und Aufsehern sakraler Bauten übertragen, die dafür zu sorgen haben, bestehende Bauten zu erhalten, vom Verfall bedrohte Gebäude instandzusetzen und für andere Dinge verantwortlich zu sein, die für den Dienst an den Göttern festgelegt sind. Mancherorts, wie in kleinen Staaten, nimmt ein einziges Amt diese Aufgaben wahr, andernorts sind sie auf viele Ämter, die auch vom Priesteramt unabhängig sind, verteilt, z.B. die Ämter derer, die die Opfer vollziehen, der Tempelwächter und der Schatzmeister sakraler Geldmittel. Damit verwandt ist das Amt, das spezifisch für alle öffentlichen Opfer zuständig ist, deren Vollzug das Gesetz nicht Priestern überläßt, sondern (für Opfer), die das Ansehen, dessen sie sich erfreuen, von dem gemeinsamen Staatsherd empfangen. Manche nennen diese Amtsträger Archonten, andere Könige, wieder andere Prytanen.

Dies sind die Aufgaben, denen sich die unverzichtbaren Ämter widmen müssen; zusammenfassend kann man sie so angeben: Sakrales, das Kriegswesen, Staatseinnahmen und -ausgaben, Marktordnungen, Regelungen für die Stadt, die Häfen, das Hinterland; daneben Angelegenheiten, die die Gerichte betreffen, die offizielle Niederschrift von privaten Abmachungen, das Eintreiben von Strafen, die Überwachung von Gefängnisinsassen, das öffentliche Rechnungswesen, die Rechnungsprüfungen und Rechenschaftsablegungen der Beamten; schließlich die Ämter, die für das Gremium, zuständig sind, welches Entscheidungen über öffentliche Angelegenheiten fällt.

Manche Ämter sind aber Staaten vorbehalten, deren (Bürger) sich eher Muße leisten können, sich mehr Wohlstands erfreuen und auf gute Ordnung Wert legen, ich meine die Ämter, die die Aufsicht über die Frauen, die Überwachung der Gesetze, die Aufsicht über die jungen Söhne (der Bürger)
1323a und die Kontrolle über die gymnastischen Übungen führen, außerdem ein Amt, das für die athletischen und dionysischen Wettkämpfe und jedes andere öffentliche Schauspiel dieser Art zuständig ist. Zweifellos sind einige dieser Ämter nicht demokratische Institutionen, ich meine z. B. das Amt, das für die Aufsicht über die Frauen und jungen Söhne verantwortlich ist; da die Armen sich keine Sklaven leisten können, müssen sie Frauen und Kinder wie Bedienstete gebrauchen (so daß es hier keine Vorschriften, die in wohlhabenderen Staaten für sie getroffen werden, geben kann). Gesetzeswächter, vorbereitender Rat und Rat sind die drei politischen Institutionen, nach deren Richtlinien einige die Ämter mit souveräner Entscheidungsbefugnis durch Wahl besetzen. Dabei ist das Amt der Gesetzeswächter eine aristokratische Institution, der vorbereitende Rat eine oligarchische und der Rat eine demokratische.

Damit haben wir wenigstens im Umriß so ziemlich alle Ämter behandelt.

BUCH VII

Kapitel 1. Wer die beste Verfassung so, wie man sollte, unter- a15
suchen will, muß zuerst bestimmen, welche Lebensform am erstrebenswertesten ist; denn solange dies ungeklärt ist, muß auch die beste Verfassungsform ungeklärt bleiben. Den Menschen, die unter der nach den gegebenen Bedingungen besten politischen Ordnung leben, sollte es ja am besten gehen – vorausgesetzt, daß nichts wider Erwarten eintritt. So muß man zunächst über Folgendes Einigkeit erzielen: was für ein Leben ist im Großen und Ganzen allen am erstrebenswertesten, und danach: ist dies das gleiche für die Gemeinschaft und den Einzelnen für sich genommen oder je verschieden?

Wir glauben, daß vieles, das auch in den exoterischen Erörterungen über das beste Leben bemerkt wurde, dem Gegenstand hinreichend gerecht wird, so soll es auch jetzt benutzt werden. Wenigstens gegen eine Einteilung wird ja wohl wahrhaftig niemand Einwände vorbringen (und bestreiten), daß es drei Bestandteile (des Glücks) gibt: die äußeren, die im Körper und die in der Seele, und daß die wirklich Glücklichen diese alle besitzen müssen. Niemand kann ja wohl einen Mann völlig glücklich nennen, der keine Spur von Tapferkeit, Selbstbeherrschung, Gerechtigkeit oder Vernunft besitzt, sondern die vorbeischwirrenden Fliegen fürchtet und vor dem Schlimmsten nicht Halt macht, wenn ihn die Begierde nach Essen oder Trinken überkommt. (Als glücklich gilt auch nicht,) wer für Pfennige diejenigen, die ihm am nächsten stehen, ins Verderben stürzt, und genauso wenig jemand, der geistig so unvernünftig und voller Irrtümer lebt wie ein Kind oder ein Wahnsinniger.

Solchen Äußerungen dürften so gut wie alle zustimmen, uneins ist man sich aber hierbei über das Ausmaß, d.h. darüber, wie weit man jeweils im äußersten Falle gehen soll. Denn man glaubt, ein noch so geringer Anteil guter menschlicher

Qualität reiche schon aus, während man bei Reichtum, Geldmitteln, Macht, Ruhm und allen anderen (Gütern) dieser Art den größten Umfang ohne jegliche Beschränkung sucht.

Wir werden ihnen entgegnen, daß man sich leicht darüber schon aus den Erfahrungen vergewissern kann, wenn man beobachtet, daß man gute menschliche Qualität nicht durch die äußeren (Güter) erwirbt und bewahrt, sondern umgekehrt
1323b diese durch jene; und – einerlei ob das glückliche Leben in Lustempfindung oder guter menschlicher Qualität oder beidem besteht – glücklich sind doch eher die Menschen, die bis zum Äußersten gehen, um sich im Glanz von Charakter und Vernunft auszuzeichnen, aber im Besitz äußerer Güter Maß halten, und nicht die, die davon mehr besitzen, als ihnen nützt, aber in jenen (Qualitäten des Charakters und der Vernunft) zurückbleiben. Unzweifelhaft wird dies auch bei einer theoretischen Betrachtung evident: die äußeren Güter unterliegen, so wie ein Werkzeug, einer Begrenzung, und alles, was nützlich ist, ist (so) für etwas. Ein Übermaß bei diesen (Dingen) muß ihren Besitzern entweder schaden oder ohne jeglichen Nutzen sein. Anders ist es bei den Gütern der Seele: je weiter man hier bis zum Äußersten geht, umso mehr muß jedes von ihnen auch nützlich sein – falls man auch ihnen nicht nur vollendeten Wert in sich selber, sondern auch Nutzen zuschreiben soll. Insgesamt ist deutlich, daß, wie wir sagen werden, der beste Zustand aller Gegenstände in ihrem Rangverhältnis zueinander in dem
b15 Abstand steht, den diese Dinge selber, von deren bestimmten Zuständen wir sprechen, zueinander einnehmen. Wenn es nun zutrifft, daß die Seele ihrem Wesen nach sowohl schlechthin als auch für uns wertvoller als Besitz und der Körper ist, dann muß auch der beste Zustand jedes dieser (drei Arten von Gütern diesem Rang) entsprechen. Außerdem sind diese (Güter des Besitzes und des Körpers) von Natur um der Seele willen erstrebenswert, und alle vernünftigen Menschen müssen sie um der Seele willen wählen, aber nicht die Seele ihretwegen.

Über Folgendes soll damit Einigkeit unter uns erzielt sein: jeder erreicht soviel Glück, wie er charakterliche Vorzüglichkeit und Vernunft besitzt und im Einklang damit handelt. Da für soll uns Gott als Zeuge dienen: er ist glücklich und glückselig, aber er verdankt dies keinem der äußeren Güter, sondern sich selber und der bestimmten Beschaffenheit seiner Natur, zumal ja auch deswegen glückliche Umstände etwas anderes als Glück sein müssen; denn die Güter außerhalb der Seele werden von Zufall und glücklicher Fügung hervorgebracht, aber gerecht oder maßvoll ist niemand aufgrund einer Gabe des Zufalls oder durch Zufall.

In engem Zusammenhang hiermit steht ein Grundsatz, der auch keine andere Begründung verlangt, nämlich daß es auch der beste Staat ist, der glücklich ist und dem es gut geht; unmöglich kann es ja denen gut gehen, die nicht das Gute tun; aber kein Mann oder Staat kann ohne charakterliche Vorzüglichkeit und Vernünftigkeit gute Handlungen vollbringen. Die Tapferkeit, Gerechtigkeit und Vernünftigkeit des Staates haben aber die gleiche Wirksamkeit und Form wie (diese Eigenschaften) bei jedem einzelnen Menschen: er muß sie besitzen, wenn man von ihm als gerecht, vernünftig und selbstbeherrscht spricht.

Soviel soll mit dieser Vorrede der Untersuchung vorausgeschickt sein. Es war ja weder möglich, diese Dinge nicht zu berühren, noch alle hierher gehörenden Argumente gründlich zu behandeln, denn dies gehört in eine andere Erörterung. Hier soll soviel als Ausgangspunkt zugrunde gelegt sein: das Leben,
das mit charakterlicher Vorzüglichkeit geführt wird, die (mit 1324a
Gütern) soweit ausgestattet ist, daß man nach dem Maßstab charakterlicher Vorzüglichkeit handeln kann, ist sowohl individuell für jeden Einzelnen als auch gemeinschaftlich für die Staaten das beste. Falls aber jemand von diesen Ausführungen nicht überzeugt ist, so soll dies später eine gründlichere Untersuchung, von der wir im Rahmen der gegenwärtigen Erörterung absehen, finden. Sie wird sich an diejenigen richten, die diese (Grundsätze) bestreiten.

Kapitel 2. Es steht noch aus darzulegen, ob man das Glück eines jeden einzelnen Menschen als identisch mit dem des Staates angeben muß oder nicht. Aber auch dies leuchtet ein; alle sind sich ja wohl darüber einig, daß das (Glück beider) identisch ist. Denn diejenigen, die glauben, beim Einzelnen bestehe das gute Leben in Reichtum, preisen auch den ganzen Staat als glücklich, wenn er reich ist; und alle, die das tyrannische Leben am höchsten schätzen, bezeichnen wohl auch einen Staat, der über die größte Zahl von Menschen herrscht, als den glücklichsten; und wenn jemand einen Einzelnen wegen seiner guten menschlichen Qualität hoch achtet, wird er auch einem Staat mit besserer Qualität größeres Glück zuschreiben.

Damit stellen sich aber jetzt zwei Fragen, die eine Untersu-
a15 chung verlangen: einmal, welche Lebensform ist eher vorzuziehen, die der aktiven Beteiligung als Bürger und der Mitwirkung am Staat oder die eines Fremden, die (von der Verbindung) mit der staatlichen Gemeinschaft gelöst ist? Danach (die Frage): welche Verfassung und welchen Zustand eines Staates muß man als den besten ansehen – unabhängig davon, ob die Mitwirkung am Staat für alle erstrebenswert ist oder dies wohl für die allermeisten, aber für einige nicht gilt? Aber (nur) diese Frage ist Gegenstand politischen Denkens und Betrachtens, nicht dagegen die erste, (in der wir fragten,) was für den Einzelnen erstrebenswert ist; eine solche (politische) Untersuchung haben wir uns ja jetzt vorgenommen und so mag jene jetzt eine Nebensache bleiben, während diese die Hauptsache unserer Erörterung bildet. Offensichtlich muß das die beste Verfassung sein, unter deren Ordnung es (jedem), wer er auch sei, am besten geht und er im höchsten Glück lebt.

Aber selbst unter denen, die sich darüber einig sind, daß das Leben, das nach guter menschlicher Qualität geführt wird, am erstrebenswertesten ist, gibt es Streit darüber, ob das Leben politischer Tätigkeit und praktischen Wirkens gewählt zu werden verdient oder eher das von allem Äußeren losgelöste, ein Leben der Theorie – das Leben des Philosophen ist aber, wie einige behaupten, ausschließlich das der Theorie. Es sind so ziemlich diese beiden Lebensweisen, die politische und die philosophische, die offensichtlich sowohl in der Vergangenheit als auch heutzutage Männer wählen, die am ehrgeizigsten menschliche Vorzüglichkeit suchen. Es macht aber viel aus, welche der beiden Auffassungen die Wahrheit für sich hat; denn wer gesundes Urteil besitzt, muß sich auf das bessere Ziel ausrichten, und dies gilt sowohl für jeden einzelnen Menschen wie gemeinschaftlich für die Bürgerschaft.

Nach der Meinung einiger Männer wird Herrschaft über Nachbarn, wenn sie despotisch ist, mit der allergrößten Ungerechtigkeit ausgeübt; herrsche man dagegen so wie über Bürger, dann hafte dem zwar kein Unrecht an, dies stehe aber ihrem Wohlbefinden im Wege. Gleichsam von der dazu entgegengesetzten Position her vertreten andere die Meinung, daß allein ein Leben praktischen Wirkens und politischer Tätigkeit eines richtigen Mannes würdig sei; denn Privatleute könnten im Handeln nicht jede Form guter menschlicher Qualität ver-
wirklichen, wohl aber die, die aktiv die Belange der Gemein- 1324b
schaft vertreten und als Bürger politisch tätig sind. Dies ist die Auffassung der einen Gruppe von Männern.

Die anderen behaupten dagegen, daß allein die despotische und tyrannische Form der Verfassung als Glück gelten könne. Bei einigen sind auch Gesetze und Verfassung geradezu darauf festgelegt, daß sie über die Nachbarn despotisch regieren. Die meisten gesetzlichen Einrichtungen wurden zwar bei den meisten sozusagen planlos erlassen und doch zielen alle Gesetze, wenn sie irgendwo ein einziges Ziel verfolgen, darauf, Herrschaft (über andere) auszuüben. So ist in Sparta und Kreta so ziemlich (alle) Erziehung und ein Großteil der Gesetze auf Kriege ausgerichtet. Außerdem erfreut sich kriegerische Fähigkeit bei allen Völkerschaften, die sich (andere) unterwerfen können, hohen Ansehens, zum Beispiel bei den Skythen, Persern, Thrakern und Kelten. Bei einigen treiben gewisse Gesetze zu dieser Form von Tüchtigkeit geradezu an. So empfangen, wie man sagt, in Karthago (Krieger) den Ringschmuck entsprechend der Anzahl von Feldzügen,
an denen sie teilgenommen haben. Und es gab auch einmal b15
in Makedonien ein Gesetz, das vorschrieb, daß ein Mann, der keinen Feind getötet hatte, ein Halfter tragen mußte. Bei den Skythen durfte ein Mann, der keinen Feind getötet hatte, bei einem bestimmten Fest nicht aus dem Trinkbecher, der

herumgereicht wurde, trinken. Und bei den Iberern, einem kriegerischen Volksstamm, steckt man kleine Spieße in der Zahl um das Grab, die der Anzahl der getöteten Feinde gleichkommt, und bei anderen ist vieles anderes dieser Art zum Teil durch Gesetze, zum Teil durch Gebräuche festgelegt.

Aber wer dies gründlich durchdenken will, dem dürfte es doch wohl ganz verkehrt erscheinen, daß es Aufgabe des Staatsmannes sein soll, herausfinden zu können, wie er die Nachbarn beherrscht und despotisch regiert, einerlei ob sie dies wollen oder nicht. Wie könnte das auch für einen leitenden Staatsmann und Gesetzgeber richtig sein, da es nicht einmal gesetzmäßig ist? Es ist ja eine Verletzung der Gesetze, nicht ausschließlich gerecht, sondern auch ungerecht zu herrschen – Macht läßt sich aber auch auf ungerechte Weise ausüben. Keinesfalls finden wir dies sonst, bei den sachkundigen Kenntnissen; denn kein Arzt oder Steuermann sieht es als seine Aufgabe, mit Überredung oder Gewalt auf die Patienten bzw. Passagiere einzuwirken. Die meisten scheinen aber zu glauben, daß despotische Herrschaft die Herrschaftsform sei, die der Staatsmann ausüben müsse, und was sie alle für sich nicht als gerecht oder nützlich gelten lassen, das praktizieren sie gegenüber anderen ohne jegliche Scham; denn für sich suchen sie eine gerechte Herrschaft, während sie sich in ihrem Verhalten gegenüber anderen um Gerechtigkeit nicht kehren. Ein solches Vorgehen ist aber widersinnig, außer wenn die eine Gruppe von Natur dazu bestimmt ist, despotisch regiert zu werden, während die andere dies nicht ist. Wenn dieser Grundsatz richtig ist, dann darf man daher auch nicht versuchen, über alle despotisch zu regieren, sondern nur über die, die dazu bestimmt sind, wie man auch für ein Mahl oder Opfer nicht Menschen jagen darf, sondern nur Kreaturen, die für diesen Zweck gejagt werden können – das sind wilde, zum Verzehr geeignete Tiere.

1325a Ein einzelner Staat kann aber doch in Beschränkung auf seine eigenen Angelegenheiten sehr wohl in Glück leben, offensichtlich wenn er sich sich ein guten politischen Ordnung erfreut – sofern ja ein Staat irgendwo isoliert für sich existieren kann, der gute Gesetze befolgt und dessen Verfassung nicht auf Krieg und Unterwerfung der äußeren Feinde ausgerichtet ist; denn nichts dieser Art soll man dort finden.

Alle Vorkehrungen für den Krieg muß man offensichtlich als wertvoll ansetzen, aber nicht als seien sie das oberste Ziel von allem, vielmehr werden sie um dieses Zieles willen getroffen. Der gute Gesetzgeber hat ja die Aufgabe herauszufinden, wie ein Staat, eine Klasse von Menschen und jede andere Gemeinschaft am guten Leben und dem für sie erreichbaren Glück teilhaben können. Einige gesetzliche Einrichtungen werden aber (je nach Verhältnissen) verschieden sein: wenn man Nachbarn hat, dann ist es auch die Aufgabe der Gesetzgebung, darauf zu sehen, wie man sich gegenüber welcher Art (von Nachbarn) verhalten soll und wie man die angemessenen (Maßnahmen) gegenüber den jeweiligen Menschen ergreifen muß. Die Frage, auf welches Ziel die beste Verfassung ausgerichtet sein soll, wird aber später die verdiente Betrachtung finden.

Kapitel 3. Wir müssen uns nun denen zuwenden, die zwar darin übereinstimmen, daß das Leben, das nach guter menschlicher Qualität gelebt wird, am erstrebenswertesten ist, sich jedoch darüber uneins sind, was dies für die Praxis bedeutet; denn die einen von ihnen lehnen die Bekleidung politischer Ämter ab, da sie glauben, das Leben eines Freien sei von dem aktiver Politik zu unterscheiden und von allen am erstrebenswertesten; die anderen sehen dagegen dieses (Leben politischer Aktivität) als das beste an; unmöglich könne es ja demjenigen, der nicht handelt, gut gehen, Wohlergehen und Glück seien aber identisch. Beiden müssen wir erklären, daß sie beide wohl zum Teil Recht haben, zum Teil dagegen nicht. So haben die einen damit Recht, daß das Leben des Freien besser als das despotische ist; denn das ist wahr: von einem Sklaven als Sklaven Gebrauch zu machen ist keine Tätigkeit, auf die man stolz sein kann; Anordnungen über lebensnotwendige Dinge zu geben ist ja in keiner Weise nobel. Aber die Annahme, jede Herrschaft sei despotisch, ist unrichtig; denn die

Herrschaft über Freie überragt die über Sklaven genauso, wie das von Natur Freie selber das von Natur Versklavte überragt – das wurde hinreichend in den ersten Erörterungen bestimmt. Und es ist unrichtig, Untätigkeit mehr als Tätigsein zu preisen; denn Glück ist Handeln und die Handlungen gerechter und maßvoller Männer enthalten die Erfüllung von vielem, das als vorbildlich gilt.

Nach diesen Bestimmungen könnte aber vielleicht jemand die Auffassung vertreten, es sei am besten, unbeschränkte Macht über alle auszuüben, denn so besitze man auch die Macht, die meisten und besten Handlungen auszuführen. Daraus folgt dann aber, daß jemand, der Macht ausüben kann, sie nicht dem Nächsten überlassen darf, sondern sie ihm eher entreißen muß; und (bei ihrem Machthunger) dürfte dann ein Vater nicht auf seine Kinder Rücksicht nehmen und die Kinder nicht auf den Vater und überhaupt kein Freund auf seinen Freund, und (keiner von ihnen) dürfe dies in Betracht ziehen; denn das Beste verdiene, am ehesten gewählt zu werden; gut zu handeln sei aber das Beste.

Hiermit vertreten sie nun vielleicht die Wahrheit, voraus-
1325b gesetzt, daß wirklich diejenigen, die (anderen die Macht) entreißen und Gewalt ausüben, auch das erstrebenswerteste aller Dinge erlangen werden. Aber vielleicht ist dies nicht möglich, und sie gehen von einer falschen Voraussetzung aus. Denn daß jemand (so) handelt, kann nicht mehr Anerkennung verdienen – außer wenn er so überlegen ist wie ein Mann über die Frau, ein Vater über die Kinder oder ein Herr über die Sklaven. Daher kann der Mann, der mit einer Übertretung begonnen hat, später nicht so viel wieder gutmachen, wie er zuvor schon durch die Verletzung charakterlicher Vorzüglichkeit geschadet hat. Denn für Gleiche besteht das, was richtig und gerecht ist, in turnusmäßigem Wechsel (bei der Ausübung der Herrschaft); denn dies ist völlige Gleichheit nach Umfang und Art. Ungleichheit nach Umfang und Art ist aber für Gleiche ein Verstoß gegen die Natur, aber kein Verstoß gegen die Natur verdient Anerkennung. Wenn dagegen ein anderer Mann in seiner guten menschlichen Qualität und dem Vermögen, das

Beste zu vollbringen, (den übrigen) überlegen ist, dann ist es richtig, ihm zu folgen und sich ihm zu fügen ist gerecht. Er darf aber nicht nur charakterliche Vorzüglichkeit besitzen, sondern braucht auch das Vermögen, (entsprechend) zu handeln.

Wenn diese Erklärungen richtig sind und man Glück als b15
richtiges Handeln bestimmen muß, dann ist doch wohl gemeinschaftlich bei dem Staat im Ganzen wie bei jedem einzelnen Menschen das von Tätigkeit erfüllte Leben das beste. Ein Leben der Tätigkeit muß aber nicht auf andere gerichtet sein, wie einige annehmen; man darf auch nicht allein die Überlegungen als praktisch angeben, die auf Ergebnisse von Handeln abzielen, sondern praktisch sind viel eher die Betrachtungen und Überlegungen, die den Zweck in sich selber tragen und um ihrer selbst willen unternommen werden. Denn richtiges Handeln ist das Ziel, daher ist auch eine bestimmte Form von Tätigsein Ziel. Aber auch die nach außen gerichteten Tätigkeiten führen, wie wir sagen, am ehesten eigentlich diejenigen Männer aus, die durch die gedankliche Planung die Leitung über sie innehaben. Zweifellos brauchen auch Staaten, die auf sich selber gestellt sind und sich entschieden haben, ein solches Leben (der Abgeschlossenheit) zu führen, nicht untätig zu sein; denn zwischen ihren Teilen sind auch (Handlungen) möglich; die Teile des Staates unterhalten ja untereinander vielfältige Beziehungen. Genauso gilt dies aber auch für jeden einzelnen Menschen. Denn (anderenfalls) könnte es um Gott und den gesamten Kosmos, die neben den auf sie selbst bezogenen Handlungen keine nach außen gerichteten Tätigkeiten vollziehen, nicht gut bestellt sein.

Es ist somit klar, daß ein und dasselbe Leben sowohl für jeden einzelnen Menschen wie auch gemeinschaftlich für die Staaten und Menschen das beste sein muß.

Kapitel 4. Mit diesen Ausführungen, die wir gerade zu diesen Themen vorgetragen haben, ist unsere Einleitung abgeschlossen. Nachdem wir die übrigen Verfassungen früher betrachtet haben, wollen wir zu Beginn der noch ausstehenden (Erörterung) zuerst darlegen, was für Voraussetzungen der Staat, der

wunschgemäß eingerichtet sein soll, besitzen muß; denn die beste Verfassung kann ohne eine angemessene äußere Ausstattung nicht verwirklicht werden. Deswegen müssen wir wie auf einem Wunschzettel viele Voraussetzungen angeben, darunter darf sich aber z. B. für die Größe der Bürgerschaft und für das Land nichts Unmögliches finden. Auch Handwerkern
1326a wie einem Weber und Schiffsbauer muß ja das Material für ihre Tätigkeit in geeigneter Form zur Verfügung stehen; denn aus besserem Material muß auch das von ihrer Fertigkeit hervorgebrachte Produkt vollkommener gelingen. Genauso muß auch dem leitenden Staatsmann und dem Gesetzgeber das Material, das sie brauchen, in der geeigneten Form zur Verfügung stehen.

Zur Ausstattung des Staates gehört zuerst die Menge der Bürger, (ich meine damit) ihre erforderliche Anzahl und naturgegebene Qualität; (zur Ausstattung) gehört ebenso die erforderliche Größe und Beschaffenheit des Landes.

Die meisten glauben nun, ein glücklicher Staat müsse auch groß sein. Wenn dies richtig ist, so verkennen sie dabei, welche Qualität eines Staates ihn groß oder klein macht; denn sie bemessen seine Größe nach der Anzahl seiner Bewohner, man soll aber besser nicht auf ihre Zahl als auf die Leistungsfähigkeit achten; denn auch der Staat hat eine Funktion. Deshalb muß man den Staat, der diese Funktion am besten erfül-
a15 len kann, auch als den größten ansehen; so wird man ja auch Hippokrates – nicht die Person, sondern den Arzt – als größer bezeichnen als einen anderen Mann, der ihn an Körpergröße überragt.

Wenn man jedoch bei der Beurteilung (der Größe des Staates) auch auf die Zahl achten muß, dann darf man dabei nicht eine beliebige Gruppe (in ihm) in Betracht ziehen, (wie) Sklaven, Metöken und Fremde, die es ja wahrscheinlich in großer Anzahl in den Staaten geben muß; vielmehr muß man (die Zahl) derer (berücksichtigen), die Bestandteil des Staates sind und aus denen der Staat als seinen eigentlichen Teilen zusammengesetzt wird; denn deren überragende Zahl deutet auf einen großen Staat. Dagegen kann ein Staat, aus dem viele

Handwerker, aber nur wenige Schwerbewaffnete hervorgehen, nicht groß sein; denn groß und bevölkerungsreich sind zwei verschiedene Dinge.

Gewiß läßt sich aus der Erfahrung auch klar erkennen, daß ein allzu menschenreicher Staat sich nur schwer, vielleicht überhaupt nicht, einer guten gesetzlichen Ordnung erfreuen kann; unter Staaten, die als gut regiert gelten, finden wir ja keinen, der Beschränkungen gegenüber der großen Zahl preisgibt. Dies wird auch aus dem Beweismittel begrifflicher Ableitung deutlich: das Gesetz ist eine bestimmte Ordnung und die gute gesetzliche Verfassung ist notwendigerweise gute Ordnung, eine übergroße Zahl kann aber nicht an der Ordnung teilhaben; denn dies (zu bewirken) wäre die Aufgabe einer göttlichen Kraft, die ja auch dieses Universum zusammenhält. Nun pflegt Schönheit Zahl und Größe vorauszusetzen; daher muß auch ein Staat dann am schönsten sein, wenn er groß ist und die beschriebene Bestimmung erfüllt.

Aber es gibt auch beim Staat, genauso wie bei allem anderen, bei Lebewesen, Pflanzen und Werkzeugen, eine bestimmte Begrenzung der Größe: wenn jedes von ihnen entweder zu klein oder zu groß ist, können sie ihre jeweilige Fähigkeit nicht behalten, sondern sie werden entweder völlig ihre Natur einbüßen oder sich in einem minderwertigen Zustand befinden. So wird z. B. ein Schiff mit der Länge einer Spanne oder von zwei Stadien überhaupt kein Schiff mehr sein, bei
einer bestimmten Länge wird es (wohl ein Schiff sein, aber) 1326b
wegen seiner Winzigkeit oder Übergröße die Seetüchtigkeit erheblich beeinträchtigen. Genauso ist auch ein Staat, der aus zu wenigen Mitgliedern besteht, nicht autark, seinem Wesen nach ist aber ein Staat autark. Eine (Gemeinschaft) mit zu vielen Bewohnern wird zwar, wie ein Volksstamm, in (der Versorgung mit) den notwendigen Dingen autark sein, ist aber kein Staat; denn hier kann es nicht leicht eine verfassungsmäßige Ordnung geben. Denn wer soll Heerführer einer zu großen Menge sein oder wer Herold, wenn er nicht Stentors Stimme hat?

Aus diesen Gründen existiert notwendigerweise ein Staat zum ersten Mal dann, wenn die Anzahl (seiner Mitglieder) so groß ist, daß diese Menge erstmals autark zum vollkommenen Leben, wie es die staatliche Gemeinschaft ermöglicht, ist. Wenn ihre Zahl darüber hinausgeht, kann durchaus ein Staat auch größer sein, aber dies läßt sich, wie wir sagten, nicht unbegrenzt weiterführen. Wie man die Grenze seiner größten Ausweitung angeben soll, läßt sich leicht aus den Tatsachen entnehmen: die Handlungen eines Staates werden teils von den Regierenden, teils den Regierten ausgeführt. Die Aufgabe des Regierenden ist dabei, Anordnungen zu erteilen und Entscheidungen zu fällen. Um aber über Rechtsfalle zu urteilen und die Ämter nach Verdienst zu besetzen, müssen die Bürger untereinander ihre Qualität kennen. Wo dies nicht der Fall sein kann, muß es ja um Ämter und Gerichtsentscheidungen schlecht bestellt sein; denn bei beiden darf man nicht blindlings vorgehen, wie das offensichtlich bei einer allzu großen Bürgerzahl geschieht. Außerdem könnten dann Fremde und Metöken leicht Zugang zur Bürgerschaft gewinnen, wegen der übergroßen Bürgerzahl bleiben sie ja leicht unerkannt.

Offensichtlich erhalten wir damit die beste Begrenzung (der Größe) des Staates: dies ist die größte Ausweitung der Zahl, die noch gut überschaubar ist und die Autarkie des Lebens zu erreichen ermöglicht. Zur Größe des Staates soll in dieser Form unsere Bestimmung getroffen sein.

Kapitel 5. Ähnliches gilt auch für die Bedingungen des Landes. Zunächst zu seiner wünschenswerten Qualität: unzweifelhaft wird wohl jeder das Land preisen, das im größten Maße Autarkie besitzt – das muß ein Land sein, das alles hervorbringt; denn autark sein bedeutet, daß alles zur Verfügung steht und nichts fehlt.

An Umfang und Ausdehnung (soll das Land) so groß (sein), daß seine Bewohner in Muße zugleich freigebig und mit maßvoller Selbstbeherrschung leben können. Ob wir dies nun so zutreffend bestimmen oder nicht, muß später genauer untersucht werden, wenn wir dazu kommen, allgemein darauf einzugehen, wie und in welcher Weise man von Besitz und Wohlstand Gebrauch machen soll. Diese Betrachtung enthält ja viele Streitpunkte, weil manche zu jeweils einem der beiden Extreme der Lebensführung drängen – die einen zu Kärglichkeit, die anderen zu verwöhntem Luxus.

Es fällt nicht schwer, sich zur Gestalt des Landes zu äußern, in einigen Punkten muß man hierin auch den in der Kriegsführung Erfahrenen folgen. Das Land soll den Feinden den Einfall erschweren, es dagegen den eigenen Leuten leicht machen, es zu verlassen. Und wie wir forderten, daß die Bevölkerung in 1327a
ihrer Zahl leicht überschaubar sein müsse, so tun wir das auch bei dem Staatsgebiet – leicht überschaubar bedeutet hier, daß es leicht verteidigt werden kann.

Wenn man bei der Festlegung des Ortes einer Stadt seinen Wünschen folgen darf, dann soll sie sowohl zum Meer als auch zum Staatsgebiet hin günstig gelegen sein. Eine genauere Bestimmung dafür wurde schon genannt: für das Ausrücken der Truppen muß sie zu allen Landesteilen gleichmäßig leicht Zugang bieten. Die andere Bestimmung betrifft die Zufuhr von Ernteerträgen, außerdem von Holz und jedem anderen leicht transportierbaren Produkt, sofern das Land seine Produktion ermöglicht.

Kapitel 6. Man ist sich aber erheblich darüber uneinig, ob es für Staaten, die sich einer guten gesetzlichen Ordnung erfreuen, nützlich oder schädlich ist, das Meer zu nutzen. Denn man sagt, daß der (damit einhergehende) Aufenthalt einiger Fremder, die unter anderen Gesetzen aufgewachsen sind, und das starke Anwachsen der Zahl der Bewohner der guten gesetzlichen Ordnung abträglich sei. Zu einer großen Einwohnerzahl komme es, wenn man den Zugang zum Meer nutzt, indem man eine große Zahl von Händlern aussendet und aufnimmt; diese bilde aber ein Hindernis für die gute Ordnung des Staates.

Wenn man nur diese Folgen vermeiden kann, dann ist es offensichtlich sowohl für die Sicherheit als auch die reichliche Versorgung mit lebensnotwendigen Dingen von Vorteil, daß Stadt und Land den Zugang zum Meer nutzen. Denn um sich besser in Kriegen behaupten zu können, müssen diejenigen, die siegreich überleben wollen, leicht von beiden Seiten her, sowohl zu Land wie zu Wasser, verteidigt werden können; und wenn es ihnen verwehrt ist, zu Land und zu Wasser den Angreifern Schaden zuzufügen, so werden sie doch gewiß größere Chancen haben, wenigstens auf eine Weise erfolgreich zu sein, wenn ihnen beide Möglichkeiten offenstehen.

Es ist aber auch notwendig, (Produkte), die sich bei den Bewohnern selber nicht finden, einzuführen und die Überschüsse der eigenen Erzeugnisse auszuführen. Denn für die eigenen (Bedürfnisse) muß die Stadt Fernhandel treiben, nicht aber für die anderer. Diejenigen, die sich dagegen als Markt für alle anbieten, tun dies wegen der Einnahmen. Eine Stadt, die sich nicht an solchen gewinnsüchtigen Geschäften beteiligen soll, darf aber auch nicht einen solchen Warenumschlagsplatz besitzen. Andererseits können wir auch jetzt beobachten, daß in vielen Fällen das Umland und die Stadt Hafenstädte und Häfen besitzen, die von Natur der Stadt gegenüber günstig gelegen sind: weder nehmen sie das gleiche Stadtgebiet ein noch liegen sie allzu weit von ihm entfernt, sondern werden durch Mauern und andere solche Sicherungsanlagen kontrolliert. Wenn somit die Nutzung (des Meeres) Vorteil bringt, dann wird der Staat sich offensichtlich dieses Vorteils erfreuen können; wenn sie aber irgendwie nachteilig ist, dann können die (Bewohner) sich leicht durch Gesetze davor schützen, indem sie erklären und bestimmen, wer miteinander verkehren darf und wer nicht.

Offensichtlich ist es die beste Lösung, eine Seemacht bis zu einer bestimmten Größe zu besitzen; denn (die Truppen) müs-
1327b sen nicht nur zur (Sicherheit der) eigenen Bürger, sondern auch der einiger Nachbarn gefürchtet werden und in der Lage sein, militärischen Beistand ebenso zu Wasser wie zu Lande zu leisten. Bei der (Festlegung von) Zahl und Größe dieser Truppen muß man die Lebensform des Staates berücksichtigen. Wenn er das Leben einer Führungsmacht und politischer Aktivität führt, dann braucht er auch eine für solche Aktionen angemessene Seemacht. In den Staaten muss sich aber nicht not-

wendigerweise eine große Bürgerzahl ausbilden, die mit einer in der Flotte dienenden Menge einherzugehen pflegt. Diese Männer dürfen ja kein wirklicher Bestandteil des Staates sein; denn nur die Seesoldaten, die die Seeoperationen kontrollieren und leiten, gehören zu den Freien und bilden einen Teil der Landtruppen. Wo es aber Periöken und Männer, die das Land bestellen, in großer Zahl gibt, da steht notwendigerweise auch eine reichliche Zahl von Schiffsmannschaften zur Verfügung. Wir beobachten dies ja auch jetzt bei einigen, z. B. dem Staat von Herakleia: sie bemannen viele Trieren, haben aber eine Bürgerschaft von bescheidenerem Umfang als andere Staaten.

Damit soll unsere Bestimmung des Staatsgebietes, der Häfen, städtischen Siedlungen, des Meeres und der Seemacht abgeschlossen sein. Wie man die Zahl der Bürger festlegen soll, haben wir früher behandelt.

Kapitel 7. Welche Eigenschaften sie aber von Natur besitzen sollen, wollen wir jetzt darlegen. Man kann dies ziemlich leicht erkennen, wenn man sich die hochangesehenen Staaten der Griechen ansieht und außerdem die Unterschiede unter den Völkern (betrachtet), wie sie die gesamte bewohnte Erde aufweist. Die Völker in den kalten Regionen und in Europa sind zwar voller Mut, es fehlt ihnen aber an geistiger Fähigkeit und Fachkenntnissen; daher behaupten sie auch eher ihre Freiheit auf Dauer, ohne aber eine politische Ordnung zu besitzen und über ihre Nachbarn herrschen zu können. Die Völkerschaften Asiens besitzen dagegen die Fähigkeit zu geistiger Leistung und Fachkenntnissen, ihnen fehlt aber Mut; deswegen sind sie fortwährend beherrscht und versklavt. Wie das Volk der Hellenen in den Regionen (die es bewohnt) in der Mitte liegt, so hat es auch an beiden (Anlagen) teil: es besitzt Mut und ist zu geistiger Leistung fähig. Deswegen lebt es immer in Freiheit, fortwährend erfreut es sich der besten politischen Verhältnisse und ist fähig, über alle zu herrschen, wenn es nur eine einzige Verfassung erhielte. Den eben beschriebenen Unterschied weisen aber auch die hellenischen Völker untereinander auf: einige sind in ihren Anlagen ganz einseitig ausgebildet, andere besitzen dagegen beide genannten Fähigkeiten in einer wohl ausgeglichenen Weise.

Damit ist folgendes klar: Menschen, die vom Gesetzgeber leicht zu charakterlicher Vorzüglichkeit geleitet werden sollen, müssen in ihrer Naturanlage geistige Fähigkeit und Mut vereinigen. Denn wenn einige behaupten, die Wächter müßten liebende Fürsorge für die ihnen Bekannten, gegen Unbekannte aber Aggressivität zeigen, so ist es Beherztheit, die die Fähig-
1328a keit zu lieben hervorbringt; dies ist ja die Seelenkraft, mit der wir lieben. Dafür gibt es ein Indiz: Beherztheit wallt eher gegen Verwandte und Freunde als gegen Unbekannte auf, wenn man sich in seinem Wert herabgesetzt glaubt. Deswegen redet auch Archilochos, als er gegen seine Freunde Vorwürfe erhob, treffend sein Herz an: »Freunde würgen dich«. Diesem Vermögen verdanken alle auch Herrschaft und Freiheit; denn der Mut zielt seinem Wesen nach auf Herrschen und ist nicht bereit, sich zu unterwerfen. Es ist aber nicht recht zu fordern, daß man gegen Unbekannte aggressiv sein solle; denn niemandem gegenüber darf man eine solche Haltung einnehmen, und auch die Hochgesinnten sind ihrer Natur nach nicht aggressiv, außer gegenüber denen, die Unrecht begehen. Aggressiv reagieren sie aber noch mehr gegenüber Nahestehenden, wie schon früher erklärt wurde, wenn sie meinen, ungerecht behandelt zu sein. Dies geschieht so mit gutem Grund; denn, so glauben sie, zusätzlich zu dem zugefügten Schaden hätten die, die nach ihrer Auffassung (Dank für) eine empfangene Wohltat schul-
a15 den, sie auch noch darum betrogen. Deswegen heißt es auch: »grausam sind die Auseinandersetzungen unter Brüdern« und »wer zu sehr geliebt hat, der haßt auch zu sehr«.

Die erforderliche Zahl der Bürger und die erforderliche Qualität ihrer Naturanlagen, außerdem die erforderliche Größe und Qualität des Staatsgebiets sind damit so ziemlich behandelt – man darf ja bei solchen (allgemeinen) Erklärungen nicht den gleichen Grad von Exaktheit suchen wie bei Feststellungen, die auf Wahrnehmung beruhen.

Kapitel 8. Bei allem, was der Natur entsprechend zusammengesetzt ist, sind die Voraussetzungen, ohne die das Ganze nicht bestehen könnte, nicht Bestandteile des zusammengesetzen Ganzen. Genauso darf man offensichtlich auch bei einem Staat seine Bestandteile nicht mit den Vorbedingungen, die notwendigerweise erfüllt sein müssen, gleichsetzen, und dies gilt so auch bei jeder anderen Gemeinschaft, aus der eine Einheit der Art nach entsteht; denn deren Mitglieder müssen gemeinsam ein bestimmtes (Gut) von der selben Art besitzen, einerlei ob sie daran gleichen oder unterschiedlichen Anteil haben – dies könnte z. B. Nahrung, Größe des Grund und Bodens oder etwas anderes dieser Art sein.

Wenn jedoch das eine zum Zwecke eines anderen da ist und dieses andere (der Zweck) ist, für den jenes erste existiert, dann gibt es zwischen ihnen keine Gemeinsamkeit, außer (der Beziehung), daß das eine herstellt, während das andere entgegennimmt. Als Beispiel diene das (Verhältnis) zwischen jedem Werkzeug oder Handwerker und dem hergestellten Produkt: es gibt keine Gemeinsamkeit zwischen Haus und Hausbauer, vielmehr wird das sachverständige Können der Hausbauer zum Zwecke des Hauses ausgeübt. Deswegen ist auch Besitz, auf den die Staaten angewiesen sind, kein Bestandteil des Staates, und (das gilt so auch für) die vielen belebten Teile des Besitzes. Der Staat ist ja eine bestimmte Gemeinschaft von Gleichen, dessen Zweck das bestmögliche Leben ist. Glück ist aber das Beste, es ist Verwirklichung menschlicher Vorzüglichkeit und ihr vollkommener Gebrauch. Wie die Dinge aber so liegen, können einige dieses Glück erreichen, die anderen dagegen nur in geringem Maße oder überhaupt nicht. Dieser Umstand ist offensichtlich für das Entstehen unterschiedlicher Formen des Staates und einer größeren Anzahl von Verfassungen verantwortlich; denn auf unterschiedliche Weise und
mit unterschiedlichen Mitteln verfolgen alle jeweils dieses 1328b
(Glück) und schaffen sich so ihre je verschiedenen Lebensweisen und Verfassungen.

Man muß aber auch untersuchen, wie viele solcher (Aufgaben) es gibt, ohne die ein Staat nicht existieren könnte; denn was wir die Bestandteile des Staates nennen, muß in deren Zahl enthalten sein. Man muß daher zuerst die Zahl dieser (unerläßlichen) Aufgaben bestimmen; daraus läßt sich dann hierüber Klarheit gewinnen.

Zunächst muß Nahrung zur Verfügung stehen, danach die fachmännischen Fertigkeiten, denn das Leben ist auf viele Hilfsmittel angewiesen; drittens braucht man Waffen, denn die Mitglieder der Gemeinschaft müssen einmal nach innen zur (Durchsetzung der) Herrschaft gegen die, die sich nicht fügen wollen, dann zur Abwehr ungerechter Angriffe von außen Waffen besitzen; außerdem muß es ein bestimmtes Vermögen an Gütern sowohl für die eigenen als auch für die bei Kriegen entstehenden Bedürfnisse vorhanden sein; fünftens und an erster Stelle muß es den Dienst am Göttlichen geben, den man Priesteramt nennt; an sechster Stelle und am unerläßlichsten von allem die Entscheidung über nützliche Angelegenheiten und darüber, was in den Beziehungen untereinander gerecht ist.

Das sind die Aufgaben, auf die sozusagen jeder Staat angewiesen ist. Der Staat ist ja nicht eine beliebige Menschenmenge, sondern, wie wir behaupten, eine Menge, die für (die Bedürfnisse des) Lebens autark ist. Wenn aber eine dieser Aufgaben nicht erfüllt wird, dann kann diese Gemeinschaft nicht mehr schlechthin als in sich selbst autark gelten. Der Staat muß somit aus (Männern, die) die genannten Tätigkeiten (ausüben), gebildet sein: es muß eine Anzahl von Ackerbauern geben, die die Nahrung bereitstellen werden, daneben Männer, die die fachmännischen Fertigkeiten beherrschen, die Krieger, die Begüterten, die Priester und diejenigen, die die Entscheidungen darüber, was [notwendig] ⟨gerecht⟩ und nützlich ist, fällen.

Kapitel 9. Nach diesen Bestimmungen bleibt noch zu untersuchen, ob alle gemeinsam alle diese Aufgaben wahrnehmen sollen – es ist ja möglich, daß die gleichen Männer alle das Land bebauen, eine fachmännische Fertigkeit ausüben, politische Entscheidungen treffen und zu Gericht sitzen. Oder soll man für jede der genannten Aufgaben je besondere (Personengruppen) fordern? Oder müssen einige dieser Aufgaben bestimmten Gruppen vorbehalten sein, während die anderen (von allen) gemeinsam wahrgenommen werden?

Für jeden Staat kann nun nicht ein und dieselbe Regelung gelten. Denn, wie wir sagten, es ist sowohl möglich, daß alle gemeinsam alle Aufgaben wahrnehmen, als auch, daß sie dies nicht tun, sondern daß für bestimmte Aufgaben eine abgegrenzte Schicht (zuständig ist). Diese (Vielfalt der Möglichkeiten) bewirkt ja auch die Unterschiede unter den Verfassungen; denn in den Demokratien nehmen alle an allem teil, während in Oligarchien die entgegengesetzte Regelung gilt. Da wir hier aber die beste Verfassung untersuchen – das ist die Verfassung, unter der der Staat im höchsten Grade glücklich sein kann – und da es Glück, wie wir zuvor gesagt haben, ohne gute menschliche Qualität nicht geben kann, ist doch die Folgerung offensichtlich: in dem Staat, der sich der besten politischen Verhältnisse erfreut und der Männer besitzt, die schlechthin, und nicht nur nach einer bestimmten Norm gerecht sind, dürfen die Bürger weder das Leben von Handwerkern noch Händlern führen, denn das ist von gemeiner Art und steht (der Ausbildung) guter menschlicher Qualität entgegen. Wer (Bürger) sein soll, darf auch nicht Ackerbauer sein; denn zur Ausbil- 1329a
dung guter menschlicher Qualität und für politische Aufgaben braucht man Muße.

Es finden sich (im Staat) aber auch die Kriegerschicht und Männer, die über nützliche Maßnahmen beraten und über Rechtsansprüche urteilen, und sie sind offensichtlich am ehesten seine Teile. Sollen auch sie voneinander getrennt sein, oder soll man beide (Aufgaben) den gleichen Männern übertragen? Auch darauf ist die Antwort klar: in gewisser Weise muß man beide (Aufgaben) den gleichen (übertragen), in gewisser Weise aber jeweils Verschiedenen verschiedenen, insofern man für jede der beiden Aufgaben in einem verschiedenem Alter am besten befähigt ist und man für die eine Vernunft, für die andere physische Kraft braucht. Andererseits nehmen es diejenigen, die die Macht haben, Gewalt und Widerstand auszuüben, unter keinen Umständen hin, ständig beherrscht zu werden;

daher muß man (beide Aufgaben) doch den Gleichen (übertragen), denn wer die Waffen kontrolliert, kontrolliert damit auch, ob die Verfassung Bestand hat oder nicht. Es bleibt daher nur die Regelung, daß die Verfassung diese beiden Befugnisse zwar den Gleichen überträgt, jedoch nicht zur gleichen Zeit, sondern in der Weise, wie sich nach der Ordnung der Natur physische Kraft bei den Jüngeren, Vernunft bei den Älteren findet. Daher ist es gewiß für beide (Altersstufen) nützlich und gerecht, daß ihnen in der beschriebenen Weise die Aufgaben zugewiesen sind. Denn die Aufteilung, die wir gerade vorgeschlagen haben, wird ihrem Wert gerecht.

Gewiß muß ihnen auch der Besitz gehören; denn die Bürger müssen wohlhabend sein, die eben genannten sind aber die Bürger; die Handwerker gehören ja nicht zum Staat und auch sonst keine Gruppe, deren Tätigkeit nicht gute menschliche Qualität hervorbringt. Dies leuchtet auch nach dem Grundprinzip (des besten Staates) ein: sich des Glücks zu erfreuen erfordert menschliche Vorzüglichkeit; vom Glück eines Staates darf man aber nicht reden, indem man nur eine bestimmte Gruppe in ihm berücksichtigt, sondern indem man alle Bürger einbezieht. Es leuchtet aber auch ein, daß diesen die Besitztümer gehören müssen, da die Ackerbauern Sklaven oder Periöken [oder] barbarischer Herkunft sein müssen.

Unter den aufgezählten (Gruppen) bleiben jetzt noch die Priester übrig. Auch ihre Stellung ist klar: man darf weder einen Ackerbauer noch einen Handwerker zum Priester ernennen, denn es sollen Bürger sein, die die Götter ehren. Nun ist aber die Bürgerschicht in zwei Gruppen unterteilt, die Krieger und diejenigen, die politische Entscheidungen treffen, und es ist eine angemessene Regelung, daß Männer, die wegen ihres Alters an Kraft verloren haben, den Dienst an den Göttern versehen und ihnen ihre Muße widmen; ihnen soll man daher die Priesterämter übertragen.

Damit sind die Gruppen, ohne die ein Staat nicht bestehen kann, und die Zahl seiner eigentlichen Bestandteile genannt: Ackerbauer, fachkundige Handwerker und die ganze Gruppe von Lohnarbeitern sind für die Staaten unentbehrlich, aber eigentliche Bestandteile des Staates sind (nur) Krieger und diejenigen, die politische Entscheidungen treffen. Es gibt eine klare Abgrenzung zwischen allen diesen Aufgaben, bei den einen für immer, bei den anderen in einem (bestimmten) Wechsel.

Kapitel 10. Nicht (erst) jetzt oder seit Kurzem wissen, wie es scheint, diejenigen, die über Verfassungen philosophisch nachdenken, daß eine staatliche Gemeinschaft nach Gruppen
untergliedert und daß die Kriegerschicht von den Ackerbauern 1329b
verschieden sein muß. In Ägypten gilt diese Regelung auch heute noch und ebenso auch auf Kreta – in Ägypten hatte, wie man sagt, Sesostris ein solches Gesetz erlassen und Minos auf Kreta.

Von hohem Alter scheint auch die Einrichtung der Syssitien zu sein, die in Kreta zur Zeit der Königsherrschaft des Minos eingeführt wurden, in Italien aber noch weit älter sind. Ein gewisser Italos sei König von Oinotria gewesen, so berichten bei den dort Ansässigen die, die sich in der Vergangenheit auskennen. Von ihm hätten die Bewohner den Namen Italer anstelle von Oinotrer angenommen, und (nach ihm) sei die Halbinsel Europas Italien genannt worden, die durch den Skylletischen und Lametischen Meerbusen, welche eine halbe Tagesreise voneinander entfernt liegen, begrenzt wird. Dieser Italos habe,
wie sie sagen, die Oinotrer, die Nomaden waren, zu Bauern ge- b15
macht und ihnen Gesetze gegeben, zu denen besonders auch die Syssitien gehören, die er zuerst einführte. Daher halten auch heute noch einige seiner Nachfahren an den Syssitien und einigen seiner Gesetze fest. Das Gebiet nach Tyrrhenia hin bewohnten die Opiker, die früher wie auch heute den Beinamen Ausoner tragen, das Gebiet nach Iapygien und die ionische See, die sogenannte Siritis, bewohnten dagegen die Chonen, die ihrer Abkunft nach ebenfalls Oinotrer waren. Dort also begann die Einrichtung der Syssitien, die Abgrenzung der Bürgerschaft nach Gruppierungen dagegen in Ägypten; denn die Königsherrschaft des Sesostris reicht im Alter weit hinter diejenige des Minos zurück.

Man muß vielleicht annehmen, daß auch die übrigen Einrichtungen in dem langen Ablauf der Zeit oft – oder besser: unzählige Male – erfunden wurden; denn Bedürfnisse allein haben naturgemäß die lebensnotwendigen Dinge gelehrt, und es macht Sinn, daß sich danach, als diese schon zur Verfügung standen, alle (Lebensweisen), die Verfeinerung und Überfluß suchen, mehr und mehr ausbildeten. Daher sollte man denken, daß dies bei den Verfassungsordnungen genauso gilt; denn daß alle Einrichtungen alt sind, zeigen diejenigen Ägyptens. Seine Bewohner gelten als die ältesten, sie haben aber Gesetze und eine politische Ordnung gefunden. Deswegen soll man von guten [Äußerungen] ⟨Erfindungen⟩ Gebrauch machen und, was noch fehlt, zu entdecken versuchen.

Es wurde zuvor ausgeführt, daß das Land denen gehören soll, die über die schweren Waffen verfügen und an der (Leitung des) Staates mitwirken, außerdem, daß die Ackerbauern eine von ihnen verschiedene Gruppe bilden sollen, und (schließlich) welche Größe und Beschaffenheit das Land besitzen soll. Über seine Aufteilung wollen wir nun zuerst sprechen, ebenso darüber, wer das Land bearbeiten soll und welche Eigenschaften diese Männer haben sollen. (Wir müssen dies behandeln), da wir behaupten, daß einmal der Besitz nicht
1330a (allen) gemeinsam gehören solle, wie dies einige vertreten haben, sondern so dass er zum Gebrauch wie unter Freunden allen gemeinsam zur Verfügung steht; und außerdem, daß kein Bürger Mangel an Nahrung leiden darf.

Alle sind sich darüber einig, daß für wohlgeordnete Staaten gemeinsame Mahlzeiten eine nützliche Einrichtung sind – wir werden später darlegen, warum auch wir dem zustimmen. Alle Bürger müssen nun (an den gemeinsamen Mahlzeiten) teilnehmen, den Armen fällt es aber nicht leicht, von ihrem eigenen Vermögen den vorgeschriebenen Betrag dazu beizusteuern und daneben noch die Bewirtschaftung ihres Haushaltes sicherzustellen. Auch für die Kosten der Aufwendungen für die Götter ist die gesamte Bürgergemeinde gemeinschaftlich verantwortlich.

Es ist daher unumgänglich, daß das Land in zwei Arten unterteilt ist: ein Teil muß der Gemeinschaft, der andere Privatleuten gehören. Jede dieser beiden Formen von Grundbesitz muß weiter unterteilt sein: von dem einen Teil des öffentlichen Landes muß man die Aufwendungen im Dienste der Götter bestreiten, von dem anderen die für die gemeinsamen Mahlzeiten. Vom Grundbesitz in privater Hand soll ein Teil zur Landesgrenze hin, der andere nahe bei der Stadt gelegen sein; denn wenn jedem zwei Landlose zugeteilt werden, dann kann man erreichen, daß alle Bürger in beiden Regionen beteiligt sind. Diese (Aufteilung) bringt ja Gleichheit, Gerechtigkeit und größere Einigkeit im Falle kriegerischer Auseinandersetzungen mit den Nachbarn (und dies ist von Vorteil); denn wo man nicht so verfährt, bleiben die einen bei Feindseligkeiten mit den Nachbarn ganz gleichgültig, während die anderen sich zu stark und in beschämender Weise engagieren. Deswegen schreibt bei einigen ein Gesetz vor, daß (Bürger, deren Land) nahe dem der Grenznachbarn (liegt), von Beratungen über Kriege gegen sie ausgeschlossen werden, da ihr persönliches Interesse ihre Fähigkeit, eine Entscheidung zu treffen, korrumpieren müsse. Aus den genannten Gründen muß das Land in der beschriebenen Weise aufgeteilt sein.

Die Männer, die das Land bebauen werden, sollen am besten, wenn die Regelung den Wünschen entsprechen soll, Sklaven sein; sie sollen weder alle dem gleichen Volksstamm zugehören noch einen mutigen Charakter besitzen; solche Männer werden für ihre Arbeiten brauchbar sein, und von ihnen braucht man keine Unruhen zu befürchten. Die zweitbeste Regelung ist, daß sie barbarische Periöken sind, die in ihrer Naturanlage den gerade beschriebenen nahekommen. Sie alle, die Privatland bearbeiten, sollen Eigentum der Besitzer der Ländereien sein, während die Arbeiter auf dem Gemeindeland Staatssklaven sein sollen. Wie man aber mit den Sklaven umgehen soll und warum es vorzuziehen ist, allen Sklaven als Belohnung Freiheit in Aussicht zu stellen, werden wir später darlegen.

Kapitel 11. Es wurde früher ausgeführt, daß die Stadt sowohl zum Festland wie zum Meer und dem gesamten Territorium (des Staates) hin soweit wie möglich gleich gut Zugang erlauben muß. Man muß aber auch wünschen, daß die Lage der Stadt für sich genommen von Glück begünstigt ist, wobei man auf vier Dinge achten soll: zuerst auf Gesundheit, weil sie unabdingbar ist; Städte, deren Terrain nach Osten hin abfällt und die den Ostwinden ausgesetzt sind, sind gesünder, die nächst besten sind gegen die Nordwinde geschützt, denn dort sind die Winter erträglicher. Außerdem (soll man wünschen), daß (der
1330b Siedlungsort) die politischen und militärischen Aktionen begünstigt: für die militärischen Aktionen muß er den eigenen Leuten leichten Auszug ermöglichen, während er den Gegnern schwer zugänglich und nicht leicht einzuschließen ist. Außerdem soll es im besten Falle in der Stadt reichlich Quellen und fließendes Wasser geben und wenn nicht, so ist (Abhilfe) gefunden, wenn man viele und große Zisternen zum Auffangen von Regenwasser baut, sodaß den Bewohnern nie das Wasser ausgeht, wenn sie infolge von Krieg vom Hinterland abgeschnitten sind.

Man muß für die Gesundheit der Bewohner Vorsorge treffen; sie hängt einmal davon ab, daß der Siedlungsort (der Stadt) und seine topologische Ausrichtung die Gesundheit begünstigen; zweitens setzt sie voraus, daß man gesundes Wasser gebraucht. Beidem darf man aber nicht nur beiläufig Aufmerksamkeit schenken; denn was wir von allem in der größten Menge und am häufigsten für den Körper benutzen, das trägt auch am meisten zur Gesundheit bei, Wasser und Wind haben aber von Natur diese Wirkung. Falls nun nicht alles Wasser von gleicher Güte ist und es nicht reichlich Wasser von solcher Qualität gibt, dann soll in Staaten, die ihre Angelegenheiten vernünftig regeln, das Wasser zur Nahrung von dem für andere Nutzung getrennt werden.

Bei den Befestigungsanlagen ist das gleiche System nicht für alle Verfassungen von Nutzen: denn eine bewehrte Stadtburg paßt zu einer Oligarchie und Monarchie, zu einer Demokratie dagegen eine gleichmäßige (Befestigung der Stadt), zu einer Aristokratie gehört aber keine von beiden (Arten von Befestigung), sondern eher eine größere Anzahl befestigter Stützpunkte.

Wenn die Anordnung der Privathäuser ein gleichmäßiges Muster ergibt und nach der neueren und hippodamischen Weise vorgenommen wird, so gilt sie zwar als ästhetisch ansprechender und vorteilhafter für die meisten anderen Zwecke, für die Erfordernisse militärischer Sicherheit bietet dagegen die Stadtanlage früherer Zeiten größeren Vorteil; denn damals erschwerte die Anlage der Stadt es Fremden, zu entkommen, und Angreifern, sich zurechtzufinden. Deswegen soll (die Anordnung der Privathäuser) diese beiden Formen verbinden – das ist dann möglich, wenn man sie so anlegt, wie man beim Ackerbau die Weinstöcke in sogenannten Kreuzreihen anpflanzt: man soll nicht die ganze Stadt regelmäßig anlegen, wohl aber die Stadtteile und Bezirke. Eine solche Anlage wird Sicherheit und beeindruckendes Aussehen auf das beste verbinden.

Den Besitz von Verteidigungsmauern wollen einige Männer denjenigen Staaten, die Tapferkeit für sich beanspruchen, verwehren. Aber damit hegen sie völlig überlebte Vorstellungen, und sie tun dies noch, obwohl sie doch beobachten können, daß Staaten, die sich dessen rühmen, durch die Ereignisse widerlegt sind. Es ist sicher unwürdig, sich (im Kampf) gegen gleichartige (Gegner), die an Zahl nicht weit überlegen sind, durch den Schutz, den Mauern bieten, retten zu wollen. Es ist aber möglich und kommt tatsächlich vor, daß die Übermacht der Angreifer zu stark ist, als daß ihr die (größte) Tapferkeit, deren Menschen überhaupt fähig sind oder wie sie sich nur bei wenigen finden kann, gewachsen wäre. Wenn man überleben und nicht Schlimmes erleiden oder Opfer erniedrigenden Unrechts werden soll, dann muß man den Schutz von Mauern, die
die größte Sicherheit bieten, auch als die beste Vorkehrung für 1331a
Kriege ansehen. Das gilt besonders jetzt, nachdem man bei Geschützen und Kriegsmaschinen Erfindungen von solcher Wirksamkeit bei Belagerungen gemacht hat. Die Forderung, Städte nicht mit Mauern zu umgeben, ist ja nichts anderes als

ein Territorium zu suchen, das (den Feinden) leicht zugänglich ist, oder die (Schutz bietenden) Berge einzuebnen und genauso auch Privathäuser nicht mit Mauern zu umgeben, da dadurch die Bewohner unmännlich würden. Man sollte aber auch nicht außer Acht lassen, daß Bürger, die Mauern um ihre Stadt gezogen haben, ihre Städte auf beide Arten benutzen können: (wenn nötig) mit ihren Mauern oder so, als besäßen sie diese nicht; wer dagegen keine Mauern hat, dem steht diese Wahl nicht offen.

Wenn dies zutrifft, dann soll man es nicht damit bewenden lassen, die Stadt mit Mauern zu umgeben, man muß vielmehr auch darauf achten, daß diese sowohl das schöne Aussehen der Stadt erhöhen als auch den militärischen Notwendigkeiten dienen, wie sie sich allgemein und besonders nach den Erfindungen unserer Zeit stellen. Denn wie die Angreifer nach Mitteln sinnen, durch die sie die Oberhand gewinnen können, so stehen den Verteidigern einige Erfindungen schon zur Verfügung, anderes müssen sie noch suchen und sich erdenken. Denn gegen wohlgerüstete Männer wagt man von vornherein keinen Angriff.

Kapitel 12. Die Gesamtzahl der Bürger muß man in Gruppen aufteilen, die die gemeinsamen Mahlzeiten einnehmen, während die Befestigungsmauern an geeigneten Stellen von Wachthäusern und Türmen unterbrochen sein müssen. Dies lädt offensichtlich dazu ein, einige der gemeinsamen Mahlzeiten in diesen Wachthäusern abzuhalten. Diese Angelegenheit könnte man so angemessen regeln.

Bauwerke, die für Gottesdienste bestimmt sind – mit Ausnahme der Tempel, denen ein Gesetz oder ein Orakelspruch des Pythischen Gottes einen abgesonderten Ort zuweist – und die wichtigsten gemeinsamen Mahlzeiten der Inhaber politischer Ämter sollten ein und denselben geeigneten Platz einnehmen. Das könnte ein Ort sein, der für [die Platzierung] ⟨den Erwerb⟩ guter menschlicher Qualität in geeigneter Weise sichtbar herausgehoben und gegenüber den darumliegenden Stadtteilen stärker befestigt ist. Passend findet sich unterhalb eines

solchen Platzes eine Marktanlage, wie sie auch in Thessalien üblich ist, die man den freien Markt nennt – das ist ein Markt, der von allen käuflichen Waren freigehalten werden muß und den kein Handwerker oder Ackerbauer oder sonst jemand mit ähnlichen Beschäftigungen betreten darf, außer wenn er von Beamten vorgeladen ist. Zur ansprechenden Ausgestaltung dieses Bezirks könnte man dort auch die Gymnasien der Älteren anlegen; denn auch diese Einrichtung sollte nach Altersgruppen geregelt sein, und bestimmte Beamte sollen sich in der Nähe der Jüngeren aufhalten, die Älteren dagegen in der Nähe der Amtsinhaber. Unter den Augen der Amtsinhaber zu stehen flößt ja am ehesten wahres Schamgefühl und Furcht, 1331b
wie sie Freie empfinden sollen, ein. Der Handelsmarkt muß aber von dem freien unterschieden und räumlich getrennt sein; er soll einen Platz einnehmen, zu dem alle vom Meer her eingeführten Güter und die Produkte des eigenen Landes leicht transportiert werden können.

Die Bürger des Staates untergliedern sich in Priester ⟨und⟩ Inhaber politischer Ämter. Es ist somit angebracht, daß auch die gemeinsamen Mahlzeiten der Priester in der Nähe der sakralen Gebäude abgehalten werden. (Gebäude) für Behörden, die für Geschäftsverträge, Schriftsätze von Privatklagen, Vorladungen und andere ähnliche (Aufgaben der) Verwaltung, außerdem für die Marktaufsicht und die (Befugnisse des) sogenannten städtischen Ordnungsamts zuständig sind, sollen bei einem Markt und einem allgemein zugänglichen Versammlungsplatz errichtet sein – dies ist ein Platz in der Nähe des Handelsmarkts; denn wir legen fest, daß er Tätigkeiten (zur Befriedigung) notwendiger Bedürfnisse, während der höher gelegene Markt der Muße dienen muß. Nach der gerade beschriebenen Regelung muß man auch die entsprechenden Angelegenheiten auf dem Lande regeln. Denn auch dort muß man den Beamten, die manche Forstaufsichtsbeamte, andere Landpolizei nennen, für ihre Aufsicht Wachthäuser und gemeinsame Mahlzeiten einrichten. Außerdem müssen Heiligtümer über das Land hin an verschiedenen Orten errichtet sein, einige für die Götter, andere die Heroen.

Es bringt aber nichts, hierbei zu verweilen und darüber detaillierte Ausführungen zu machen. Denn sich all dieses auszudenken, ist leicht, schwerer ist es schon, es auszuführen. Denn um dies auszusprechen, braucht man sich diese Dinge nur zu wünschen, damit sie aber verwirklicht werden, braucht man Glück. Deswegen soll jetzt davon abgesehen werden, auf diese Dinge ausführlicher einzugehen.

Kapitel 13. Bei der Verfassung selber soll erörtert werden, wer und was für Männer den Staat, der sich des Glücks und einer guten politischen Ordnung erfreuen soll, bilden müssen. Es sind nun zwei Dinge, von denen für alle das Gelingen (von Handlungen) abhängt: Einmal, daß das Ziel und der Zweck der Handlungen richtig gesetzt sind, zum anderen, daß man die zum Ziel führenden Handlungen findet. Diese beiden Erfordernisse können ja sowohl im Widerspruch zueinander als auch im Einklang miteinander stehen: denn manchmal ist das Ziel richtig gesetzt, man verfehlt es dann aber beim Handeln; manchmal gewinnt man dagegen alle (Mittel), um das Ziel zu erreichen, nur setzte man sich das Ziel verkehrt. Schließlich verfehlt man manchmal beides, z.B. bei der ärztlichen Behandlung: denn (Ärzte) beurteilen bisweilen unrichtig, wie der gesunde Körper beschaffen sein soll, und treffen auch nicht die Maßnahmen, die die von ihnen beabsichtigte Wirkung erzielen könnten. In sachkundigen Tätigkeiten und Kenntnissen muß aber beides bewältigt werden, das Ziel und die darauf hinzielenden Handlungen. Es ist nun evident, daß alle nach dem vollkommenen Leben und dem Glück streben; aber nur einigen ist es möglich, dies zu erreichen, anderen dagegen nicht – sei
1332a es durch eine Fügung der Verhältnisse oder ihre Natur; das vollkommene Leben ist ja auch auf eine gewisse Ausstattung angewiesen, in geringerem Umfang bei Menschen von besserer Art, in größerem denjenigen von schlechterer; andere suchen dagegen von vornherein das Glück auf die falsche Weise, während die Voraussetzungen dafür erfüllt sind.

Wir haben uns hier die Aufgabe gesetzt, die beste Verfassung zu untersuchen, und dies ist die Verfassung, unter der sich ein Staat der besten politischen Verhältnisse erfreuen kann; dies dürfte unter einer Verfassung eintreten, in der der Staat am ehesten glücklich sein kann. Daher darf offensichtlich nicht ungeklärt bleiben, was Glück ist.

Wir behaupten nun und haben in den ethischen (Erörterungen) bestimmt, sofern jene Darlegungen auch nur etwas von Nutzen sind, daß (Glück) eine Tätigkeit und vollkommene Verwirklichung guter menschlicher Qualität ist, und zwar nicht bedingt, sondern schlechthin – ich meine mit »bedingt« das, was jeweils gefordert ist, mit »schlechthin«, was man um seiner selbst willen richtig ausführt. Dies läßt sich an gerechten Handlungen erläutern: gerechte Akte von Vergeltung und Bestrafung gehen zwar von guter menschlicher Qualität aus, aber sie sind (als Reaktion) gefordert, deswegen verwirklichen sie das Richtige nur als ein solches Erfordernis; es wäre ja vorzuziehen, daß weder ein Mann noch ein Staat eine solche Maßnahme ergreifen müssen. Dagegen sind Handlungen, die hohes Ansehen oder Reichtümer bringen sollen, schlechthin im höchsten Maße wertvoll. Im ersten Falle [wählt] ⟨beseitigt⟩ man ja einen Übelstand, während die Handlungen der zweiten Art im Gegenteil dazu Güter schaffen und hervorbringen. Ein guter Mann könnte zwar Armut und Krankheit und die anderen Unglücksfälle mit Würde ertragen, aber Glückseligkeit setzt doch die entgegengesetzten (Bedingungen) voraus – in den ethischen Erörterungen wurde ja auch bestimmt, daß derjenige ein guter Mann ist, für den wegen seiner guten menschlichen Qualität die schlechthin guten Dinge gut sind; offensichtlich muß auch ihre Nutzung schlechthin gut und richtig sein. Deswegen vertreten Menschen auch die Auffassung, man verdanke Glück den äußeren Gütern, so als könnte man klares und schönes Kitharaspielen eher dem Instrument als der technischen Meisterschaft zuschreiben.

Nach diesen Ausführungen müssen einige Bedingungen von Anfang an erfüllt sein, während der Gesetzgeber die anderen schaffen muß. Deswegen wünschen wir, daß der staatliche Verband all das [nach Wunsch] ⟨besitzt⟩, worüber eine glückliche Fügung gebietet – denn wir behaupten, daß sie (hierüber) gebietet. Daß aber der Staat gut ist, kann nicht mehr die Glücksfügung, sondern nur Wissen und ethische Entscheidung bewirken. Gut ist ein Staat, wenn seine Bürger, die aktiv am Staat teilnehmen, gut sind – bei uns nehmen aber alle Bürger aktiv am Staat teil. Infolgedessen muß man untersuchen, wie ein Mann gut wird. Zwar ist es durchaus möglich, daß die Bürger als Gesamtheit gut sind, ohne daß jeder Einzelne dies ist, aber letzteres ist doch vorzuziehen; denn wenn jeder Einzelne gut ist, dann sind zugleich auch alle gut.

Gut und trefflich wird man durch drei (Einflüsse): diese drei sind Natur, Gewöhnung und Vernunft. Zunächst einmal muß man ja als Mensch geboren werden und nicht als eines der anderen Lebewesen; ebenso muß man auch mit einer bestimmten Anlage in Körper und Seele geboren werden. Für gewisse Ei-
1332b genschaften hilft die Naturanlage dagegen nicht, denn Gewöhnung hat die Macht, sie zu ändern; manche Qualitäten, die von Natur noch ambivalent sind, entwickeln sich ja unter dem Einfluß der Gewohnheit zum Schlechteren oder Besseren. Tiere leben meist nach ihren angeborenen Instinkten, einige zu einem geringen Teil auch nach Gewohnheit, der Mensch aber auch nach Vernunft, denn er allein besitzt Vernunft. Daher müssen (bei ihm) diese drei miteinander in Einklang stehen. Gegen ihre Gewohnheit und Natur handeln Menschen ja oft nach Vernunftgründen, wenn sie sich überzeugen lassen, daß es so besser sei.

Wir haben früher bestimmt, was für eine Naturanlage diejenigen besitzen sollen, die sich von dem Gesetzgeber leicht formen lassen sollen. Alles andere ist Aufgabe der Erziehung; denn man lernt einiges durch Gewöhnung, anderes indem man (Unterweisungen) zuhört.

Kapitel 14. Jede staatliche Gemeinschaft besteht aus Regierenden und Regierten. Daher muß man untersuchen, ob die Männer, die regieren und regiert werden, sich darin jeweils abwechseln oder ob ein und dieselben auf Lebenszeit (regieren bzw. regiert werden) sollen; denn ihre Erziehung muß sich offensichtlich nach der jeweiligen Regelung richten. Nimmt man die Möglichkeit an, daß die einen so sehr von den anderen unterschieden sind, wie nach unserem Glauben Götter und Heroen den Menschen zunächst körperlich, dann auch seelisch weit überlegen sind, sodaß die Überlegenheit der Regierenden unbestritten wäre und den Regierten vor Augen stünde: in einem solchen Falle wäre es offensichtlich besser, daß ein und dieselben ein für alle Mal ständig regieren, während die anderen regiert werden.

Solche Bedingungen kann man aber nicht leicht finden, und es ist auch ausgeschlossen, daß Könige in der beschriebenen Weise den Regierten überlegen sind, wie es nach Skylax bei den Indern der Fall ist. Daraus ergibt sich klar, daß aus vielen Gründen alle in gleicher Weise an dem Wechsel von Regieren und Regiertwerden teilhaben müssen. Denn für Gleiche ist das Gleiche gleich, und nur schwer kann eine Verfassung, deren Ordnung gegen Gerechtigkeit verstößt, Bestand haben. Alle Bewohner des Landes stehen ja als Verbündete der Regierten bereit in dem Verlangen, eine Änderung der Verhältnisse herbeizuführen; es ist jedoch ein Ding der Unmöglichkeit, daß die Regierenden zahlenmäßig so stark sind, daß sie sich gegen diese alle siegreich behaupten können.

Auf der anderen Seite ist es aber unbestritten, daß die Regierenden und die Regierten verschieden sein müssen. Wie das nun verwirklicht werden soll und wie sie (doch alle am Regieren) teilhaben können, dafür muß der Gesetzgeber Sorge tragen. Es wurde aber auch schon vorher besprochen: die Natur hat ja die Unterscheidung geliefert, indem sie unter den Mitgliedern der gleichen Art die einen jünger, die anderen älter machte; die einen verdienen, regiert zu werden, und die anderen zu regieren. Niemand wehrt sich ja dagegen, wegen seiner Jugend noch regiert zu werden, noch hält er sich für zu gut, besonders da er ja (später), wenn er das erforderliche Alter erreicht hat, den Lohn für diesen Dienst erhalten wird. Man muß also sagen, daß in einer gewissen Weise ein und dieselben regieren und regiert werden, daß in einer anderen es jedoch je Verschiedene sind. Daher muß auch die Erziehung in 1333a
gewisser Weise dieselbe, in anderer jedoch verschieden sein;

denn wer richtig herrschen will, muß, wie man sagt, zuerst beherrscht werden.

Herrschaft dient nun aber, wie in den ersten Erörterungen behauptet wurde, in einer Form dem Wohl des Regierenden, in der anderen dagegen dem des Regierten. Die erste bezeichnen wir despotisch, die andere Herrschaft über Freie. Bei den Anordnungen, die gegeben werden, ist es aber in einigen Fällen unwesentlich, was für Tätigkeiten aufgetragen wurden, sondern welchen Zweck man verfolgt. So ist es durchaus angebracht, daß die heranwachsenden Freien gewisse als Dienstleistungen geltende Arbeiten verrichten; denn ob sie schicklich oder schimpflich sind, hängt nicht so sehr von den Tätigkeiten selber, sondern dem Zweck und Ziel ab. Wir behaupten aber, daß die gute Qualität eines Bürgers und Regierenden mit der des besten Mannes identisch ist und daß der gleiche Mann zunächst regiert werden muß und erst später regieren darf. Daher muß der Gesetzgeber dafür Sorge tragen, daß sie gute Männer werden, durch welche Tätigkeiten (dies möglich ist) und was das Ziel des besten Lebens ist.

Bei der Seele sind zwei Teile unterschieden: einer besitzt Vernunft an sich, der andere zwar nicht an sich, kann aber der Vernunft gehorchen. Die vorzügliche Ausbildung dieser Teile ist es, nach der ein Mann in bestimmter Weise als gut bezeichnet wird. Die richtige Antwort auf die Frage, in welchem dieser beiden (Vermögen) eher das Ziel liegt, ist allen klar, die die Abgrenzung genau so vornehmen wie wir. Denn das Geringerwertige existiert überall um des Besseren willen, und dies ist deutlich in gleicher Weise in den Gegenständen, die den Normen technischen Könnens wie denen der Natur entsprechen. Das vernunftbegabte (Vermögen) ist nun überlegen. Nach unserer gewohnten Einteilung ist auch dieses zweigeteilt: eine Form von Vernunft ist praktisch, die andere theoretisch; genauso muß aber auch dieser (Seelen-)Teil untergliedert sein. Wir werden auch behaupten, daß Handlungen entsprechend unterschieden werden. Alle Menschen, die zu allen oder den beiden Handlungen befähigt sind, müssen eher die Handlungen des von Natur besseren (Seelenteils) wählen; denn was das Höchste ist, das jeder erreichen kann, das wählt er am ehesten.

Auch das ganze Leben ist unterteilt: in Tätigsein und Muße bzw. in Krieg und Frieden, und bei allem, was man tut, gilt die Unterscheidung von einerseits Dingen, die notwendig bzw. nützlich sind, und andererseits solchen, die die Vollendung in sich tragen. Hierbei muß man die gleiche Wahl wie bei den Seelenteilen und ihren Handlungen treffen: Krieg muß man um des Friedens willen wählen, die Unrast von Beschäftigung wählen, um in Muße leben zu können, und Notwendiges oder Nützliches um der in sich vollendeten Dinge willen.

Diesem allen muß der leitende Staatsmann sowohl bei den Seelenteilen wie den Handlungen in seiner Gesetzgebung seine Aufmerksamkeit widmen; größere Aufmerksamkeit verdienen dabei das Bessere und die Ziele. Das Gleiche gilt für die Lebensformen und die Wahl der (entsprechenden) Handlungen: man muß zwar die Fähigkeit besitzen, tätig zu sein und Krieg zu führen, in höherem Maße aber Frieden zu halten und in Muße 1333b
zu leben; und ebenso (muß man fähig sein,) Notwendiges oder Nützliches zu tun, eher aber die Dinge, die in sich vollendet sind. Daher muß man sich an diesen Zielen bei der Erziehung derer ausrichten, die noch Kinder sind oder den anderen Altersgruppen angehören, die noch Erziehung brauchen.

Die Griechen, die jetzt den Ruf genießen, sich der besten politischen Verhältnisse zu erfreuen, und die Gesetzgeber, die diese Verfassungen gegeben haben, haben offensichtlich die Verfassungsregelungen nicht auf das beste Ziel und ihre Gesetze und Erziehung nicht auf alle Formen charakterlicher Vorzüglichkeit ausgerichtet, sondern haben sich in entwürdigender Weise zu denen, die Nutzen und eher Gewinn versprachen, abgewandt. Ähnlich wie sie haben sich auch einige spätere Autoren im gleichen Sinne geäußert. Bei ihrem Preis der spartanischen Verfassung bewundern sie die Zielsetzung des Gesetzgebers, da er alle Gesetzgebung auf Eroberung und Krieg ausgerichtet hat. Diese (Auffassung) läßt sich theoretisch leicht widerlegen und ist jetzt schon durch die Ereignisse widerlegt. Wie die meisten Menschen über viele despotisch zu herrschen suchen, weil sie sich dadurch reichlich mit Glücksgütern versorgen können, so haben offensichtlich auch Thibron und alle anderen, die über die Verfassung der Spartaner geschrieben haben, deren Gesetzgeber deswegen bewundert, weil sie für die Gefahren (des Krieges) trainiert waren und so Herrschaft über viele ausübten.

Nun liegt aber auf der Hand, daß die Spartaner, nachdem ihnen jetzt die Ausübung der Herrschaft nicht länger vergönnt ist, auch das Glück eingebüßt haben und daß ihr Gesetzgeber nicht bewundernswert war. Es ist außerdem lächerlich, daß sie zwar den Gesetzen ihres Gesetzgebers folgten und nichts sie daran hinderte, danach zu leben, aber trotzdem das glückliche Leben verloren haben. Außerdem hegen diese Autoren eine falsche Auffassung von der (Form von) Herrschaft, die für den Gesetzgeber offensichtlich am wertvollsten sein muß. Die Herrschaft über Freie verdient ja mehr Achtung als die despotische und setzt auch mehr charakterliche Vorzüglichkeit voraus. Außerdem darf man einen Staat nicht deswegen für glücklich halten und den Gesetzgeber dafür loben, daß er (seine Bürger) für Eroberungen trainiert hat, damit sie über die Nachbarn regieren können, denn dies richtet erheblichen Schaden an. Offensichtlich muß ja dann auch ein Bürger, wenn er dazu in der Lage ist, alles daranzusetzen versuchen, über seinen eigenen Staat zu regieren. Gerade diesen Vorwurf erheben nun die Spartaner gegen den König Pausanias, obwohl sich dieser doch eines so hohen Ansehens erfreute.

Keine dieser Vorstellungen und Gesetze kann ein guter Staatsmann teilen, und sie sind auch nicht nützlich oder richtig. Denn die gleichen (Grundsätze) sind für den Einzelnen wie für die Gemeinschaft am besten, und sie muß der Gesetzgeber in den Seelen der Menschen einprägen. Das Training für den Krieg soll man nicht deswegen ernsthaft betreiben, damit man andere, die dies nicht verdienen, versklavt, sondern zu allererst, damit man nicht selber von anderen versklavt wird, da-
1334a nach um eine führende Stellung zum Vorteil der Beherrschten,
aber nicht eine despotische Herrschaft über alle zu gewinnen,

und erst an dritter Stelle um despotisch über die zu gebieten, die Sklaverei verdienen.

Die Erfahrung bestätigt den Grundsatz, daß der Gesetzgeber mehr darauf achten muß, daß er die Gesetze über das Kriegswesen und die anderen Angelegenheiten um der Muße und des Friedens willen gibt. Denn die meisten jener anderen Staaten behaupten sich nur, solange sie Krieg führen, gehen aber zugrunde, wenn sie die Herrschaft errungen haben; sie verlieren nämlich im Frieden, genauso wie Eisen, ihre Schärfe. Dafür ist der Gesetzgeber verantwortlich, da er nicht dazu erzog, in Muße leben zu können.

Kapitel 15. Menschen verfolgen offensichtlich sowohl in der Gemeinschaft als auch persönlich als Individuen ein und dasselbe Ziel, und dessen Bestimmung muß für den besten Mann wie für die beste Verfassung gleich sein. Da man nun, wie häufig gesagt wurde, durch Krieg das Ziel Frieden und durch Tätigkeit das Ziel Muße verfolgt, muß man offensichtlich die für die Muße erforderlichen guten Eigenschaften besitzen. Nützlich für Muße und eine sinnerfüllte Lebensgestaltung sind diejenigen guten Eigenschaften, die man nicht nur während der Muße, sondern auch beim Tätigsein verwirklicht; viele notwendige Bedingungen müssen ja erfüllt sein, damit man sich der Muße erfreuen kann. Ein Staat muß deswegen maßvolle Besonnenheit besitzen und tapfer und ausdauernd sein, denn nach dem Sprichwort gibt es für Sklaven keine Muße; diejenigen, die nicht tapfer Gefahren bestehen können, werden aber zu Sklaven der Angreifer. Tapferkeit und Standhaftigkeit braucht man für aufgezwungene Tätigkeit, Philosophie für die Muße, und Selbstbeherrschung und Gerechtigkeit für beide Lebenslagen und um so mehr, wenn man in Frieden und Muße lebt. Denn Krieg allein zwingt schon Männer, gerecht und selbstbeherrscht zu sein, während der Genuß der Glücksgüter und Muße in Friedenszeiten sie eher dazu verleiten, Unrecht zuzufügen, um andere zu erniedrigen. In ganz erheblichem Maße brauchen daher die, denen es am besten zu gehen scheint und die alle hochgepriesenen (Güter) genießen, Gerechtigkeit und maßvolle Besonnenheit, zum Beispiel, wie die Dichter singen, Menschen auf den Inseln der Seligen, falls es sie gibt. Denn sie werden in dem Maße am ehesten auf Philosophie, maßvolle Besonnenheit und Gerechtigkeit angewiesen sein, in dem sie mehr Muße im Überfluß solcher Güter genießen.

Es ist damit klar, daß ein Staat, der in Glück leben und gut sein will, diese Formen menschlicher Vorzüglichkeit besitzen muß. Denn es ist schon an sich beschämend, nicht mit (Glücks-)Gütern umgehen zu können, weit schlimmer ist es aber, daß man dies nicht in Zeiten der Muße kann, sondern als gut gilt, solange man mit Tätigkeiten und Krieg in Anspruch genommen ist, zu Zeiten von Frieden und Muße jedoch als sklavisch verdorben.

Deswegen darf man charakterliche Vorzüglichkeit nicht wie der Staat der Spartaner üben. Diese unterscheiden sich
1334b ja von den anderen nicht darin, daß sie nicht die gleichen Güter wie die anderen für die höchsten halten, sondern daß sie glauben, man gewinne sie eher durch eine bestimmte Form guter menschlicher Qualität. Da ⟨sie⟩ nun diese Güter und ihren Genuß für wichtiger als den ⟨Gebrauch⟩ der Formen guter menschlicher Qualität †...† und daß man sie um ihrer selbst willen (praktizieren muß), geht daraus klar hervor. Wie und durch welche Mittel man sie gewinnt, dies muß jetzt untersucht werden.

Früher haben wir auseinandergesetzt, daß man (dazu) Naturanlage, Gewöhnung und Vernunft braucht. Von diesen (drei Einflüssen) wurde vorher die Naturanlage, die die (zukünftigen Bürger) haben sollen, bestimmt; es bleibt aber noch zu erörtern, ob sie früher durch Vernunft oder Gewöhnung erzogen werden sollen; denn diese (beiden) müssen miteinander in Einklang stehen. Vernunft kann ja das beste Ziel verfehlen, wie man auch durch Gewöhnung in gleicher Weise (irregeleitet sein kann).

Zunächst einmal ist klar, daß (hier), wie auch sonst, alles Entstehen von einem Anfang ausgeht und daß das Ziel, das einen bestimmten Anfang voraussetzt, (wieder) ⟨Ausgangs-
b15 punkt⟩ für ein weiteres Ziel ist. Überlegung und Vernunft sind

aber Ziel der Natur, sodaß man sich bei Geburt und Einübung von Gewohnheiten auf sie ausrichten muß. Außerdem bilden Körper und Seele zwei (Teile); ebenso beobachten wir auch bei der Seele zwei Teile, das Nichtvernünftige und das Vernunftbegabte, und ihnen zugeordnet (unterscheiden wir) zwei Verhaltensweisen, einmal Verlangen, dann vernünftige Überlegung. Wie aber der Körper früher als die Seele entsteht, so auch das Nichtvernünftige früher als das Vernunftbegabte, wie das ja unmittelbar einleuchtet, denn Kinder besitzen gleich bei ihrer Geburt Gemütsaufwallungen, Wünschen und außerdem Begehren, Überlegung und Vernunft kommen aber naturgemäß erst in fortschreitendem Alter hinzu. Deswegen muß man zuerst sich zuvor der Ausbildung des Körpers als der Seele annehmen und sich (erst) danach um das Verlangen kümmern – man muß sich um das Verlangen der Vernunft wegen sorgen und sich des Körpers um der Seele willen annehmen.

Kapitel 16. Der Gesetzgeber muß von Anfang an dafür sorgen, daß die Körper der Kinder, die aufgezogen werden, möglichst vollkommen werden. Daher muß er zuerst seine Aufmerksamkeit der ehelichen Verbindung zuwenden und darauf achten, wann die Eheleute die Ehe miteinander schließen und was für Eigenschaften sie besitzen sollen. Er muß gesetzliche Vorschriften über die Ehe erlassen, indem er die Partner und ihre Lebenszeit in Betracht zieht. Sie sollen nämlich zusammen jeweils in dem entsprechenden Alter den gleichen Bedingungen entgegengehen, und es darf bei ihrer Fortpflanzungsfähigkeit keinen Mißklang geben, da der Mann noch zeugen, die Frau aber nicht mehr gebären kann, oder sie fähig ist, er jedoch nicht; denn ein solches Mißverhältnis verursacht unter den Ehepartnern Zwietracht und Auseinandersetzungen.

Der Gesetzgeber muß auch darauf achten, in welchem Abstand die Kinder die Nachfolge antreten werden; der Altersunterschied zwischen Söhnen und ihren Vätern darf ja nicht zu groß sein; denn anderenfalls kann den Eltern in höherem Alter der Dank der Kinder nichts mehr nützen, ebenso wenig wie den Kindern die Unterstützung durch die Väter (hel- 1335a fen kann). Der Altersunterschied darf aber auch nicht zu eng sein; dies führt ja zu erheblichem Unfrieden: solche Kinder werden (ihre Eltern) mit weniger Respekt behandeln, da sie fast gleichaltrig sind, und der geringe Altersunterschied führt bei der Verwaltung des Haushalts zu gegenseitigen Vorwürfen. Der Gesetzgeber muß aber auch darauf achten, daß die Neugeborenen körperlich nach seinen Vorstellungen geraten; denn das war der Ausgangspunkt, der uns hierher führte.

Mit einer einzigen Maßnahme lassen sich so ziemlich alle diese Absichten verwirklichen. Mit dem Höchstalter von siebzig Jahren ist in den meisten Fällen bei Männern und mit fünfzig bei Frauen das Ende der Fortpflanzungsfähigkeit erreicht. Das früheste Alter für geschlechtliche Vereinigung soll (daher für beide so gewählt werden, daß sie) die genannten Altersgrenzen (zugleich) erreichen. Geschlechtliche Vereinigung in zu jungem Alter hat aber nachteilige Folgen für die Nachkommen. Denn bei allen Tieren sind die Abkömmlinge zu junger Eltern unvollkommen ausgebildet, sie sind eher weiblich und klein an Gestalt, weshalb bei Menschen das gleiche eintreten muß. Das läßt sich leicht bestätigen: in Städten, in denen es üblich ist, Männer und Frauen in jungem Alter zu vermählen, sind die Neugeborenen unterentwickelt und körperlich klein. Außerdem leiden die (zu) jungen Frauen bei der Geburt schlimmer, und sie kommen in größerer Zahl um. Daher wurde auch das bekannte Orakel den Troizeniern, wie einige behaupten, aus dem Grunde erteilt, weil dort viele Frauen starben, da sie in zu jugendlichem Alter heirateten – das Orakel bezog sich aber nicht auf die Ernte der Frucht. Frauen nicht in zu jungem Alter zu verheiraten trägt außerdem zu ihrem maßvollen Betragen bei; denn wenn sie früh mit Geschlechtsverkehr beginnen, stehen sie in dem Ruf, sexuell allzu maßlos zu sein. Auch die Körper junger Männer (leiden; sie) werden, wie man glaubt, in ihrem Wachstum beeinträchtigt, wenn sie schon Geschlechtsverkehr haben, während ihr Samen noch am Wachsen ist; denn für sein Wachstum gibt es eine fest umrissene Zeitspanne, nach deren Ablauf er nicht mehr zunimmt.

Das passende Heiratsalter ist daher bei Frauen etwa achtzehn Jahre, bei Männern dagegen siebenunddreißig oder weniger †...† Denn in diesem Alter schließen (beide) die eheliche Verbindung in der Blüte ihrer körperlichen Kraft, und in einem passenden Alter gehen sie gemeinsam dem Ende des Zeugens oder Gebärens entgegen. Außerdem werden dann die Kinder den Platz ihrer Eltern zum (richtigen) Zeitpunkt einnehmen: sie stehen selber am Anfang ihrer Blütezeit, sofern, wie man erwarten kann, die Kinder gleich (zu Beginn der Ehe) geboren werden, und bei den (Vätern) sind im Alter von ungefähr siebzig Jahren die Kräfte am Schwinden. Damit ist nun erörtert, in welchem Alter man die eheliche Gemeinschaft schließen solle.

Die Ehepartner sollen (für die Fortpflanzung) die Jahreszeit bevorzugen, die auch jetzt die meisten zu Recht nutzen, wenn sie den Winter für diese Vereinigung wählen. Für das Kinderzeugen müssen die Ehepartner außerdem die Darlegungen von Ärzten und Naturkundigen beachten; denn die Ärzte geben treffend den Zeitpunkt, der beim Körper (dafür) günstig ist, an
und ebenso die Naturkundigen bei den Winden: sie geben den 1335b
Nordwinden klar den Vorzug vor den Südwinden.

Was für eine Körperverfassung (der Eltern) am ehesten die Neugeborenen begünstigt, muß ausführlicher und genauer in den Erörterungen über die Behandlung von Kindern dargelegt werden; es reicht aber aus, dies hier knapp zu umreißen. Die Stärke eines Athleten trägt nichts zur Konstitution, wie sie ein Bürger braucht, oder seiner Gesundheit und Fortpflanzungsfähigkeit bei, genauso wenig aber auch eine pflegebedürftige Körperverfassung, die Anstrengungen zu wenig gewachsen ist, sondern eine in der Mitte. Die Eltern brauchen eine Konstitution, die durch Training gekräftigt ist, aber nicht eine, die unter gewaltsamen Anstrengungen oder einseitig trainiert ist wie die der Athleten, sondern eine, die die Handlungen von Freien begünstigt. Dies muß für Männer und Frauen in gleicher Weise gelten.

Auch während der Schwangerschaft müssen sich die Frauen um ihren Körper kümmern, sie sollen ihm keine Ruhe gönnen und sollen nicht kärgliche Nahrung zu sich nehmen. Der Gesetzgeber kann dies leicht sicherstellen, indem er anordnet, daß sie sich täglich auf den Weg machen, um den Göttern ihre Verehrung entgegenzubringen, denen die Verehrung für die Geburt von Kindern zufiel. Anders als dem Körper sollen sie aber dem Geist Entspannung gönnen. Denn offensichtlich wird das Kind im Mutterleib von (dem Zustand) seiner Mutter beeinflußt so wie die Pflanzen von der Erde.

Zur Aussetzung oder dem Aufziehen der Neugeborenen soll ein Gesetz vorschreiben, daß man kein behindertes Kind aufziehen darf; dagegen wegen Kinderreichtums ein Kind auszusetzen, verbietet die herkömmliche Ordnung; denn die Zahl der Geburten muß man begrenzen, und wenn bei einigen geschlechtliche Vereinigung doch zu weiterer Schwangerschaft führt, dann muß man eine Abtreibung vornehmen, bevor das Ungeborene Wahrnehmung und Leben hat; denn was hierbei göttliches Gebot gestattet oder verbietet, soll danach bestimmt sein, ob das Ungeborene Wahrnehmungsvermögen und Leben besitzt.

Für Mann und Frau wurde das Alter bestimmt, in dem man mit der sexuellen Vereinigung beginnen soll. Genauso soll auch festgelegt werden, wie lange man sich der Aufgabe widmen soll, Kinder hervorzubringen; denn Kinder von Eltern fortgeschrittenen Alters werden genauso wenig wie diejenigen der zu jungen in ihren körperlichen und geistigen Fähigkeiten vollkommen entwickelt geboren, und Kinder von Eltern in hohem Alter sind schwächlich. Deswegen soll man die Zeit der größten geistigen Leistungskraft (als Grenze für das Fortpflanzen setzen), dies ist bei den meisten das Alter etwa um fünfzig Jahre, das auch einige Dichter angeben, die die Lebenszeit nach Altersspannen von je sieben Jahren bemessen. Daher sollen (Männer) im Alter von vier- oder fünfundfünfzig mit dem Zeugen von Kindern, die geboren werden, aufhören. In den folgenden Jahren soll man aber offensichtlich zum gesundheitlichen Wohlbefinden und einem anderen entsprechenden Grund miteinander sexuell verkehren.

Wir müssen auch die (außerehelichen) Beziehungen zu einer anderen Frau oder einem anderen Mann ansprechen: es

soll grundsätzlich als verwerflich gelten, sich offen überhaupt in irgendeiner Weise (mit einem anderen Partner) intim einzulassen, solange man Ehemann ist und so angeredet wird. Wenn
aber bekannt wird, daß jemand so etwas in dem Zeitraum tut, 1336a
in dem man Kinder zeugt, dann soll er mit Ehrverlust, der (der Schwere) des Vergehens entspricht, bestraft werden.

Kapitel 17. Wenn nun die Kinder geboren sind, hat, wie man doch wohl annehmen muß, die Qualität der Nahrung einen großen Einfluß auf ihre Körperkraft. Eine Betrachtung der anderen Lebewesen und der Volksstämme, denen es ernst damit ist, eine kriegerische Konstitution anzuerziehen, zeigt, daß eine an Milch reiche Nahrung den Körpern besonders zuträglich ist; sie enthält aber besser keinen Wein, da dieser krank macht.

Es ist auch nützlich, daß Kinder alle Bewegungen machen, die ihr frühes Alter erlaubt. Um aber zu verhindern, daß die Gliedmaßen, die noch biegsam sind, verformt werden, benutzen auch heute noch einige Volksstämme künstliche Hilfsmittel, die ihren Körper gerade erhalten. Vorteilhaft ist aber auch, die Kinder gleich im frühesten Alter an Kälte zu gewöhnen, und dies ist sowohl für ihre Gesundheit als auch für kriegerische Aktionen höchst nützlich. Deswegen pflegen viele Barbaren entsprechende Bräuche: die einen tauchen die Neugeborenen in einen kalten Fluß ein, andere wie die Kelten lassen sie nur kurz geschnittene Kleidungsstücke tragen. Es ist besser, sie an alles, woran man sie nur gewöhnen kann, gleich von Anfang an zu gewöhnen, aber dann Schritt für Schritt in der Gewöhnung weiterzugehen. Wegen seiner Wärme eignet sich der Körper von Kindern von Natur gut dafür, an Kälte gewöhnt zu werden. In dieser oder ähnlicher Weise sorgt man am besten für die Kinder im frühesten Alter.

In der darauf folgenden Altersstufe, bis zum Alter von fünf Jahren, ist es noch zu früh, sie irgendeinem Lernen oder Anstrengungen, die ihnen Gewalt antun, auszusetzen, damit diese nicht ihr Wachstum beeinträchtigen; sie sollen aber soviel Bewegung erhalten, daß sie nicht körperlich träge werden. Tätigkeiten aller Art und besonders Spiel sollen ihnen diese Bewegung verschaffen. Diese Spiele müssen aber auch zu Freien passen und sollen weder anstrengend noch weichlich sein. Beamte, die man Knabenaufseher nennt, sollen darauf achten, was für Erzählungen und Geschichten Kinder in diesem Alter hören dürfen; denn dies alles soll den Weg für die späteren Beschäftigungen bahnen; deswegen soll Spiel zum größten Teil das, was man später ernsthaft betreibt, nachahmen. Zu Unrecht verbieten aber diejenigen heftiges Weinen, die dies in ihren Gesetzen verhindern wollen; denn es fördert das Wachstum, es ist ja in gewisser Weise Training für den Körper. Das Zurückhalten des Atems gibt nämlich allen, die sich anstrengen, Kraft, und dies gilt auch für Kinder, die sich (beim Weinen) anstrengen.

Die Knabenaufseher sollen darüber wachen, wie diese Kinder sonst ihre Zeit verbringen, und besonders, daß sie sich möglichst wenig in der Gesellschaft von Sklaven aufhalten.
1336b Denn in diesem Alter und danach, bis sie sieben Jahre alt sind, müssen sie im Hause großgezogen werden. Es ist aber zu erwarten, daß sie auch schon in diesem Alter von allem, was sie hören und sehen, unfreies Betragen aufnehmen. Ganz besonders muß der Gesetzgeber schmutzige Sprache völlig aus dem Staat verbannen; denn von dem leichtfertigen Gebrauch schmutziger Rede ist es nur ein kleiner Schritt, bis man solche Dinge auch tut. Auf alle Fälle muß man dies aber von den Kindern fernhalten, damit sie nichts dieser Art sagen oder hören. Wenn aber bekannt wird, daß jemand etwas Verbotenes sagt oder tut, dann soll man ihn, wenn er ein Freier ist, aber noch nicht den Zugang zu den gemeinsamen Mahlzeiten gewonnen hat, mit entehrenden Maßnahmen und mit Schlägen bestrafen, einen älteren, mit entehrenden Maßnahmen, wie sie einem Unfreien zukommen, wegen seines sklavischen Betragens.

Da wir solche Redensweise (aus dem Staat) verbannen, untersagen wir offensichtlich auch, daß man Zuschauer unschicklicher Darstellungen in Bild oder Wort wird. Die Beamten müssen daher darüber wachen, daß kein Standbild oder Gemälde solche Handlungen darstellt. Solche Darstellungen sollen nur bei den Göttern erlaubt sein, denen das Gesetz auch derbe Freizügigkeit gestattet. Außerdem stellt ja auch das Gesetz allen frei, wenn sie nur das entsprechende Alter erreicht haben, für sich selber, für ihre Kinder und Frauen die Götter zu ehren. Die Jüngeren darf man aber erst dann als Zuschauer (der Aufführung) von jambischen Versen und Komödie zulassen, wenn sie das Alter erreicht haben, in dem sie an den gemeinsamen Mahlzeiten und berauschendem Trinken teilnehmen dürfen, und wenn die Erziehung sie völlig gegen den davon kommenden Schaden unempfindlich gemacht haben wird.

Wir haben dies nun gleichsam im Vorübergehen dargelegt. Später müssen wir dem aber mehr Aufmerksamkeit widmen und dies genauer bestimmen, indem wir zuerst die Frage erörtern, ob man diese (Aufführungen) eher untersagen soll oder gestatten darf und wie man dies gesetzlich regeln soll. (Hier) sind wir nur so weit darauf eingegangen, wie es im gegenwärtigen Zusammenhang notwendig war.

Vielleicht hat der Tragödienschauspieler Theodoros das, was wir meinen, nicht schlecht zum Ausdruck gebracht. Er erlaubte nämlich niemandem, selbst keinem der schwächeren Schauspieler, vor ihm auf der Bühne aufzutreten, da die Zuschauer von dem eingenommen würden, was sie zuerst hören. Das Gleiche gilt aber auch in den Beziehungen zu Menschen und zu Dingen: wir entwickeln ja eine Vorliebe für alle unsere frühesten (Eindrücke). Deswegen muß man den Kindern alles Minderwertige fremd machen, besonders das, was Schlechtigkeit oder Böswilligkeit enthält.

Nach Vollendung der ersten fünf Lebensjahre, während der zwei Jahre, bis sie sieben Jahre alt werden, sollen die Kinder schon als Zuschauer bei der Ausbildung in den Gegenständen, die sie später lernen sollen, zugegen sein. Es gibt zwei Altersstufen, die eine je besondere Erziehung verlangen, die, die auf den Zeitraum zwischen dem Alter von sieben Jahren und der Pubertät † folgt †, und dann die † nach † dem Zeitraum von der Pubertät bis zum einundzwanzigsten Lebensjahr. Denn diejenigen, die die Altersstufen nach Zeitspannen von sieben Jahren abgrenzen, vertreten im Großen und Ganzen keine

1337a schlechte Auffassung, man muß aber der Einteilung der Natur folgen; denn jede fachkundige Tätigkeit und Unterweisung will den Mängeln der Natur abhelfen.

Zunächst muß man nun untersuchen, ob man eine bestimmte Ordnung (der Erziehung) der Kinder entwickeln soll, danach ob es von Nutzen ist, sie öffentlich oder privat zu erziehen, wie es jetzt in den meisten Staaten gehandhabt wird, und drittens, was für eine Erziehung dies sein soll.

BUCH VIII

Kapitel 1. Der Gesetzgeber muß die Erziehung der Jugendlichen zu seiner wichtigsten Aufgabe machen, wie wohl niemand bestreiten dürfte; denn wo dies in den Staaten versäumt wird, schadet das den Verfassungen. Es muß nämlich eine Erziehung auf (die Grundsätze) jeder Verfassung hin geben; der Charakter (der Bürger), der jeder Verfassung eigentümlich ist, pflegt ja die Verfassung zu erhalten und bringt sie am Anfang überhaupt erst hervor, z. B. ein demokratischer Charakter eine Demokratie und ein oligarchischer eine Oligarchie, und je besser der Charakter ist, umso besser macht er in allen Fällen die Verfassung. Außerdem muß man in allen Fertigkeiten und fachkundigen Tätigkeiten zuvor in einigen Dingen ausgebildet und durch Gewöhnung vorbereitet werden, um sie ausüben zu können; dies gilt dann offensichtlich auch für die Handlungen von charakterlicher Vorzüglichkeit.

Da der ganze Staat ein einziges Ziel verfolgt, so ist damit auch klar, daß die Erziehung aller ein und dieselbe und eine gemeinschaftliche Aufgabe sein muß und daß sie nicht eine Privatangelegenheit sein darf, so wie sich jetzt jeder persönlich seiner Kinder annimmt und ihnen eine je besondere Ausbildung nach eigenem Gutdünken erteilt. Um gemeinschaftliche Angelegenheiten muß man sich aber auch gemeinsam bemühen. Zugleich darf man auch nicht glauben, ein Bürger gehöre sich selber, vielmehr gehören alle dem Staat, denn jeder ist ein Teil des Staates, naturgemäß richtet sich aber die Tätigkeit des Teils an der des Ganzen aus. Auch in dieser Hinsicht mag man die Spartaner loben; denn sie bemühen sich ganz besonders um die (Erziehung der) Kinder, und sie tun dies gemeinschaftlich.

Kapitel 2. Damit ist geklärt, daß die Erziehung durch Gesetzgebung geregelt sein und daß man sie zu einer gemeinschaft-

lichen Aufgabe machen muß; aber was für eine Erziehung dies sein soll und wie (die Kinder) erzogen werden sollen, darf nicht unbekannt bleiben. Jetzt ist man sich ja darüber uneins, wie man hierbei vorgehen soll; denn nicht alle glauben, daß die Kinder die gleichen Dinge lernen müssen, um gute menschliche Qualität oder das beste Leben zu verwirklichen; und es ist auch unklar, ob man (dabei) mehr auf die (Ausbildung des) Verstandes oder des Charakters der Seele hinarbeiten soll. Auch die jetzt allgemein übliche Erziehung bietet ein verwirrendes Bild, und es bleibt unklar, ob man die für das Leben nützlichen Dinge oder das, was zu guter menschlicher Qualität beiträgt, oder das nicht nutzbringend Anwendbare lernen soll – alle Möglichkeiten haben ja Befürworter gefunden. (Dabei)
1337b gibt es auch keine Einigkeit über die Arten der Ausbildung, die zu persönlicher Vorzüglichkeit führen – (verständlicherweise), denn von vornherein schätzen nicht alle die gleiche Form guter menschlicher Qualität; so ist denn zu erwarten, daß sie sich auch darüber uneinig sind, wie man sie einüben soll.

Es ist nun unbestritten, daß man die nützlichen Dinge, soweit sie unverzichtbar sind, lernen muß; (zugleich) ist aber auch offensichtlich, daß man nicht alle zu lernen braucht, denn es gibt eine klare Unterscheidung zwischen den Tätigkeiten, die zu Freien bzw. Unfreien passen, ⟨und⟩ (es ist klar), daß man sich zu nützlichen Tätigkeiten dieser Art nur bereit finden darf, wenn man dadurch nicht ein Banause wird – als banausisch muß man die Tätigkeit und Fertigkeiten oder die Ausbildung ansehen, die den Körper oder die Seele oder den Geist der Freien untauglich für die Verwirklichung und die Handlungen von guter menschlicher Qualität machen. Deswegen bezeichnen wir ja auch die Fertigkeiten, die den Körper in Mitleidenschaft ziehen, und Lohnarbeiten als banausisch, denn sie berauben den Geist der Muße und machen ihn gemein.

Während es durchaus eines Freien nicht unwürdig ist, bis zu einem gewissen Grade mit einigen zu einem Freien passenden Wissensgegenständen vertraut zu sein, zieht es doch die beschriebenen schlimmen Folgen nach sich, wenn man sich ihnen widmet, um sie perfekt zu beherrschen. Und es macht auch einen großen Unterschied, zu welchem Zweck man etwas tut oder lernt; denn für sich selber oder für Freunde oder angetrieben von guter menschlicher Qualität zu handeln, hat durchaus nichts Unfreies an sich; wer aber genau dasselbe im Dienste anderer tut, der kann häufig den Eindruck erwecken, eine Tätigkeit nach der Art eines Tagelöhners oder Sklaven zu verrichten.

Die heutzutage praktizierten Methoden der Unterweisung verfolgen, wie wir gesagt haben, kein einheitliches Ziel.

Kapitel 3. Es sind wohl vier Gegenstände, die man zu lehren pflegt: Lesen und Schreiben, Gymnastik und Musik; einige unterrichten auch in Zeichnen als dem vierten Fach. Schreiben und Zeichnen lehrt man, weil man sie als nützlich für das Leben und in vielfältiger Weise brauchbar hält, Gymnastik, weil sie zu Tapferkeit beitrage; über (den Zweck von) Musik könnte man aber schon Fragen aufwerfen: heutzutage üben die meisten Musik zu ihrem Vergnügen aus, während die Männer der Vergangenheit ihr einen Platz in der Erziehung gaben, weil, wie schon häufig dargelegt wurde, die Natur selber nicht nur sucht, richtig tätig zu sein, sondern sich auch in würdiger Weise der Muße zu erfreuen – dies ist das eine Grundprinzip von allem, und wir wollen dies hier wiederholen. Nun sind zwar beide unerläßlich, Muße ist aber dem Tätigsein vorzuziehen und ist sein Zweck; daher muß man untersuchen, womit man sich während der Muße beschäftigen soll. Bestimmt nicht mit Amüsement, denn dann müßte ja Amüsement das Lebensziel sein – das ist aber unmöglich. Man muß sich Amüsement eher in (Zeiten) anstrengender Tätigkeit gestatten; denn wer sich anstrengt, braucht Erholung, und Amüsement dient der Erholung, während Arbeit von Anstrengung und Anspannung begleitet ist. Amüsement muß man sich aus diesem Grunde gönnen, aber den dafür richtigen Zeitpunkt sorgfältig beachten, so wie wenn man Heilmittel verabreicht. Die Bewegung
der Seele beim Amüsement ist ja Entspannung, und weil man 1338a
sich dabei vergnügt, bringt sie Erholung. Muße enthält dage-

gen, wie man glaubt, Vergnügen, Glück und glückseliges Leben in sich selber; dieser (Segnungen) erfreut sich aber (nur), wer in Muße lebt, nicht dagegen die, die arbeiten müssen. Wer arbeitet, müht sich ja um eines Zweckes willen ab, der noch nicht erfüllt ist; Glück ist dagegen das Ziel selber und alle nehmen an, daß Glück nicht von Schmerz, sondern von freudigem Empfinden begleitet ist; aber nicht mehr alle sind sich darüber einig, welche Freude (Glück begleitet), sondern jeder wählt sie, wie es zu ihm und seinem Wesen paßt; der Beste wählt die beste Lust und die, die von den nobelsten Anlässen erregt wird.

Damit ist Folgendes klar: einige Dinge muß man auch für die Muße einer sinnerfüllten Lebensgestaltung lernen und sich darin erziehen lassen; diese Gegenstände der Erziehung und des Lernens enthalten den Zweck in sich selber, während was man für die Arbeit lernt, notwendig ist und anderen Zwecken dient.

Deswegen haben auch die Männer der Vergangenheit der Musik einen Platz in der Erziehung zugewiesen. Sie sahen sie nicht als notwendig an, denn das gibt es nicht in der Musik, auch nicht als nützlich, so wie Lesen und Schreiben für gewinnbringende Geschäfte, für Hausverwaltung, Lernen und viele politische Tätigkeiten von Nutzen ist; auch das Zeichnen verhilft ja, wie man meint, zu einem besseren Urteil über die Arbeiten von Handwerkern. (Die Alten glaubten) auch nicht, daß Musik – so wie Gymnastik – Gesundheit und Kraft fördere, denn wir können bei Musik keine Wirkung dieser Art beobachten. Es bleibt damit, daß sie zur sinnerfüllten Lebensgestaltung während der Muße beiträgt; dafür haben sie offensichtlich auch die meisten eingeführt, denn sie weisen ihr einen Platz in der Lebensgestaltung, wie sie nach ihrer Auffassung Freie pflegen sollen, zu. Deswegen hat auch Homer so gedichtet: »aber es gehört sich, zu reichlichem Mahle zu laden«; und nachdem er so zuerst andere aufgezählt hat, fährt er fort: »die den Sänger einladen, der alle erfreut«; und anderswo sagt Odysseus, man verbringe die Zeit am besten, wenn Menschen sich vergnügen und »die Gäste eines Mahles, einer neben dem anderen sitzend, im Hause dem Sänger zuhören.«

Damit ist klar, daß die Söhne eine bestimmte Form von Ausbildung erhalten müssen, nicht weil sie nützlich oder notwendig ist, sondern weil sie zu einem Freien paßt und in sich vollendet ist – ob es aber nur eine einzige Art gibt oder mehrere und welches diese sind und wie man sie lehren soll, muß später erörtert werden. (Selbst nur) soweit gekommen zu sein ist für uns von Nutzen, zumal wir ja auch von den Männern der Vergangenheit in den verbreiteten Erziehungsgegenständen ein unterstützendes Zeugnis erhalten – die Musik macht dies ja deutlich. Außerdem (ist aber auch klar), daß man die Kinder in einigen nützlichen Dingen nicht nur wegen ihres unmittelbaren Nutzens – wie bei Lesen und Schreiben – unterweisen lassen muß, sondern auch weil man dadurch andere Dinge lernen kann. Ebenso sollen sie nicht nur zu zeichnen lernen, damit sie bei ihren eigenen Käufen keine Fehler machen und beim Kauf oder Verkauf von Geräten vor Betrug 1338b
geschützt sind, sondern eher weil es zum Erfassen der Schönheit der Form verhilft. Denn überall das Nützliche zu suchen gehört sich am wenigsten für Männer mit einer hohen Gesinnung und von freier Art.

Es ist klar, daß man die Kinder früher durch Gewöhnung als durch Vernunft erziehen und früher den Körper als den Geist ausbilden muß. Danach unterliegt es keinem Zweifel, daß die Kinder Leibeserziehung erhalten müssen: in Gymnastik, die eine bestimmte Körperverfassung hervorbringt, und in spezifischem Training, das erreicht, daß man zu gewissen Leistungen fähig ist.

Kapitel 4. Einige Staaten, die dafür bekannt sind, daß sie sich am meisten um die Erziehung der Kinder kümmern, entwickeln in ihnen heutzutage die Körperkonstitution von Athleten. Dadurch schädigen sie Aussehen und Wachstum des Körpers. Die Spartaner begingen zwar nicht diesen Fehler, sie machen aber durch die Anstrengungen (ihres Trainings) aus den jungen Männern (geradezu) wilde Tiere, so als ob dies am ehesten Tapferkeit fördere. Man soll sich aber bei der Erziehung, wie schon häufig festgestellt wurde, weder eine einzige Form persönlicher Tüchtigkeit, noch in besonderem Maße gerade Tapferkeit zum Ziel setzen. Wenn man aber auch zu Tapferkeit erziehen muß, (versagen die Spartaner auch hier:) sie verstehen nicht einmal, was Tapferkeit hervorbringt. Unsere Beobachtung anderer Lebewesen oder der Barbaren zeigt ja, daß sich Tapferkeit nicht bei den wildesten findet, sondern eher denen, die einen ruhigeren oder löwenhaften Charakter besitzen. Es gibt viele barbarische Stämme, die keine Skrupel kennen, andere umzubringen und Menschen zu essen, wie die Achäer am Pontos und die Heniocher und andere Völker auf dem Festland – einige handeln genauso wie diese, andere sogar schlimmer, so diejenigen, die vom Plündern leben, aber Tapferkeit besitzen sie nicht.

Außerdem wissen wir, daß die Spartaner selber allen anderen überlegen waren, solange sie sich allein schonungslos ihrem anstrengenden Training unterwarfen, während sie jetzt sowohl bei sportlichen Wettkämpfen als auch bei kriegerischen Begegnungen von anderen besiegt werden. Denn es war nicht die Art ihres Trainings der Jugend, der sie die Überlegenheit verdankten, sondern die Tatsache, daß sie allein trainierten und Gegner hatten, die nicht trainierten.

Daher muß die Absicht, vollkommen zu handeln, aber nicht das tierisch Wilde die wichtigste Rolle spielen. Denn nur ein guter Mann, aber kein Wolf oder irgendein anderes Tier kämpft in einer Gefährdung, in der ethische Vollkommenheit auf dem Spiel steht. (Staaten), die den jungen Männern erlauben, sich zu stark in diese Richtung zu entwickeln, und ihnen die Ausbildung in den notwendigen (Eigenschaften) vorenthalten, bringen in Wahrheit eng beschränkte Kriegshandwerker hervor; sie machen diese in ihrer politischen Fähigkeit ja nur für eine Aufgabe brauchbar – und für diese noch schlechter als andere, wie mein Argument behauptet. Man darf auch nicht nach den Leistungen der Vergangenheit urteilen, sondern denen der Gegenwart: jetzt finden sie nämlich andere, die gegen sie in der Erziehung zum Wettstreit antreten, früher gab es diese jedoch nicht.

Es herrscht nun Einigkeit darüber, daß Körpertraining ein Teil der Erziehung sein muß und wie man dabei verfahren soll: bis zur Pubertät muß man (den Jugendlichen) leichtere gymnastische Übungen vorschreiben, aber ein Zwangsregiment bei der Diät und gewaltsame Anstrengungen von ihnen fernhalten, damit nichts ihr Wachstum behindert. Ein nicht unbedeutendes Indiz dafür, daß (Zwang bei Diät und Übungen) solche 1339a
negativen Wirkungen haben kann, liefern die Sieger bei den Olympischen Spielen: man kann (nur) zwei oder drei finden, die sowohl als Männer wie zuvor als Jugendliche gesiegt haben; (die anderen) haben durch ihr Training in jungem Alter wegen der Übungen, die ihnen Gewalt antun, ihre Kraft verloren. Wenn (die jungen Männer) sich aber nach der Pubertät drei Jahre lang anderen Lehrgegenständen gewidmet haben, dann ist der richtige Zeitpunkt erreicht, um sie in der folgenden Altersstufe Anstrengungen und einem Zwangsregiment bei der Diät zu unterwerfen. Denn gleichzeitig darf man nicht mit dem Geist und dem Körper anstrengend arbeiten; jede von beiden Anstrengungen bewirkt ja naturgemäß Entgegengesetztes: die Anstrengung des Körpers behindert den Geist und die des Geistes den Körper.

Kapitel 5. Einige strittige Fragen zur Musik haben wir in unserer Behandlung schon früher aufgeworfen, und es ist jetzt angebracht, sie wieder aufzugreifen und voranzubringen; sie sollen gleichsam das Vorspiel zu einer Erörterung werden, mit der sich jemand zu diesem Thema äußern möchte; es ist ja nicht leicht zu bestimmen, welche Wirkung Musik hat oder weshalb a15
man Musik pflegen soll: soll man dies zum Amüsement und zur Erholung tun, so wie man Schlaf und Zechen genießt? Keines von diesen gehört ja für sich genommen zu den Dingen, um die man sich ernsthaft bemüht, sondern sie tun wohl, und zugleich »beenden sie Kummer«, wie Euripides sagt. Deswegen bringt man Musik auch mit ihnen zusammen und genießt alles, Schlaf, Rausch und Musik, in der gleichen Weise – manche rechnen auch Tanz dazu. Oder soll man eher glauben, daß Musik zu charakterlicher Vorzüglichkeit beiträgt? Denn wie

Gymnastik eine bestimmte Körperverfassung hervorbringt, so kann man annehmen, daß Musik den Charakter prägen kann, indem sie daran gewöhnt, in der richtigen Weise Freude empfinden zu können. Oder trägt sie irgendwie zur sinnerfüllten Lebensgestaltung und zur Geistesbildung bei, denn diese muß man als drittes unter den angegebenen Zielen ansetzen?

Es ist unbestritten, daß Amüsement nicht der Zweck sein kann, für den man die Jugendlichen (musikalisch) ausbilden soll, denn sie haben keinen Spaß beim Lernen, Lernen tut ihnen ja weh. Aber auch sinnerfüllte Lebensgestaltung kann man nicht Kindern und entsprechenden Altersstufen zugestehen; denn niemand, der noch nicht seine Vollendung erreicht hat, kann das Vollendete beanspruchen. Aber vielleicht kann man einwenden, daß man bei dem Ernst (musikalischer Ausbildung) der Kinder auf das Amüsement hinzielt, dessen sie sich als Erwachsene in ihrem reifen Alter erfreuen werden. Aber warum sollen sie in diesem Falle (Musikausübung) selber lernen, anstatt sich wie die Könige der Perser und Meder an den künstlerischen Darbietungen von Musikern zu erfreuen und zu †lernen†? Denn jemand, der Musik zu seinem Beruf und Kunst gemacht hat, muß doch einen höheren Kunstgenuß bieten als die, die soviel Mühe darauf verwandt haben, wie man gerade nur für das Erlernen braucht. Wenn sich die (Jugendlichen) diese (Fertigkeiten) selber mühsam aneignen sollen, dann müßte man sie auch in der Vorbereitung von Speisen ausbilden, aber das ist absurd.

Die gleiche Frage stellt sich aber auch dann, wenn (Musik) den Charakter besser machen kann: warum soll man (ihre
1339a Ausübung) selber erlernen, anstatt anderen zuzuhören und dabei (durch Gewöhnung) die Fähigkeit zu gewinnen, in der richtigen Weise Freude zu empfinden und zu urteilen so wie die Spartaner? Obwohl diese nicht selber (Musik auszuüben) lernen, können sie trotzdem, wie sie behaupten, zutreffend beurteilen, welche Gesänge gut sind und welche nicht.

Das gleiche Argument gilt aber auch, wenn man Musik für den angenehmen Zeitvertreib und die sinnerfüllte Lebensgestaltung eines freien Mannes verwenden soll: warum soll man sie selber erlernen, anstatt sich an den künstlerischen Darbietungen anderer zu erfreuen? Man kann auch an unsere Vorstellung über die Götter erinnern: die Dichter lassen nicht Zeus selber singen oder die Kithara spielen; wir bezeichnen ja Sänger und Kitharaspieler gewerbsmäßige Musikanten, und kein Mann singt oder spielt selber die Kithara außer unter dem Einfluß von Wein oder zum eigenen Vergnügen. Dies muß vielleicht später genauer erörtert werden.

Zuerst muß man untersuchen, ob man der Musik einen Platz in der Erziehung zuweisen soll oder nicht und welche der drei erwogenen Wirkungen sie hat: (Charakter-)Bildung, Amüsement oder sinnerfüllte Lebensgestaltung. Mit guten Gründen wird sie mit ihnen allen in Verbindung gebracht, und sie gehört offensichtlich zu allen; denn man sucht Amüsement, um sich zu erholen, Erholung muß aber Vergnügen bereiten, denn sie ist eine Kur der Mühsal, die harte Anstrengungen mit sich bringen. Und sinnerfüllte Lebensgestaltung muß nach der übereinstimmenden Meinung aller nicht nur das Noble besitzen, sondern auch Vergnügen einschließen; denn Glück setzt beides voraus. Musik, einerlei ob sie reine Instrumentalmusik oder von Gesang begleitet ist, bereitet nun eines der größten Vergnügen, wie wir alle behaupten; wenigstens sagt auch Musaios: »Gesang ist Sterblichen die größte Erquickung«; und so zieht man sie ja auch zu geselligen und unterhaltsamen Zusammenkünften hinzu, weil sie Freude verbreiten kann. Danach wird man schon aus diesem Grunde annehmen können, daß die jungen Leute in Musik erzogen werden müssen; denn Annehmlichkeiten, die nicht schaden, passen nicht nur zum vollkommenen Zustand, sondern auch zur Erholung. Menschen gelingt es auch nur selten, sich im vollkommenen Zustand zu befinden, häufiger erholen sie sich und amüsieren sich, nicht nur weil sie sich etwas Weiteres davon versprechen, sondern auch einfach zum Vergnügen; und so ist es doch wohl nützlich, ihnen zu gestatten, sich bei dem Vergnügen, das die Musik bringt, zu entspannen.

Es ist eine allgemeine Erfahrung, daß Menschen sich Amüsement zum Lebensziel machen; denn auch das Lebensziel schließt ja doch wohl eine Form von Vergnügen ein, aber nicht jede beliebige. Während sie nun jene (höchste) Form von Vergnügen suchen, wählen sie eine beliebige, als sei sie die wahre, weil sie eine gewisse Ähnlichkeit mit dem Ziel der Handlungen aufweist. Das Ziel wird ja nicht wegen erst in der Zukunft erreichbarer Vorteile gewählt, und ebenso sucht man diese anderen Arten von Vergnügen nicht wegen Zukünftigem, sondern Vergangenem wie (der Erholung von) Anstrengungen und Schmerz. Diese Tatsache könnte man mit Recht als den Grund angeben, weshalb man Glück in diesen Arten von Vergnügungen sucht. (Man soll) aber, wie es scheint, Musik nicht nur wegen dieser Form von Vergnügen, sondern auch wegen ihres Nutzens für die Erholung (genießen).

Man muß aber auch Folgendes untersuchen: hat die Musik
1340a vielleicht wohl beiläufig diese Wirkung, besitzt aber ihrer Natur nach einen höheren Wert als nur den, der genannten (Erholung) zu dienen? Soll man also nicht nur das von allen geteilte Vergnügen, das alle als Wirkung von Musik empfinden, genießen – Musik bringt ja eine natürliche Freude, weshalb Musikgenuß bei allen Altersstufen und Charaktertypen beliebt ist? Soll man nicht vielmehr untersuchen, ob sie irgendwie auch auf den Charakter und die Seele einwirkt? Dies ist dann evident, wenn wir durch sie in unserem Charakter in einer bestimmten Weise beeinflußt werden. Daß wir nun tatsächlich in einer bestimmten Weise beeinflußt werden, zeigt sich deutlich besonders an den Kompositionen des Olympus; denn diese versetzen unbestritten die Seelen in einen Zustand von Ekstase, Ekstase ist aber ein Affekt, der in der Seele den Charakter erfaßt. Außerdem werden alle, die nachahmenden Darstellungen zuhören, auch allein schon ⟨durch⟩ Rhythmen und Melodien in ihren Empfindungen mitgerissen.

Musik gehört nun zu den Freude bereitenden Dingen, und charakterliche Vorzüglichkeit hat damit zu tun, daß man in der richtigen Weise Freude empfindet, liebt und haßt. Daher muß man vor allem anderen (die Fähigkeit) erlernen oder sich durch Gewöhnung aneignen, richtig zu urteilen und an guten Charakteren und ethisch vollkommenen Handlungen Gefallen zu finden. Nach den wirklichen natürlichen Regungen von Zorn und gelassener Ruhe, von Tapferkeit und selbstbeherrschter Mäßigung und allen Äußerungen des Charakters, die diesen entgegengesetzt sind, oder den anderen Charakteräußerungen gibt es am ehesten eine Entsprechung zu ihnen in Rhythmen und Melodien. Das läßt sich an den Erfahrungen ablesen: wir ändern uns ja in der Seele, wenn wir solchen (Rhythmen und Melodien) zuhören. Eine Gewöhnung an die Empfindung von Schmerz oder Freude unter ähnlichen Umständen kommt nun solchen Empfindungen angesichts wirklicher Anlässe nahe. Wenn zum Beispiel jemand Freude daran empfindet, das Bild von jemand anzuschauen, und zwar aus keinem anderen Grund als allein wegen der (dargestellten) Gestalt, dann muß ihm auch der Anblick der Person selber, deren Bild er betrachtet, Vergnügen bereiten.

Bei den anderen durch die Sinne wahrgenommenen Eindrücken wie denen, die man durch Tasten oder Schmecken aufnimmt, gibt es keine Entsprechung zu charakterlichen Haltungen, aber (sie findet sich) geringfügig bei den Objekten des Gesichtssinnes; denn Formen vermitteln solche Eindrücke, aber nur in einem geringen Ausmaß, und ⟨nicht⟩ alle Menschen sind für Wahrnehmung dieser Art empfänglich. Außerdem enthalten die durch den Gesichtssinn wahrgenommenen (Objekte) nicht Entsprechungen zu charakterlichen Haltungen, sondern die hervorgebrachten Formen und Farben sind eher (bildliche) Zeichen von Charakterhaltungen, und diese sind in Affektszuständen auf den Körpern (sichtbar). Insofern aber das Betrachten dieser Darstellungen doch eine Wirkung (auf den Charakter) hat, sollen die jungen Leute nicht die Bilder des Pauson betrachten, sondern des Polygnot oder jedes anderen Malers und Bildhauers, der gute Charaktere darstellt.

In den Melodien allein gibt es dagegen schon Darstellungen charakterlicher Haltungen, und dies ist offensichtlich: die Tonarten sind von vornherein ihrer Natur nach so verschieden, daß man beim Hören auf jede von ihnen mit einer je besonderen Gemütsstimmung reagiert und nicht unverändert bleibt: auf einige reagieren die Zuhörer eher in trauriger und bedrückter 1340b
Weise wie auf die sogenannte mixolydische Tonart, bei den

spannungslosen nehmen sie dagegen eine gelöstere Stimmung an; in der Mitte zwischen ihnen liegt am ehesten ihre Reaktion auf eine andere, die dorische Tonart; unter allen Tonarten scheint sie ja allein eine ruhige und feste Haltung hervorzubringen, während die phrygische die Hörer in Ekstase versetzt. All dies erklären diejenigen richtig, die diesen Zweig der Bildung philosophisch untersucht haben, denn sie berufen sich auf die tatsächlichen Vorgänge als stützende Zeugnisse für ihre Ausführungen. Die gleiche Vielfalt liegt auch bei den Rhythmen vor: die einen besitzen einen eher ruhigen, die anderen einen zur Bewegung antreibenden Charakter, und die Körperbewegungen, die die eine Gruppe dieser Rhythmen begleiten, sind von eher vulgärer Art, die der anderen passen dagegen eher zu Freien.

Daraus geht nun hervor, daß Musik eine gewisse Qualität des Charakters hervorbringen kann; wenn sie aber diese Fähigkeit besitzt, dann muß man sie offensichtlich einsetzen, und man muß die Kinder in Musik erziehen. Musikunterricht paßt ja in diesem Alter zu ihrer Natur; denn wegen ihres Alters halten Kinder freiwillig nichts Unangenehmes aus, Musik gehört aber von Natur zu den Dingen, die Vergnügen bereiten. Und es scheint eine gewisse Verwandtschaft (zwischen der Seele) und den Tonarten und Rhythmen zu geben. Das erklärt den Ausspruch vieler Weiser, von denen einige sagen, die Seele sei eine Harmonie, die anderen, sie habe eine Harmonie.

Kapitel 6. Jetzt muß die Frage erörtert werden, die auch schon früher aufgeworfen wurde: sollen Kinder (Musik) erlernen, indem sie selber singen und (ein Instrument) spielen, oder nicht? Unzweifelhaft fördert es erheblich die Ausbildung einer bestimmten (Charakter-)Qualität, wenn jemand selbst Musik aktiv ausübt. Es ist ja unmöglich oder jedenfalls schwierig, kundig zu urteilen, wenn man nicht selber die Kunst ausgeübt hat. Zugleich gilt, daß Kinder irgendwie die Zeit ausfüllen müssen, und man muß anerkennen, daß die Rassel des Archytas, die man den Kindern gibt, eine willkommene Erfindung ist: sie sollen damit spielen, anstatt die Dinge im Haus zu zerbrechen;

ein Kind kann ja nicht Ruhe halten. Die Rassel ist als Spielzeug wie geschaffen für Kleinkinder, während für die älteren Kinder (musikalische) Erziehung ist, was (für jene) die Rassel war. Aus solchen Überlegungen wird deutlich, daß Musikunterricht auch die praktische Ausübung einschließen muß. Was hierbei zu den verschiedenen Altersstufen paßt und was nicht, ist nicht schwer zu bestimmen.

Es ist auch leicht, die Äußerungen derer zu widerlegen, für die Musikausübung einen Geruch von gewerbsmäßiger Beschäftigung an sich hat. Zunächst einmal gilt folgendes: man soll Musik ausüben, um die Urteilsfähigkeit zu entwickeln; deswegen soll man in der Jugend Musik ausüben; wenn man aber älter geworden ist, soll man davon befreit sein, aber jetzt die Fähigkeit besitzen, das Schöne zu beurteilen und sich daran richtig zu erfreuen, da man in seiner Jugend die entsprechende Ausbildung erhielt. Einige erheben den Vorwurf, Musik(unterricht) mache die Schüler zu Männern, die eine gewerbsmäßige Fertigkeit beherrschen. Dies kann man leicht entkräften, indem man folgende Gesichtspunkte beachtet: einmal den Grad, bis zu dem diejenigen Musik ausüben sollen, die in der wünschenswerten Eigenschaft von Bürgern ausgebildet werden; 1341a
dann die Art von Melodien und Rhythmen, die sie verwenden, und schließlich die Instrumente, die sie zu spielen erlernen sollen – auch dies ist ja natürlich von Bedeutung. Mit (der Beachtung) dieser Gesichtspunkte kann man den genannten Vorwurf widerlegen; denn andererseits (soll ja nicht bestritten werden, daß) bestimmte Formen von Musik(unterricht) durchaus die behauptete (nachteilige) Wirkung haben können.

Es ist damit klar, daß Musikunterricht die später wahrgenommenen Tätigkeiten nicht beeinträchtigen und auch nicht den Körper auf eine Gewerbstätigkeit abrichten, aber für die Ausbildung in kriegerischen und politischen (Tätigkeiten) untauglich machen darf – untauglich schon jetzt für seinen vollen Gebrauch und später für das Lernen. Das gewünschte Ergebnis kann man wohl dann erzielen, wenn die Kinder beim Lernen nicht unter Anstrengungen die Fertigkeiten, die in den Wettbewerben professioneller Musiker erwartet werden, ein-

üben und auch nicht die virtuosen Kunststücke beherrschen müssen, die jetzt in die Wettkämpfe und von den Wettkämpfen in die musikalische Erziehung Eingang gefunden haben; sie brauchen vielmehr solche Fertigkeiten nur bis zu dem Grade (zu erlernen), daß sie sich an schönen Melodien und Rhythmen
a15 erfreuen können und nicht nur den von allen empfundenen (Reiz) von Musik genießen; denn das tun auch sonst einige Tiere, außerdem die große Zahl der Sklaven und Kinder.

Daraus wird aber auch klar, welche Instrumente man benutzen soll: man darf zur Erziehung nicht Auloi und auch sonst kein Instrument verwenden, das hohe technische Anforderungen stellt wie die Kithara oder ein ähnliches Instrument, sondern nur die, die sie zu guten Schülern in der musikalischen oder anderen Bildung machen. Außerdem bringt der Aulos keine Charakterhaltung, sondern eher eine starke emotionale Erregung hervor. Man soll ihn daher bei Anlässen verwenden, bei denen die Aufführung eher eine Reinigung, aber nicht Lernen bewirkt. Wir wollen hinzufügen, daß auch folgender Umstand seiner Benutzung in der Erziehung entgegensteht: das Spielen des Aulos erlaubt nicht, einen Text zu singen.

Deswegen haben zu Recht die Männer der Vergangenheit den Jugendlichen und den Freien seine Benutzung untersagt, obwohl sie ihn ursprünglich benutzt hatten. Wegen des gestiegenen Wohlstandes konnten sie sich eher der Muße erfreuen und entwickelten eine großzügigere Haltung beim (Verfolgen) charakterlicher Vorzüglichkeit; sie waren außerdem sowohl schon vor den Perserkriegen als auch besonders danach wegen ihrer Erfolge selbstbewußter geworden und griffen alle Bildungsgegenstände auf und machten dabei keinen Unterschied, sondern suchten, noch weitere hinzuzufügen. Deshalb nahmen sie auch das Aulosspielen in die Erziehung auf; so spielte in Sparta ein Chorege selber den Aulos zur Begleitung des tanzenden Chores und in Athen hatte sich das Aulosspielen so weit verbreitet, daß fast die Mehrzahl der Freien Aulos spielte – wir können dies an der Tafel sehen, die Thrasippos, der für Ekphantides den Chor ausgestattet hatte, aufstellte. Später, als man besser unterscheiden konnte, was charakter-

liche Vorzüglichkeit fördert und was nicht, wurde das Aulosspielen verworfen und ebenso viele ältere Instrumente wie Pektiden, Barbiten und diejenigen, auf denen man hauptsächlich zum Vergnügen derer spielt, die den Musikern zuhören,
nämlich Saiteninstrumente mit siebenseitigem und mit drei- 1341b
seitigem Korpus, Sambyken und alle Instrumente, die eine virtuose Fertigkeit verlangen. Was die Alten im Mythos über die Auloi erzählen, macht Sinn: man sagt nämlich, daß Athene, die die Auloi erfunden hatte, sie fortgeworfen habe. Es ist keine üble Erklärung, daß die Göttin dies tat, weil sie die häßliche Entstellung des Gesichtes (beim Spielen) verabscheute; wahrscheinlicher handelte sie so, weil die Ausbildung im Aulosspielen nichts zum Geist beiträgt, wir schreiben ja Athene Wissen und Kunstverstand zu.

Wir lehnen eine Ausbildung zu technischer Meisterschaft sowohl bei der (Wahl der) Instrumente wie bei ihrer Beherrschung ab – als technisch bezeichnen wir die Ausbildung für Wettbewerbe. Denn hierbei spielt man nicht, um seine charakterliche Qualität zu verbessern, sondem zum Vergnügen der Zuhörer, einem vulgären Vergnügen. Deswegen ist dies nach unserem Urteil keine Tätigkeit für Freie, sondern eher für Männer, die gegen Bezahlung arbeiten. Sie werden Musi-
kanten, die sich bei anderen verdingen; das Ziel, das sie sich b15
setzen, ist ja verwerflich. Denn der Theaterbesucher mit seiner Vulgarität pflegt die Musik zu verändern, und damit verdirbt er den Charakter der ausübenden Musiker, die ihm gefallen wollen, und wegen ihrer Bewegungen, die die Musik begleiten, verdirbt er auch ihren Körper.

Kapitel 7. Außerdem müssen aber auch folgende Fragen erörtert werden: soll man alle Tonarten und alle Rhythmen [auch für die Erziehung] verwenden oder hier eine Auswahl treffen? Und danach: sollen wir die gleiche Abgrenzung auch für diejenigen vornehmen, die Erziehung ernsthaft betreiben, oder muß man noch zusätzlich eine dritte Regelung treffen? Wir wissen, daß Melodie und Rhythmen die künstlerischen Mittel der Musik sind; es darf aber nicht unbekannt bleiben, welche erzieherische Wirkung jedes von beiden hat und ob man eher einer melodisch oder einer rhythmisch ansprechenden Musik den Vorzug geben soll. Nach unserer Auffassung sagen einige der gegenwärtigen Musikforscher und Männer, die von der Philosophie herkommen und Kenntnis in der musikalischen Erziehung besitzen, dazu in vielem das Richtige; daher wollen wir es allen, die eine ins Einzelne gehende genaue Behandlung wünschen, überlassen, sie bei jenen Fachleuten zu suchen; wir werden dies hier umrißhaft erörtern und dabei nur die groben Linien zeichnen.

Wir übernehmen die Einteilung der Melodien, wie sie einige Philosophen vorgenommen haben, wenn sie die einen als ethisch, die anderen als praktisch und die letzte Gruppe als enthusiastisch charakterisieren; (wir folgen ihnen) auch in der Art, wie sie den jeweils zu jedem (Typus von) Melodien passenden Charakter der Tonarten angeben, nämlich für jeden einen anderen. Wir behaupten auch, daß man sich der Musik nicht nur wegen eines, sondern wegen mehrerer nützlicher Zwecke widmen soll; denn man soll dies wegen der (charakterlichen) Erziehung und der Reinigung – was wir unter Reinigung verstehen, wollen wir jetzt ohne weitere Erklärungen, aber später in den Erörterungen *Über die Dichtkunst* genauer darlegen – und drittens wegen der sinnerfüllten Lebensgestaltung ⟨bzw.⟩ der Entspannung und Erholung von Anspannung
1342a tun. Es ist damit klar, daß man zwar alle (Arten von Melodien) verwenden soll, aber nicht alle in der gleichen Weise, sondern für die (Charakter-)Erziehung diejenigen, die am stärksten ethisch sind, dagegen wenn man dem Instrumentalspiel anderer zuhört, sowohl die praktischen als auch die enthusiastischen. Denn die Gemütserregung, die in einigen Seelen stark auftritt, gibt es bei allen, der Unterschied liegt (nur) in dem geringeren oder stärkeren Grad der Erregung wie (bei) jammerndem Mitleiden und Furcht, außerdem (bei) Ekstase – denn manche sind auch von dieser Erregung leicht überwältigt, und wir beobachten, daß sie unter dem Einfluß religiöser Melodien, wenn sie die die Seele in Rausch versetzenden Melodien in sich aufnehmen, zur Ruhe kommen, da

sie gleichsam eine medizinische Behandlung und Reinigung erhalten haben. Das gleiche muß auch denen widerfahren, die für jammerndes Mitleiden, für Furcht oder allgemein für irgendwelche emotionale Regungen anfällig sind, und allen anderen in dem Ausmaß, in dem jeder dafür empfänglich ist: sie alle müssen eine Form von Reinigung und eine von Lust begleitete Erleichterung erfahren.

In ähnlicher Weise bringen auch die [kathartischen] ⟨prakti- a15
schen⟩ Melodien Menschen eine unschädliche Freude. Deswegen muß man den Künstlern, die mit musikalischen Darbietungen in den Theatern zum Wettstreit auftreten, erlauben, solche Tonarten und solche Melodien ⟨zu benutzen⟩. Nun besuchen aber zwei Arten von Zuschauern die Theater: die einen sind frei und gebildet, die anderen sind vulgär und bestehen aus Handwerkern, Tagelöhnern und anderen dieser Art; auch dieser Gruppe muß man zu ihrer Erholung musische Wettkämpfe und Aufführungen anbieten. Wie aber ihre Seelen von der naturgemäßen Haltung gleichsam verrenkt abweichen, so gibt es auch bei den Tonarten Abweichungsformen, und es gibt Melodien voller Spannung und chromatischer Verzerrung. Allen bereitet aber das Vergnügen, was ihrer Natur nach zu ihnen paßt; deswegen soll man den Künstlern, die um (die Gunst) solcher Theaterbesucher wetteifern, erlauben, Musik dieser Art zu spielen.

Für die (charakterliche) Erziehung soll man, wie gesagt, die ethischen Melodien und entsprechenden Tonarten verwenden – ethisch ist die dorische, wie wir früher feststellten. Wenn Männer, die sich mit Philosophie und musikalischer Erziehung beschäftigt haben, eine weitere Tonart billigen, dann soll man auch sie akzeptieren. Der Sokrates der *Politeia* hat aber zu Unrecht nur die phrygische zusammen mit der dorischen Tonart
(in seinem Staat) belassen, obwohl er doch unter den Instru- 1342b
menten den Aulos verbannte – (zu Unrecht), weil unter den Tonarten die phrygische die gleiche Wirkung hat wie unter den Instrumenten der Aulos: beide versetzen in Rausch und erregen emotional.

Die Kompositionen zeigen dies; denn jede bacchische Verzükkung oder jede andere Erregung dieser Art wird am ehesten von allen Instrumenten durch Auloi dargestellt, und bei den Tonarten findet dies in den phrygischen Melodien seinen passenden Ausdruck; so gilt ja der Dithyrambos unbestritten als phrygischer Gesang. Die Männer, die sich hierin auskennen, geben dafür viele Beispiele an, besonders erwähnen sie, daß Philoxenos, der versuchte, einen Dithyrambus »die Myser« in der dorischen Tonart zu komponieren, dies nicht durchhalten konnte, sondern aufgrund der Natur (des Genre) selber wieder in die passende phrygische Tonart verfiel.

Alle sind sich darüber einig, daß die dorische Tonart die größte Festigkeit und am ehesten den Charakter von Tapferkeit besitzt. Außerdem preisen wir die Mitte zwischen Extremen und behaupten, man müsse den mittleren Kurs einhalten – die dorische Tonart besitzt diesen Charakter (der Mitte) im Verhältnis zu den anderen Tonarten. Offensichtlich paßt es daher gut, daß die Jüngeren eher in dorischen Melodien unterwiesen werden.

(Bei der Wahl der Tonarten) gibt es zwei Gesichtspunkte: das Mögliche und das Passende; denn alle sollen jeweils eher, was möglich und was passend ist, wählen. Aber ihre (Auswahl) ist auch durch das jeweilige Alter bedingt. So fällt es Männern, deren (Kräfte) wegen ihres Alters schon nachgelassen haben, nicht leicht, in den angespannten Tonarten zu singen, die Natur weist vielmehr Männern dieses Alters die spannungslosen Tonarten zu. Daher tadeln einige Musikforscher zu Recht Sokrates auch dafür, daß er für die Erziehung die spannungslosen Tonarten verworfen hat. Er deutete sie ja als berauschend, nicht im Sinne der berauschenden Wirkung von Wein – denn dieser führt eher zu enthemmender Schwärmerei – sondern der ermüdenden Schwächung. Aus unserer Einschätzung folgt, daß sich (die Jüngeren) auch für später, wenn sie älter sein werden, mit entsprechenden Tonarten und Melodien vertraut machen sollen. Man soll aber auch Tonarten verwenden, die zum Kindesalter passen, weil sie sowohl ordentliches Betragen als auch Erziehung vermitteln können, wie es bei der lydischen Tonart am ehesten der Fall zu scheint. Offensichtlich muß man diese drei Ziele in die Erziehung einbeziehen: die Mitte, das Mögliche und das Passende.

Zu diesem Band

Der vorliegende Band präsentiert die aristotelische *Politik* in der Übersetzung von Eckart Schütrumpf. Der Text wurde dem Band 616 der *Philosophischen Bibliothek*, ersch. 2012, entnommen.

Die Übersetzung der Studienausgabe stellt eine gründlich durchgesehene und überarbeitete Fassung des Textes in der Akademie-Ausgabe der aristotelischen Schriften (Band 9/I–IV, Berlin 1991–2005) dar. Runde Klammern ( ) bezeichnen Zusätze des Übersetzers, eckige Klammern [ ] Tilgungen von Worten des griechischen Textes. Mit Kreuzen † sind Textstellen gekennzeichnet, die im Original verderbt sind und deren Herstellung unsicher ist. Kursive Hervorhebungen sind, ebenso wie Anführungszeichen, Stilmittel der Übersetzung.

Um ein leichtes und schnelles Auffinden gesuchter Textstellen zu ermöglichen, wird am Seitenrand die Paginierung der Gesamtausgabe der überlieferten Werke Aristoteles' von Immanuel Bekker (Berlin 1831–1870) mitgeführt, nach der üblicherweise zitiert wird.